基础外语教育理论与实践丛书

U0783569

外语教学
智慧科研方法入门

金　檀　张浩敏　主编

上海外语教育出版社
SHANGHAI FOREIGN LANGUAGE EDUCATION PRESS

图书在版编目（CIP）数据

外语教学智慧科研方法入门 / 金檀, 张浩敏主编 ; 康梦超, 刘晔婷, 裴振霞副主编. -- 上海 : 上海外语教育出版社, 2024. -- ISBN 978-7-5446-8319-7

Ⅰ. G633.412

中国国家版本馆 CIP 数据核字第 2024TL6086 号

出版发行：**上海外语教育出版社**
（上海外国语大学内） 邮编：200083
电　　话：021-65425300 (总机)
电子邮箱：bookinfo@sflep.com.cn
网　　址：http://www.sflep.com
责任编辑：蔡燕萍

印　　刷：上海信老印刷厂
开　　本：890×1240　1/32　印张 11.125　字数 320 千字
版　　次：2024 年 10 月第 1 版　2024 年 11 月第 2 次印刷

书　　号：ISBN 978-7-5446-8319-7
定　　价：**69.00** 元

本版图书如有印装质量问题，可向本社调换
质量服务热线：4008-213-263

主　编

金　檀(华南师范大学)

张浩敏(华东师范大学)

副主编

康梦超(华南师范大学)

刘晔婷(华东师范大学)

裴振霞(安徽外国语学院)

编　委

(按姓氏拼音排序)

梁泽堃(中山大学)

廖小月(华东师范大学)

林洁心(华东理工大学)

刘小伶(香港大学)

施　展(香港大学)

苏彦方(香港理工大学)

王振梁(华东师范大学)

吴金城(澳门大学)

序

在信息技术飞速发展的背景下,教育部于 2023 年印发的《基础教育课程教学改革深化行动方案》强调了推进数字化赋能教学质量的重要意义。新兴技术与教研实践的深度融合将成为教师队伍数字化专业学习的重点内容。在技术推动的改革浪潮中,外语教师如何适应并融入新技术下的外语教学和研究? 华南师范大学金檀教授和华东师范大学张浩敏教授带领团队联合编写了《外语教学智慧科研方法入门》一书,通过教学研究的前沿理念和实践经验助力外语教师提升数字素养,提高教学研究的效率和质量。

教师发展研究的一个重要发现是,教学和研究相辅相成。教研相长理论指出,教师在教学实践中不断总结经验,探索新方法,这些实践成为研究的课题和素材;同时,研究有助于教师了解教学理论和方法的最新发展,保持教学的创新性和前瞻性。通过研究,教师更深入地理解教学的本质,发现问题并加以解决,进而提升自身的教学水平和教学能力。因此,优秀的教师也应该是卓越的研究者。作为一名长期从事科研和教学的学者,我深知科学研究的复杂性和挑战性。然而,正是这些挑战,推动了科研方法的不断改革和创新。数字化赋能的智慧科研方法不仅为我们提供了强大的工具,更激发了我们对科学研究的热情。在时间和精力有限的情况下,智慧科研将助力教师在教学中研究,在研究中发展,推动教学和科研融为一个有机整体。

特别值得一提的是,该书倡导开放科学的理念,阐释开放研究实践,强调研究的开放性、可重复性和完整性,重视科研中的合作创新和学术成果的有效传播。书中引荐了一系列开放研究的途径和平台,包括开放获取文章、学术交流平台、关联文献检索平台、论文和项目管理与检索平台等。同时,该书详细讲解了外语教学智慧科研的方法论知识和技能。编者聚焦外语教学研究实践中的核心议题,探讨智能工具的应用方法,帮助学习者掌握技术赋能外语教学研究的方式和方法,如人工智能在文献检索、管理和分析中的应用,聊天机器人辅助的访谈问题设计,智能工具辅助的质化数据分析,生成式人工智能在论文语言修改中的应用等。

基于金檀教授的语料库语言学研究团队与张浩敏教授的心理语言学研究团队的通力合作,并结合为英语学科职前教师与在职教师讲授研究方法的教学经验,该书凝练出行之有效的三步教学模式:问题呈现、方案提供、应用拓展。该书共分十章,每章内容都围绕这三个模块展开:

第一,问题呈现:以案例引入,凝练科研难题。从中学英语教学与研究的具体情境出发,以案例的形式引发学习者对教研实践的思考。通过问题驱动凝练科研选题,并阐释相关术语或概念,帮助学习者掌握基础知识。

第二,方案提供:以技术赋能,提供解决方案。针对案例引入的科研难题,提供技术赋能的解决方案。聚焦智能工具的运用,讲授解决问题的方法与步骤,帮助学习者掌握核心技能。

第三,应用拓展:以建议作结,拓展应用方向。基于科研难题与解决方案进行反思总结,探讨其他解决方案,为进一步深入学习提供建议,展示智能信息技术在教研实践中广阔的应用方向。

《外语教学智慧科研方法入门》一书内容翔实、结构清晰、方法切实可行、赋能教研实践、助力智慧科研。该书主要面向英语职前与在职教师,包括英语(师范)专业本科生、学科教学(英语)专业研究生以及中学英语在职教师。该书探讨的教学研究理念和实践案例也为大学外语教师和应用语言学研究生提供了有益的参考。希望该书能够帮助广大外语教师更好地探索和应用智慧科研方法,提升研究效率和成果质量,共同迎接智能化科学研究的新时代。

金 艳
上海交通大学外国语学院
2024 年 6 月

前　言

在指导职前外语教师(如师范专业本科生和学科教学专业研究生)以及在职外语教师开展教学研究时,科研方法的指导至关重要。然而,对于我们两位 80 后导师来说,指导职前教师与青年教师掌握科研方法并非易事。90 后和 00 后的职前教师与青年教师思维活跃,乐于采用新兴智能技术开展智慧科研,但如何有效运用这些技术却是一个全新的话题,我们自身对此也了解有限。因此,对于我们来说,这是一个与我们所指导的学生相互学习、共同成长的过程。

为给职前教师和在职教师提供科研方法的指导,金檀团队在2021 年暑假尝试编写了《外语教学研究方法入门札记》(简称"《札记》")。该《札记》分别于 2022 年和 2023 年暑假进行了修订、补充。张浩敏团队在阅读了 2023 年修订版的《札记》后,提出了很多宝贵的修改意见。2024 年暑假,我们两个团队决定通力合作,由金檀团队负责对原《札记》进行全面改写,张浩敏团队则负责增加原《札记》尚未涵盖的议题,共同编写一本面向职前教师与在职教师的科研方法入门教程。

我们基于过往讲授研究方法课程的经验,以"问题呈现—方案提供—应用拓展"三大模块为主线组织本教程的编写工作,旨在帮助零基础、缺乏科研经验的职前教师与青年教师掌握常用的智慧科研方法。教程特别注重新兴工具与技术的应用,通过数字化手段高效赋能教学研究,帮助外语教师提升数字素养,开展智慧教研。因此,我们将该教程命名为《外语教学智慧科研方法入门》(简称"《入门》")。

《入门》分为"研究问题""研究数据""研究回答"三个部分,共十个章节。金檀团队(成员包括康梦超、施展、吴金城、梁泽堃、刘小伶、苏彦方)负责第一至五章及第八章的编写工作,张浩敏团队(成员包括林洁心、王振梁、刘晔婷、廖小月、裴振霞)负责第六至七章及第九至十章的编写。

"研究问题"部分涵盖第一至第三章,主要讲授在学术研究初期如何跟踪学术前沿、进行文献综述和凝练研究选题。第一章介绍跟踪学术前沿的方法,帮助教师掌握最新研究动态。第二章详细讲解文献综述的结构框架,文献检索、管理与分析的方法,指导教师系统收集和评估相关文献,开展综述写作。第三章则重点讨论如何从教学实践中凝练出具体的研究选题。

"研究数据"部分由第四至第七章组成,介绍质化研究与量化研究的数据收集与分析方法。第四章介绍收集质化数据的三大步骤,包括制定收集方案、收集研究数据及整理研究数据的方法。第五章讲解如何对质化数据进行编码和主题分析,并使用质化数据分析软件提高分析效率。第六章主要讲解量化数据收集的常用方法,如问卷调查、测试、实验法与网络爬虫等。第七章介绍量化数据分析的基本统计方法、SPSS 操作步骤,以及数据分析的基本概念与核心技能。

"研究回答"部分涵盖第八至第十章,重点讨论如何有效展示研究成果。第八章提供学术论文撰写指南,涵盖论文结构、写作技巧以及生成式人工智能写作平台的使用策略。第九章讲解学术海报和视频制作的技巧,并讨论如何通过视觉化手段展示研究成果。第十章介绍了学术直播的准备与实施方法,以及如何利用直播平台与观众互动、分享研究成果。

正如前文所述,采用新兴智能技术开展智慧科研是一个全新的议题,特别是生成式人工智能的应用可能会带来潜在的伦理风险。在智慧科研过程中,我们需要正确认识新兴智能技术的巨大潜力及其可能的风险,以高度负责的态度开展外语教学智慧科研,确保技术更好地为外语教研服务。

本教程为广东省研究生教育创新计划项目(项目批准号:2022SFKC_032)成果之一,可用于研究方法课程的课堂教学与自主学习,也可用于职前教师与在职教师的教研专题培训。为支持方法课程的教学与学习,我们在上海外语教育出版社 WEMOOC 平台上线了"外国语言学研究方法"课程,并在微信公众号"语言数据网"提供了研究方法视频案例。

　　尽管我们在编写的过程中对《入门》进行了多次修订与校对,但仍难免存在疏漏。恳请读者不吝赐教,提出宝贵建议,以便我们在后续修订中进一步完善。

金　檀　张浩敏

2024 年 6 月

目 录

Part 1　研究问题

Part 2　研究数据

Part 3　研究回答

Part 1　研究问题

第一章　如何追踪研究前沿

1. 问题呈现

1.1　案例引入

王老师本科毕业后,成为了一名英语教师,在一所普通高中任职。他一直热爱教育,尽心尽力地给学生们教授英语知识。最近,他注意到班级里学生的课堂投入度明显下降,就开始观察学生,试图找出问题所在。

有一天,王老师决定和学生们坐下来谈谈。学生们纷纷抱怨传统的讲课模式令他们感到枯燥乏味,使他们逐渐失去了学习英语的积极性。于是,他决定寻找新的教学方法,以激发学生的学习兴趣。

在一次教学培训中,王老师听说了游戏化学习的理念。他意识到,使用游戏教学可以使学生更加积极地参与课堂,提高学习兴趣。因此,王老师想以游戏化学习作为切入点,申请一个教学研究课题。

王老师打定主意后,面临一个问题:如何在课堂中融入游戏?他开始自己摸索,尝试在教学中融入一些小型的游戏,但效果并不如他所愿。他发现自己花费了大量的时间和精力,但教学效果并没有取得显著的改进。

此外,撰写课题申请书时,王老师也感到非常迷茫,不知道如何处理"国内外相关研究的学术史梳理及前沿动态"这一部分:一方面,他不熟悉游戏化学习这个研究话题,缺少研究积累;另一方面,他不知道从何渠道了解游戏化学习研究的最新发展与动态。

他的课题申请也因此搁置……

1.2 案例分析

王老师在教学中融入游戏时遇到困难的主要原因是,他没有充分利用学术前沿研究成果。目前,已有大量的学术论文探讨了游戏化学习的有效性,并提供了丰富的教学课例。这些论文可为一线教师提供丰富的教学资源和指导。然而,由于不了解游戏化学习的研究成果,王老师不得不从零开始探索。因此,尽管王老师花费了大量时间和精力,却没有取得预期的教学效果。

王老师在撰写课题申请书时,不知道如何梳理游戏化学习的研究发展和前沿动态,究其原因是他不了解游戏化学习的研究前沿。通过追踪研究前沿,研究者可以了解他们所在学术领域过去的发展历史、当前的发展状况以及未来的发展趋势(Marrone 2020)。不过,作为刚接触科研的新手,王老师不了解追踪研究前沿的方法。因此,他虽然积极地申请教学研究课题,但填写课题申报书时却感到不知所措。

由此可见,追踪研究前沿不仅是一线教师获取教学资源和指导的重要途径,亦是新手研究者了解一个学术领域概况的有效方法。王老师遇到的困难也是许多缺少科研经验的教师或者新手研究者面临的挑战。本章旨在为大家解决不知如何追踪研究前沿的难题。在介绍追踪研究前沿的方法之前,让我们先了解一下研究前沿是什么。

1.3 核心概念

让我们先来看看,被誉为科学计量学先锋的 Derek John de Solla Price 是如何定义研究前沿的。Price(1965)写道:"Since only a small part of the earlier literature is knitted together by the new year's crop of papers, we may look upon this small part as a sort of growing tip or epidermal layer, an active research front."(p. 512)这句话是说,只有很小一部分的既往论文会被新一年度的论文引用,这一小部分的论文就像是(生物的)生长尖端或表皮层,是"活跃的研究前沿"。从 Price 的表述可以看出,研究前沿就是众多研究者积极引用的一小部分论文所代表的研究方向/主题。

我们再来看看美国科睿唯安(Clarivate)公司旗下的科学信息研究所(The Institute for Scientific Information)的研究者们是如何理解学术研究前沿的。Szomszor et al.(2020)指出:" 'Research Front' is now a recognized term, often associated with trends in research, growth areas and emerging fields or topics."(p.5)由此可见,研究前沿通常与研究趋势、发展领域以及新兴的方向或话题相关。

综合而言,当我们谈论研究前沿的时候,实际上是在谈论蓬勃发展的研究领域、当前的研究趋势以及新兴的研究方向或话题。

2. 方案提供

对于没有科研经验的教师或者新手研究者来说,追踪学术研究的前沿动态是一项具有挑战性的任务。那么,我们应该如何追踪学术研究前沿呢?这里给大家分享三个策略:追踪期刊、追踪论文、追踪学者。

2.1　策略一——追踪期刊

一般来说,最新发表的学术期刊论文代表了最前沿的研究成果。不过,各学术领域内的期刊数不胜数,且质量参差不齐,我们需要从中甄选出权威期刊。通常,发表于权威期刊的论文能够在一定程度上呈现研究前沿。那么,我们如何定位权威期刊呢?判断一个期刊水平的高低,最简单直接的方法是看其是否具有权威数据库的索引。接下来,本小节将为大家介绍两个常用的学术文献数据库:国际上久负盛名的 Web of Science 以及我国重要的学术文献数据库——中国知网。

2.1.1　如何定位权威期刊

2.1.1.1　Web of Science

Web of Science(WOS)是全球最大、覆盖学科最多的综合性学术信息资源库(齐青2013)。其是由美国科睿唯安公司维护的学术文献数据库,收录了源自全球各地、各个学科领域的多种学术文献

（如学术期刊、会议论文、学位论文等）。

　　WOS 提供了强大的文献检索功能,允许用户设置各种检索条件进行高级检索,以快速准确地找到所需的文献。现在,让我们一起了解一下 WOS 的检索功能。如果学校购买了 WOS 数据库,可以通过接入校园网或学校图书馆访问 WOS,打开网站便可看到图 1① 页面。若无 WOS 的个人账号,点击"Register",注册后方可登录;若已有账号,输入账号与密码后登录。

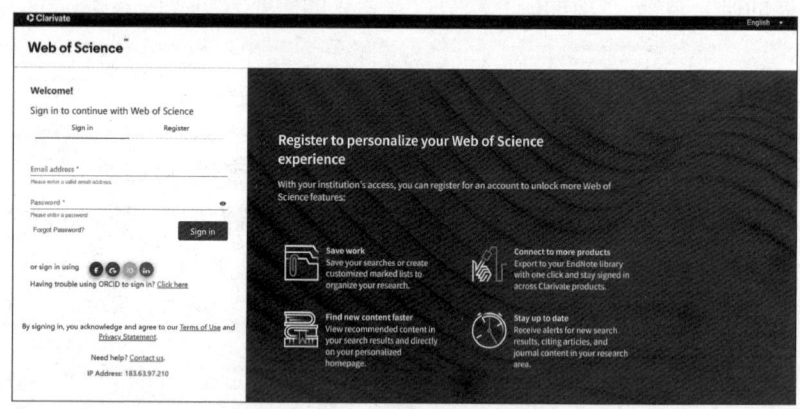

图 1　WOS 登录界面

　　登录后,便可以看到 WOS 检索界面(见图 2②)。在该界面中,我们可以进行文献检索(DOCUMENTS)或研究人员检索(RESEARCHERS)。这里主要给大家介绍文献检索功能。首先,选择"DOCUMENTS",进行文献检索。WOS 包含多个子数据库,因此,若要缩小检索范围,可以点击检索栏中"All Databases"选择特定子数据库。选择"DOCUMENTS",从"Topic"下拉列表中选择检索条件。常用的检索条件包括主题检索、作者检索、来源刊物检索等。确定检索条件后,在检索栏中输入检索词即可检索自己感兴趣的文献。若选择"CITED REFERENCES",则进行被引参考文献检索。被

----

① 　检索于 2024 年 3 月 21 日。
② 　检索于 2024 年 3 月 21 日。

引参考文献检索包括被引作者、被引著作的 DOI① 或标题以及被引年份等信息检索。使用该功能可以检索某个文献在 WOS 收录论文中的被引情况。

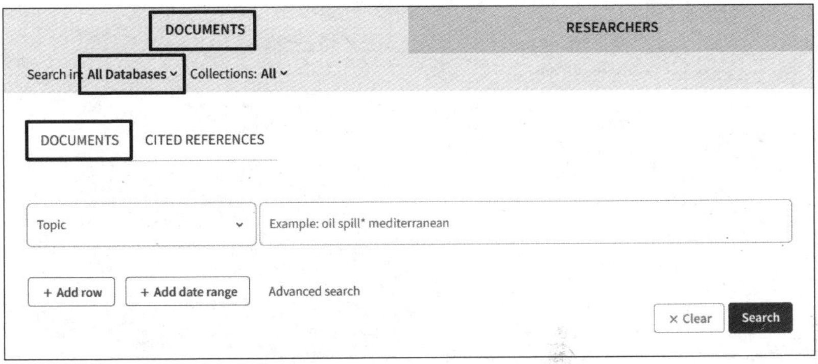

图 2　WOS 检索界面

这里给大家分享两个使用 Topic(主题)检索时的小技巧。第一个技巧是使用引号来检索词组。当我们想要检索的主题是一个词组时,例如 syntactic complexity(句法复杂度),在检索框输入时需要加引号,即"syntactic complexity",这样系统才会将该词组作为一个整体进行检索。否则,系统会将该词组作为两个独立的词进行检索。第二个技巧是使用通配符进行检索。假如我们想要检索 argumentation(论证)相关的论文,仅使用这一个词检索的话会遗漏许多相关论文。关于 argumentation 的研究,一些论文也会使用 argument,argumentative 等词。因此,我们可以在检索栏输入:argument*,这样便可检索到涵盖 argumentative,argumentation 等词的相关论文。

在检索文献时,我们在"All Databases"下拉列表中可以看到 WOS 包含多个子数据库(见图3②)。这些子数据库收录的论文各有

---

① DOI 指数字对象标识符(Digital Object Identifier),常用于学术出版物(如期刊文章、书籍、报告等)以及其他类型的数字内容(如数据集、软件等)。

② 检索于 2024 年 3 月 21 日。

7

不同,大家可以登录 WOS 帮助中心①查看每个子数据库的介绍。这里着重介绍其中一个子库: WOS 核心合集(Web of Science Core Collection)。

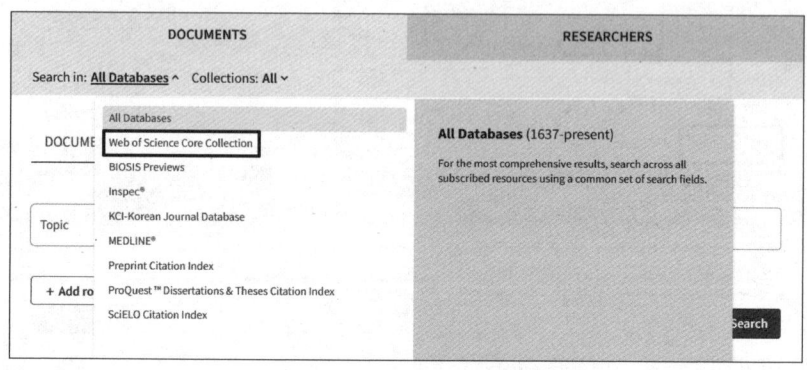

图3　WOS 子数据库

WOS 核心合集是 WOS 最重要的子数据库,是世界领先的引文数据库(Clarivate 2024)。它收录了全球 21,000 多个同行评议期刊,134,000 多本著作以及 300,000 多个会议的论文记录(Clarivate 2024)。大家在接触科研伊始应该会经常听到 SCI、SSCI 等术语,其实,SCI 与 SSCI 等术语均是 WOS 核心合集的索引名称。WOS 核心合集涵盖多个引用索引,其中最常用于评判期刊质量的三个索引是 SCI、SSCI 以及 A&HCI。

➢ SCI 指 Science Citation Index Expanded,涵盖自然科学领域,如物理学、化学、生物学、数学等学科的文献。

➢ SSCI 指 Social Sciences Citation Index,涵盖社会科学领域,如心理学、人类学、语言学、哲学、政治学、经济学等学科的文献。

➢ A&HCI 指 Arts & Humanities Citation Index,涵盖人文学科领域,如文学、语言学、哲学、艺术、舞蹈、宗教等学科的文献。

在使用这些索引时我们要注意,某些学科内部的研究方向差异较大,其不同研究方向的文献可能会隶属于不同的索引。例如,在语

---

① 检索于 2024 年 3 月 21 日。

言学领域内,应用语言学的知名期刊 *Applied Linguistics* 是 SSCI 索引;计算机辅助语言学习的知名期刊 *Computer Assisted Language Learning* 既是 SSCI 索引,也是 A&HCI 索引;神经语言学的知名期刊 *Neuroimage* 则是 SCI 索引。此外,我们要注意这些索引的期刊目录并非一成不变,而是动态调整的。每年都会有期刊被收录或被剔除,这取决于期刊的整体质量、影响因子以及其在学术界的引用情况。

WOS 是国际公认的学术期刊和科研成果的权威评价工具(陶慧卿等 2008)。因此,被 SCI、SSCI 以及 A&HCI 收录的期刊通常被认为是学术质量有保障的期刊。尽管这些索引可在一定程度上帮助我们判断期刊质量,但是我们仍需仔细甄别。

WOS 每年会根据期刊的引用情况,分析其影响力,生成期刊引用报告(Journal Citation Reports,JCR)。JCR 提供了多项期刊质量评估数据,包括引用总量(Total Citations)、期刊影响因子(Journal Impact Factor,JIF)、期刊影响因子的四分位数(JIF Quartile)、期刊引用指标(Journal Citation Indicator,JCI),以及金色开放获取文章[1]的比例(% of Open Access Gold,% of OA Gold)等。期刊质量评估数据中最重要的是期刊影响因子。一个期刊的影响因子由该期刊"前两年"所发表文章总数,与"前两年"的文章在"该年度"被引用的总次数计算而得出。

根据各学科期刊影响因子排名所处的四分位数(Quartile)区间,WOS 将期刊分为四个等级:Q1、Q2、Q3、Q4。一般来说,每个学科领域内 Q1 期刊(影响因子排名在前 25% 的期刊)是受到学界广泛认可的权威期刊。需要说明的是,权威期刊并不等同于 Q1 期刊,影响因子仅是评估期刊水平的其中一个因素。例如,语言学领域中翻译研究的"旗舰学报"——*Target*,仅是 Q3 期刊,但其依然具备权威性与影响力(方梦之、袁丽梅 2017)。因此,在使用 JCR 时,我们应该综合考虑多个指标和因素来评估期刊的权威性。此外,我们需要注意,

---

[1]　金色开放获取文章:文章在发表时立即以免费、全文开放的形式对所有人可见,通常需要作者支付出版费用。

JCR 并不局限于 SCI、SSCI 及 A&HCI 期刊。2023 年发布的 JCR 首次纳入了 ESCI①（Emerging Sources Citation Index）索引期刊。

　　接下来，我们一起使用 JCR 看看语言学领域有哪些权威期刊。登录 WOS 后，在页面右上角点击"Products"，再选择"Journal Citation Reports"即可进入 JCR 查询界面（见图 4②）。在该查询界面，点击"Journals"，即可看到 JCR 排名界面（见图 5③），该界面呈现了来自各

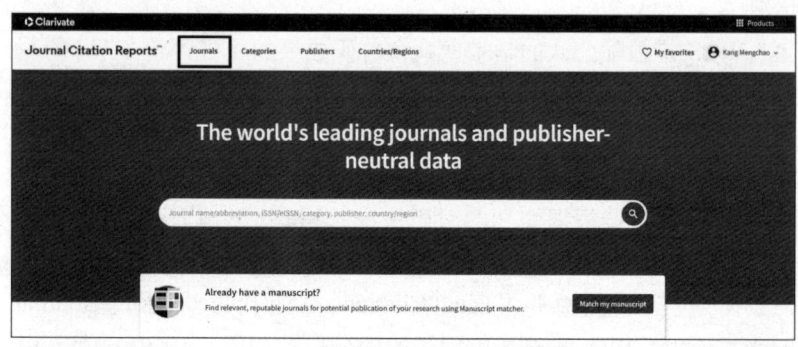

图 4　JCR 查询界面

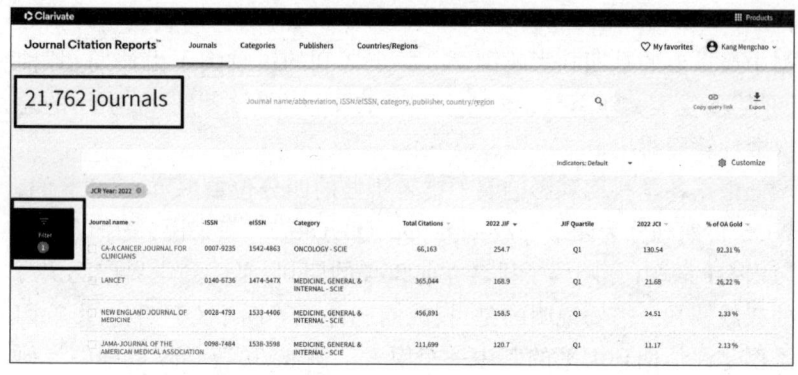

图 5　JCR 排名界面

---

① ESCI 也是 WOS 核心合集的子库之一，收录了各个学科正在被评估的学术期刊，但这些期刊尚未达到被收录在 SCI、SSCI 或 A&HCI 的标准。
② 检索于 2024 年 3 月 21 日。
③ 检索于 2024 年 3 月 21 日。

个学科的 21,762 个期刊的排名。

在 JCR 排名界面（见图 5），点击"Filter"，再点击"Category"，则可筛选特定学科的期刊。在搜索栏输入"Linguistics"，选择"Language & Linguistics"（A&HCI 索引）与"Linguistics"（SSCI 索引）即可查询语言学领域的期刊排名（见图 6[①]）。

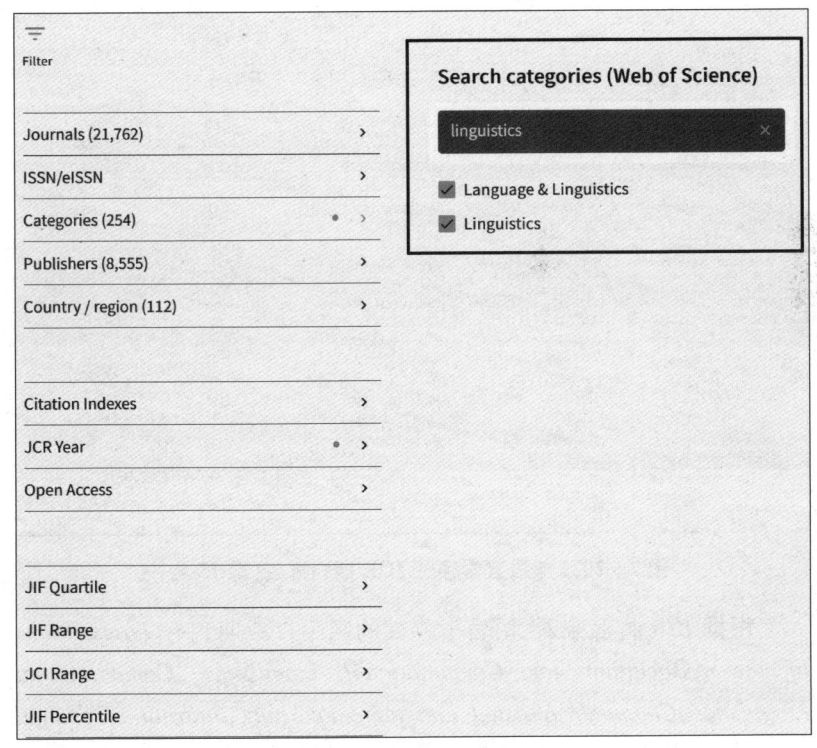

图 6　JCR 学科筛选界面

图 7[②] 是 2022 年语言学领域 JCR 期刊排名（前 15 名），如图所示，排名前三的期刊分类（Category）均是"Multiple"，说明它们既是A&HCI 索引，也是 SSCI 索引。

---

① 检索于 2024 年 3 月 25 日。
② 检索于 2024 年 3 月 25 日。

☐ Transactions of the Association for Computational Linguistics	N/A	2307-387X	Multiple ⌄	4,277	10.9
☐ COMPUTATIONAL LINGUISTICS	0891-2017	1530-9312	Multiple ⌄	3,123	9.3
☐ Computer Assisted Language Learning	0958-8221	1744-3210	Multiple ⌄	4,291	7.0
☐ JOURNAL OF SECOND LANGUAGE WRITING	1060-3743	1873-1422	LINGUISTICS - SSCI	3,252	6.1
☐ SYSTEM	0346-251X	1879-3282	LINGUISTICS - SSCI	7,702	6.0
☐ MODERN LANGUAGE JOURNAL	0026-7902	1540-4781	LINGUISTICS - SSCI	6,730	4.9
☐ ReCALL	0958-3440	1474-0109	Multiple ⌄	1,382	4.5
☐ LANGUAGE LEARNING	0023-8333	1467-9922	LINGUISTICS - SSCI	5,933	4.4
☐ JOURNAL OF MEMORY AND LANGUAGE	0749-596X	1096-0821	LINGUISTICS - SSCI	10,311	4.3
☐ Language Teaching Research	1362-1688	1477-0954	LINGUISTICS - SSCI	3,789	4.2
☐ STUDIES IN SECOND LANGUAGE ACQUISITION	0272-2631	1470-1545	LINGUISTICS - SSCI	4,123	4.1
☐ Language Testing	0265-5322	1477-0946	Multiple ⌄	2,712	4.1
☐ Assessing Writing	1075-2935	1873-5916	LINGUISTICS - SSCI	1,360	3.9
☐ LANGUAGE LEARNING & TECHNOLOGY	1094-3501	N/A	LINGUISTICS - SSCI	2,126	3.8
☐ Annual Review of Applied Linguistics	0267-1905	1471-6356	Multiple ⌄	1,612	3.7

图 7 2022 年语言学领域 JCR 期刊排名(前 15 名)

根据 JCR 排名来看,语言学领域的国际权威期刊有 *Transactions of the Association for Computational Linguistics*、*Computational Linguistics*、*Computer Assisted Language Learning*、*Journal of Second Language Writing*、*System*、*Modern Language Journal*、*ReCALL*、*Language Learning*、*Journal of Memory and Language*、*Language Teaching Research*、*Studies in Second Language Acquisition*、*Language Testing*、*Assessing Writing*、*Language Learning & Technology* 以及 *Annual Review of Applied Linguistics* 等。点击期刊名即可查看该期刊历年的影响力情况。

本小节为大家介绍了 WOS 的基本概况,WOS 论文索引以及 JCR。希望通过学习本小节的内容,大家能够使用 WOS 检索论文、了解 WOS 核心合集索引,并能够运用 JCR 找到自己所在研究领域的国际权威期刊。

通过浏览国际权威期刊,相信大家可以对自己所在研究领域的前沿发展有一定的了解。需要提醒大家的是,我们不能只关注国际前沿,而忽视国内的本土研究。国内期刊对本土研究十分重要,因为其通常更关注国内的研究问题和实践。下一小节将为大家介绍如何使用中国知网来定位国内权威期刊。

2.1.1.2　中国知网

中国知网(后文简称"知网")是中国知识资源总库(China National Knowledge Infrastructure,CNKI)的简称。知网是我国最大的学术文献数据库和数字出版平台,它提供了广泛的学术资源,包括学术期刊、学位论文、会议论文、报纸、图书等。这些学术资源涵盖了各个学科领域。知网为广大学者和研究生提供了便捷的文献检索和下载平台,促进了学术研究传播。

如果学校购买了知网数据库,接入校园网或者通过学校图书馆,即可从知网免费下载文献。知网主页面如图 8[①] 所示。知网最常用的检索功能是文献检索,点击"主题"下拉列表可以选择检索条件(如篇关摘、关键词、篇名、全文、作者等),输入检索词,即可检索自己感兴趣的文献。

下面,我们一起看看如何使用知网寻找国内权威期刊。首先,大家可能会想到:知网有没有类似 JCR 的学术期刊影响力报告呢?答案是:没有。尽管知网会使用复合影响因子与综合影响因子量化期刊学术影响力,但并不会提供像 JCR 一样的影响力分析报告。不过,在知网中,我们仍可以通过期刊索引定位权威期刊。与 WOS 类似,知网会提供期刊的索引信息,如 CSCD(Chinese Science Citation Database,中国科学引文数据库来源期刊)、CSSCI(Chinese Social Science Citation Index,中文社会科学引文数据库来源期刊)及北大核心(《中文核心期刊要目总览》来源期刊)等索引。

CSSCI 与北大核心是人文社科领域的两个重要索引。如果

---

① 检索于 2024 年 3 月 25 日。

图 8　知网主页面

一个期刊既是 CSSCI 来源期刊或（并）是北大核心期刊，一般就可以认为它是较高质量期刊，其所刊发的论文质量一般会有所保证。在知网的文献检索结果页面中，点击论文题目后，随即会跳转至论文主要信息界面。在论文主要信息界面右上角，点击"查看该刊数据库收录来源"（见图 9①），即可跳转至该篇文献所在期刊的信息详情页（见图 10②）。如图 10 所示，《电化教育研究》既是 CSSCI 来源期刊又是北大核心期刊，可以被认为是教育学领域内的权威期刊。

下面，让我们一起详细了解一下这两个期刊索引。CSSCI 是"由南京大学投资建设、南京大学中国社会科学研究评价中心开发研制的人文社会科学引文数据库，用来检索中文人文社会科学领域的论文收录和被引用情况"（南京大学中国社会科学评价研究中心2016）。因归属于南京大学，CSSCI 也被称为南大核心。目前，CSSCI 已成为"教育部评价人文社会科学研究成果的重要平台"（苏

---

① 　检索于 2024 年 3 月 25 日。
② 　检索于 2024 年 3 月 25 日。

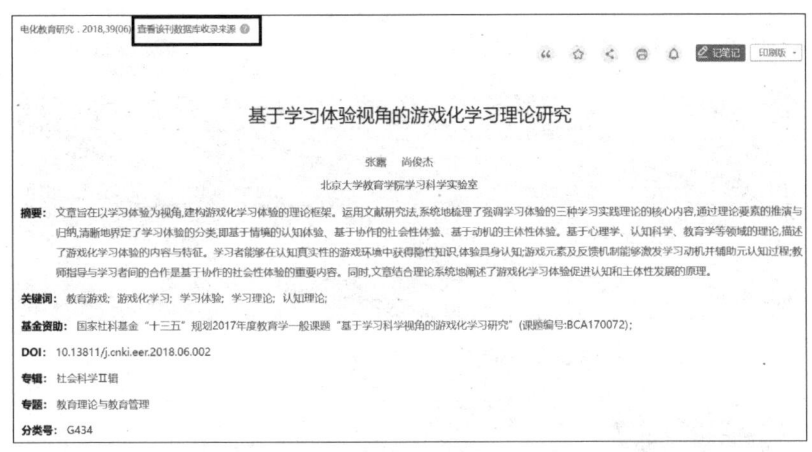

图9　《基于学习体验视角的游戏化学习理论研究》主要信息界面

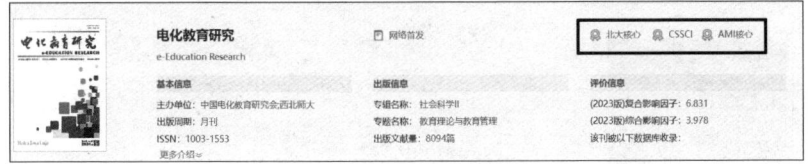

图10　《电化教育研究》信息详情页

新宁 2012：95）。

　　南京大学中国社会科学研究评价中心不仅开发了 CSSCI（通常被简称为 C 刊），还开发了 CSSCI（扩展版）（通常被简称为 C 扩）。CSSCI 与 CSSCI（扩展版）来源期刊均是每隔两年评选一次。

　　CSSCI 及 CSSCI（扩展版）来源期刊目录是免费公开的，可以通过访问南京大学中国社会科学研究评价中心的官网进行查询。在该中心的官网（见图11①），选择"产品中心"，再选择"中文社会科学引文索引"或"中文社会科学引文索引（扩展版）"，即可查询历年CSSCI 或 CSSCI（扩展版）来源期刊目录（见图12②）。

---

①　检索于 2024 年 3 月 25 日。
②　检索于 2024 年 3 月 25 日。

图 11　南京大学中国社会科学研究评价中心官网（部分）

图 12　CSSCI 来源期刊目录

　　根据 CSSCI 来源目录（2021－2022），语言学领域有 25 本 CSSCI 来源期刊，包括大家耳熟能详的《外语界》《现代外语》《外语教学与研究》《外语与外语教学》《外语教学》《中国外语》等。

　　北大核心期刊是指《中文核心期刊要目总览》收录的期刊。《中文核心期刊要目总览》是由北京大学图书馆及北京十几所高校图书馆众多期刊工作者及相关单位专家参与评定的，其评价标准既包含定量评价，如使用被摘量（全文、摘要）、被摘率（全文、摘要）、被引量、他引量（期刊、博士论文）、影响因子、他引影响因子等指标，也包含专家定性评价（何峻、蔡蓉华 2009）。若大家想要获取更多关于《中文核心期刊要目总览》的信息，可以访问其官网（见图 13①）。

————————————

① 　检索于 2024 年 5 月 25 日。

需要提醒大家的是,《中文核心期刊要目总览》仅以图书形式出版。图 14① 是《中文核心期刊要目总览(2023 年版)》的基本信息。若大家想要了解完整的北大核心期刊目录,需要自行购买或从图书馆借阅。

图 13　《中文核心期刊要目总览》官网主页(部分)

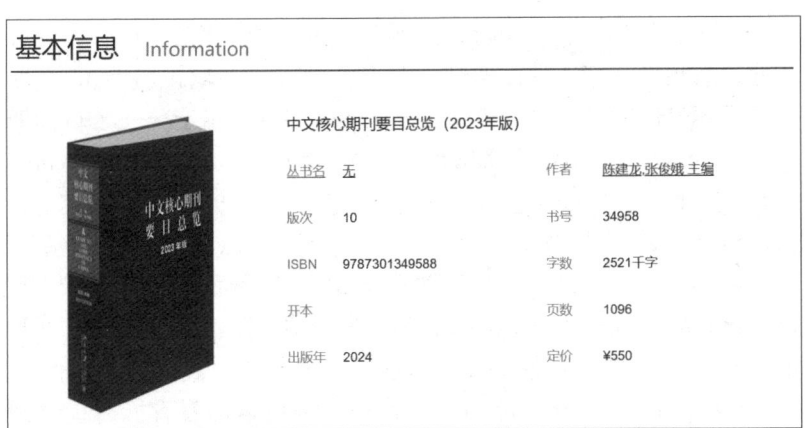

图 14　《中文核心期刊要目总览(2023 年版)》基本信息

---

① 　检索于 2024 年 5 月 25 日。

本小节为大家介绍了知网的基本概况以及人文社科领域中文期刊常用的两个索引（CSSCI 与北大核心）。CSSCI 来源期刊与北大核心期刊均是质量相对较高的期刊，一般可被视为国内的权威期刊。希望通过学习本小节内容，大家能够定位自己研究领域内的中文权威期刊。

2.1.2　如何选定目标期刊

通过 2.1.1 节的学习，大家应该对自己所在领域内的权威期刊有所了解了。然而，每个研究领域的权威期刊说多不多，说少也不少。由于时间与精力有限，我们难以追踪所有的权威期刊。即便我们只查阅 JCR 中前 15 名的期刊发表的论文，也要耗费不少的时间与精力。此外，不同期刊关注的研究视角也不尽相同。因此，我们建议大家先根据自己的研究兴趣或选题，选定目标期刊后进行追踪。

以案例中的王老师为例，他的研究兴趣是外语教学，属于应用语言学领域；选题大方向是教育技术，具体的切入点是游戏化学习。那么王老师应该将哪些期刊列入目标期刊呢？我们建议大家通过"**期刊名字**"与"**高引论文**"寻找目标期刊。

一些期刊的名字可反映出其所关注的研究视角。因此，我们可以通过期刊名字筛选目标期刊。在 JCR 语言学领域排名前 15 的期刊中，根据自己的选题，王老师通过期刊名字可初步定位三个目标期刊：*Computer Assisted Language Learning*、*Language Teaching Research* 以及 *Language Learning & Technology*。从名字来看，*Computer Assisted Language Learning* 与 *Language Learning & Technology* 均是关注计算机技术与语言学习的期刊，*Language Teaching Research* 是关注语言教学研究的期刊。因此，这些期刊很可能会刊发不少与王老师研究选题相关的论文。我们在 *Computer Assisted Language Learning* 中以"games"为检索词看看能否检索到相关论文。不出所料，该期刊的确发表了不少游戏化学习的相关论文（见图 15①）。

---

① 　检索于 2024 年 4 月 2 日。

> Learning English with *The Sims*: exploiting authentic computer simulation games for L2 learning ›
>
> Jim Ranalli
>
> Computer Assisted Language Learning, Volume 21, 2008 - Issue 5
>
> Article | Published Online: 19 Nov 2008 | Views: 4371 | Citations: 122
>
> **Abstract ∨**　　**Full Text ›**

> Digital simulation games in CALL: a research review ›
>
> Mark Peterson
>
> Computer Assisted Language Learning, Volume 36, 2023 - Issue 5-6
>
> Article | Published Online: 27 Jul 2021 | Views: 1349 | Citations: 4
>
> **Abstract ∨**　　**Full Text ›**

> Massive online multiplayer games as an environment for English learning among Iranian EFL students ›
>
> Ali Soyoof, Barry Lee Reynolds, Kan Kan Chan, Wen-Ta Tseng & Kate McLay
>
> Computer Assisted Language Learning
>
> Article | Published Online: 12 Feb 2023 | Views: 733 | Citations: 1
>
> **Abstract ∨**　　**Full Text ›**

> Massively multiplayer online role-playing games as arenas for second language learning ›
>
> Mark Peterson
>
> Computer Assisted Language Learning, Volume 23, 2010 - Issue 5
>
> Article | Published Online: 15 Nov 2010 | Views: 5846 | Citations: 101
>
> **Abstract ∨**　　**Full Text ›**

图 15　*Computer Assisted Language Learning* 中"games"的检索结果(部分)

　　不过,也有一些期刊关注的研究视角难以从其名字判断,比如 *ReCALL*、*System* 等。因此,仅从名字选定目标期刊难免有所疏漏。我们建议大家再从高引论文入手,寻找其他潜在的目标期刊。我们可以使用学术搜索引擎,例如 WOS 与百度学术,检索自己研究兴趣或选题的关键词。在检索结果中,依据引用次数筛选出高引论文,进而找到潜在的目标期刊。

　　接下来,让我们一起利用 WOS 帮助王老师寻找更多的潜在目标期刊。首先,在 WOS 中以"game-based learning""games"以及"language learning"为检索词寻找相关的论文;再将检索结果按照被引量降序排列,筛选其中的语言学期刊论文。结果表明,一些相关论文发表于 *ReCALL*(图 16[①] 为其中之一)。

---

① 　检索于 2024 年 4 月 2 日。

图 16　WOS 中"game-based learning"等检索结果之一

　　虽然我们在语言学领域排名前 15 的期刊中看到了 *ReCALL*，但仅从名字难以判断这个期刊所关注的研究视角。现在，我们去该期刊的官网了解一下它关注的研究视角。图 17① 是 *ReCALL* 的官方简介，可以看出其是欧洲计算机辅助语言学习协会（the European Association for Computer Assisted Language Learning）的会刊，关注的是技术与语言文化教学。因此，对于案例中的王老师来说，*ReCALL* 也是需要定期追踪的目标期刊。

ISSN: 0958-3440 (Print), 1474-0109 (Online)
Editor: Alex Boulton *Université de Lorraine, France*
Editorial board

ReCALL is the journal of the European Association for Computer Assisted Language Learning (EUROCALL). It seeks to fulfil the stated aims of EUROCALL as a whole, i.e. to encourage the use of technology for the learning and teaching of languages and cultures, and especially the promotion and dissemination of innovative research and practice in areas relating to CALL including, but not limited to: Applied Linguistics, Corpus Linguistics, Digital Pedagogy, Digital Literacies, Computer-Mediated Communication, Learning Analytics, Second Language Acquisition, and Educational Science. The journal publishes research articles that report on empirical studies (quantitative, qualitative, or mixed methods), as well as occasional rigorous meta-analyses or other syntheses or surveys, and papers that make substantial contributions to theoretical, epistemological or methodological debates. Typical subjects for submissions include foreign or second language learning and development in technology-enhanced learning environments and practical applications at developmental stage, with firm theoretical anchoring in CALL; evaluative studies of the potential of technological advances in the delivery of language learning materials and enactment of language learning activities; and discussions of theory, policy or strategy at institutional and disciplinary levels with clear connections to technology-mediated language learning. *ReCALL* is a Gold Open Access journal.

图 17　*ReCALL* 简介

　　需要提醒大家的是，在寻找目标期刊时，我们要注意开拓研究视野，不要局限于语言学领域的期刊。尽管王老师的研究兴趣外语教学隶属于应用语言学的范畴，但是外语教学也是教育学的一个细支。因此，教育学领域内关注教育与技术的期刊也应是王老师的目标期刊，例如 *Computer ＆ Education*、*British Journal of Educational Technology*、

---

① 检索于 2024 年 4 月 2 日。

Journal of Computer Assisted Learning 等。

　　在确定了需要追踪的目标期刊之后，我们可以定期访问目标期刊的官网。通过浏览目标期刊的目录与摘要，选取与自己研究选题或兴趣相关的论文进行精读，以及时了解研究前沿。

　　在浏览目标期刊官网时，大家可能会发现许多国际期刊不会一次性刊发一卷（volume）或者一期（issue）的所有论文，而是逐个上线新发表的论文。图 18① 是 *Journal of Second Language Writing* 2024年拟出版的第 64 卷的目录。可以看出，该卷的论文正处于"进行中（In progress）"。这表明该卷的论文尚未完全确定，还有一些文章可能仍在审查和编辑过程中，待所有的出版准备工作完成，该卷论文才会一起正式出版。此外，一些期刊还有"网络首发（Online First）"论文，即正式出版之前便上线的论文。图 19② 是 *Language Teaching Research* 官网主界面，在其右侧"Browse journal"栏可以看到其有"OnlineFirst"的论文。对于"进行中"的某卷/期或者"网络首发"论文，我们需要不定时访问期刊官网才能及时获取刊文动态。然而，这样多次访问期刊官网，稍显麻烦。下一小节，我们一起看看如何轻松及时地获取期刊的刊文动态。

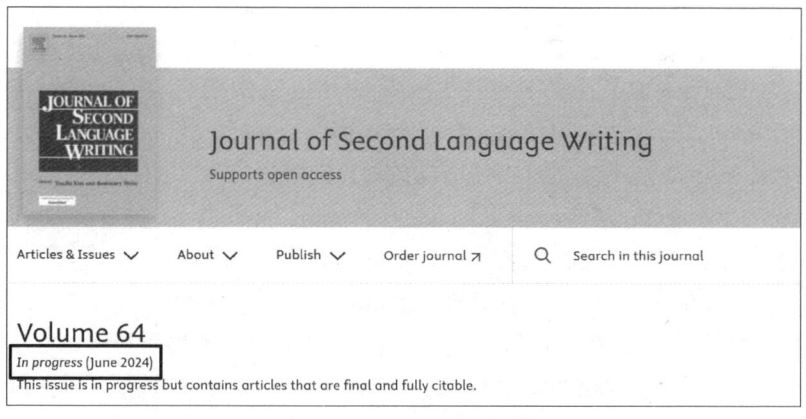

图 18　*Journal of Second Language Writing* 第 64 卷刊文目录

---

①　检索于 2024 年 4 月 2 日。
②　检索于 2024 年 4 月 2 日。

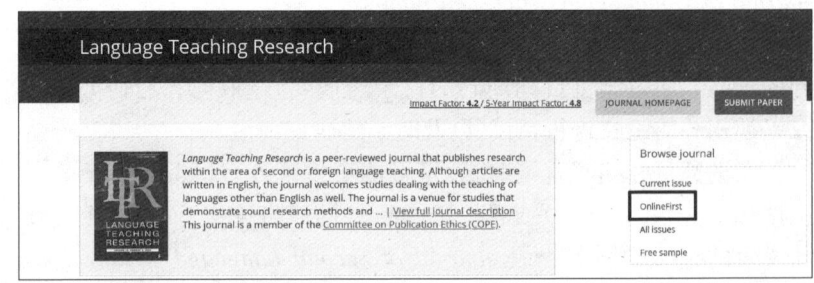

图 19 *Language Teaching Research* 官网主界面

2.1.3 如何获取刊文动态

如上小节所述,多次访问期刊官网以获取其刊文动态较为费时费力,我们建议大家使用期刊提醒功能解决这个问题。期刊提醒是一种通知服务,旨在向订阅者发送期刊的更新通知,通常由学术期刊或学术文献数据库提供。

使用期刊提醒功能需要创建个人账户。需要注意的是,不同出版社的期刊,开启期刊提醒功能的方式并不相同。具体信息大家可以去各大期刊出版社官网查询。接下来,我将以爱思唯尔(Elsevier)出版社为例,向大家展示如何使用其旗下期刊的提醒功能。

Elsevier 出版社旗下有许多知名应用语言学期刊,例如 *Journal of Second Language Writing*、*Assessing Writing* 以及 *System* 等。若要使用 Elsevier 出版社期刊的提醒功能,我们可以通过各期刊的官网设置。以 *Journal of Second Language Writing* 为例,首先,打开该期刊的官网。若无个人账户,点击"Register"注册后登录;若有个人账户,选择"Articles & Issues",再选择"Sign in to set up alerts",即可开启期刊提醒功能(图 20①)。订阅成功即可看到成功订阅提示(图 21②)。此后,每当有新论文发布上线时,我们的个人账户注册邮箱便会收到邮件提醒。

---

① 检索于 2024 年 4 月 3 日。
② 检索于 2024 年 4 月 3 日。

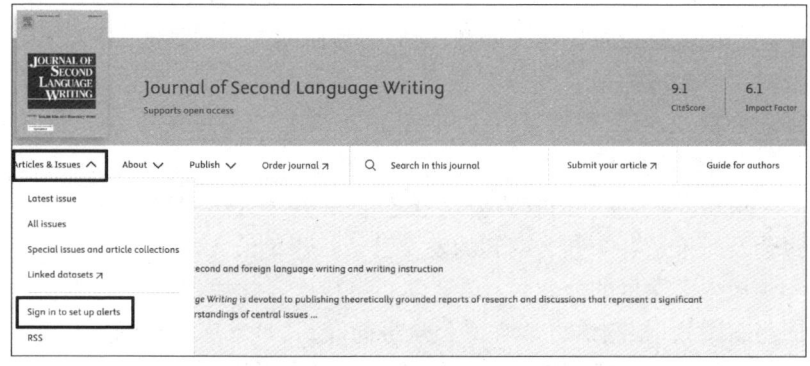

图 20 *Journal of Second Language Writing* 期刊提醒设置界面

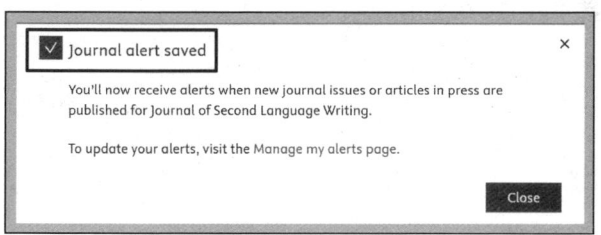

图 21 *Journal of Second Language Writing* 期刊提醒设置成功界面

现在,我们再来看看如何及时获取中文期刊的刊文动态。不同于国际期刊,多数国内期刊会在固定时间一次性刊发一卷或者一期的所有论文。因此,大家可以关注各期刊在知网上线论文的时间,定期访问知网获取其刊文动态。不过,不同的期刊刊文时间不同,而且一些期刊没有固定的知网上线时间。因此,这样追踪期刊动态较为烦琐。那么,我们如何方便地追踪国内期刊动态呢?

首先,像国际期刊一样,一些国内期刊也有期刊提醒功能。我们也可以使用该功能获取一些国内期刊的刊文动态。一般而言,我们可以通过各期刊的官网开启该功能。

其次,一些国内期刊没有期刊提醒功能。针对此类期刊,我们关注它们的微信公众号获取其刊文动态。国内语言学领域内许多权威期刊均开通了微信公众号,例如《外语界》《现代外语》《外语教学与研究》《外语与外语教学》等。期刊的微信公众号会及时推送其最新一期的论文目录及提要等信息，我们无需访问期刊网站或知网，便可及时了解领域内最新的研究成果。图 22① 中左图是《外语界》编辑部的公众号，可以看到，其及时推送了 2023 年的总目录与 2024 年第 1 期的目录与提要。

最后，除了期刊的官方公众号之外，一些个人运营的微信公众号也会及时推送各个知名期刊的发文目录。这里给大家推荐两个语言学领域内高质量的公众号：语言学心得与语言学通讯（见图 22 中中图与右图）。根据语言学心得公众号简介，其日常更文包括"刊讯动态、学术会议、招聘招生、讲座研修等"；根据语言学通讯公众号简介，其日常更文包括"国内外语言学、翻译学、文学相关的会议讲座、教师研修、专著推荐、期刊动态等"。

图 22　《外语界》编辑部、语言学心得与语言学通讯微信公众号

本小节旨在帮助大家有效追踪学术期刊，以掌握研究前沿。首先，我们需要定位权威的高质量期刊。一般而言，可以通过期刊索引

———————

①　检索于 2024 年 4 月 3 日。

初步判断其质量。就国际期刊而言,JCR 排名较高的期刊通常被认为是权威期刊;就国内期刊而言,人文社科领域内的 CSSCI 来源期刊以及北大核心期刊通常被认为是高质量期刊。其次,我们需要根据自己的研究兴趣或选题选定目标期刊。我们可以通过期刊名称与高引论文筛选目标期刊。最后,我们需要及时获取目标期刊的刊文动态。我们可以通过访问各期刊官网,开启期刊提醒功能获取最新发布上线的论文信息。此外,我们还可以通过关注一些国内期刊的微信公众号获取其最新的刊文动态。

追踪目标权威期刊有利于我们整体把握自己的研究兴趣或选题方向的前沿。不过,目标期刊所刊载的论文并非每篇都与我们的研究选题相关。因此,若要了解研究选题的最新进展,我们还需要追踪与研究选题密切相关的核心论文。下一小节将为大家介绍如何追踪论文。

2.2 策略二——追踪论文

美国心理协会(2020)在讨论文献引用时表示"Cite the work of those individuals whose ideas, theories, or research have directly influenced your work. The works you cite provide key background information, support or dispute your thesis, or offer critical definitions and data"(p. 253)。这句话道出了文献引用的本质。在写论文的时候,我们引用的论文应是对我们的研究具有直接影响的论文。这些文献可为我们的研究提供关键的背景信息,支持或反驳我们的论点,或是提供关键的定义和数据。这样的文献就是构建我们研究基础的核心论文。若一篇新发表的论文引用了我们精选出的核心论文,那么它一定与我们的研究选题密切相关。因此,我们可以通过追踪核心论文的引用情况洞悉研究选题的前沿动态。

我们应该如何筛选核心论文呢? 论文的高引用率表明该论文具有较高的学术影响力(Didegah & Thelwall 2013)。因此,我们建议大家从高被引论文中定位自己的核心文献。确定核心论文通常需要四步(见图23):第一步,通过学术搜索引擎,寻找与自己研究选题相关的论文;第二步,在检索到的相关论文中寻找权威期刊的高被引论文;第三步,浏览这些论文的摘要,选定一些可能对自己研究选题提供启示或理论基础的潜在目标论文;第四步,通过精读,筛选出潜在目标论文,然后从中筛选出核心文献。

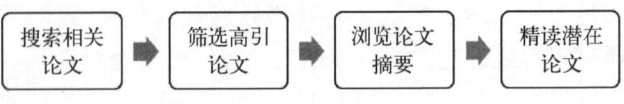

搜索相关论文 ➡ 筛选高引论文 ➡ 浏览论文摘要 ➡ 精读潜在论文

图23　确定核心论文的步骤

　　筛选出核心文献之后,又该如何追踪它们的引用情况呢?这里推荐大家使用 WOS 的引用提醒功能。下面,我们仍以王老师的情况为例,为大家讲解如何使用该功能。假设王老师读了 Reinders 与 Wattana 在 2015 年发表于 *ReCALL* 的文章:*Affect and willingness to communicate in digital game-based learning* 后,深受启发,决定将其列为核心论文。为了追踪该论文的被引动态,首先需要登录 WOS,再在文献检索栏输入该论文的题目,随即跳转至论文详情界面。在论文详情界面,找到 "Create citation alert" 即可设置引用提醒(见图24①)。设置成功后,每当引用这篇论文的新论文上线,WOS 都会发邮件提醒。除了 WOS 之外,一些其他知名的学术数据库也有引用提醒功能,如 Scopus 等。此外,大家也可使用引文分析工具,如 Connected Papers②(见本书第二章与第三章),了解核心论文的引用情况。

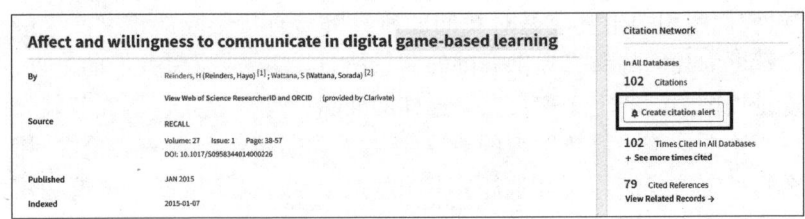

图24　WOS 引用提醒设置示例

　　本小节旨在帮助大家高效追踪论文,以洞悉与研究选题密切相关的研究前沿。我们需要从权威期刊的高引论文中筛选出核心论

---

① 检索于 2024 年 4 月 3 日。
② 检索于 2024 年 4 月 3 日。

文,再通过学术数据库的引用提醒功能获取核心论文的引用提醒。除了期刊与论文以外,每个领域内的专家学者做的研究可谓是前沿风向标。因此,了解领域内专家学者的研究动态也是追踪研究前沿的重要途径。下一节将为大家分享如何追踪专家学者的研究动态。

2.3　策略三——追踪学者

专家学者通常是最早了解并引领前沿研究的人。通过追踪他们的研究动态,我们可以及时获取领域内的最新研究成果,紧跟研究前沿。若要追踪学者,我们要知道自己的研究领域内有哪些专家学者并及时获取他们的研究动态。下面,让我们一起了解一下如何寻找专家学者以及如何获取他们的研究动态。

2.3.1　如何寻找专家学者

作为学术新手,应该如何寻找领域内的专家呢? 首先,建议大家与自己的导师或前辈交流。此外,利用 Scopus 学术数据库的"研究人员发现"功能也是一个很好的策略。

Scopus 于 2004 年首次发布,是一款由 Elsevier 公司开发和维护的学术文献数据库。Scopus 的学术文献覆盖度比 WOS 更广(Thelwall & Sud 2022)。因此,大家也可以使用它来检索文献。本小节主要为大家介绍如何利用 Scopus 的"研究人员发现"功能寻找专家学者。

Scopus 的"研究人员发现"功能允许用户通过关键词搜索,寻找与该关键词关联的专家;该功能对于想要涉足新兴领域、相关领域或者跨学科领域的人非常有帮助(Scopus 2023)。接下来,仍以案例中的王老师为例,让我们一起使用 Scopus 的"研究人员发现"功能帮助他寻找研究游戏化学习的专家。

与 WOS 相似,若要访问 Scopus,需要学校购买该数据库。所以,我们需要接入校园网或通过学校图书馆访问 Scopus。从 Scopus 检索界面(见图 25①)可以看出,Scopus 具有文献、作者、研究人员发现

---

① 检索于 2024 年 4 月 3 日。

以及机构检索功能。我们选择"Researcher Discovery"，在检索栏输入研究选题关键词，即可检索到与关键词关联的专家学者。

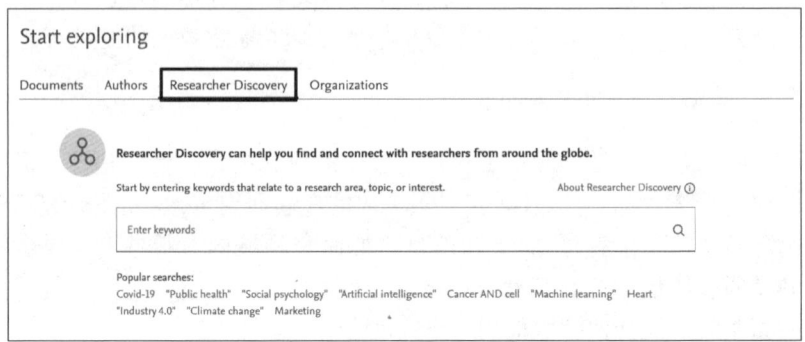

图 25　Scopus 检索界面

　　同一个研究主题通常会有多个关键词。所以，为了更加全面且精确地寻找研究游戏化学习的专家，我们建议大家使用多个关键词检索。在浏览游戏化学习的相关论文后，我们决定以"game-based learning""games"与"learning"为检索词寻找相关研究专家。将检索结果按匹配文献数量降序排列后，定位到美国北卡罗莱纳州立大学的 James C. Lester 教授（见图 26[①]）。Lester 教授团队发表了许多游戏化学习的相关文献（63 篇）。在检索结果界面中，我们可以点击"Preview profile"查看学者的简介及他发表的与检索词相关的论文。

　　可能一些学校没有购买 Scopus，无法使用其"研究人员发现"功能寻找专家学者。这种情况下，我们建议大家通过高引论文去寻找专家学者。如果一个研究者的多篇同主题论文均具有较高的被引用次数，这个研究者就很可能是该研究领域的专家。

　　我们仍以"game-based learning""games"与"learning"为检索词，在 WOS 中检索与游戏化学习相关的高被引论文。为体现研究的时效性，我们在检索结果中先筛选出近四年的论文，再按引用量降序排

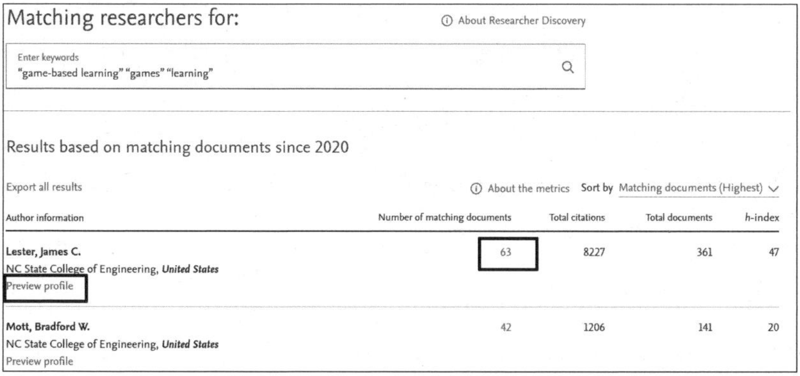

图 26　Scopus"研究人员发现"功能中"game-based learning"
等词检索结果

列。最终,排名前 20 的论文中有两篇论文是 Lester 教授团队的论文
(图 27[①]),其余论文的作者大都仅出现了一次。由此看来,通过高引
论文寻找到的专家学者与使用 Scopus"研究人员发现"功能检索到
的结果一致。这也侧面印证了我们使用高引文献定位专家学者的效
果良好。

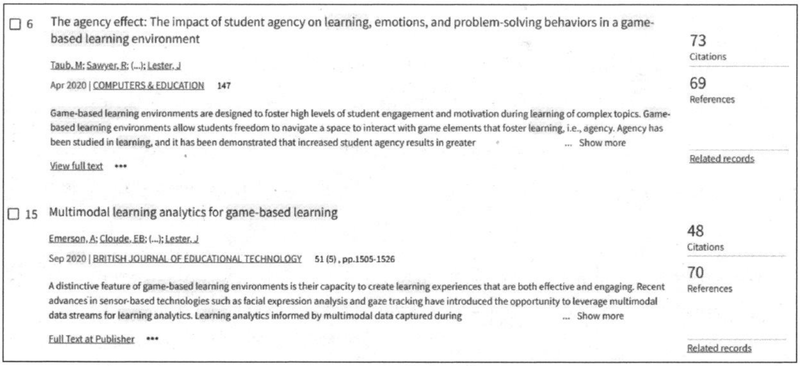

图 27　Lester 教授团队游戏化学习相关论文

除了以上两种方法,大家也可以通过查询学术会议与研讨会的

---

① 检索于 2024 年 4 月 3 日。

通知寻找领域内的专家学者。一般而言,一场国际或者全国会议的主旨发言人通常是该领域的专家学者。此外,大家也可以通过查看权威期刊的编委寻找领域内的专家学者。

现在,大家可能会问:在知道领域内有哪些专家学者之后,我们应该如何追踪他们的研究动态呢?下一小节将为大家介绍获取专家学者研究动态的两个有效途径。

2.3.2 如何获取专家学者动态

本小节为大家介绍获取专家学者研究动态的两个渠道:学术社交平台与学者个人网站。学术社交平台是专门为学者、研究人员以及学生设计的研究分享平台。学术社交平台可以聚合科研资源,提高学术交流效率,增加合作机会(韩文等 2017)。

这里为大家推荐一个国内外研究人员都常用的学术交流平台——ResearchGate。该平台创建于 2008 年,允许用户分享各种学术文献、研究项目、研究成果和数据集,从而促进知识的开放获取。由于学校未购买相关学术资源库而无法下载的论文,大家也可以尝试通过该平台搜索下载或通过该平台向论文原作者请求分享。目前,已有来自 190 多个国家的两千多万名研究人员使用该平台建立合作关系、分享研究成果(ResearchGate 2023)。

若要注册 ResearchGate 账号,需要使用学校的教育邮箱。若没有教育邮箱,可以点击"Join for free"后选择"not a researcher",再选择"No, my work is not scientific",然后点击"Start browsing"即可进行浏览。但以这种方式访问,无法关注他人账户。注册并登录 ResearchGate 后,即可在检索栏(见图 28[①])输入目标学者的姓名,查找他们的账号。需要注意的是,有些学者并不使用 ResearchGate,故而不一定能搜索到目标专家学者。

| ResearchGate | Home | Questions | Jobs | Search for research, journals, people, etc. | Q |

图 28 ResearchGate 检索栏

我们仍以案例中的王老师为例,看看他是否能在 ResearchGate 中检索到游戏化学习研究的专家——Lester 教授。在检索栏输入 "James Lester"后,依据工作单位筛选后可以发现我们寻找的 Lester 教授开通了账号(见图 29①)。关注他之后,便可在 ResearchGate 及时了解他的团队的研究动态。

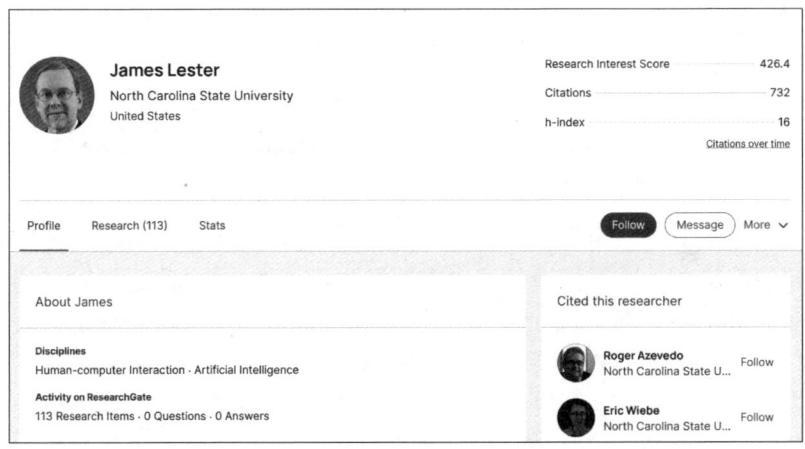

图 29 Lester 教授的 ResearchGate 账号界面

许多学者除了在学术社交平台更新自己最新的研究成果论文外,还会在自己的个人网站及时更新自己的成果。通常来说,学者个人网站会包含其所主持或参与的研究项目、发表的论文、研究团队成员等相关信息。因此,我们也可以通过访问学者个人网站获取他们的研究动态。需要注意的是,此方法的适用性也有限,因为有些学者并没有个人网站。

一般来说,我们可以通过搜索引擎检索学者的姓名以及相关关键词(如工作单位、研究领域等),寻找他的个人网站。以 Lester 教授为例,在 Microsoft Bing(微软必应)中检索 "James Lester North Carolina State University",在检索结果中,虽未找到他的个人网站,但

① 检索于 2024 年 4 月 3 日。

找到他带领的研究中心的网站（见图30[①]）。通过访问这些相关网站，我们也可以获取他的研究动态。

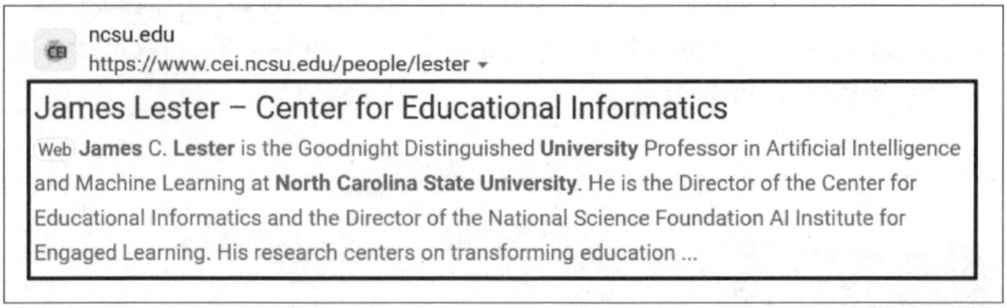

ncsu.edu
https://www.cei.ncsu.edu/people/lester ▾

James Lester – Center for Educational Informatics

Web **James C. Lester** is the Goodnight Distinguished **University** Professor in Artificial Intelligence and Machine Learning at **North Carolina State University**. He is the Director of the Center for Educational Informatics and the Director of the National Science Foundation AI Institute for Engaged Learning. His research centers on transforming education ...

图30 微软必应中"James Lester North Carolina State University"检索结果（部分）

本小节旨在帮助大家追踪专家学者的研究动态以洞悉研究前沿。我们首先需要知道领域内有哪些专家学者。一般来说，可以通过与导师交流、Scopus 的研究人员发现功能以及高引论文确定领域内的专家学者。随后，我们需要及时获取他们的研究动态。通常情况下，学者会利用学术社交平台以及个人网站发布他们最新的研究论文。因此，通过这两个渠道，我们可以追踪专家学者最新的研究动态。

3. 应用拓展

上一节为大家介绍了追踪研究前沿的三个常用的方法：追踪期刊、追踪论文、追踪学者。除了这些方法以外，我们还可以通过参加学术会议、参加学术讲座、阅读学术专著来追踪研究前沿。

3.1 学术会议

学术会议是学术领域的重要活动，通常由学术协会、大学或研究机构组织举办，旨在汇集研究人员分享他们的研究成果、最新研究发现以及学术见解。因此，我们可以通过参加学术会议获取研究前沿

---

① 检索于 2024 年 4 月 3 日。

信息。

我们可以通过哪些渠道获取学术会议的信息呢? 建议大家通过学术协会。寻找学术协会的一种有效方法是"带着期刊找协会",即查询知名期刊是否有主办或资助的学术协会。例如,应用语言学领域内知名国际期刊 *Annual Review of Applied Linguistics* 是美国应用语言学协会(American Association for Applied Linguistics,AAAL)的会刊。登录 AAAL 官网,点击"Conference",即可获取协会的会议信息(见图31①)。图32②是 AAAL 举办的会议信息界面。

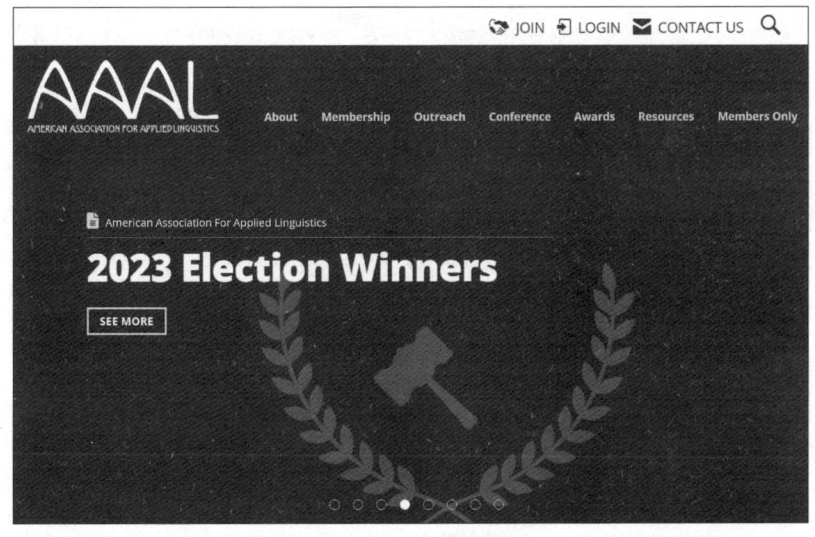

图 31　AAAL 官网主界面

通常来说,只有加入学术协会后才可享受协会的学术资源。协会内部会员间也会分享更多学术会议信息。然而,想要加入学术协会,通常需要缴纳一定的会费。例如,若要加入 AAAL,根据申请人的社会身份(大学或政府工作人员、非营利组织工作人员、基础教育者等),需缴纳 50 至 195 美元不等的会费。不过,一些学术协会对在

① 检索于 2024 年 4 月 3 日。
② 检索于 2024 年 5 月 25 日。

图 32　AAAL 会议信息界面

读研究生有免费加入的政策,在读研究生填写入会申请时提交身份证明即可免费加入。大家可以多方查询自己领域内的学术协会,看看能否免费加入。

　　就国内语言学领域的学术协会而言,我们推荐大家关注:中国英汉语比较研究会(China Association for Comparative Studies of English and Chinese)。根据其官网介绍①,该协会是"由全国高校和研究所从事英语教学和对外汉语教学、英汉对比研究、英汉翻译理论与实践、英汉文化对比研究的企事业单位、社会组织以及具有讲师及以上职称的个人和科研人员自愿结成的全国性、学术性、非营利性社会组织,为国家一级学会"。中国英汉语比较研究会下辖多个二级机

---

① 检索于 2024 年 4 月 3 日。

二级机构	研究会会议	研究及服务	学术资源
英汉语篇分析专业委员会	典籍英译专业委员会		
功能语言学专业委员会	中西语言哲学专业委员会		
外语教师教育与发展专业委员会	心理语言学专业委员会		
语料库语言学专业委员会	外语界面研究专业委员会		
形式语言学专业委员会	英语教学研究分会		
高校外语学刊专业委员会	话语研究专业委员会		
二语习得研究专业委员会	法律语言学专业委员会		
语言测试与评价专业委员会	教育语言学专业委员会		
认知语言学专业委员会	翻译史研究专业委员会		
外语教育技术专业委员会	写作教学与研究专业委员会		
语料库翻译学专业委员会	认知翻译学专业委员会		
语言智能教学专业委员会	生态语言学专业委员会		
诗歌研究专业委员会	语音教学研究专业委员会		
语言服务研究专业委员会	外语学科发展研究专业委员会		
语言教育与国际传播研究专业委员会	社会翻译学专业委员会		
	中外阅读学研究专业委员会		

图33　中国英汉语比较研究会二级机构(部分)

构(见图33①)。大家可依据自己的研究兴趣,关注具体的二级协会。

　　我们可以通过搜索引擎,检索具体的二级协会名称,查询其官网。通常情况下,由协会举办的学术会议均会在其官网发布相关信息。例如,图34②是中国英汉语比较研究会语言测试与评价专业委员会的官网。可以看到,该协会官网公布了"教育强国视域下的语言教师发展:标准与评价专题研讨会"的相关通知。

　　此外,如2.1节所讲,一些由个人运营的语言学领域的公众号也会推送国内外学术会议的相关信息。这些公众号通常会发布有关会议日期、地点、主题、征文通知、注册费用、重要日期等方面的详细信

---

①　检索于2024年4月3日。
②　检索于2024年4月3日。

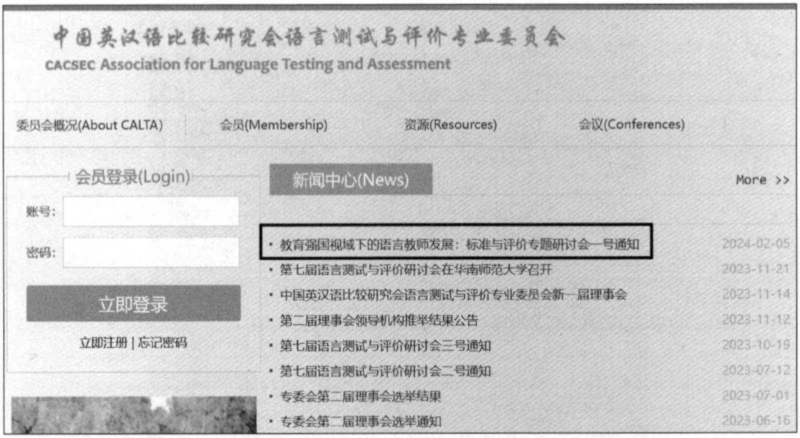

图 34　中国英汉语比较研究会语言测试与评价专业委员会官网主页

息,大家可以通过这些微信公众号的推文及时获取国内外学术会议的信息。

3.2　学术讲座

学术讲座通常由专家学者针对学术专业领域中的特定主题进行汇报演讲。专家学者通常会在学术讲座中分享自己最新的研究成果。因此,参加学术讲座也能够帮助我们获取学术研究前沿信息。此外,随着计算机技术的发展,许多学术讲座开始线上线下同时举行。因此,即便无法线下参加,我们也可以线上参加讲座或观看线上直播,听取讲座内容,了解学术前沿。

我们应该如何获取学术讲座信息呢?大家可以通过各大学二级学院的官网以及微信公众号获取此类信息。语言学领域内的学术讲座一般由外国语学院(外语系)或文学院(中文系)承办。因此,我们可以关注各高校这两个院系的官网,获取相关讲座信息。比如,图 35①是华南师范大学外国语言文化学院所发布的讲座通知。

---

① 检索于 2024 年 4 月 3 日。

○	【讲座预告】赖春副教授如何开展研究选题凝练	2023-09-11
○	【讲座预告】邱琳副教授从教学研究到学术论文的转化	2023-09-11
○	【讲座预告】文秋芳教授外语课堂教学创新研究的分类与论文撰写	2023-09-11
○	【讲座预告】彭青龙教授 数字时代外国语言文学学科前沿与学术发表	2023-09-11
○	【讲座预告】日语系讲座	2023-03-29
○	【讲座预告】陆小飞 教授 论文撰写与期刊投稿	2023-03-29
○	"人文科技100讲" 系列：郑咏滟教授关于文献综述与选题凝练的讲座简报	2023-03-29
○	【讲座预告】雷军 教授 结果回答与讨论拓展	2023-03-29

图 35　华南师范大学外国语言文化学院讲座通知

获取国内学术讲座信息的另一途径是微信公众号。许多大学的学院、研究机构或学术组织都拥有自己的微信公众号。这些微信公众号会发布学术讲座、研讨会和研究动态的信息。比如，图 36① 是上海外国语大学语料库研究院公众号推送的学术讲座通知。

图 36　上外语料库研究院的公众号推文

---

① 检索于 2024 年 4 月 3 日。

3.3 学术专著

学术专著(Academic/Scholarly Monograph)是对某一学科、领域或专题进行较为集中、系统、全面、深入论述的著作(叶继元 2016)。因此,最新出版的学术专著可以帮助我们较为系统且全面地了解研究前沿信息。

我们可以通过什么方法获取学术专著的出版信息呢? 最简单直接的方法是访问知名学术图书出版社的官网。国际上知名的学术图书出版社有 Sage、Springer、John Wiley & Sons、Routledge、Cambridge University Press 等。例如,图 37① 是 Routledge 出版社 2023 年出版的语言与语言学(language & linguistics)的学术著作。国内外语界知名的出版社有外语教学与研究出版社、上海外语教育出版社等。

图 37　Routledge 出版社 2023 年出版学术著作示例

寻找新出版的学术专著的另一种有效方法是浏览期刊的书评文

---

① 检索于 2024 年 4 月 3 日。

章。图 38① 是语言学领域知名写作测评研究期刊 *Assessing Writing* 对书评的介绍与要求。从中可以看出,该期刊发表的书评文章针对近 1－3 年内出版的学术专著;书评作者需要对所评专著提出富有启发性的见解。因此,阅读书评有助于我们筛选值得阅读的新出版的学术专著。

Book Reviews

Book reviews are a highly valued component of our journal. Book reviews demonstrate thoughtful engagement and contain stimulating insights about recent publications of interest to our readers.

We only review books published in the last three years. Relevant books are scholarly monographs, edited volumes and collections that fit within the area of writing assessment. When we receive a review copy of a relevant book from the publisher, our book review editor commissions the review from a scholar in the field. If you have played any significant prepublication role for a book (e.g., reviewing for the press or offering detailed advice), please recuse yourself from reviewing it for *Assessing Writing*.

图 38　*Assessing Writing* 对书评文章的介绍与要求

　　我们还可以通过学术社交平台、学术公众号等方式获取最新出版的学术著作信息。一些学者会在自己的专著发表后,通过学术平台推广他的专著。此外,一些学术公众号,如上文提到的语言学通讯,有时也会推送一些前沿的学术专著。因此,大家也可以通过这些渠道获取前沿学术专著的信息。

4. 结语

　　通过王老师想要使用游戏化学习进行教学改革的案例,本章首先为大家介绍了什么是学术研究前沿。研究前沿是一个蓬勃发展的研究领域中的当下研究趋势以及其新兴研究方向或话题。其次,本章为大家介绍了追踪研究前沿的三个策略:追踪期刊、追踪论文、追

---

① 检索于 2024 年 4 月 3 日。

踪学者。追踪期刊时,我们需要使用期刊索引定位权威期刊;通过期刊名字与高引论文定位目标期刊;使用期刊提醒功能与关注微信公众号以及时获取期刊动态。追踪论文时,我们需要先选定核心论文,再使用引用提醒功能以获取其引用动态。追踪学者时,我们可以从Scopus的"研究人员发现"功能与高被引论文中寻找领域内的专家学者,再通过学术社交平台或他们的个人网站以获取他们的研究动态。最后,本章为大家拓展了追踪学术前沿的另外三个小技巧:参加学术会议、参加学术讲座、阅读学术专著。我们可以通过学术协会与学术微信公众号获取学术会议信息;通过学院官方网站与学术微信公众号获取学术讲座信息;通过出版社官网与期刊书评获取学术专著信息。

希望通过学习本章内容,大家可以高效地追踪自己所在领域的研究前沿,走上自己的研究之路。

参考文献:

[1] American Psychological Association. 2020. *Publication manual of the American psychological association* (7th ed.). American Psychological Association.

[2] Clarivate. 2024. Web of Science Core Collection. https://clarivate. com/ products/scientific-and-academic-research/research-discovery-and-workflow-solutions/webofscience-platform/web-of-science-core-collection/.

[3] Didegah, F. & M. Thelwall. 2013. Which factors help authors produce the highest impact research? Collaboration, journal and document properties. *Journal of Informetrics* 7(4): 861–873.

[4] Marrone, M. 2020. Application of entity linking to identify research fronts and trends. *Scientometrics* 122(1): 357–379.

[5] Price, D. S. 1965. Networks of scientific papers. *Science* 149: 510–515.

[6] Reinders, H. & S. Wattana. 2015. Affect and willingness to communicate in digital game-based learning. *ReCALL* 27(1): 38–57.

[7] ResearchGate. 2023. About us. https://www. researchgate. net/about.

[8] Scopus. 2023. New Scopus Researcher Discovery — a tool for making connections. https://blog. scopus. com/posts/new-scopus-researcher-discovery-

a-tool-for-making-connections.

［9］Szomszor，M.，D. Pendlebury & G. Rogers. 2020. Identifying research fronts in the Web of Science：From metrics to meaning. https：//clarivate. com/blog/identifying-research-fronts-in-the-web-of-science-from-metrics-to-meaning/.

［10］Thelwall，M. & P. Sud. 2022. Scopus 1900－2020：Growth in articles，abstracts，countries，fields，and journals. *Quantitative Science Studies* 3(1)：37－50.

［11］方梦之,袁丽梅. 2017. 当今翻译研究的主要论题——四种国际译学期刊十年(2004—2014)考察.《外语与翻译》第 3 期：1－7.

［12］韩文,刘畅,雷秋雨. 2017. 分析学术社交网络对科研活动的辅助作用——以 ResearchGate 和 Academia.edu 为例.《情报理论与实践》第 8 期：105－111.

［13］何峻,蔡蓉华. 2009. "北大中文核心期刊"是如何评出的.《中国出版》第 7 期：19－24.

［14］南京大学中国社会科学评价研究中心. 2016. 中文社会科学引文索引（CSSCI）简介. https://cssrac.nju.edu.cn/cpzx/zwshkxywsy/sjkjj/20191231/i63997.html.

［15］齐青. 2013. Web of Science 的检索和应用.《图书馆工作与研究》第 2 期：110－112.

［16］苏新宁. 2012. 中文社会科学引文索引（CSSCI）的设计与应用价值.《中国图书馆学报》第 5 期：95－102.

［17］陶慧卿,潘卫,庄琦. 2008. 从引文分析的角度比较 Google Scholar 与 Web of Science 的优势与不足.《图书馆杂志》第 12 期：29－35.

［18］叶继元. 2016. 学术图书,学术著作,学术专著概念辨析.《中国图书馆学报》第 1 期：21－29.

［19］张露,尚俊杰. 2018. 基于学习体验视角的游戏化学习理论研究.《电化教育研究》第 6 期：11－20.

第二章　如何进行文献综述

1. 问题呈现

1.1 案例引入

　　白老师是一名刚入职的高中英语教师。经过一段时间的教学，他发现自己班上的同学写作技能非常薄弱。在之后的科组教研会上，他了解到利用新兴技术辅助写作可以有效促进学生写作技能的提升。因此，他想以此为切入点，在自己的教学班开展教学研究。为了申请学校资助的科研项目基金，白老师打算先去搜寻相关的文献，对该领域进行初步探索，并在梳理文献的基础上开始撰写文献综述。

　　尽管白老师在过往的学术训练中已经接触过文献综述写作，但他感觉自己整理文献的方式更像是将看过的相关文献罗列在一起，缺乏一定的条理性。因此，这次白老师打算对文献进行系统地梳理和分析。然而，当白老师开始进行文献梳理时，发现自己遇到了许多挑战。

　　首先，在检索文献的时候，白老师发现有大量和技术辅助英语写作相关的研究。这让白老师感到选择困难，不知道哪些文献与他的研究问题最相关。

　　其次，当白老师搜集了一些文献后，他感觉自己总是需要花费大量时间对文献进行命名，对引用格式进行规范处理。这极大地降低了他的写作效率。

　　最后，由于白老师需要阅读海量的信息，提炼每篇文献中的关键信息成为一项艰巨的任务。白老师既担心自己有可能漏读了关键信息,又在阅读中不断遇见重复的内容,这使得他的文献综述的梳理过程变得更加烦琐。

1.2 案例分析

白老师遇到的这些挑战对于许多刚接触文献综述的新手来说具有普遍性。理解和应对这些挑战对于撰写结构合理、内容全面、论证得当的文献综述至关重要。

白老师遇到的第一个挑战是不知道如何定位和自己兴趣相关的核心文献。在文献检索数据库中进行检索时,我们往往会发现有大量的文献和我们的研究议题关联度不大。要寻找核心文献,只能从一两篇最相关的文献里查看它们的引用,以此在合适领域的范围内搜寻相关研究文献。然而这种方式非常烦琐,往往需要耗费大量的时间和精力。

随着白老师搜集到一些文献后,文献管理也成为一项难题。面对大量的文献,如果不进行整理,例如文献的命名、引文的格式等,在实际工作时就常常会因为点开非目标文献而感到混乱。但是要一一手动对文献进行命名和整理,以及手动输入引文格式,又特别耗费时间。

最后,由于阅读量过大,白老师很有可能在阅读中漏掉一些重要的信息。因此,如何高效阅读文献和提炼有效信息也成了一项挑战。

总之,白老师在进行文献综述时遇到的困难对于新手研究人员来说并不罕见。然而,通过系统地学习如何进行文献综述,白老师可以将这些挑战转化为成长和知识创造的机会。在这之前,我们需要先了解什么是文献综述。

1.3 核心概念

文献综述作为研究论文中的重要组成部分,涵盖多重功能:一方面,我们需要广泛选取特定领域的理论和实证研究报告作为素材,呈现该领域的研究概况;另一方面,我们需要批判性地分析和评估过往研究的成就和局限性,并分析现有的理论和研究基础是如何影响自己研究的选题及研究方法的选择（Ridley 2012）。因此，文献综述的写作结构一般包含三个部分：概念引入、研究概述、观点总结。

1.3.1 概念引入

概念引入是为了说明当前研究涉及的主题和领域，并让读者清楚地了解该主题的定义，以及进行当前研究的意义和动机。尽管概念引入不需要遵循特定的叙述顺序，但是需要包含以下几个关键信息：首先，对该主题进行整体的介绍，主要包括相关背景信息；其次，对主要术语和概念的定义进行解释；最后，阐明该研究主题的重要性。

我们以一篇关于机器人辅助语言学习的论文为例（Jao, Yeh & Hung 2024）。从图1可以看到，该主题的首句介绍了人工智能技术和机器人辅助语言学习（robot-assisted language learning）在学界得到了广泛关注，这大致划定了本主题涉及的内容主要集中在技术辅助语言学习的领域。接下来，作者对机器人（robot）进行了定义解释，表明该情景下的机器人具有重复性、灵活性、数字化的特点，并且可以通过拟人化外貌、肢体动作、情绪表达等特征来提供接近真人互动的语言练习机会。

2.2. Applying robots to language education

With the rapid development of artificial intelligence, robot-assisted language learning (RALL) is receiving increasing attention from researchers and educators (Augello et al., 2020; Engwall et al., 2021; Merdan, 2020). Such robot features as repeatability, flexibility, and digitalization, as well as anthropomorphism fostered by humanoid appearance, body movements, and expression of emotions, can provide humanlike interactions for learners to practice their target language. (Banaeian & Gilanlioglu, 2021; Hong et al., 2016; Konijn & Hoorn, 2020; Liao & Lu, 2018; Rasouli et al., 2022; Wedenborn et al., 2016). Such interactive learning opportunity allows learners to engage in meaningful language input and output practices in different role-play scenarios (Augello et al., 2020; Han, 2012). Robots may assume various roles such as assistants (Alemi et al., 2015; Hong et al., 2016), tutors (Banaeian & Gilanlioglu, 2021; Konijn& Hoorn, 2020; Wedenborn et al., 2016), and peers (Liao & Lu, 2018; Rasouli et al., 2022), which support learner's acquisition of the target language through communicative processes (Lee & Lee, 2022). Previous

图1 概念引入示例（Jao, Yeh & Hung 2024）

在简单介绍了研究背景和解释核心概念后,作者提出研究机器人辅助语言学习的价值在于,机器人可以扮演多种角色,让学习者能够在不同的场景中进行有意义的语言输入—输出的练习,从而提升他们学习目标语言的有效程度。通过以上的信息,我们已经得知该主题的文献综述是想深入探讨机器人对于语言学习的作用。接下来,作者很有可能会梳理关于机器人辅助学习在实际应用当中的研究发现,呈现更多的细节信息。

1.3.2 研究概述

研究概述作为文献综述的主体部分之一,其作用是通过梳理过往的研究证据,为当前研究的价值和合理性提供证据链和有力支撑。在这个部分,我们需要首先呈现前人的相关研究,总结现存的证据和发现。在此基础上,我们还需要对研究现状进行批判性思考,分析不同研究之间的关联和当前研究领域存在的局限。

那么,我们应该如何呈现文献综述的脉络呢?一般来说,文献综述有三种呈现方式,分别是时序型、主题型和对比型。

1.3.2.1 时序型呈现

时序型的呈现方式就是根据时间顺序进行研究概述。它的优点是易于理解,我们只需要根据研究发展的时间线,梳理该研究领域的早期发现到最新进展即可。时序型的呈现方式比较一目了然,读者能够直观地看到该研究领域的发展趋势,及其发展过程中存在的挑战和局限。当我们采取时序型的呈现方式时,需要界定该研究领域发展的几个关键节点,并梳理每个节点存在哪些具有影响力和重要地位的文章和著作。

以 2016 年发表在《现代外语》的一篇关于口语测试评分标准的文献为例。从图 2 中可以看到,这是一篇非常典型的时序型综述,作者首先划分了研究阶段,将相关研究从早期到近期划分为 20 世纪 80 年代、20 世纪 90 年代和 21 世纪以来这三个时间段。在划分了研究阶段后,作者又提炼了各个阶段的主题,比如在研究层面,作者将各个阶段主题命名为专家型经验、实践者认知和学习者发展;在实践层面,作者又将各个阶段的主题凝练为本族语者、能做表述和典型特征。大家可以看到,这篇时序型的文献综述可以直观地呈现口语测试评分标准的发展趋势。

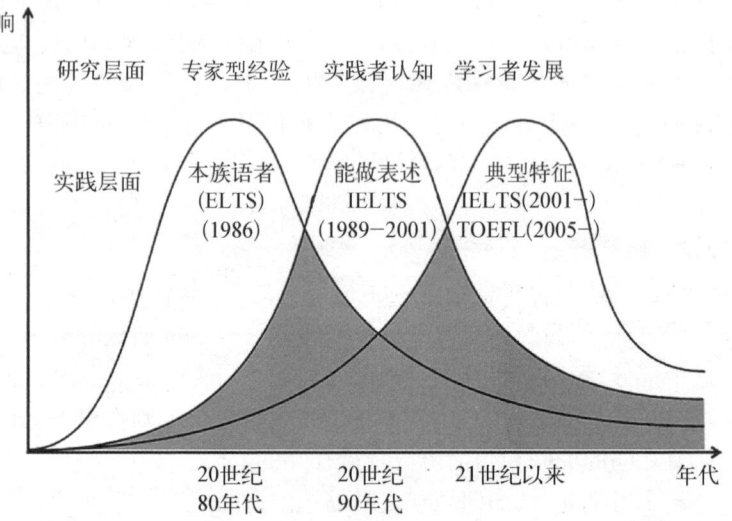

图 2　口语测试评分标准研制的三个阶段（金檀,刘力,郭凯 2016）

　　在运用时序型的呈现方式进行文献综述写作时,我们需要着重思考以下几个问题:首先,与本研究主题相关的研究最早发表在哪里? 早期学者提出了什么理论框架? 其次,在早期研究的基础上,中后期的研究是如何发展的? 它的核心理念和理论框架有没有发生改变? 如果有,变化的内容及原因是什么? 最后,最新的研究成果以及应用是什么? 如果我们的研究概述能很好地回应以上几个问题,那么就能清楚地呈现该研究领域的发展脉络。

1.3.2.2　主题型呈现

　　第二种呈现方式是主题型,这其实是比较常用的一种文献综述形式,它的主要思路是根据核心概念将文献综述分成不同主题进行详细叙述。以发表在 *Computer Assisted Language Learning* 上的一篇实证文章为例(Zhang & Hyland 2023),大家可以从图 3 中看到,作者是希望通过描述数码素养（digital literacy）与学习者投入（student engagement）两个主题之间的关系构建理论模型。因此在文献综述的部分,作者以核心概念为主题呈现文献综述:首先从最核心的主题"数码素养"开始,解释数字素养是指个人通过写作和其他媒介在数码平台评估和整合信息的能力,并回顾了相关的理论框架,提出数字素养包含五个层面(doing、meaning、relating、thinking、being);接下来,作者开始概述"学习者投入"的研究,并解释了学习者投入的三个维度(behavioural、affective、cognitive)在处理写作自动反馈时的表现形式。最后,作者对两个主题之间的关系进行了解释,说明了数码素养和学习者投入之间的关系。例如,在行为投入上,学习者的行动和解读能力反映在利用自动反馈进行修改;在情感投入上,学习者的互动和身份构建能力体现在与同伴讨论和交流写作自动反馈的过程中;在认知投入上,学习者的思考能力集中在对写作自动反馈的功能和局限性的批判性思考中。

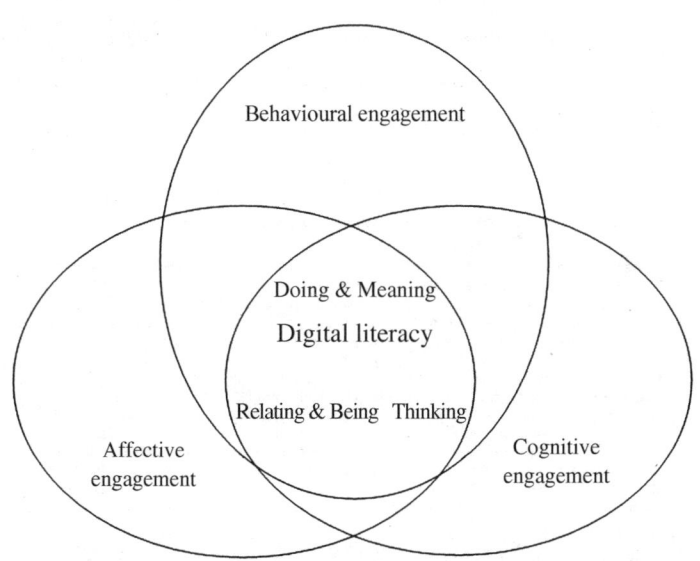

图3 数码素养及学习者投入理论模型(Zhang & Hyland 2023)

如果大家在做文献综述的时候考虑采取主题型的呈现方式,我们同样可以思考以下几个问题:首先,如果要按主题进行研究概述,各主题之间是否存在明显的逻辑关系? 核心概念之间的逻辑关系是什么？比如在这篇文章里，数码素养的能力体现和学习者投入之间就存在重叠关系。其次，在梳理逻辑关系的时候，过往研究采取了什么样的叙述方式？这种叙述是否可以借鉴？最后，对于每个主题，是否都有对应的相关文献来支持论点？理想情况下，每个主题的文献概述都应该具备研究基础和理论支撑。

1.3.2.3 对比型呈现

第三种呈现方式是对比型，即对比两种或多种研究主题的共性和差异。比较常见的对比方式是对比研究方法，例如关于自动反馈辅助写作（AWE-supported Writing Process）这个主题，不同的研究者会利用不同的方法探索这个主题。以这篇于 2022 年发表在 *Language Learning & Technology* 上的文章为例（Chen et al. 2022），见图 4，作者在文献综述部分首先回顾了两种不同的研究方法，即结果导向（Product-oriented）和过程导向（Process-oriented）的两种方式，并比较了两种方式的利弊。通过这样的类比，作者提出了新的研究方法去探索自动反馈辅助写作，并且说明自己的研究方法如何区别于过往的研究方法。

Literature Review

Educational Application of AWE: Two Research Approaches

Studies on the application of AWE in pedagogical settings generally follow a product-, process-, or product/process-oriented approach (Warschauer & Ware, 2006). So far, most studies have adopted a product-oriented approach, which focused on evaluating the effectiveness of AWE software, including its validity and reliability, its impact on writing accuracy and proficiency, and learner perceptions of its usefulness (Stevenson & Phakiti, 2014). For example, Cheng (2017) conducted an experiment on EFL students' use of AWE in writing reflective journals. Results showed that the experimental group with access to AWE feedback outperformed the control group in their final writing scores. Ware (2014) examined the impact of three forms of feedback and found that, compared with peer feedback delivered via pen and paper, students showed a preference for the two types of technology-mediated feedback: teacher feedback delivered by Blackboard and AWE-generated feedback. However, it should be noted that there is still controversy about using AWE as a pedagogical tool. Proponents hold that AWE software can alleviate teachers' burden by diverting their valuable time from error correction toward improvement of other important aspects of writing, such as content and organization (Li et al., 2015; Stevenson, 2016). On the other hand, critics have expressed concerns over the failure of AWE to accommodate the social and communicative dimensions of writing (Ericsson, 2006; Vojak et al., 2011).

图 4　写作自动反馈的两种研究范式（Chen et al. 2022）

采用对比型的综述方式时，我们需要思考：首先，对于我们想要研究的主题，过往的研究都采用何种研究范式（质性研究/量化研究/混合研究）？其次，哪种研究范式最为普遍？背后的原因是什么？不同研究范式各有什么优缺点？最后，过往的研究对当前的研究范式有何启发？除了对比研究方法，我们还可以对比研究情景，比如对比国内研究现状和国外研究现状有何异同；也可以对比不同研究理论，比如不同学派对于特定概念的定义和认知有何异同。

1.3.3　观点总结

在总结观点这部分，我们需要凝练本主题的重要发现，总结现有研究得出的结论。此外，我们还需要在现有研究的基础上阐明当前存在哪些相互矛盾或是有知识盲点的领域，从而定位当前研究的独特价值，表明当前研究可以在哪些方面做出有意义的贡献。最后，我们再基于研究现状的局限形成自己的研究问题。

> 2023) have also been reported. However, researchers have not focused on the effects of robot-assisted multimodal composition on learners' audience awareness in English writing. Furthermore, despite the importance of multimodal content creation in language education, most of RALL research has been focused on the effects of the robots' programmed content on students' learning (Engwall et al., 2021; Michaelis & Mutlu, 2018; Yueh et al., 2020). Thus, how the experience of creating multimodal content with robots' assistance might affect students' target language learning is under-explored. Thus, as mentioned above, this exploratory study is an investigation of how robot-assisted multimodal composition of presentations might affect EFL college students' audience awareness in English writing, featuring the use of Kebbi, a social robot. The study was guided

图 5　观点总结示例（Jao, Yeh & Hung 2024）

在前文提到的机器人辅助语言学习的论文（Jao, Yeh & Hung 2024）中，作者总结了过往的研究大多集中在机器人对于学习者编程能力的影响，指出关于机器人对于学习者在写作中的读者意识的影响，研究十分有限。因此，该研究旨在探索机器人辅助的多模态创作如何影响读者英文写作中的读者意识。

2. 方案提供

在了解文献综述的写作结构后，我们应该如何有针对性地开展文献综述的工作呢？一般来说，在大致确定了研究选题和研究概述呈现方式的思路后，接下来的工作主要包含三个步骤：文献探索、文献管理、文献分析。

2.1 步骤———文献探索

通过第一章的学习,我们掌握了一些文献检索的基本办法,例如通过 Web of Science 等学术搜索引擎进行检索。在这个基础上,如果想要更为精准地找到目标文献,我们还可以利用一些人工智能平台,快速探索相关文献,从而梳理特定研究领域概况。这里给大家推荐三个平台: 1. Open Knowledge Maps; 2. Connected Papers; 3. Research Rabbit。

2.1.1 Open Knowledge Maps

Open Knowledge Maps 是一个创新的可视化文献检索平台,为广大学者和研究人员提供了一种新颖的方式来探索研究文献,从而让人们能更快捷地了解某一领域的研究概况。Open Knowledge Maps 的亮点在于其独特的可视化功能,它没有采用传统的基于文本的搜索方式,而是从大量信誉良好的数据库中提取数据,并采用基于人工智能的交互式的可视化图谱进行信息聚类,从而呈现特定领域或主题的相关研究。这种可视化功能可以清晰和全面地呈现某一领域内不同概念和文献之间的关系,让我们更为直观地看到特定知识领域的研究现状,并加深我们对特定研究主题的整体理解。

Open Knowledge Maps 的操作十分容易上手。进入主页面(见图 6[①])后,不需要预先注册账户,就可以直接进行检索。在这里,我们以白老师的研究兴趣话题写作自动反馈为例,在中间的搜索栏中输入研究主题关键词"automated writing evaluation feedback",选择默认的搜索模式(即图 6 中的"BASE",代表检索包含所有学科),并点击右侧的"GO",然后等待结果生成。

检索结果(见图 7)的左侧显示,与该话题高度相关的文献有 62篇,涵盖了 15 个细分主题,例如活动理论(activity theory)、合作反馈处理(collaborative processing of feedback)、在线同伴反馈和教师反馈(online peer feedback and teacher feedback)等主题研究。每个圆圈

---

① 除特殊说明外,本章节的图片均检索于 2024 年 1 月 15 日。

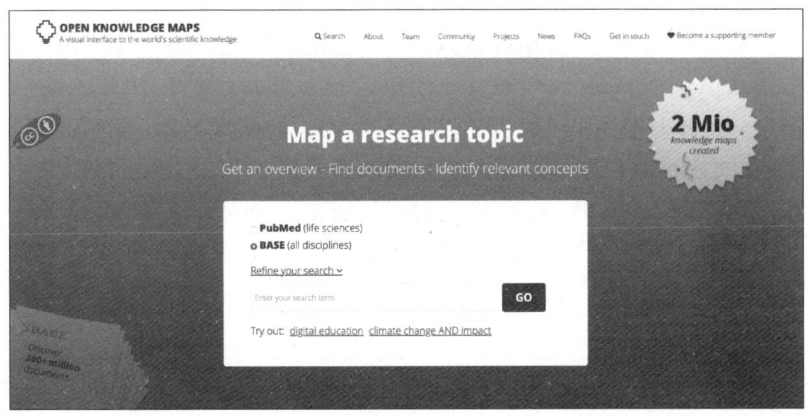

图 6　Open Knowledge Maps 主页面

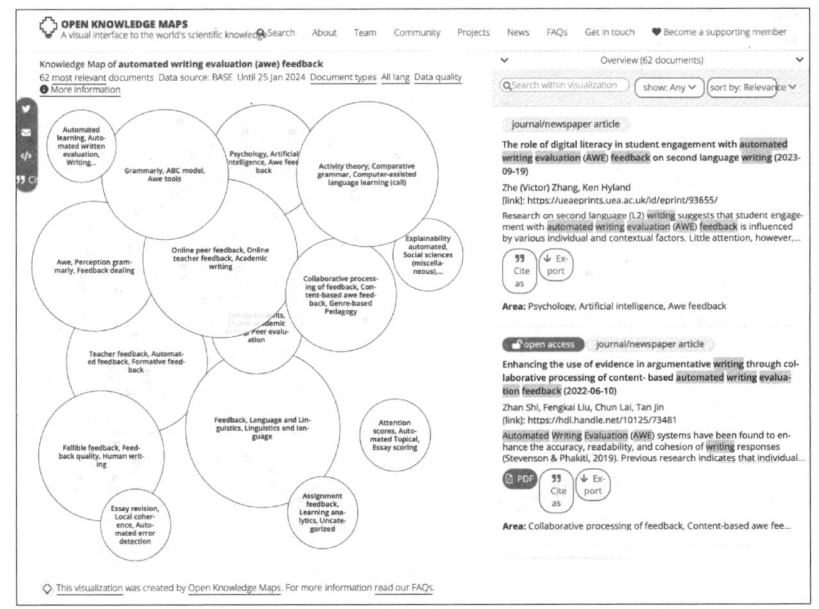

图 7　检索结果页面

的大小代表了相关研究的数量,圆圈尺寸越大,说明相关文献数量越多,而圆圈尺寸越小,则表明相关文献数量越少。我们可以清楚地看到,在该领域中,现有的研究更多集中于在线同伴和教师反馈、自动反馈工具使用、反馈和语言学应用等方面。

假如我们对与"合作反馈处理"话题相关的文献感兴趣,可以点击代表该主题的圆圈,可视化图谱就会显示和该子话题相关的文献信息(见图8),结果显示该话题有四篇相关的研究文献。在右侧栏目中,我们可以根据话题相关度或发表年份进行相关文献的排序,并点击下方的"Cite as"选择合适的引用方式。对于一些开源的文献(在标题上方注有"open access"字样),我们甚至可以直接点击文献信息下方的"PDF"下载文献进行阅读。

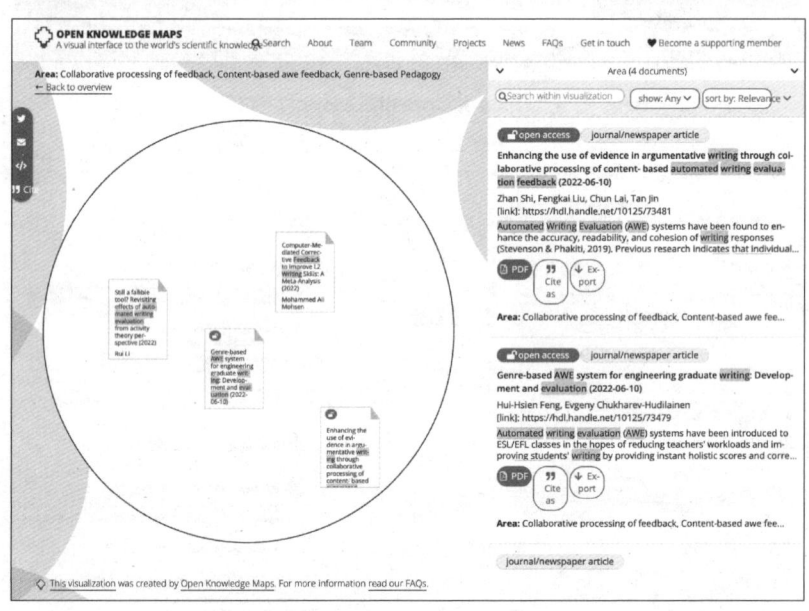

图 8　子话题相关文献信息页面

2.1.2　Connected Papers

当我们检索到一两篇和自己研究兴趣高度关联的文献,并想要了解和这篇文献相关的其他研究时,我们可以使用 Connected Papers 这个平台进行关联文献检索。Connected Papers 也是一个对公众开放的检索平台,它可以自动分析特定文献的引文信息,利用可视化图谱的方式呈现该特定文献的引用和被引用情况,快速建立起与该文献相关的知识网络,帮助我们快速找到与该文献相关的其他论文,并查看作者、摘要、相互关联等基本信息,其主页面如图 9 所示。

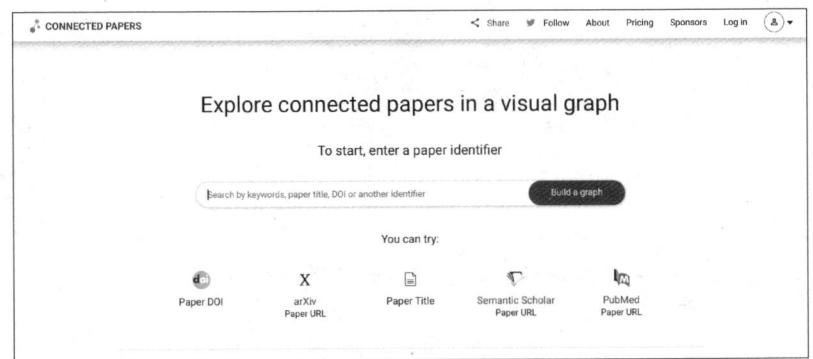

图 9 Connected Papers 主页面

这个平台的使用方法也很简单。我们可以在主页的检索栏中输入文献关键词、文献标题或是文献的 DOI 地址进行检索。在输入内容后,点击检索栏右侧的"Build a graph",就可以等待平台自动生成可视化的相关文献。最左边的一栏是关联文献列表,它会默认依据文献之间的相似度进行排序,相似度越大的论文会排得越靠前。如果想查看这些文献的详细信息,我们可以点击右上角的"Expand"跳转视图列表,根据文章发表的年份和被引用量重新排序。

接下来我们可以查看文献之间的关系。如图 10 所示,每一个圆圈都代表着一篇文献,最中间黑色边框的圆圈就是我们输入的文献。圆圈的颜色越深,说明它的发表时间离得越近;圆圈的尺寸越大,代表它被引用的次数越多。圆圈之间的线条则表示文献之间的引用关系,越相似的文章或距离比较近的文章间的连线会更密集。同时,我们还可以点击上方的"Prior Works"与"Derivative Works"查看和该文献相关的早期文献有哪些,以及后续派生的文献有哪些。通过这个工具,我们可以快速对海量的文献进行有条理的梳理。

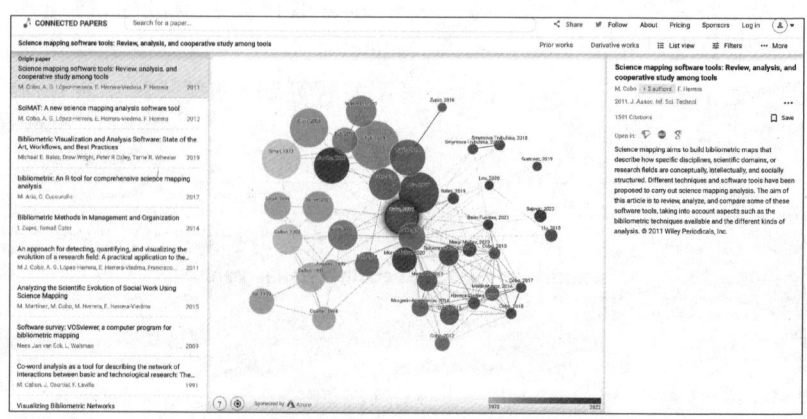

图 10　Connected Papers 检索结果页面

2.1.3　Research Rabbit

　　Research Rabbit 也是一款类似的文献可视化检索平台。当我们检索到一两篇和自己研究兴趣高度关联的文献,就会想要继续了解与这篇文献相关的其他研究,这会引导我们去继续寻找该论文的参考文献或引文、该领域的其他作者及其出版作品,就像沿着兔子洞盘旋而下,探索更为广阔的世界,这也是 Research Rabbit 名字的起源。

　　进入 Research Rabbit 官方主页后(见图 11),我们先点击左下角的"Sign up"注册账户,然后回到主页,单击右上方的"Log in"进行登录,此时我们才可以进入操作页面。进入操作页面后,点击左侧栏目的"Add Papers",并在检索框中输入核心文献的标题、DOI 或者关键词,添加想要寻找关联的文献。在添加完文献后,我们的参考论文将显示在页面中,其中包含摘要、作者姓名、标题、年份、论文发表的出版物和期刊信息。选中文献后,我们可以单击"Similar Work""All Citations"等选项探索该文献有多少篇类似的论文,以及相关的参考文献和引文(见图 12)。

　　如果想要按照时间顺序来查看,我们也可以点击图谱上方的"Graph Type"-"Timeline"进行排序(见图 13),这可以帮助我们进行

图 11 Research Rabbit 主页面

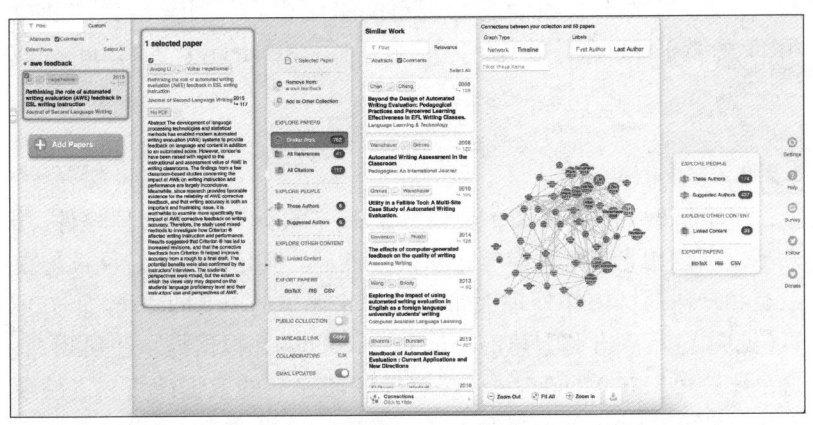

图 12 Research Rabbit 分析结果

时序型的研究概述写作。此外,Research Rabbit 还有标注和合作编辑等多种功能,有兴趣的读者可以自行探索。

2.2 步骤二——文献管理

通过文献检索,我们得到了许多和自己研究话题高度相关的文献素材。接下来,我们需要利用特定的软件对这些文献素材进行管理,以便在后续进行写作引用时可以快速地定位到目标文

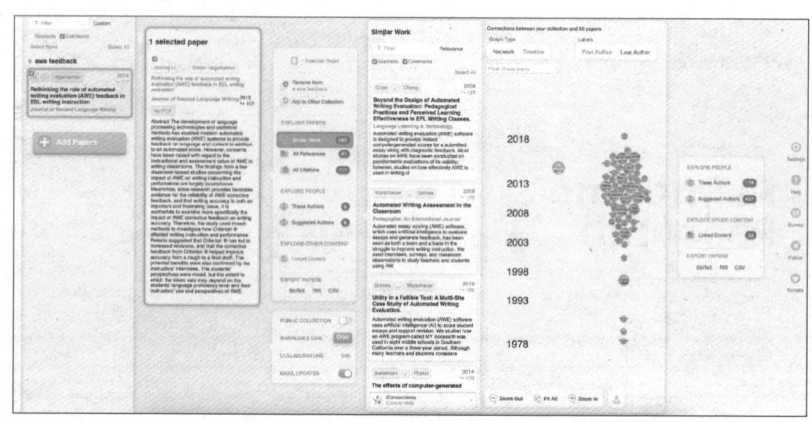

图 13 Research Rabbit 时间排序页面

献,以及快捷地导出符合写作规范的引用格式。目前最为广泛应用的文献管理软件有以下三个:1. Mendeley;2. EndNote;3. Zotero。

2. 2. 1 Mendeley

Mendeley 是由 Elsevier 公司开发的一款免费文献管理软件,用户不仅可以用它来管理参考文献,还可以对 PDF 文件进行阅读标注以及和全球同行协作处理大量的参考文献。打开 Mendeley 官方主页(见图 14),点击右上角的"Create account"并根据提示注册账户,这个账户可以在 Mendeley 云端储存我们建立的数据库资料。注册账户后,我们再次回到官网主页,点击右上角的"Download"下载 Mendeley Reference Manager 的安装包。目前,Mendeley Reference Manager 兼容各大主流操作系统,包括 macOS、Windows 以及 Linux 系统。当我们完成安装后,便可以进入 Mendeley 建立属于自己的文献管理图书馆。

使用 Mendeley 导入文献时,有几种方式可以选择。第一种是直接拖曳。当我们下载了一篇文章的 PDF 文件,可以直接将该文件拖曳进 Mendeley 界面(见图 15),Mendeley 会自动提取该文献的元数据并生成文献信息,显示在个人图书馆的第一条。此时双击打开刚

图 14 Mendeley 官网页面

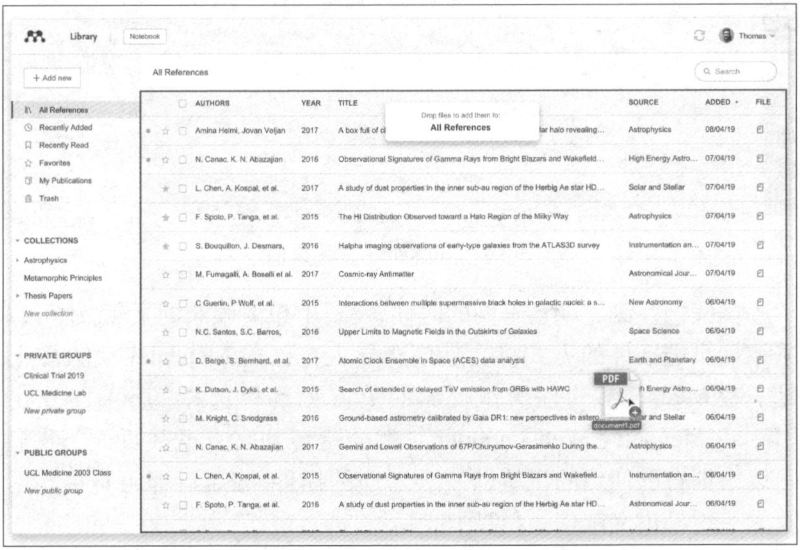

图 15 Mendeley 个人图书馆页面

刚导入的文献条目,就可以直接进入该文献的阅读界面。

如果没有现成的 PDF 文件,我们可以采取手动的方式,先点击操作页面左上角的"Add new"按键,再选择"Add Entry Manually"手动输入文献的信息,如标题、作者、期刊、发表年份等,最后点击"Save"保存文献信息。此时录入的文献条目只能进行索引,无法双击打开进行阅读。如果之后下载了对应的 PDF 文件，我们可以再单击该文献条目，在"Info"的条目下找到"Files"，点击旁边的加号添加 PDF 文件。此外，我们还可以在"Annotations"的条目下对该文献进行简单的标注，方便我们回忆这篇文献的关键信息（见图 16）。在"Notebook"的条目下我们还可以创建关于该文献的笔记本，记录自己对这篇文献的理解和思考。

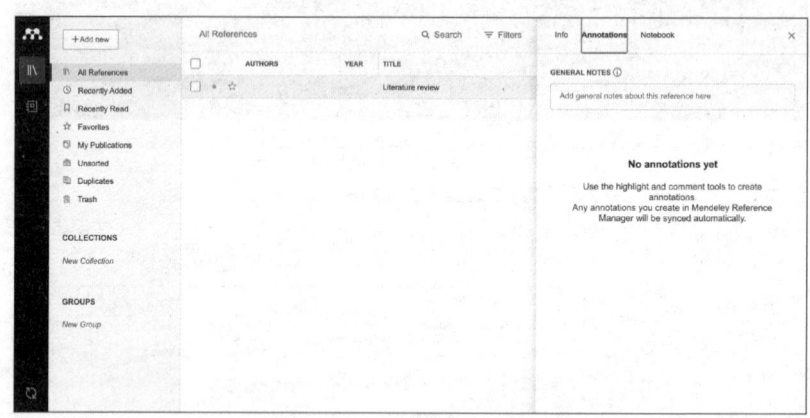

图 16　Mendeley 标注页面

当我们在浏览期刊官网的时候，发现了想要收录的文献，还可以采取网页端插件的方式将文献信息导入自己的 Mendeley 个人图书馆。在 Mendeley 软件操作页面的上方工具栏选择"Tools"，点击"Install Mendeley Web Importer"，就会跳转到官方下载页面。我们可以根据自己使用的浏览器安装对应的插件，安装后即可直接在网页端一键导出文献信息（见图 17）。

最后，我们还可以安装 Mendeley 官方的引用插件 Mendeley Cite，配合我们在 Microsoft Word 等文字处理软件进行文献引用的工作。安装方式与网页端插件相似：在 Mendeley 软件操作页面的上方工具栏选择"Tools"，点击"Install Mendeley Cite for Microsoft Word"即可跳转到官方下载页面。安装好 Mendeley Cite 后，我们打开 Microsoft Word 时就可以看到"References"栏目的最右方出现了 Mendeley Cite 的图标（见图 18）。Mendeley Cite 支持多种引文样式，

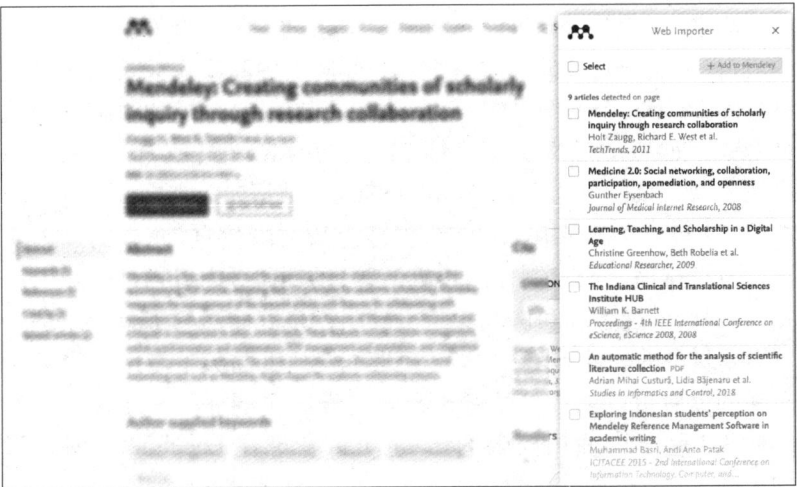

图 17 Mendeley 网页端导入页面

可以实现实时引文插入和参考书目创建，一键生成准确且一致的引文和书目。

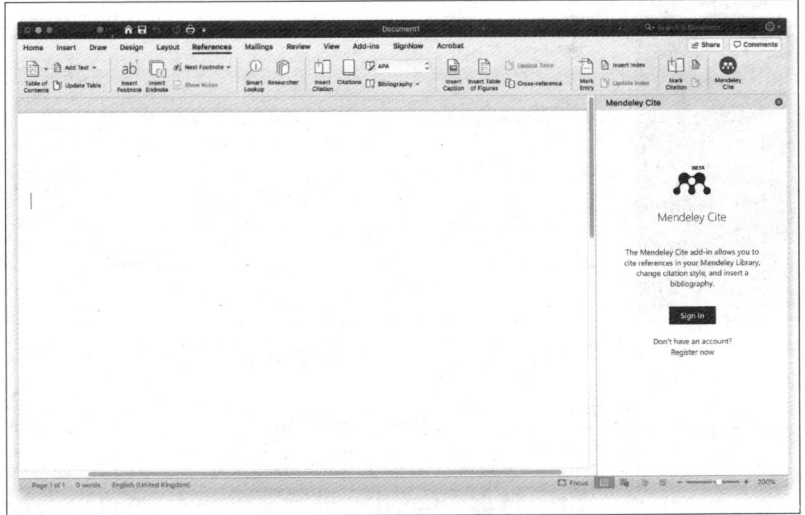

图 18 Mendeley 引用插件页面

2.2.2　EndNote

EndNote 是由 Clarivate Analytics 开发的一款综合性文献管理软件,旨在帮助研究人员、学者和学生管理、引用和协作大量的参考文献。图 19 为其个人图书馆页面。作为目前最为主流的文献管理软件之一,EndNote 已经更新至第 21 版。EndNote 与 Web of Science 隶属于同一家公司,因此它与 SCI/SSCI 等数据库兼容良好。它的功能包括:建立个人文献图书馆;管理海量文献信息,允许用户创建组、去重、排序、分析、制作阅读笔记等;以及通过内置插件快速引用相关文献,一键生成和修改参考文献引用格式。尽管 EndNote 是一款需要付费的软件,许多高校已经为本校师生购买了使用权限。有兴趣的读者可以联系自己所在的学校索取安装资源。如果学校没有购买 EndNote 使用权限的话,也可以考虑在 EndNote 官网自行购买。

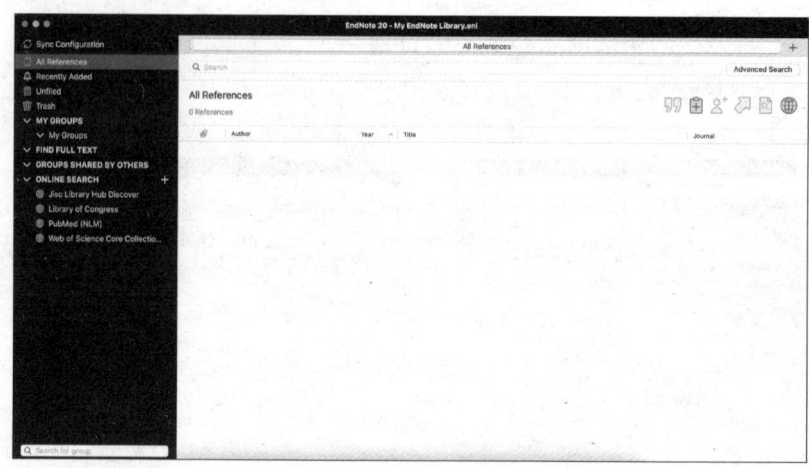

图 19　EndNote 个人图书馆页面

进入 EndNote 的操作界面后,我们可以新建个人图书馆,然后导入文献。与 Mendeley 类似,我们既可以采用导入 PDF 文件的方式(点击右上方的"File",选取"Import")进行文献导入,也可以点击"All References"栏目中右侧带有加号的文档图标,手动输入文献信息。此外，当我们在浏览期刊官网时，通常也可以点击"Cite"并选择"Export citation to RIS"（见图20）。之后我们点击下载的 RIS 文件，EndNote 就会自动识别文献信息并导入个人图书馆。

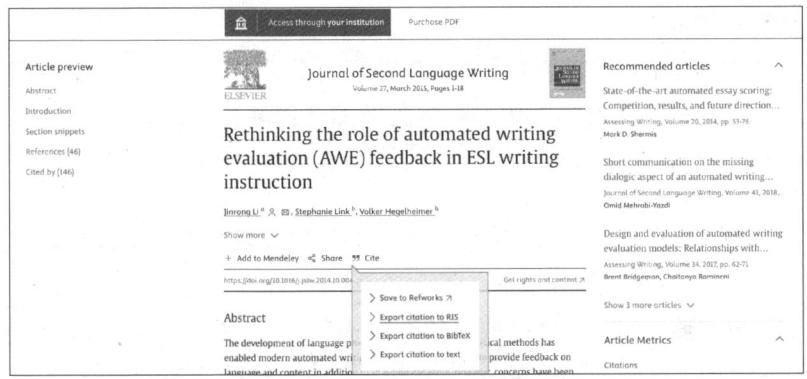

图 20　期刊网页导出引用格式页面

　　EndNote 还有一个便捷功能，就是直接在最左栏的"Online Search"栏目选择"Web of Science Core Collection"进行文献检索（见图 21）。在这里我们可以输入作者姓名、出版年份，或是标题的关键词

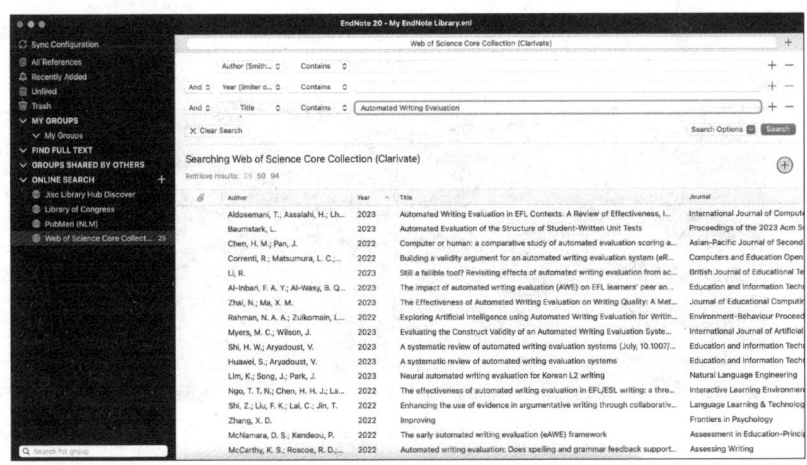

图 21　EndNote 检索页面

进行检索,EndNote 便会生成在 Web of Science 数据库中检索到的所有相关文献。我们也可以双击文献条目,将关联的文献导入个人图书馆中。

2.2.3　Zotero

Zotero 是一款功能强大的参考管理工具,旨在简化学者、学生和专业人士的研究流程。作为一款免费的开源软件,Zotero 因其用户友好的界面、强大的功能以及促进学术界无缝协作的宗旨而获得了广泛使用和赞誉。

进入 Zotero 官方主页(见图22),我们可以看到 Zotero 同样兼容 macOS、Windows 以及 Linux 等主流系统平台。我们点击页面中心的"Download",根据自己使用的平台下载对应的安装包即可使用。Zotero 的个人图书馆界面及使用方式与 Mendeley 和 EndNote 基本类似,都可以通过导入 PDF 文件、手动输入、安装网页端插件等方式导入文献信息,也可以安装和 Microsoft Word 适配的插件进行引文的插入和参考文献的生成。此外,由于 Zotero 的开源特性,用户可以自行添加或者开发第三方插件来提升软件使用体验,例如在 PDF 文件上实现实时中英翻译的功能,帮助读者快速地理解文献内容。有兴趣的读者可以在 Zotero 官方的插件平台(见图23①)进行自行探索。

图22　Zotero 官方主页

---

① 检索于 2024 年 8 月 30 日。

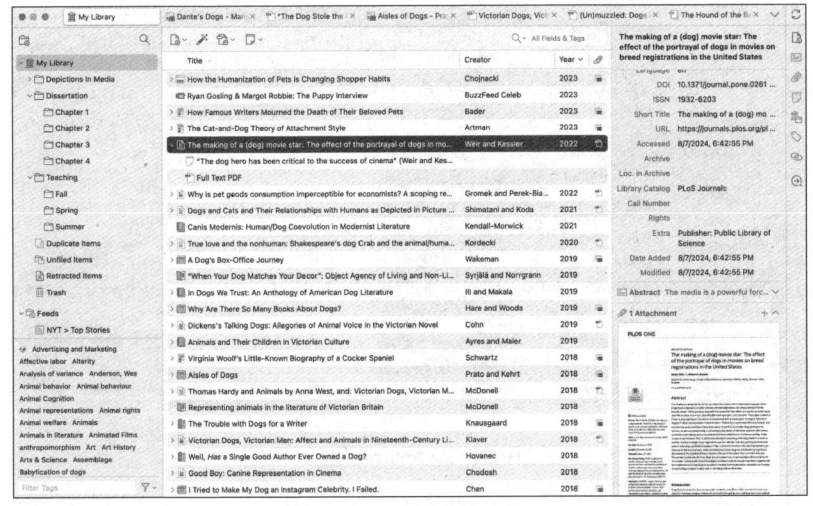

图 23　Zotero 个人图书馆界面

2.3　步骤三——文献分析

通过文献检索和管理,我们初步建立了自己的文献资料库。接下来,我们需要精读这些文献,梳理出对我们研究有价值的信息。在这个过程中,我们有可能面临文献太多而无法完成阅读任务的挑战。那么应该如何高效地分析每篇文献,快速提炼有效信息呢? 这里给大家推荐两个平台: 1. Scholarcy; 2. Elicit。

2.3.1　Scholarcy

Scholarcy 是由一家总部位于英国的科技公司基于机器学习技术而开发的文献辅助阅读工具。研究人员可以通过该平台迅速从学术文献中提取关键发现、数据和来源。除了能够推荐类似的文献,它最为广泛使用的功能就是对文献不同章节的文本进行概括,并且高亮关键内容,帮助读者快速获取文献的信息,以判断文献内容是否有利于自己的综述写作,图 24 为其主页。

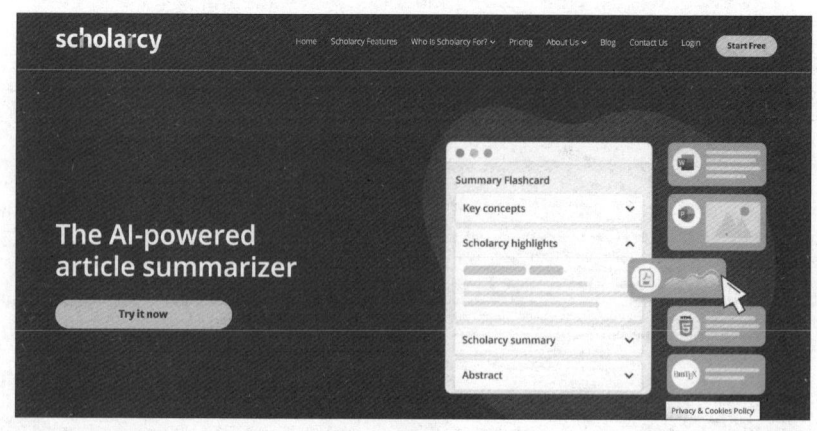

图 24　Scholarcy 主页

在注册后进入平台，我们可以上传文献的 PDF 文件。此时平台就会开始自动分析文献内容，并提供关于这篇文章的核心亮点（图 25 所示）。此外，我们还可以根据自己的需要，查看文献不同小节的概括内容。例如，如果我们只想了解该研究的样本量，我们可以点开"Participants"的小节浏览具体细节。

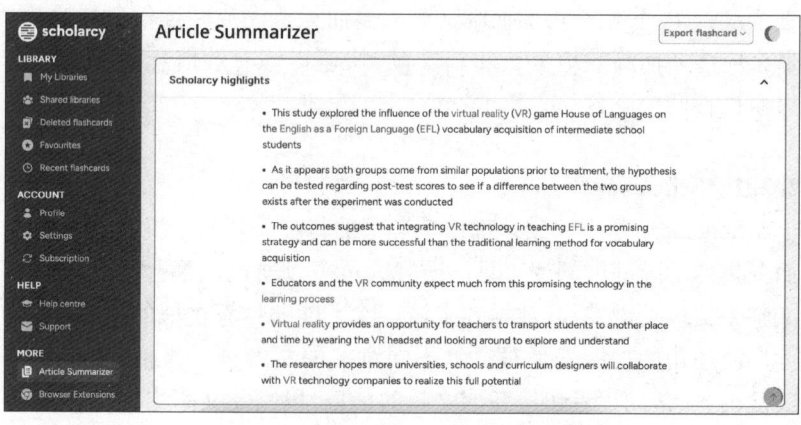

图 25　Scholarcy 文献概括结果

2.3.2　Elicit

Elicit 是一款结合自然语言处理技术的文献分析平台,它可以全面理解和分析大量学术文献数据,并生成研究概述。借助 Elicit,研究人员可以快速访问学术论文的摘要,轻松地从论文中提取关键信息,从而节省宝贵的时间,提升文献综述的速度。目前,Elicit 已有超过 80 万用户,图 26 为其主页。

图 26　Elicit 主页

除了对上传文献进行分析,Elicit 还支持使用特定论点作为检索条件。用户可以输入某个论点,例如"自动反馈是否能提升学生写作质量"(图 27 所示),平台就会立刻检索所有和该论点相关的文献内

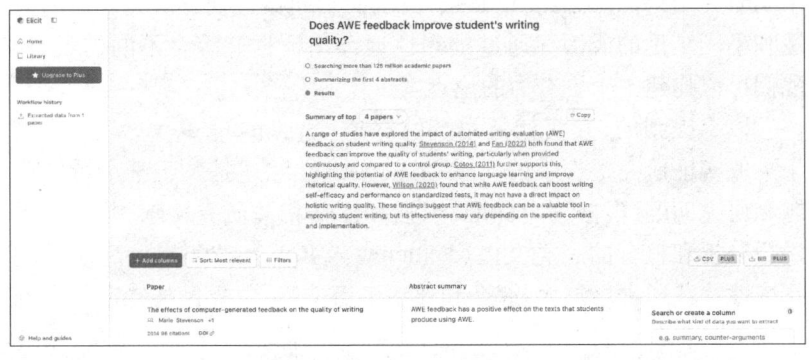

图 27　Elicit 文献分析结果

容,并提供总体的研究概况,以帮助研究人员快速获取支持文献综述写作的相关素材。此外,它的聊天机器人功能即将上线。用户可以上传文献,并向机器人询问有关该文献的具体内容,在人机交互式对话中加深对文献内容的理解。

本小节内容旨在帮助大家高效检索、管理和分析文献来进行文献综述。首先,我们需要找到一两篇和自己研究兴趣高度相关的核心文献,并利用 Open Knowledge Maps、Connected Papers、Research Rabbit 等平台探索其他关联文献和作者,以及该研究领域的发展历程。当我们积累了一定数量的文献作为写作素材时,我们需要借助 Mendeley、EndNote、Zotero 等专业的文献管理软件将文献分门别类进行归类整理,便于我们后续进行文献溯源以及生成符合规范的引文。最后,我们在精读文献时,可以考虑利用 Scholarcy、Elicit 等智能平台帮助我们快速理解和提炼文献中的关键信息,提升我们的写作速度。

3. 应用拓展

通过学习以上内容,我们已经基本了解了文献综述的写作结构和开展文献综述的方法。但随着我们深入文献,往往会发现文献中存在许多不同的观点和矛盾的结论。如果想要了解这些矛盾结论背后的原因,我们就需要对这些文献进行批判性评估和整合,分析影响不同研究结果的背景、变量和条件,从而全面概述现有研究证据的共性和不同结论的成因。通过批判性地评估证据并综合不同的观点,我们可以构建一个更有力的论点。

以上提到的,其实就是系统性综述(Systematic Review)。区别于一般实证研究报告中的文献综述,系统性综述是基于某个特定话题和研究问题,根据特定标准,识别和评估相关研究文献,并对结果进行分析和整合的一类文体(Petticrew & Roberts 2006)。高质量的系统性综述通常会汇集、综合和评估多篇文献,以提供与特定研究问题相关的证据。此外,通过评估这些证据的范围、性质和质量,系统性综述可以指明当前研究存在的局限性,为未来的研究提供方向;论证某些研究的价值和意义；衡量某种干预行为的有效性；解释矛盾发现的可能性；为发展理论和改善实践提供启发（Siddaway，Wood & Hedges 2019）。

进行系统性综述时，需要严格遵循一系列步骤，以最大限度地减少偏见，从而客观地呈现某个领域的研究现状。这些步骤包括：1. 形成综述的探究问题；2. 定义收录和排除文献的标准；3. 制定检索方案及定位目标文献；4. 筛选文献；5. 文献标注及提取数据；6. 评估文献质量；7. 分析和解读综述结果；8. 发布综述发现（Uman 2011）。

3.1 定义问题及预先注册

在进行系统性综述之前，我们需要先定义自己想要回答的研究问题是什么。通常情况下，学者们会遵循 PICOC（population，intervention，comparison，outcomes，context）的格式（Petticrew & Roberts 2006）来定义自己研究问题涉及的对象（population）、干预手段（intervention）、比较内容（comparison）、结果（outcomes）和情景（context）。例如，"Does AWE feedback improve adolescent L2 learners' revision quality in out-of-class learning compared to teacher feedback?"。在这里，我们想要探究的问题是，自动反馈（干预手段）和教师反馈（比较内容）相比，是否提升了青少年二语学习者（对象）在课后学习（情景）的写作修改质量（结果）。

在定义好研究问题的基础上，许多学者会对自己的系统性综述进行预先注册（pre-registration）。预先注册指的是，在公开数据库上提交关于系统性综述的关键信息，描述该综述的主题、设计和开展方式。通过预先注册，学者们可以透明地呈现自己开展综述工作的严谨流程，增强综述的质量和结论的说服力度。另外，研究人员也可以通过参考数据库的注册信息，避免其他人进行雷同的综述工作。期刊编辑和同行评审员也可以根据注册信息，判断综述稿件是否遵循严谨的流程并规避了偏见。通常来说，只有当注册申请被通过后，研究者才能开展系统性综述的工作。目前比较主流的预先注册平台有 PROSPERO，Open Science Framework 等。

PROSPERO 是由英国国家健康研究所（NIHR）资助创立的一个国际数据库，包含了健康和社会护理、福利、公共卫生、教育、犯罪、司法和国际发展领域等系统性综述的注册信息，图 28 为其主页。它旨在提供一份全面的系统性综述列表，帮助学者避免进行重复的综述工作。在 PROSPERO 平台上，所有提交了注册信息的系统性综述都会被永久记录和保存，因为每次注册都会被分配一个唯一的编号，这个编号可以在出版物和报告中引用。目前该平台只接受和健康方面相关的系统性综述预先注册申请。

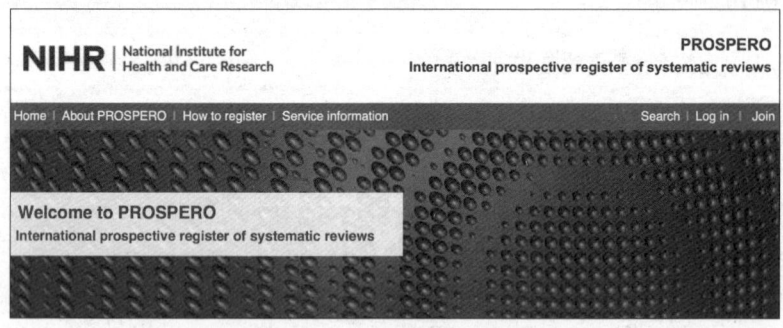

图 28　PROSPERO 主页

Open Science Framework（OSF）是一个成立于美国的研究项目管理平台，旨在增强所有学科研究的开放性、可重复性和完整性。研究人员可以使用该平台进行协作、记录、存档、共享、注册研究项目和材料，图 29 为其主页。Open Science Framework 提供了多样化

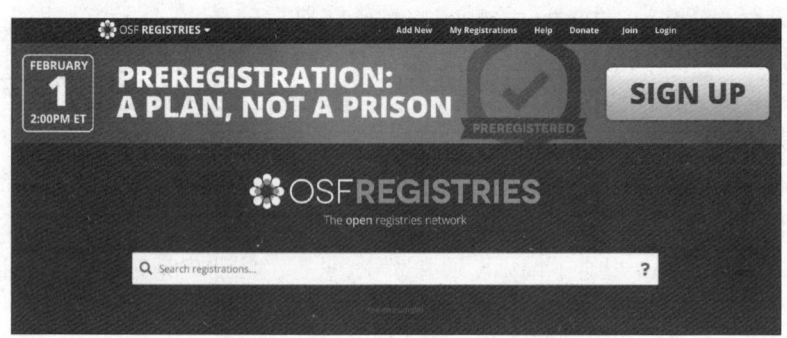

图 29　OSF 主页

的综述注册模版,用户可以免费下载这些模版并上传至该平台注册自己的综述项目。

一般来说,大多数的系统性综述注册模版都参照了 PRISMA-P (见图30),一个能够为准备系统性综述提供指导的清单。在进行预先注册时,研究人员可以对照清单内容,详细填写自己开展系统性综述的各项步骤,以确保在开展综述前已经仔细考量了每个步骤的严谨性。

RESEARCH METHODS & REPORTING

Preferred reporting items for systematic review and meta-analysis protocols (PRISMA-P) 2015: elaboration and explanation

OPEN ACCESS

Larissa Shamseer[1], David Moher[1], Mike Clarke[2], Davina Ghersi[3], Alessandro Liberati (deceased)[4], Mark Petticrew[5], Paul Shekelle[6], Lesley A Stewart[7], the PRISMA-P Group

[1]Ottawa Hospital Research Institute and University of Ottawa, Canada; [2]Queen's University Belfast, Ireland; [3]National Health and Medical Research Council, Australia; [4]University of Modena, Italy; [5]London School of Hygiene and Tropical Medicine, UK; [6]Southern California Evidence-based Practice Center, USA; [7]Centre for Reviews and Dissemination, University of York, UK

图 30　PRISMA-P 说明(Shamseer et al. 2015)

3.2　收录标准及筛选流程

我们刚刚提到,系统性综述为了回答特定问题,需要基于特定标准来进行检索和收录文献。因此,在进行文献检索后,我们需要根据自行制定的标准对文献进行筛选,只有符合收录标准的文献才能进入下一步的分析。收录标准的制定一般是围绕我们的研究问题五要素 PICOC 进行开展。以下方这篇论文为例(Tokac, Novak & Thompson 2019),这篇论文想要比较传统课堂教学和基于游戏的课堂学习对于 K-12 年级学生数学成绩的总体影响。在制定收录标准(见图31)时,作者清楚地定义了,只有涉及研究对象为 K-12 年级学生、采取基于游戏的干预行为、比较传统课堂和游戏课堂、关注数学成绩并且提供足够数据计算效应量的研究才会被收录。

4.2 | Inclusion criteria

All studies from the initial search were examined by two reviewers and assessed for inclusion in the meta-analysis using the following criteria:

1. Publication year range from 2000 to 2017.

2. Study employed game-based and traditional nonvideo game-based classroom instructional interventions.

3. Study used at least one gamed-based classroom and one traditional classroom.

4. Study participants were PreK-12th-grade students.

5. Student mathematics achievement was used as an outcome.

6. It was possible to infer that the video games could be characterized as "good video games" (Shute & Ke, 2012).

7. Study reported sufficient data to calculate effect sizes.

图 31　收录标准示例（Tokac，Novak & Thompson 2019）

在根据收录标准筛选文献时，为了确保筛选结果的可信度，通常会有两位以上的研究人员对文献进行标注。由于在系统性综述中，我们需要详细汇报检索的文献数量以及筛选时收录和排除的文献数量，因此这些标注都需要详细记录。这里给大家推荐两个主流使用的文献综述筛选平台：Covidence 和 CADIMA。

Covidence 是一款用于进行系统性综述的文献筛选和数据提取工具，它使文献筛查更加高效且易于溯源。目前，Covidence 在全球已拥有超过 40 万用户，被 350 多家顶尖高校、社会组织和医院广泛采用，图 32 为其主页。

在 Covidence 上，用户首先需要将从资源库中检索到的所有文献信息导出为 RIS 文件并上传至 Covidence 平台，此时平台会自动删除重复的文献信息。接下来，用户需要邀请两位以上的研究人员通过

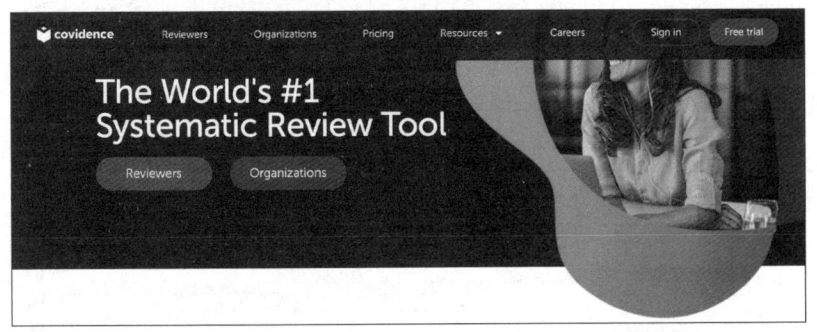

图 32   Covidence 主页

阅览每条文献的标题和摘要,初步筛选相关的文献。之后,再根据预先制定的收录标准进一步筛选文献。平台会根据不同研究人员的审阅结果计算分歧,研究人员需要具体讨论来确认存在分歧的文献是否应当被收录。最后,平台可以对已被确认收录的文献进行数据提取并且导出到 Excel 文件。

　　CADIMA 是由欧盟资助开发的一款免费文献筛选工具,其主页如图 33 所示,它的功能和使用方式和 Covidence 类似。值得一提的是,这两款平台最后都可以生成文献筛选过程的流程图,直接附在系统性综述中。标准的流程图包括识别、初筛、精筛和收录四个阶段,

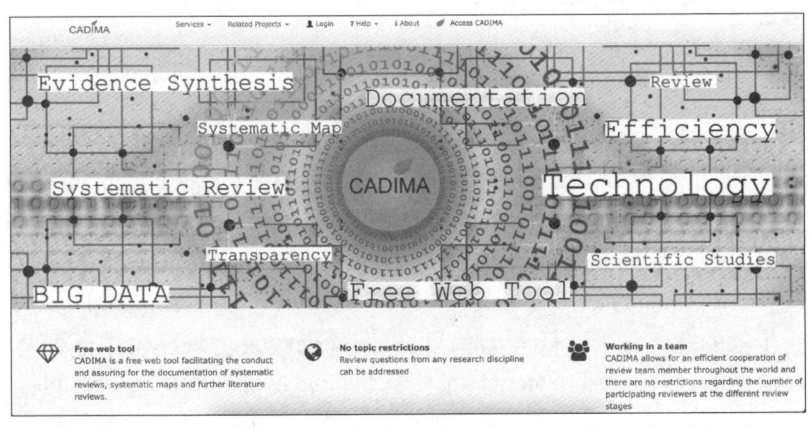

图 33   CADIMA 主页

每个阶段都会注明收录和排除的文献数量,从而得出最终文献收录的数量(如图34)。

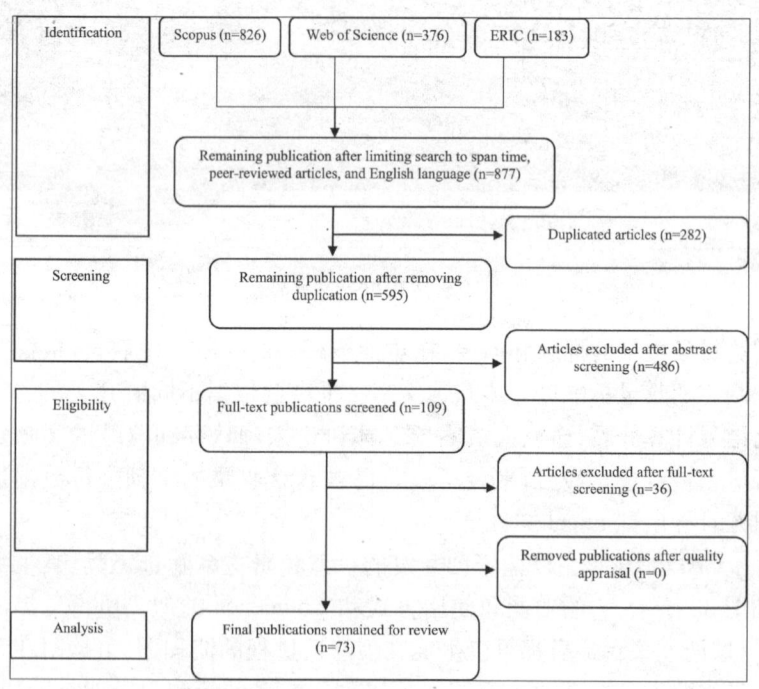

图34　系统性综述文献收录流程图示例(Gao et al. 2024)

3.3　文献质量评估

在完成了文献的筛选和收录工作后,学者们还会进行关键的一步,那就是对收录文献的质量进行批判性评估(critical appraisal)。批判性评估是指对收录文献的研究效度、结果和关联性进行考量,它有时也被称为偏见风险评估(assessing risk of bias)、证据质量评估(assessing quality of evidence)或是质量评估(quality appraisal)。这一步骤的意义在于降低人为偏见,以及确保收录文献提供的证据是高质量的,以确保系统性综述最终结果的客观性和准确性。批判性评估的目的不是为了只收录"完美"的研究,而是为了识别可能存在很大的偏差足以影响研究结果的研究,因为这类研究可能不适用于特定的系统性综述。此外,批判性评估的结果也可以让研究人员知道如何改善未来的研究设计。

目前,学界广泛应用的文献批判性评估工具是由 JBI,一个总部设在南澳大利亚阿德莱德大学健康与医学科学学院的国际研究组织,开发的 JBI critical appraisal tools,图 35 为其主页。该工具经过广泛的同行评审,并通过了 JBI 科学委员会的审核。用户可以访问官网,根据自己需要收录的文献类型,下载对应的批判性评估工具。目前,该网站提供随机对照试验(randomised control trials)、准实验研究(quasi-experimental studies)、质性研究(qualitative research)等多种文献类型的批判性评估工具。

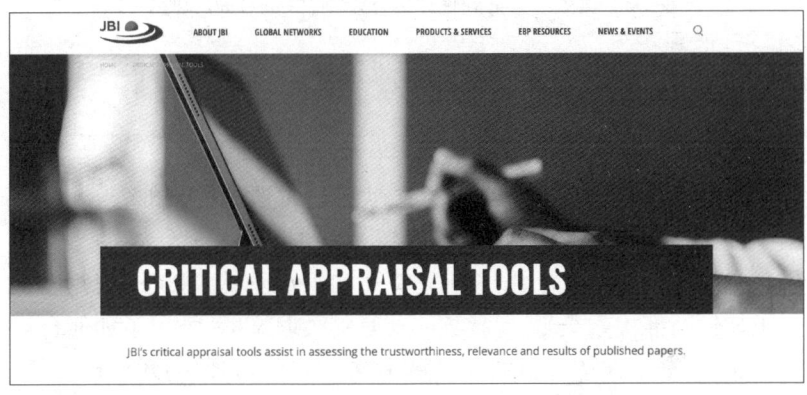

图 35　JBI critical appraisal tools 主页

以准实验研究为例,我们需要对照清单的每条项目对文献质量进行评估。例如,在该研究设计中,研究是否清楚地界定了自变量和因变量? 比较的受试群体是否相似? 除去干预手段,受试者所处的境况是否类似? 研究中是否包含清楚的实验组和对照组? 研究者是否用多种方式对因变量进行了前测和后测? 前后测的方式是否一致且具有可靠性? 数据的分析是否运用了恰当的统计方式等等。如图 36 所示,在报告系统性综述的文献质量评估结果时,会在每条评估标准后列出没有满足、部分满足、基本满足、完全满足标准的文献数量。

Table 2
Criteria for the quality appraisal.

Criteria	No Mention (0)	Some Mention (1)	Good Mention (2)	Extensive Mention (3)
Criteria for qualitative studies				
Study is clear methodologically	2	13	43	7
Study theoretically situated	3	5	50	7
Ethical process transparent	2	4	46	13
Researcher(s') relation to participants is clear	4	9	46	6
Researcher(s') relation to the data is clear	0	5	51	9
Researcher(s') takes a critical stance towards own research	3	5	48	9
Congruence between methodology and methods used for data collection, analysis, and interpretation	0	10	39	16
Participants involvement in data interpretation	3	6	44	12
Limitations voiced	3	10	46	6
Criteria for quantitative studies				
Is the source population or source area well-described?	2	6	44	10
Were interventions and comparisons well-described and appropriate?	0	12	44	6
Were outcome measures reliable?	0	3	46	13
Were outcomes relevant?	0	10	29	23
Were the analytical methods appropriate?	2	4	39	17
Are the study results internally valid (i.e., unbiased)?	3	8	42	9
Are the findings generalizable to the source population (i.e., externally valid)?	1	6	49	6

图 36　文献质量批判性评估标示例（Gao et al. 2024）

4. 结语

本章通过分析白老师在进行文献综述时遇到的挑战,为大家介绍了什么是文献综述。首先,本章为大家介绍了文献综述的写作结构包含三大部分:概念引入、研究概述和观点总结。接下来,我们学习了如何精准检索文献,寻找核心文献的关联文献;学习了如何合理管理文献,规范大量文献的命名和引文;学习了如何高效分析文献,迅速提取文献的关键信息。最后,在了解开展文献综述的基本步骤后,本章为大家拓展了如何开展系统性综述的写作,介绍了如何定义研究问题、预先注册综述信息、制定文献收录标准、文献筛查,以及对文献质量进行批判性评估。

希望通过学习本章内容,大家可以得心应手地化解在文献综述写作中常常遇到的困难,顺利地开展文献综述的工作。

参考文献:

[1] Chen, Z. , W. Chen, J. Jia & H. Le. 2022. Exploring AWE-supported writing process：An activity theory perspective. *Language Learning &*

Technology 26(2):129 – 148.

[2] Gao, X. , O. Noroozi, J. Gulikers, H. J. A. T. Biemans & S. K. Banihashem. 2024. A systematic review of the key components of online peer feedback practices in higher education. *Educational Research Review* 42:100588.

[3] Jao, C. , H. Yeh & H. Hung. 2024. How did the process of robot-assisted multimodal composition facilitate the students' audience awareness for English writing. *Computer Assisted Language Learning*. Advance Online Publication.

[4] Petticrew, M. & H. Roberts. 2006. *Systematic Reviews in the Social Sciences: A Practical Guide*. Oxford:Blackwell.

[5] Ridley, D. 2012. *The Literature Review: A Step-By-Step Guide for Students* (2nd ed.). Sage.

[6] Shamseer. L. , D. Moher, M. Clarke, D. Ghersi, A. Liberati, M. Petticrew, P. Shekelle, L. A. Stewart & PRISMA-P Group. 2015. Preferred reporting items for systematic review and meta-analysis protocols (PRISMA-P) 2015 statement. *Systematic Reviews* 4(1):1.

[7] Siddaway, A. P. , A. M. Wood & L. V. Hedges. 2019. How to do a systematic review:a best practice guide for conducting and reporting narrative reviews, meta-analyses, and meta-syntheses. *Annual Review of Psychology* 70:747 – 770.

[8] Tokac, U. , E. Novak & C. G. Thompson. 2019. Effects of game-based learning on students' mathematics achievement:A meta-analysis. *Journal of Computer Assisted Learning* 35(3):407 – 420.

[9] Uman, L. S. 2011. Systematic reviews and meta-analyses. *Journal of the Canadian Academy of Child and Adolescent Psychiatry* 20(1):57 – 59.

[10] Zhang, Z. & K. Hyland. 2023. The role of digital literacy in student engagement with automated writing evaluation (AWE) feedback on second language writing. *Computer Assisted Language Learning*. Advance Online Publication.

[11] 金檀,刘力,郭凯. 2016. 口语测试评分标准研究与实践三十年.《现代外语》第 6 期:853 – 862.

[12] 金檀等. 2023.《外语教学研究方法入门札记(2023 年 8 月版)》. https://www. researchgate. net/publication/373657978.

第三章　如何凝练研究选题

1. 问题呈现

1.1　案例引入

在一次高中英语教学研讨会上,王老师了解到游戏化教学不仅能够提高教学效率,还能够激发学生的学习兴趣和投入程度。因此,王老师非常想要基于游戏化教学来提高自己的教学质量和学生的课堂参与程度。

作为一名高中英语教师,王老师也积极寻求自己的职业发展。职称评定要求教师具备较强的教学研究能力,并能够结合教学实践发表一定水平的论文。此外,学校也大力支持教研结合。因此,王老师决定将游戏化教学引入自己的课堂以促进教学,并进行相应的研究工作。

虽然王老师已经通过第一章的方法追踪了游戏化教学的研究前沿,但是他仍然面临着许多问题和挑战。首先,游戏化教学这一领域非常广泛,它可以应用于教学的各个方面,对学生和教师的影响也多种多样。在阅读了几篇论文之后,王老师发现研究论文都会基于大的研究方向提出具体的研究问题。这让他开始思考,如何从游戏化教学这一广阔的领域中找到一个切入点,凝练出有价值的研究问题。

王老师意识到,凝练研究选题是科研万里长征的第一步;找到有价值的研究方向并凝练出好的研究问题是科研工作的核心。虽然王老师对游戏化教学非常感兴趣,也愿意投入时间和精力进行科研工作,但是对如何应对这个挑战感到有些茫然。

1.2　案例分析

就像王老师一样,未受过系统科研训练的新手研究者开始进行

科研工作的时候,对于如何凝练研究选题会感到手足无措。王老师所面临的挑战主要有三个方面:

> 如何从教学实践中获得关于游戏化教学的一些科研想法;
> 如何筛选出其中较好的想法并转化为有价值的研究话题;
> 如何基于研究话题提出有针对性与可行性的研究问题。

如果说科研是一片湖,那么获得研究想法就像泛舟湖上,捕捞鱼虾;筛选较好的想法就相当于在收获中进行挑选,选择味道鲜美、营养丰富的品种;将话题转换成研究问题,就相当于在挑选过的品种中基于一些因素再次筛选,找到自己喜欢的、好吃的那几条带回家烹饪。没有受过相关科研训练的教师通常不知道如何捕捞、如何筛选、如何烹饪。因此,面对充满宝藏的湖泊,他们常常因无从下手而错失良机。

实际上,目前已经有一些书籍和课程探讨了如何凝练科研选题(Allen 2019),但它们的目标受众通常是博士研究生。因为博士研究生和一线教师有不同的研究重点和经验,所以这些资源对一线教师的帮助有限。

教育领域的研究选题通常是基于教学实践中遇到的问题,再一步一步地凝练成有价值的研究选题(如图 1 所示)。本章旨在帮助大家

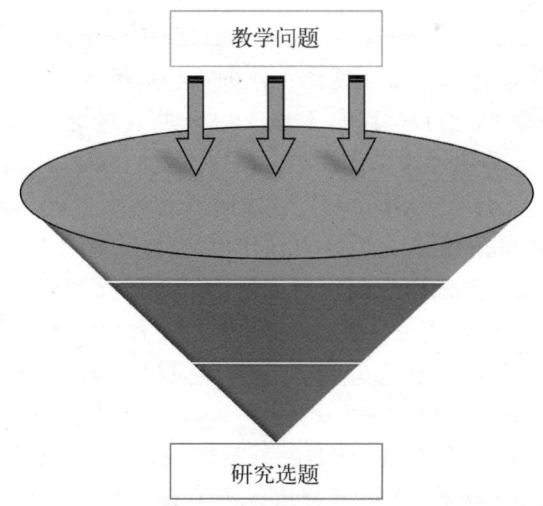

图1 凝练研究选题图示

了解凝练研究选题这一过程,并讲解一些在这一过程中能够用到的工具。在探讨凝练这一过程之前,让我们先看一看相关的核心概念。

1.3　核心概念

凝练研究选题是科研工作的第一步,它的重要性不言而喻。好的研究选题可以让我们的研究工作事半功倍。在教育研究领域,凝练研究选题实际上是从教学实践中遇到的问题出发,通过分析和综合已有的文献资料,形成具体研究问题的过程。

在凝练的过程中,分析(analysis)和综合(synthesis)是两个非常重要的能力。什么是分析呢? Hart(1998)认为,广义的"分析"是"systematically breaking down something into its constituent parts and describing how they relate to each other"(p. 110)。具体来说,在研究中分析指"systematically extract key ideas, theories, concepts and methodological assumptions from the literature"(p. 110)。在教育领域的研究中,分析意味着将教学实践中遇到的问题进行拆解,以探求其本质原因;也是阅读文献时的细致剖析,了解这些研究从哪些角度探讨了问题,对于解决这一问题发挥了怎样的作用。

"综合"是"分析"的下一步。Hart(1998)将它定义为"the act of making connections between the parts identified in analysis"(p. 110)。说到这里,大家可能会感到疑惑:分析就是拆解,而综合又是组合,这难道不是倒回去了? 其实不然。综合的目的是寻找新的顺序(Hart 1998)。分析通常是剖析单个研究。我们可以了解它采用了什么方法、发现了什么、从哪个角度寻求问题的解决方案。综合是在剖析了许多相关联的研究之后,将它们的方法与发现综合起来,让这些研究互相对话、印证,以全面了解问题的解决情况。通过综合,我们可以深入了解教学实践中遇到的问题在多大程度上得到了解决,还有哪些方面需要进一步研究。这样,我们的最终选题就更有价值。

总体而言,凝练研究选题是一线教师进行科研工作时必须经历的一步。如图2所示,凝练研究选题主要有三步:从教学实践中产生想法、从阅读文献中选择话题、从分析综合中形成问题。虽然凝练研究选题在科研初期可能会遇到各种问题,但它不仅可以帮助我们更多了解所要探索的领域,还能促进我们系统思考:我为什么要做这个领域的研究?我的研究有什么价值和创新点?

图2　凝练研究选题的三个步骤

2. 方案提供

凝练研究选题对于研究非常关键。凝练选题通常需要三步:先有想法,再成话题,形成问题。对于教学研究来说,想法起源于教学,话题完善于阅读,问题凝练于思考。那么,在每一步,我们应该如何做呢?又有哪些可以用到的工具呢?接下来让我们一起探讨。

2.1　起源于教学

正像之前所一直重复讨论的,在教学研究中,研究选题的起源是教学实践。案例中的王老师打算探索"游戏化教学",这一想法从何而来?回顾第一章的案例,王老师的研究想法正是起源于他的课堂观察。在教学过程中,王老师敏锐地发现了"学生课堂投入度明显下降",由此开始了解新的教学模式,因而发现了"游戏化教学"这一概念。从王老师的经历,我们可以看到留心观察课堂非常有助于产生教学研究想法。

2.1.1　观察课堂实践

教学实践中的研究大都以提升教学效果为导向。因此,教学研究可以关注五个方面:学生表现、课程设计、师生互动、学校建设、政策制定(Norton 2009)。一线教师往往与学生和课堂联系密切,因此,对于教师而言,研究想法最容易产生于前三个方面。在这三个方

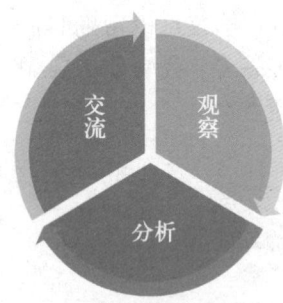

图3 如何从课堂实践产生研究想法

面,教师可以通过"观察-分析-交流"来形成一些初步的研究想法(如图3)。需要注意的是,这三个步骤并不是线性关系,而是螺旋循环进行的。

第一步是观察,即收集信息。我们需要在教学实践中观察学生在课堂上的参与、对课程内容的反应、对课后作业的投入。研究想法往往隐藏在学生与预期不相符的表现中、学生遇到的困难中、教师教学时发现的问题中。

观察到这些问题之后,是不是意味着研究想法就来了呢?让我们回顾第一章的案例。王老师在观察到学生课堂投入度下降后,他直接产生了研究想法吗?并不是。他是通过和学生们促膝长谈,聆听学生的看法和声音,才发现了这些问题的根源——讲课模式。

王老师所做的,就是第二步:分析,即对观察到的问题溯本求源,探究问题产生的根本原因。我们可以像王老师一样,采取与学生交流、听取学生意见的方式找到原因,也可以通过问卷调研、与教师同行交流等方式来达到分析问题根源的目的。

第三步是交流,即通过与同行、专家交流,或者参加研讨会来找到问题的解决方法。王老师通过参加教学培训,了解到"游戏化教学"这一概念,觉得这一方法也许能够解决学生课堂投入低的问题。因此,王老师决定对"游戏化教学"进行深入研究,由此产生了非常好的研究想法。

也许有教师会感到疑惑,如果已经找到了解决方法,那为什么还要进行研究呢?其实,教学研究的一个方向就是探索找到的这个方法是否能够,或者在多大程度上能够解决之前发现的问题。王老师已经发现了"游戏化教学",感觉到这种课堂模式能够解决学生投入低的问题。但是,这种教学模式真的适用于他的课堂吗?如何将游戏化教学融入课堂以更好地解决问题呢?这种新的教学模式学生们会接受吗?新的教学模式对师生有着怎样的要求呢?这些都是教学研究的想法。

2.1.2　参与社区讨论

观察到教学问题后,我们除了自己进行分析和线下交流之外,还可以充分利用丰富的网络资源。目前已经有很多的线上交流社区,可以让我们接触到更丰富的资源,印证我们对于教学问题的观察与分析,进而形成更多有趣的想法。参与线上讨论最直接的方式就是通过问答社区。接下来向大家介绍两个非常好的线上社区:知乎和ResearchGate。知乎面向的是大众,而 ResearchGate 则更多地面向研究人员。

2.1.2.1　知乎

知乎是一家由中国公司创立的线上问答平台。目前,它的注册用户已经超过一亿,为超过 4,400 万条的问题提供了超过 2.4 亿条回答①。

首先,在浏览器网址栏输入知乎的网址,便可看到图 4 的界面。知乎有免费和付费两种。免费用户即可满足日常的检索讨论需求。我们可以通过手机号注册,也可以用社交媒体账号注册。知乎也有手机 App,如有兴趣,可以下载尝试。

图 4　知乎注册登录界面

---

① 来源于中国经济网的报道: http://www.ce.cn/xwzx/gnsz/gdxw/202101/14/t20210114_36222648.shtml。除特殊说明外,本章节的图片均检索于 2024 年 1 月 30 日。

登录后,就进入知乎的首页。在首页,我们可以输入教学问题的关键词或者整个问题,并点击回车或者放大镜进行检索。以王老师遇到的课堂参与度低为例,我们可以检索"提升学生英语课堂的参与度"(图5左)或者"游戏化教学"(图5右)。我们可以看到,当检索非常具体的问题时,知乎会根据关键词来反馈相关检索结果。这时,我们可以浏览这些回答来丰富自己对于这一问题的认知。如果我们已经通过分析和交流得到了问题解决的关键词,那么检索关键词可以给我们更加具体的结果。

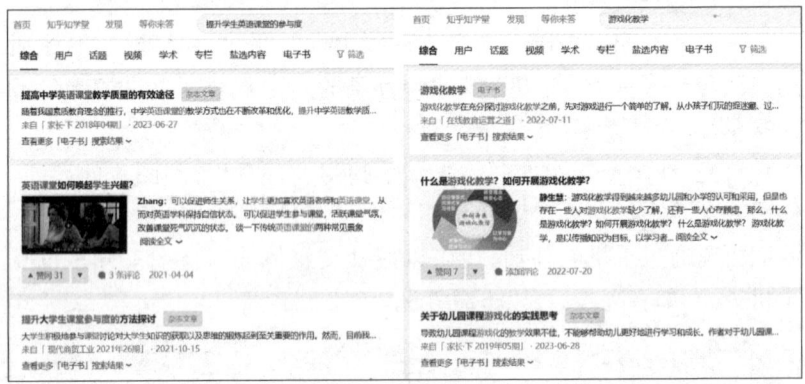

图5　知乎检索结果

在检索后的结果界面,我们也可以根据自己的需要对结果进行筛选。如图6,我们可以只看回答或者文章,也可以选择不同的排序方式和回答发表的时间。

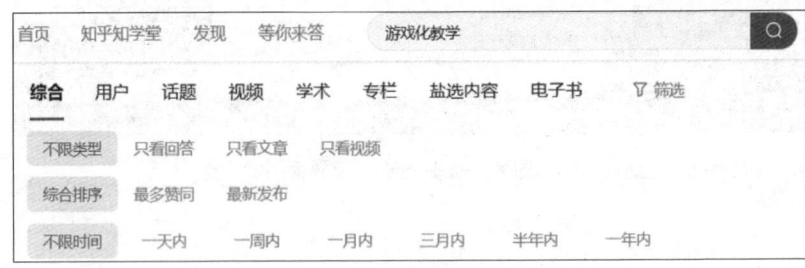

图6　结果筛选界面

　　与追踪学术前沿的"策略三——追踪学者"类似，在知乎平台，如果我们看到很好的回答，也可以点击用户头像进入该用户的个人主页，看到该用户之前的所有回答。同时，如果对该用户的回答感兴趣，也可以点击"关注他"进而收到他的问答动态。

　　此外，我们还可以在检索界面中选择"话题"，得到关于游戏化教学的相关话题结果。如图7，我们可以根据浏览量和讨论量来点击一个话题，进而参与到网络讨论中去。在这一话题中，我们可以看到大家各自的见解以及资源推荐，进而丰富我们的研究想法。我们也可以点击"关注话题"，当话题有更新的时候，就可以收到消息。在个人界面也可以查看到自己所关注的所有话题。

图7　知乎游戏化教学话题检索结果

　　视频和学术栏目分别有相关的视频资源和学术论文供大家参考（如图8）。我们可以通过视频快速地了解所要研究的概念及其应用，也可以通过浏览学术论文题目来获得想要的信息。

　　有时候，我们遇到的问题会比较独特，可能没有人问过这样的问题，那么我们可以通过点击检索框右边的"提问"按钮，提交自己的问

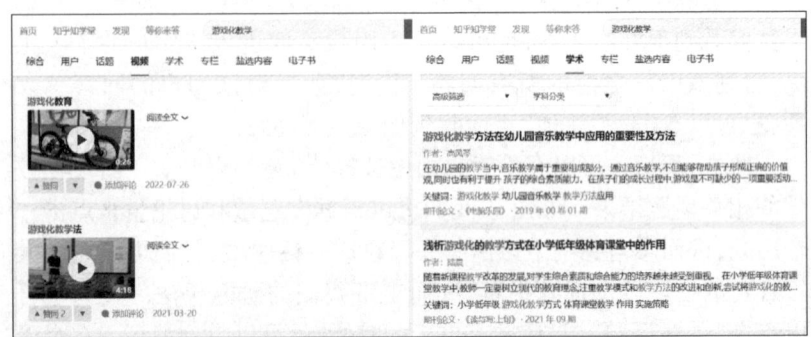

图 8　知乎游戏化教学视频和学术检索结果

题,等待有经验人士的回答。如图 9 所示,在点击"提问"后,我们就可以输入自己的问题。注意,问题必须以"?"结尾,否则无法提交。在输入问题后,关键字会被自动提取出来作为话题。我们也可以手动绑定相关话题。

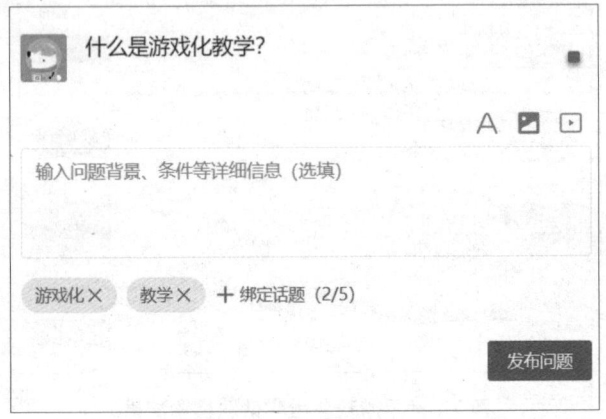

图 9　问题提交界面

发布问题后会自动跳转到问题界面。如图 10 所示,在问题界面,我们可以邀请某一领域内回答问题多的有经验人士来回答我们的问题。如果已经有想要邀请的用户,我们也可以先点击"邀请回答",再搜索该用户的名称,就可以发送邀请。

图 10　问题界面

需要注意的是,知乎并不是一个学术平台,用户也并非全都是专业人士。我们在浏览检索结果时,需要多加辨别,互相印证,以保证信息的准确性。

2.1.2.2　ResearchGate

相较于知乎,ResearchGate 的用户更多的是领域内的专家和学者。关于 ResearchGate 的基本介绍请参见第一章 2.3.2。在这里,主要为大家介绍它的问答功能。

我们可以直接在 ResearchGate 的检索栏输入问题,然后在检索结果中点击"Questions"即可(如图 11)。需要注意的是,ResearchGate 的学术性较强,我们尽量用术语作为检索的关键字。比如,我们检索"gamification"会有如图 11 所示的结果,但是如果检索"How to engage my students"所返回的结果就不太相关。

我们也可以在 ResearchGate 上提出自己的问题,等待专业人士的解答。如图 12,直接在首页的检索栏点击"Questions"即可进入问答平台。在这里,我们可以选择提出一个问题,也可以发起一个讨论。

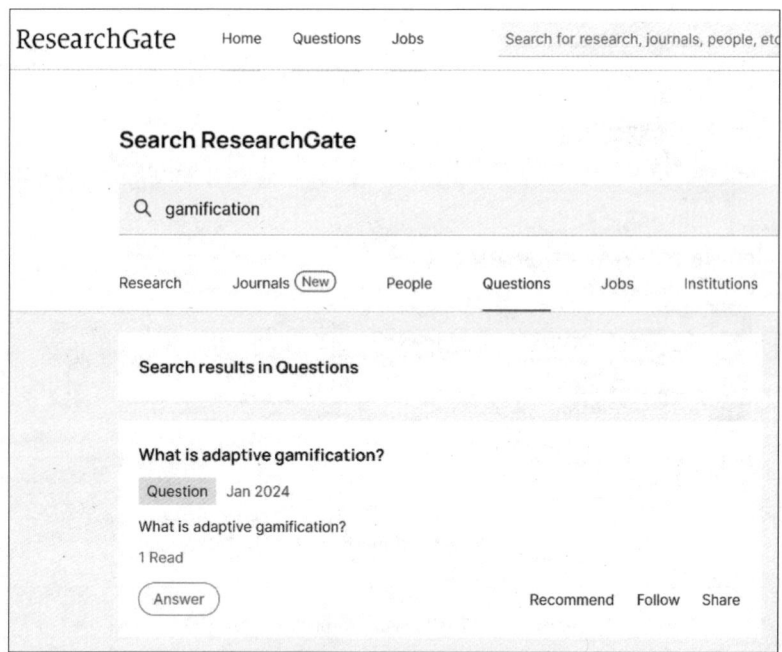

图 11　ResearchGate 检索结果

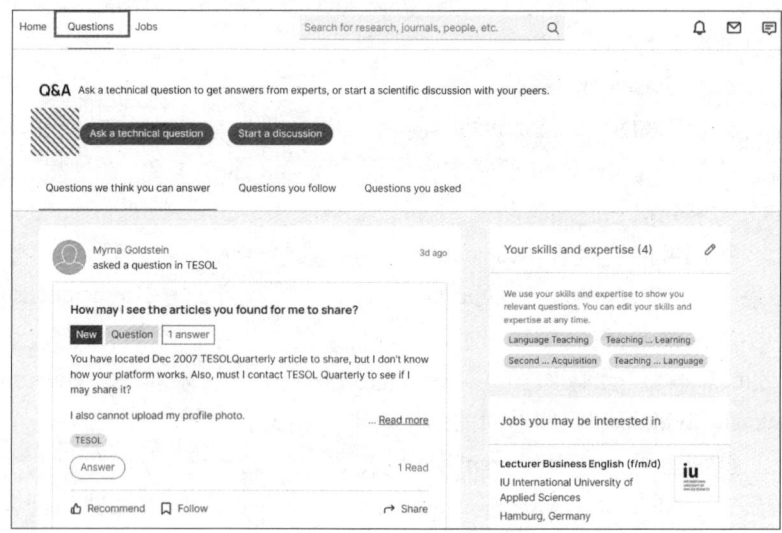

图 12　ResearchGate 提问平台

在点击"Ask a technical question"之后,就会出现如图 13 左所示的界面。在这里,我们只需要输入问题的题目,并添加对问题细节的解释即可。除此之外,如果有图片和视频等辅助材料,也可以点击页面左下角的"Add files"来添加,更详细的问题往往会带给我们更多的关注和回答。在提交问题之后,页面就会自动跳转到问题界面(图 13 右)。我们可以通过点击问题下方的加号来添加与问题相关的话题,这样也有助于把我们的问题推给更多的人。如果有人回复了问题,我们就可以直接收到相关消息。

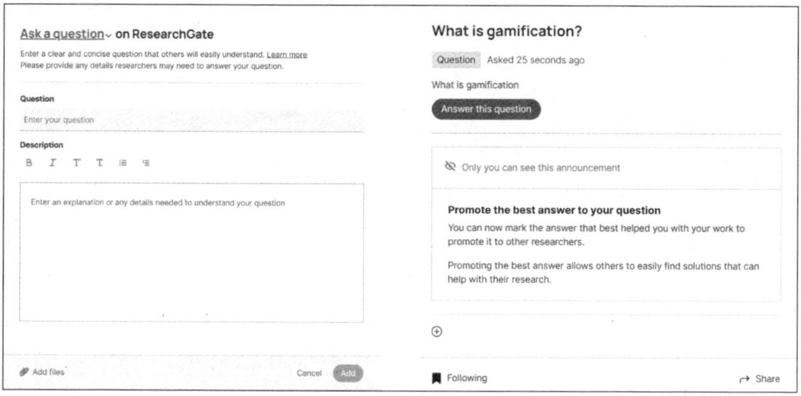

图 13 ResearchGate 问题提交与设置

2.1.3 关注网络热点

除了参与线上讨论和问答之外,我们还可以借助一些大数据平台,比如"话题研究"工具和 SEO(Search Engine Optimization,一般译为搜索引擎优化)工具,根据关键词,基于网络大数据对相关内容和话题进行热度排序。此类工具原本旨在帮助网站提高其在搜索引擎检索结果界面的排名,并提升用户使用体验,但我们也可以用来检索关键词,以此了解大家关心事物的哪些方面。这里,我们给大家介绍其中一个比较好用的工具:KWFinder。

KWFinder 的全称为 Keyword Finder。根据它的名字我们就可以知道,它是根据关键词来检索相关话题的一个工具。KWFinder 可以注册免费账户,每天有免费检索的额度。打开 KWFinder(见图 14),点击右上角的"Create a FREE account",然后遵循指引即可注册免费账号。

图 14 KWFinder 首页

在 KWFinder 网站首页,我们直接输入关键词,并选择想要检索的地区以及语言,即可对关键词进行指定的检索。虽然该网站的语言可以选择简体中文,但它主要还是基于英语内容搭建。因此,建议大家还是用英文术语为关键词进行检索。以王老师为例,我们用"gamification"作为关键词进行检索且不设置任何地区和语言的限制,检索结果见图 15。

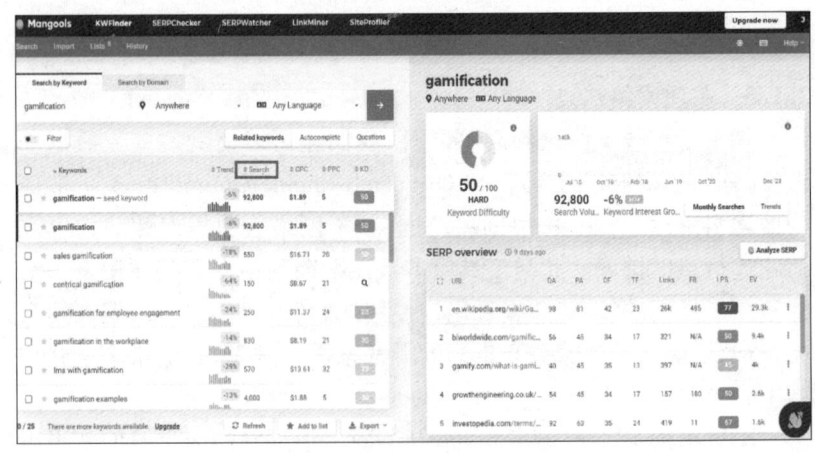

图 15 KWFinder 检索结果

如图 15 所示,检索结果分为两部分。左侧所展示的是与关键词"gamification"相关联的检索条目/关键词。将鼠标放在"Search"上,就可以看到其定义。在这里我们选择的是过去 12 个月的平均点击次数,可以看到,这个关键词平均每个月的检索量将近十万次。因为检索量靠前的词条都与销售和工作场所相关,所以我们向下翻页寻找与教学研究相关的词条。我们随后就找到了"gamify"和"gamification of learning"(见图 16),它们的检索量分别为 19,000 和 2,500。

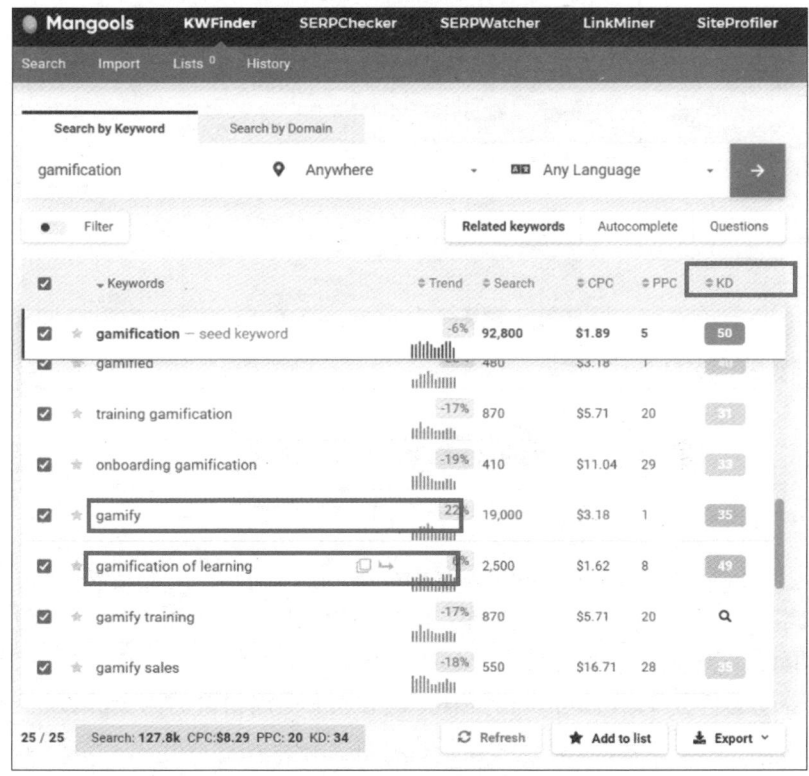

图 16　与 gamification 相关联的关键词

作为研究人员,我们一定不希望与研究想法相关联的关键词检索量非常少,因为那意味着这种研究的影响力可能比较小;同时,我们也不希望它的检索量太多,因为那意味着我们可能会很难做出创新型的研究。这时我们可以将"KD"(即 Keyword Difficulty)值作为参考。KWFinder 对于 KD 值的界定如图 17 所示。需要注意的是,KWFinder 的主要目的是市场营销,所以 KD 值只可以作为我们审视研究话题和形成研究想法的一个参考,并不能作为判断的金标准。

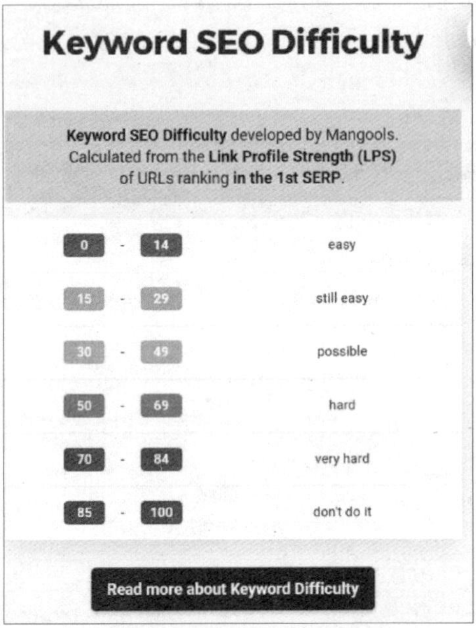

图 17　KWFinder 对于 KD 的界定值

　　在找到了"gamification of learning"后,我们可以点击该条目。此时,页面右侧会自动跳转到与其相关的数据(见图 18)。除了 KD 值可作参考外,页面下方是 SERP(search engine results page)总览。通过这个窗口,我们可以轻松地看到与该关键词相关的网页,以及其域名权威性(DA)、网站权威性(PA)等。将鼠标停放在某个指标上面,就会弹出关于该指标的解释。在这里就不再一一描述。

　　根据这些指标,我们可以选择感兴趣的网站,点进去进行详细的阅读。比如,我对第一个网站比较感兴趣,因为它的综合访问量最高。如图 19 所示,这个网页果然非常有用,它介绍了课堂游戏化的

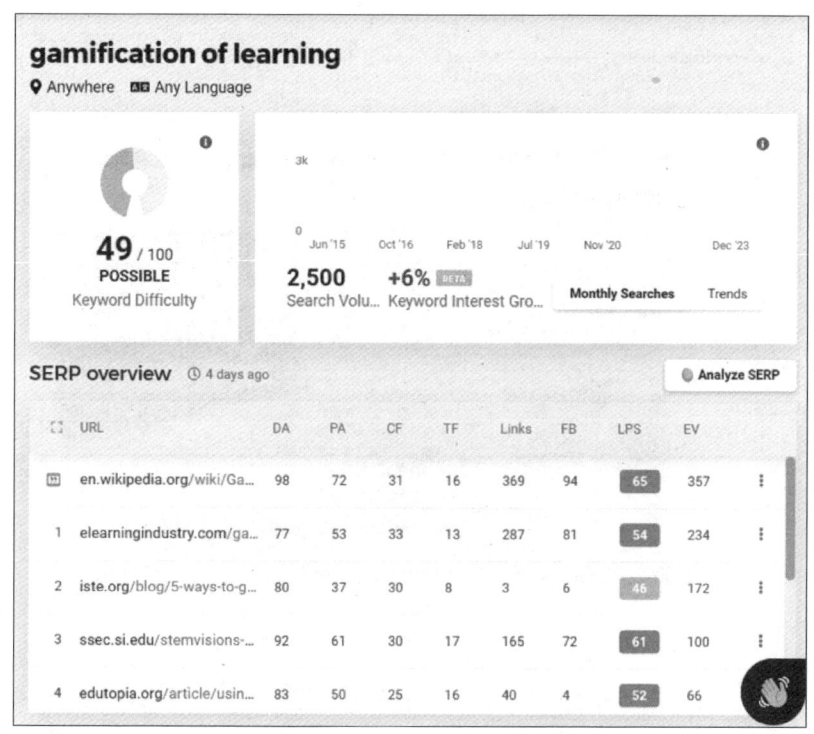

图18 与"gamification of learning"相关的数据

一些策略和样例供公众参考。我们可以仿照这些策略和样例,设计出自己的教学模式用于课堂,并探究这些策略在我们的课堂中是否有效,又为什么会有效。这些都是很好的研究想法。

2.2 完善于阅读

经过课堂观察、社区讨论、热点关注,大家都有很多好的研究想法。接下来,我们需要将这些想法初步凝练成话题。那么话题(topic)与想法(idea)的差别在哪里呢?Liu(2017)是这样定义的:"An idea is usually very general whereas a research topic is more focused."(p. 1463)。研究想法通常是比较宽泛的,相较而言,研究话题通常是更聚焦的。具体来说,"A research topic is a subject or issue that a researcher is interested in when conducting research"

图 19　相关联网站"eLearning Industry"页面

（p. 1462）。研究话题作为承接研究想法和研究问题的桥梁,在凝练研究话题的过程中非常重要。一个好的研究话题往往是一个成功的研究项目的开始。Liu(2017)指出了判断一个话题是否优秀的三个标准:"interesting, manageable, valuable"。

首先,这个研究话题要有趣。它不仅仅需要本身有趣、有创新,还需要能够让研究者自己感兴趣。在做研究的过程中,会有各种各样的问题出现,如果研究者自己对研究话题比较感兴趣,那么就更容易投入进去。除此之外,研究话题也需要有较高的可行性和研究价值。如果研究话题过于宽泛,就可能无法完成。在教学研究领域,如果我们的想法是从教学实践中产生的,那么,基于这些想法的话题通常是有其价值的,可以帮助提升学生的学习成果、提高课堂效率。

如何将研究想法完善成好的研究话题呢? 这就需要我们进行阅读: 阅读系统综述;精读核心文献;泛读相关文献。

2.2.1 阅读系统综述

通过第二章"如何进行文献综述"的探讨,相信大家对于如何检索研究文献有了一定的了解。研究论文中有一类特殊的存在,即系统综述(systematic review)。与实证研究论文中的文献综述不同,系统综述是对前人研究进行的一种研究。系统综述通过系统性的方法,对已有的研究进行全面、客观的梳理和分析,以总结和评价相关领域的研究成果,并提供有关问题的综合证据。系统综述的目的是为了提供决策者、从业者和研究者一个全面、可靠的研究基础,以指导实践和未来的研究方向。与系统综述类似的还有研究现状综述(state of the art review)。两者的区别是前者较聚焦,有非常清晰的研究问题;而后者较宽泛,也会涉及该话题的历史发展。这里以系统综述为例。

以王老师为例,他的研究想法都是关于 gamification。那么我们不妨在 Web of Science 上检索 gamification 的系统综述。因为系统综述的题目中通常有关键词"systematic review",我们可以在 Web of Science 的检索框中输入"gamification systematic review",并选择检索"Title"(见图 20)。

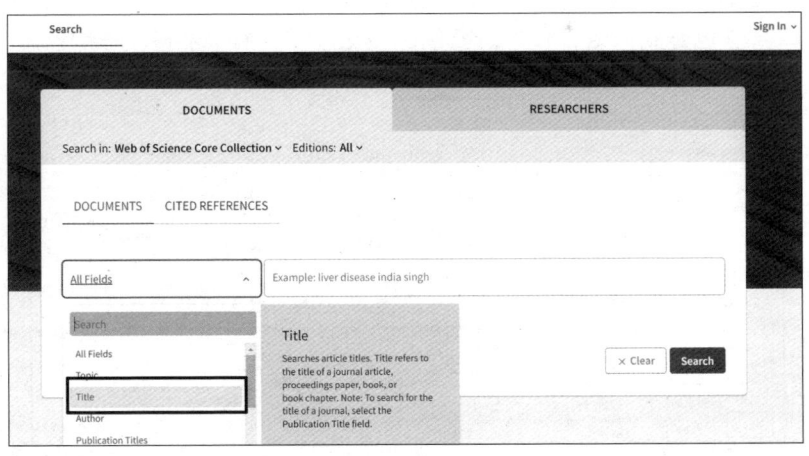

图 20 检索系统综述

如图 21 所示,共检索到 125 个结果。当看到检索结果的第一个是关于医学领域的研究,我们就知道这个检索结果还是比较宽泛。我们可以通过页面左侧 Refine results 中的筛选条件对检索结果进行筛选,或者通过在结果中再次检索进行筛选。

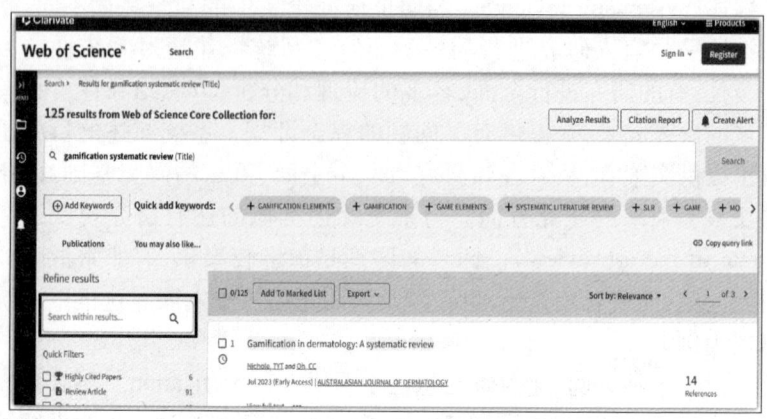

图 21　Gamification 系统综述检索结果

推荐大家使用已经设置好的筛选条件进行筛选,比如发表年份、学科分类等。这里,我们就在学科分类(Web of Science Categories)中选择了"Education & Educational Research"和"Linguistics"(见图22),这也是我们语言教学研究领域经常选择的两个学科。

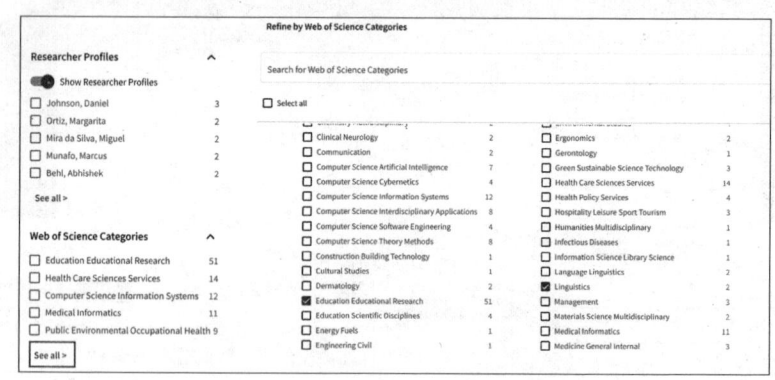

图 22　通过学科分类筛选检索结果

对结果进行筛选之后,总计有 41 个相关结果。大家有兴趣还可以尝试一下其他的筛选条件，以得到更符合自己期待的结果。通过浏览这 41 个系统综述，我们发现了两篇和王老师的想法非常接近的文章，即图 23 中的 8 和 10。

☐ 8 Gamification, Motivation, and Performance in Education: A Systematic Review

Prieto-Andreu, JM; Gómez-Escalonilla-Torrijos, JD and Said-Hung, E

Jan-apr 2022 | REVISTA ELECTRONICA EDUCARE 26 (1)

Introduction. The purpose of this review is to review the literature that analyzes the relationship between gamification, motivation, and learning and thus, provide pedagogical and didactic ideas for its implementation in non-university education. Method. A mixed methodology is applied, through which an intentional sample of 37 articles is analyzed, intentionally chosen following the evaluation ... Show more

Free Full Text from Publisher •••

☐ 9 Elements of Gamification in Virtual Learning Environments A Systematic Review

Tenorio, MM; Reinaldo, FAF; (...); dos Santos, G

20th International Conference on Interactive Collaborative Learning (ICL) - Teaching and Learning in a Digital World

2018 | TEACHING AND LEARNING IN A DIGITAL WORLD 716 , pp.86-96

Information technologies have introduced several changes in teaching and learning environments. In this scenario, the gamification technique emerges as a promising approach, considering the impact on the students' motivation and appealing to their participation. This paper describes a systematic review addressing gamification in virtual learning environments (VLE), presenting an overview on how ... Show more

Free Published Article From Repository　Full Text at Publisher •••

☐ 10 Gamification in Teaching and Learning Languages: A Systematic Literature Review

Al-Dosakee, K and Ozdamli, F

Aug 2021 | REVISTA ROMANEASCA PENTRU EDUCATIE MULTIDIMENSIONALA 13 (2) , pp.559-577

It can be seen that emerging technology has positively affected learning in several aspects. Recently gamification has been implemented noticeably in online learning and teaching Gamification has shown its effectiveness in students' integration of the education process by increasing students' integration with the teaching material and increasing their competence. Learning and teaching a new lan ... Show more

Free Full Text From Publisher •••

图 23　筛选后的检索结果

如果学校图书馆已经购买这两个期刊，那么我们可以直接点击进去，精读这两篇文章；如果学校没有购买，我们可以去省、市图书馆或者国家图书馆看看是否有这两篇文章的资源。阅读完系统综述之后，我们对这一领域就有了一定的了解。系统综述中所提到的主题是我们选择研究话题的优质来源。此外，我们也可以关注这些综述在未来展望中提到了什么样的研究方向。

2.2.2　精读核心文献

尽管系统综述的阅读使我们对某一领域有了初步了解，但这种了解通常仅限于表面。我们仍需要深入阅读更多的文献资料来探索某一具体话题是否适合我们做教学研究。我们没办法深入阅读每一篇相关的文献资料，因此，我们先要精读最核心的几篇文献。

那么，我们该如何选择核心文献呢？首先，之前阅读的系统综述中所讨论的文献就是我们核心文献的主要来源。我们可以挑选参考文献列表中与我们感兴趣的话题非常相关、引用较多且来自较好期刊的论文作为我们的核心文献。

此外，我们也可以在 Web of Science 上通过关键词检索。比如，通过阅读系统综述之后，我们对于游戏化教学中用到的科技非常感兴趣，我们就可以以"technology""gamification"和"language education"为关键词进行检索（如图 24）。

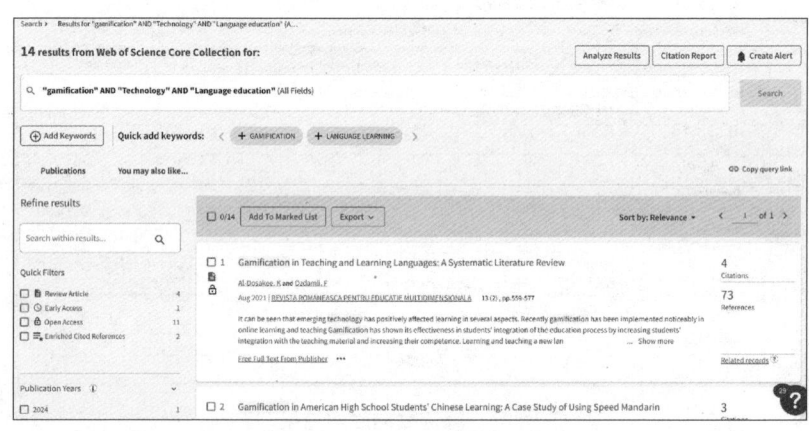

图24　核心文献检索结果

在得到核心文献之后，我们所要做的就是精读。在这里，我们给大家进一步介绍第二章中提到的 Zotero，它是一个用来管理和阅读文献的免费软件，并且可以多设备同步。如图 25 所示，进入 Zotero 主页后，点击中间的"Download"，按照步骤操作，即可将安装包下载到自己电脑的指定文件夹。下载完成后，我们到之前选择的文件夹，双击安装包，根据软件指引完成安装即可。

为了方便多设备同步，以及防止文件的丢失，这里建议大家先注册账号，并在安装好的 Zotero 软件登录。账号注册可以先点击图 25

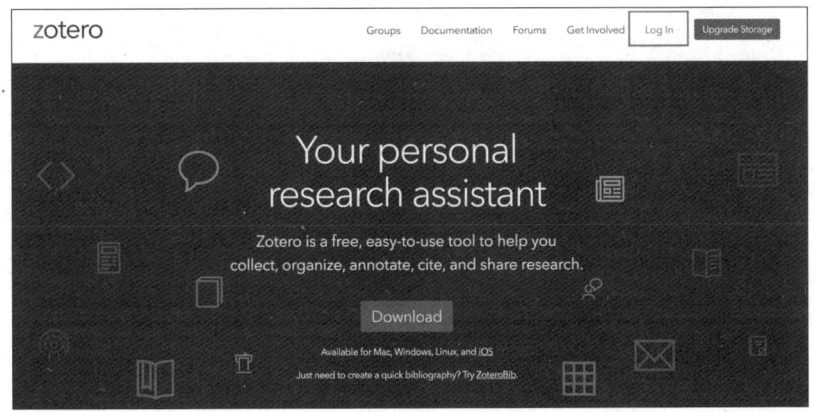

图 25 Zotero 主页

右上角的"Log In",然后在弹出页面(见图 26)中选择"Register for a free account"就会弹出注册界面。输入用户名、邮箱和密码之后,点击 Register 即可完成注册。如果没有设备同步需求的,也可以不注册。软件安装成功后,即可使用。

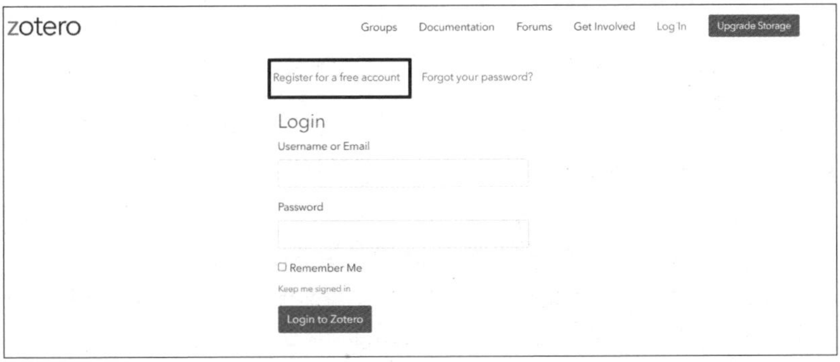

图 26 Zotero 的 Log In 界面

打开安装好的 Zotero 软件,点击上方工具栏的"编辑",然后点击弹出菜单中的"首选项"就会跳出图 27 的菜单,我们点击"同步"后即可输入账号和密码登录。之后,我们所阅读的文献,以及做过的笔记都会多客户端同步。

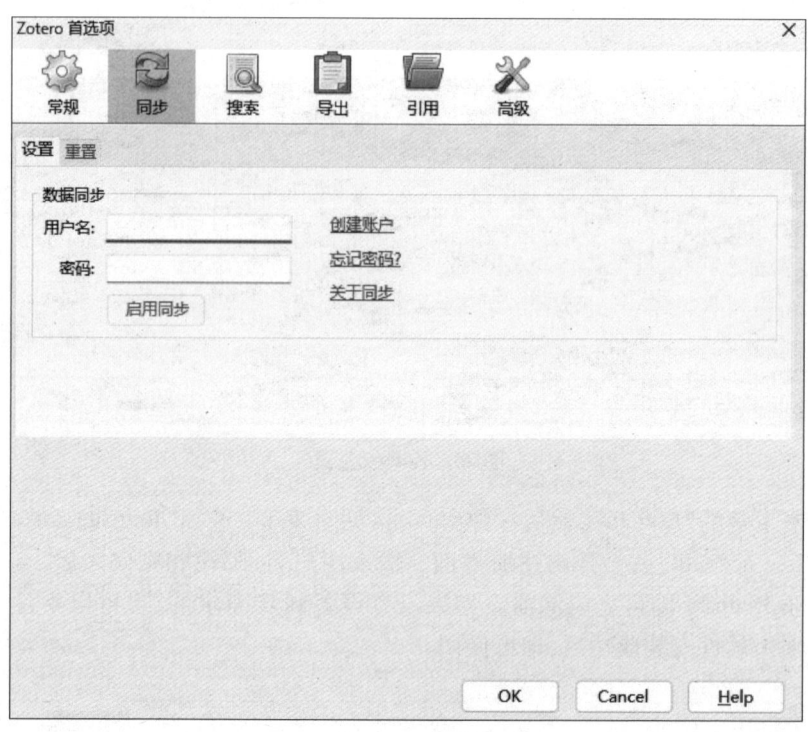

图 27　Zotero 首选项菜单

　　Zotero 可以用来储存、阅读文献资料。在阅读的同时,我们还可以做笔记,并将不同文献资料和笔记相互链接。此外,如果在 Word 中安装了插件,Zotero 所储存的条目也可以直接插入论文中,并自动调整引用格式。由于本章的重点是选题凝练,所以接下来我们主要探讨 Zotero 的三个功能:文献导入、文献阅读、文献笔记。Mac 和 Windows 版本会有些区别,这里以 Windows 版本为例。

　　首先是文献导入。我们需要先点击"文件"下方的文件夹来添加第一个集合(见图 28)。比如,我们可以建立一个名为"gamification"的集合,并将与之相关的文献资料都存放在这一个分类下。在有了分类之后,点击工具栏的加号图表来选择要添加的文献类型,并手动添加。我们还可以点击加号右侧的笔形按钮,通过文章的 DOI 编码来添加文献。文献添加成功后,一个条目就会出现在我们所选的分类中。需要注意的是，我们的手动添加方式只能添加"条目"。我们需要单独下载文献的 PDF 文档，并拖入相应的条目中，这样 PDF 文档和条目就关联起来，方便我们日后查阅。当然，如果我们先下载了 PDF 文档，那就可以直接将 PDF 文档拖拽到 Zotero 中。在文档上传完成后，软件会自动识别 PDF 文档的标题、作者、摘要等信息，并自动生成一个文献条目。当我们上传完 PDF 文档，想要阅读某一个文献时，双击即可在 Zotero 中打开文档进行阅读。

图 28 Zotero 工具栏

除了这些，我们还可以批量添加文献。以图 24 中的核心文献检索为例，我们可以点击"Export"，并选择"RIS"或者"BibTeX"这两种文件格式下载（见图 29 左）。根据自己的需求选择导出的文献数量后，将文件存储在合适的位置即可。之后，我们打开 Zotero，依次点击"文件""导入"即会出现图 29 右所示页面。选择第一项之后，点击"Next"，然后选择之前下载的文档，即可完成文献的批量导入。文件导入之后，我们双击想要阅读的文献，即可在浏览器中跳转到该文献界面。如果该文献已经购买，则可以下载 PDF 文档，然后导入文献条目。

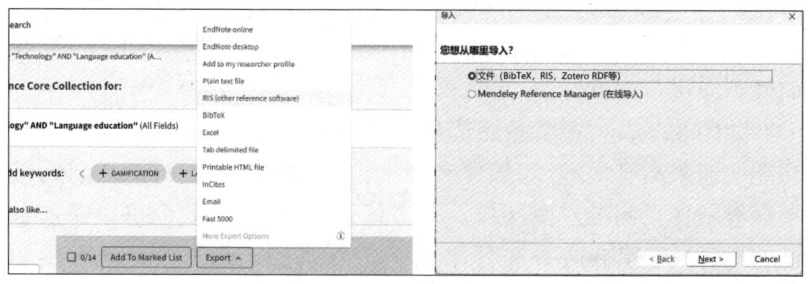

图 29 批量下载与导入

如果处在学校网络中，并且学校已经购买了一些数据库资

源,那么我们就可以在文献批量导入后的页面同时按键盘的
"Ctrl"和"A"两个按键以全选文献条目。接着如图 30 所示,点
击鼠标右键,在出现的菜单中点击"查找可用的 PDF",然后
Zotero 就会帮我们自动下载当前网络下有全文访问权限的文献。
如果成功找到了该文献全文,我们在该文献条目的右侧会看到一
个 PDF 文档的标识。

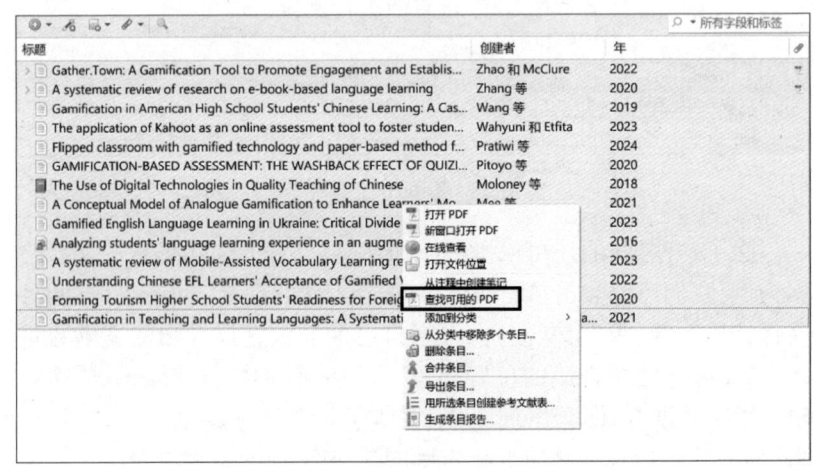

图 30　自动查找下载文献

依次点击工具栏的"查看""布局",我们可以调整 Zotero 的页面
布局。如图 31,我们采用的是"标准视图"并打开了所有的栏目,这
时,选中一个文献,它的右侧就会出现该文献的详细信息。双击已经
成功下载 PDF 文档的条目,就会自动跳转到该文献的 PDF 文档,我
们就可以进行文献阅读。

如图 32 所示,在文献阅读界面,我们可以通过选择页面上方的
功能按钮来高亮文本、添加便利贴笔记、框选论文的一部分区域,结
果会显示在页面的左侧区域。点击任意一条注释,我们可以添加自
己的思考,或者给这一注释添加一个标签,以便日后重新阅读和
归类。

上述的标记和评论都仅限于该文档内的注释性质笔记。我们还
可以点击界面右侧"条目笔记"右侧的加号来添加条目笔记(图 33)。

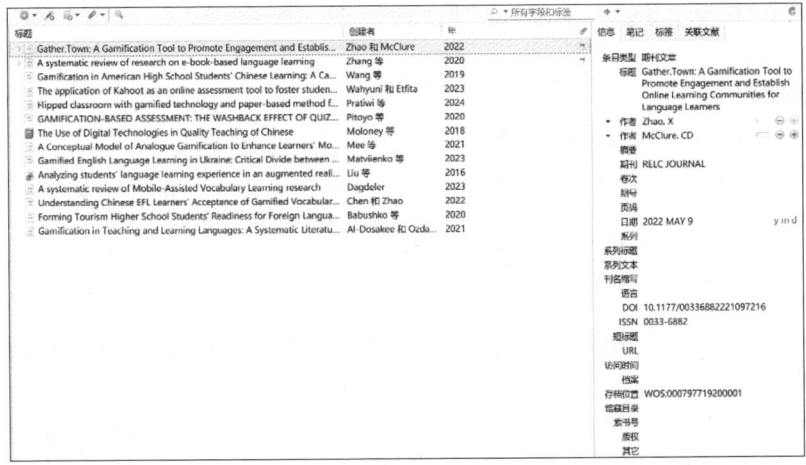

图 31　Zotero 文献详细信息

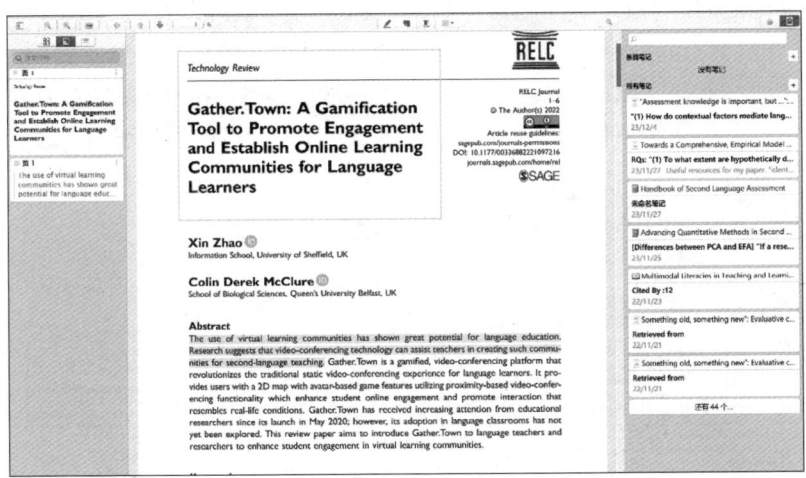

图 32　文献阅读界面

如果文档中已有注释笔记,我们可以选择"通过注释添加条目笔记",文档中的所有注释都会出现在阅读笔记中。当然,我们也可以选择"添加条目笔记",得到一份空白的阅读笔记。

在建立条目笔记之后,当我们阅读文献时,用鼠标选中文档中的

图 33　添加条目笔记

文字,就会自动弹出一个对话框。我们可以选择高亮选中的文本,或者是将选中的文本添加到条目笔记。如果是后者,那么我们的笔记相应地就会与选中的文本产生联系,日后可以直接通过该联系方便地找到原文。

此外,我们还可以在条目笔记中加入自己的想法。添加了条目笔记之后,回到文献详细信息界面(见图34),就可以直接看到自己的笔记。这样在回顾文献条目的同时,我们可以通过笔记较为轻松地回忆起该文献的主要内容,省去了再次打开文档的烦恼。为了方便日后的梳理工作,在精读核心文献做笔记的时候,可以注意四点:文献回顾了什么、问题关于什么、结果发现什么以及未来研究什么。这些信息都可以帮助我们选择研究话题。

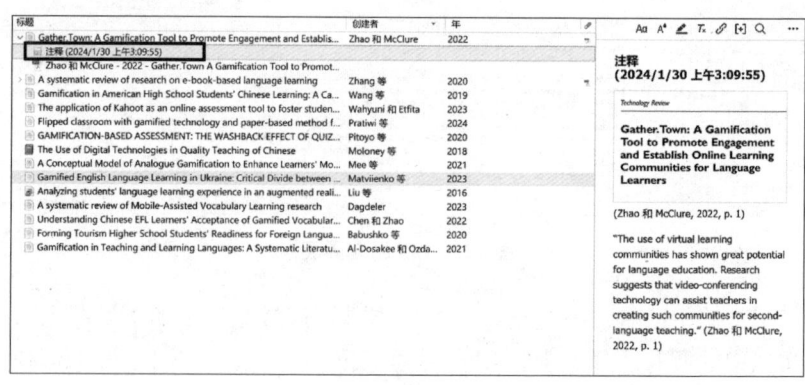

图 34　添加了笔记的文献详细信息界面

2.2.3　泛读相关文献

在精读完核心文献之后，我们大体对于选择哪个话题有了些想法，但仍然需要泛读相关文献来了解前人对我们所选择的话题方向都进行了哪些探索、用了什么样的方法，还有哪些问题有待研究。

首先，我们需要选择相关联的文献。这一步除了常规的在 Web of Science 根据关键词检索外，还有一些可以用的 AI 工具，例如 Litmaps、Inciteful，以及第二章提到的 Connected Papers、Research Rabbit 等。这里给大家介绍的是 Research Rabbit，因为它可以和前文介绍的 Zotero 形成联动。

在该工具的首页（见图 35 左），我们可以用邮箱注册账号，然后进入该网页的主界面（图 35 右为主界面的工具栏），可以看到，Research Rabbit 可以和前面介绍过的 Zotero 链接起来，把 Research Rabbit 找到的文献直接导入 Zotero 进行阅读。

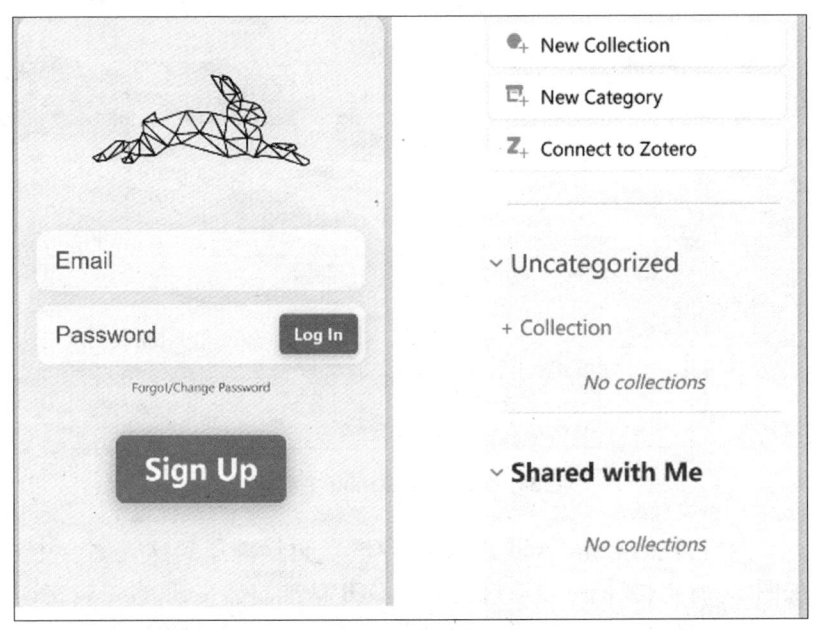

图 35　Research Rabbit 登录界面与主界面

如果要建立两者的链接，我们可以直接点击"Connect to

Zotero",页面会自动跳转到 Zotero 的登录界面。输入注册的邮箱和密码之后,点击"Accept Defaults"即可建立链接。这时,再回到 Research Rabbit 的主界面,我们会发现"Connect to Zotero"变成了"Import Zotero Collection"。我们点击这一选项,将 Zotero 中的文献集合直接导入 Research Rabbit 中。

接下来介绍一下如何使用 Research Rabbit。首先,点击"New Collection"新建一个文献集合(见图 36),这里我们把它命名为"Gamification"。点击新建的集合,就会出现新的界面。

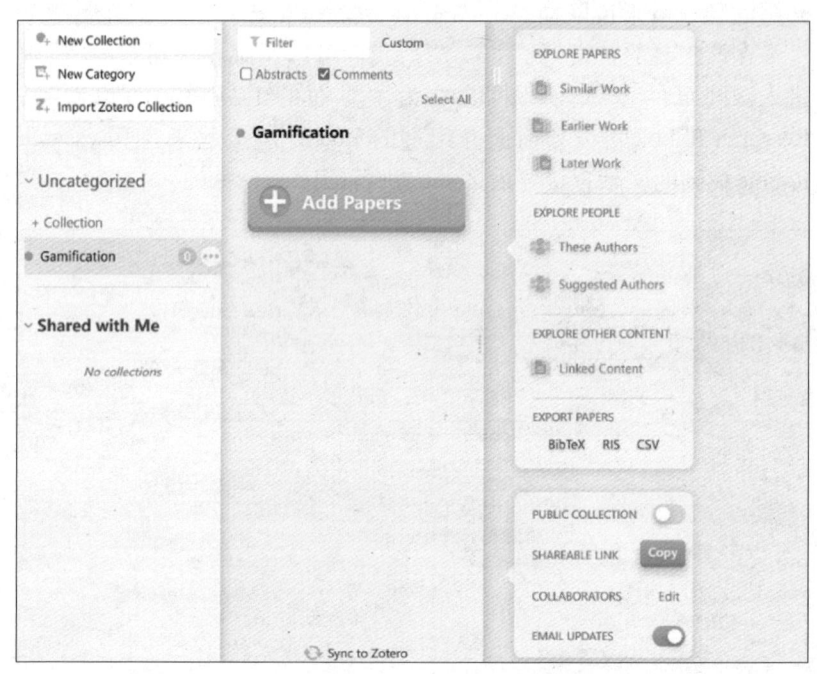

图 36　Research Rabbit 主界面

然后,我们点击"Add Papers"将核心文献添加到这一集合中。如图 37 所示,我们可以通过文献的 DOI 精准添加文献,也可以在这里通过题目关键词等检索并添加文献。同时,我们在其他平台检索的文献如果导出了 RIS 等文件,在这里也可以通过该文件添加。此外,如果我们已经和 Zotero 建立了链接,也可以直接从 Zotero 集合中

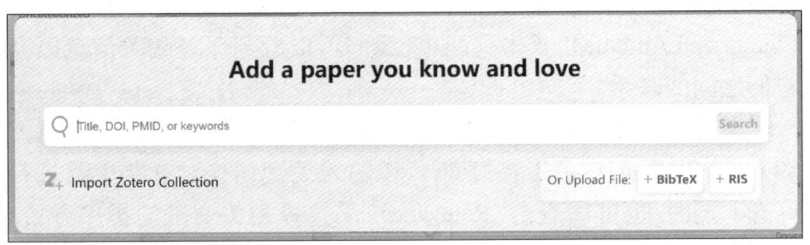

图 37 Research Rabbit 添加文献界面

导入文献。

这里,我们以图 34 的前两篇文献为例,向大家展示如何通过 Research Rabbit 来基于核心文献找到相关文献。我们先根据文献的 DOI 将文献添加到 Research Rabbit 的集合中,这时集合中就出现了我们的两篇核心文献(见图 38)。Research Rabbit 已经根据我们整个集合的文献,为我们推荐了 975 篇相似的文献(即 Similar Work)。需要注意的是,目前集合中的两篇文献都是系统综述文章。因为它们都包含了非常多的研究话题,所以相似文献较多。同时,该网站也

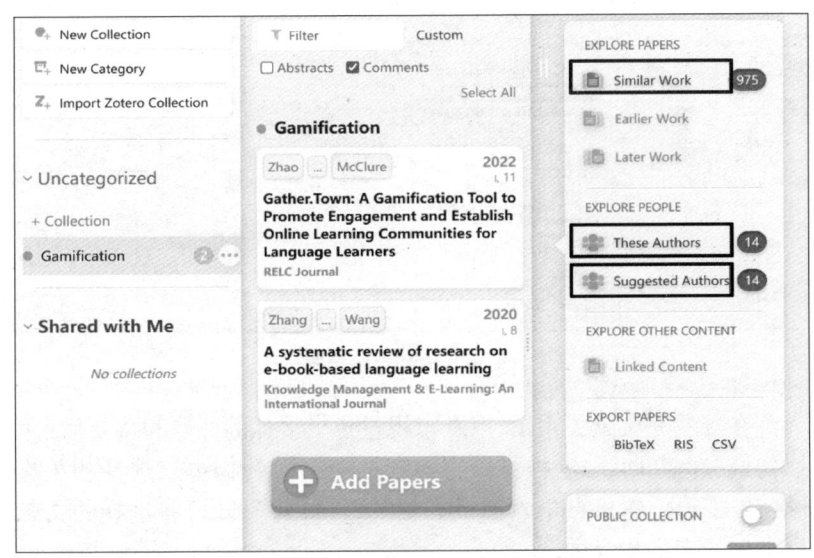

图 38 添加核心文献后的界面

帮我们结合了作者信息（These Authors）和同领域的建议作者（Suggested Authors），点击这两个，我们可以看到作者相关信息以及它们之间的联系。

点击"Similar Work"可以看到相关文献的题目和摘要（见图39）。这里，我们也可以在"Filter"中输入关键词来对这些文献进行筛选。同时，也可以点击"Relevance"来选择相关文献的排序方式。这里的相似文献大都是根据主题和关键词等信息自动抓取的文献，在右侧，我们可以看到这些相似文献的关系。每个圆形代表一篇文献，圆形的大小代表该文献的重要程度。如果文献之间有联系，即存在互相引用的情况，那么它们之间就会有线连接在一起。大家可以尝试使用"Filter"进行筛选，筛选后的文献关系会更加紧密。

图39　相关文献界面

在查看完文献关系图，以及审视过各个文献的标题和摘要后（可以勾选"Abstracts"，这样可以直接读到摘要），我们可以选择相关文献（见图40），然后点击页面最右侧的"Add to"，即可将选择的文献添加到指定的集合中。

将相关文献添加到集合中后，我们点击该集合下方的"Sync to

Zotero",就会跳出一个弹窗(见图41)。在弹窗中,我们输入对这个集合的命名并点击"确定",即可将整个集合的文献同步到 Zotero 中。接下来,我们就可以在 Zotero 中对文献进行阅读,并做相关笔记。

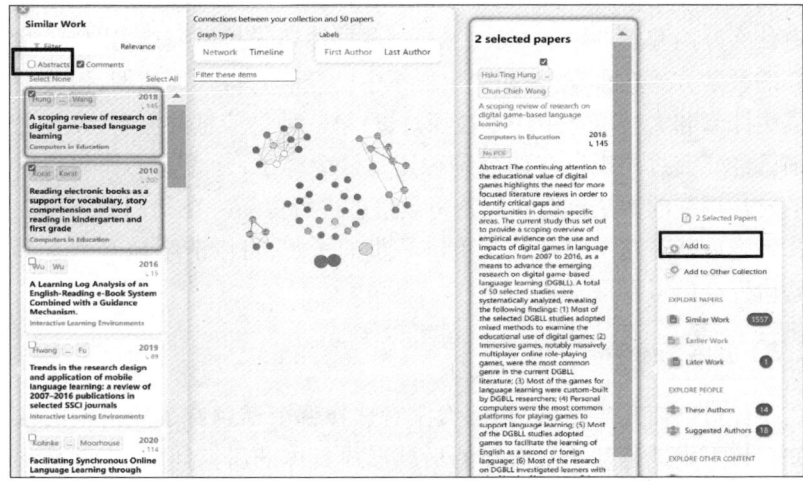

图 40　选择相关文献

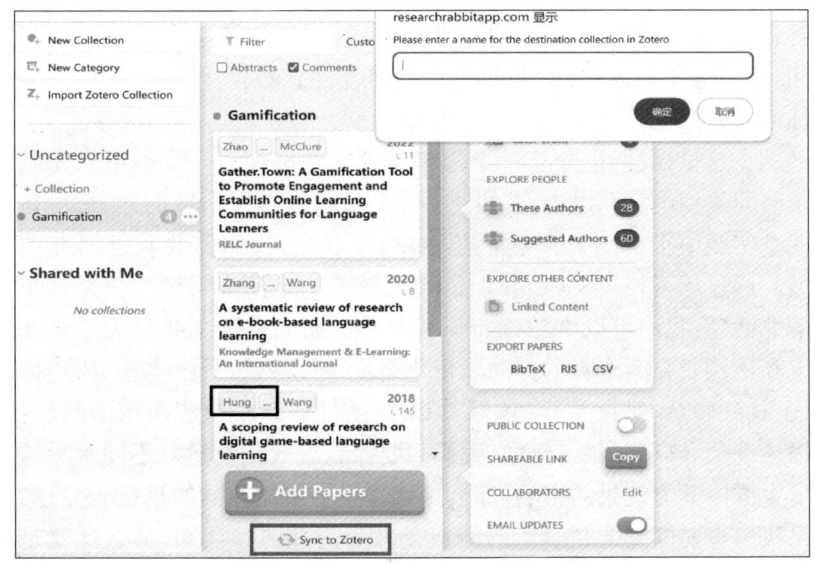

图 41　Research Rabbit 同步到 Zotero

在这里给大家提一个泛读文献的小贴士。泛读相关文献的目的是寻找我们感兴趣话题中的研究空白,也就是常说的 research gaps。通常来说,与教学实践相关联的有三种研究空白(Liu 2017)。第一种是情境中的信息缺失,比如一些未研究过的新技术在课堂中使用有什么好的和坏的影响;第二种是某些群体还未被研究过,比如一些新的教学方式在小学生、初中生群体中已经研究得较为透彻,但是在高中课堂和大学课堂中还未被探讨过;第三种是信息的更新,一些之前已经研究过的现象在如今是否还是这个样子,是否需要我们在新的时代用新的方法进行探究并将该信息进行更新。在我们泛读相关文献之后就对这个领域有了更进一步的了解,可以清晰地看到有哪些研究空白可以探索。

2.3 凝练于思考

经过前面几步之后,相信大家对选择哪个话题有了较清晰的认知。接下来就是基于所选择的话题形成具体的研究问题,也就是常说的 research questions。正如本小节的标题所揭示的,这一过程只能来自教师自身的思考。虽然我们对话题方向的选择有了较深的理解,但是不同的教师有不同的教学方式,学生的课堂表现也不尽相同。因此,我们需要回归到第一步,结合自身的教学实践,将话题凝练成研究问题。

在这里,我们也分享一个策略与大家共同探讨。我们可以先基于研究类型确定问题类型,再进一步凝练出具体的研究问题,最后在课堂实践中重审研究问题(见图 42)。首先,我们需要确定研究类型。通过泛读相关文献,我们已经选择了一个研究话题。根据这个研究话题,我们可以大致确定研究类型。研究类型主要分为量化研究和质性研究两个大的方向。量化研究主要解决三个问题:描述特征、找到联系、对比差异(施展 2023);质性研究主要解决两个问题:描述现象、解释现象。例如,我们想要探究游戏化教学对不同水平的学生群体学习效果的影响,那么这就是一个对比差异的量化研究;如果我们想要探究的是学生对游戏化教学的理解和认知,那么这就是一个描述和解释现象的质性研究。

- 量化研究
- 质性研究

- 常用结构
- 简单明了

- 五个特性
- 教学意义

图 42　凝练研究问题建议流程

　　在确定了研究类型之后,我们就可以凝练研究问题。研究问题的结构和样式与研究类型息息相关。描述特征的研究通常解决是什么的问题,因此它的问题通常包含"是什么"或者"what is ... "。找联系的研究通常就是找到两个变量或者两个事物之间的联系,它的问题通常包含"是否有联系""在什么程度上有联系""to what extent does A relate to B"。对比差异的研究就比较简单了,它通常包含"有什么差异"或者"what are the differences between A and B"。

　　质性研究中的描述现象通常也是解决是什么的问题,但是它常以 what 和 how 作为问题的开头。而解释某一个现象的背后原理,则需要重点关注的是为什么的问题,通常以 how 和 why 开始形成研究问题。

　　在有了研究问题之后,我们就需要审视它们是不是好的研究问题。好的研究问题本身应该清晰易懂、简单明了、能被回答(Liu 2017)。因此研究问题不宜过长,语言应简练易懂。同时,好的研究问题应该具有可行性、兴趣性、新颖性、伦理性和相关性(施展 2023)。我们可以看到,研究问题的特性与研究话题的特性是息息相关的。首先它要可行,我们不能问一个超出自己能力范围的研究问题。同时研究问题应该是研究者所感兴趣的、有创新性的问题。然后我们的研究问题不能超出研究伦理的约束。我们还需要审视的是这个研究问题是否是基于我们所选择的研究话题所提出的,它们是否相关。最后,就像在第二小节中所提到的,教学研究必须与教学息息相关,其研究成果能够用于提升教学质量。因此,我们也需要对研究成果有一个预期,并思考该研究成果是否有用于课堂教学。

3. 应用拓展

上一小节为大家介绍了凝练研究选题的三个步骤,并提供了一些可以用到的智能工具。除此之外,我们还可以通过参加工作坊和检索过往立项的方式来帮助我们凝练研究选题。

3.1 参加工作坊

学术工作坊和教学工作坊是教师寻求自身职业发展最重要的活动之一。工作坊通常由学校或研究机构组织或举办,邀请领域内的专家进行分享,旨在帮助教师们提高教学技能、提升教学效率等。那么,我们可以通过什么渠道获得工作坊的信息呢?

首先,第一章节所提到的学术协会会不定时地举办工作坊。这些工作坊通常聚焦于研究方法,有时也会有分享活动。此外,微信公众号上也会发布工作坊的通知。大家可以在微信中以"教学""工作坊"等词进行搜索(见图43),并筛选适合自己的工作坊。

另外,我们还可以关注一些外语类院校和师范类院校的院系主页和微信公众号。外语类院校通常会举办一些与语言相关的工作坊,而师范类院校的外国语学院则会举办外语与教学技能相结合的工作坊。比如,华南师范大学外国语言文化学院在 2023 年就举办了关于语言测试的学术会议和工作坊(见图44)。

3.2 检索过往立项

除了参加工作坊之外,我们还可以检索基金立项,如国家社科基金。我们可以通过检索其过往立项情况来更清楚地了解我们想要探究的话题。在国家社科基金项目数据库(见图45),我们将话题或者研究问题关键词输入"项目名称"一栏并进行检索,就会看到过往国家社科基金与该话题相关的立项情况。此外,也可以在项目负责人中输入特定学者的名字,以检索该学者的立项题目。需要注意的是,国家社科基金每年立项数目有限,所以检索结果可能为空。

图 43 微信工作坊搜索结果

图 44 华南师范大学语言 测试研讨会通知

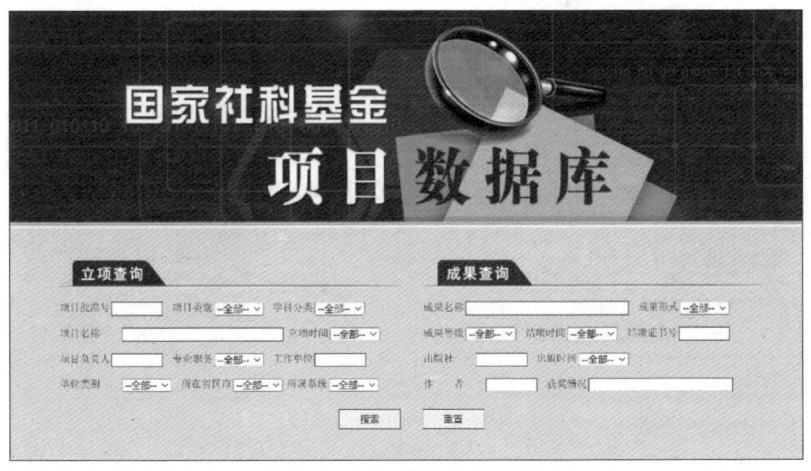

图 45 国家社科基金项目数据库

除此之外，我们还可以借助 OSF 平台来检索开放的研究论文和项目。OSF 是一个免费的开源网站，旨在促进多学科科学研究中的合作。如果想要注册，打开主页（见图 46），点击"Get Started"后按照步骤注册即可。如果只是想要检索项目和文献，那么，在页面的搜索框内输入关键字即可。

图 46　OSF 主页

　　这里仍然以游戏化为例。我们输入"gamification"并点击回车搜索，即可跳转至图 47 的检索结果界面。在这个界面，可以根据检索目标在左侧"Refine"工具栏里对结果进行筛选。点击我们感兴趣的

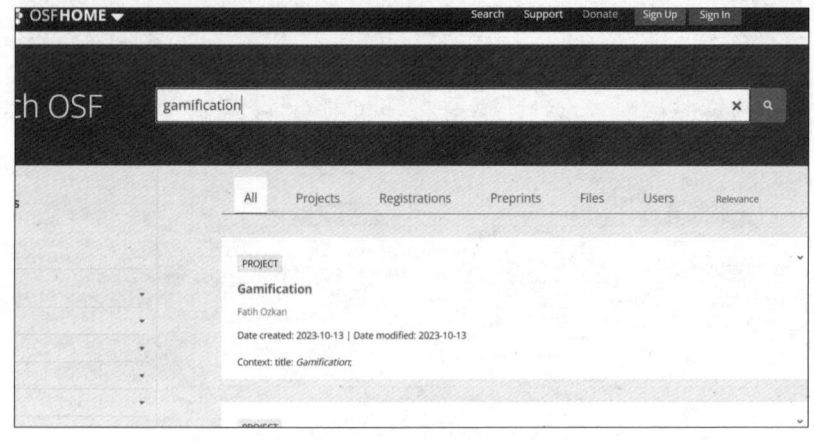

图 47　OSF 的 gamification 检索结果

项目,就可以看到该项目的具体内容以及一些补充资料。这些材料也有助于我们凝练自己的研究选题。在使用这些资源的时候,需要注明出处,注意学术规范。

4. 结语

本章通过王老师开展教学研究时遇到的困难,为大家介绍了如何凝练研究选题。凝练研究选题是科研工作的第一步,也是最重要的一步。在教学研究中,我们可以从教学实践中遇到的问题出发,通过分析和综合已有的文献资料,进而形成具体研究问题。本章将凝练科研选题总结为三步:起源于教学、完善于阅读、凝练于思考。

科研选题往往起源于我们教学中遇到的问题。我们可以观察课堂实践、参与社区讨论、关注网络热点。在这一过程中,我们可以用到一些网络社区平台以及话题检索工具。基于教学,我们有了研究想法。接下来就是在文献阅读中完善研究想法,并形成研究话题。我们可以先阅读系统综述文章,再精读核心文献,最后泛读相关文献。在这一过程中,我们可以用文献管理工具来管理文献资料以及阅读笔记,还可以用 AI 工具来基于核心文献自动查找相关文献。通过大量阅读,我们的研究话题就相对成熟。最后一步就是基于这些话题,凝练出研究问题。凝练研究问题的过程也分为三步:确定研究类型、凝练研究问题、重审研究问题。我们的研究问题需要简练而不简单,同时具有可行性、兴趣性、新颖性、伦理性以及相关性。同时我们也需要考虑预期研究结果是否对教学实践有所帮助。

最后,本章也为大家拓展了有助于我们凝练研究选题的另外两种方式:参加工作坊和检索过往立项。我们可以通过学术协会、微信公众号和相关学校组织官网来获取工作坊的信息;通过国家社科基金项目数据库和开放科学框架(OSF)来获取过往立项情况。

希望通过学习本章内容,大家可以基于自己的教学情况,凝练创新型的研究选题。

参考文献：

［1］Allen, J. E. 2019. *The Productive Graduate Student Writer: How to Manage Your Time, Process, and Energy to Write Your Research Proposal, Thesis, and Dissertation and Get Published.* Routledge.

［2］Hart, C. 1998. *Doing a Literature Review: Releasing the Social Science Research Imagination.* SAGE.

［3］Liu, X. 2017. Research Topic, Definition of. In M. Allen (ed.). *The SAGE Encyclopedia of Communication Research Methods.* SAGE, 1462－1465.

［4］Norton, L. 2009. *Action Research in Teaching and Learning: A Practical Guide to Conducting Pedagogical Research in Universities* (1st ed.). Routledge.

［5］施展. 2023. 如何撰写研究问题及理论与实践意义. https://www.researchgate.net/publication/373657978_waiyujiaoxueyanjiufangfarumenzhaji2023nian8yueban.

外
语
教
学
智
慧
科
研
方
法
入
门

Part 2　研究数据

第四章 如何收集质化数据

1. 问题呈现

1.1 案例引入

查老师是一位在高中从教多年的英语教师。随着全国高考的改革,她要在写作课上讲授故事的读后续写,帮助学生提升读后续写的能力。在一个学期的教学后,她发现用传统的教学方法教读后续写时,学生的课堂学习投入度较低,续写文本的质量也没有太大的提升。

在假期的一次教研活动中,查老师从专家那里了解到,合作写作的教学方法可以鼓励学生参与到写作课堂的活动之中,让学生保持较高的投入程度。考虑到自己学校的桌椅可以根据教学的需要自由移动,查老师打算新学期在自己的写作课上使用合作写作的教学方法,让学生通过小组讨论,共同完成读后续写的构思、创作以及修改,产出高质量的续写文本。

查老师在查阅现有文献的时候,发现很少有研究者在读后续写的课堂上开展合作写作教学,而且这也是她第一次在自己的班上尝试这种教学方法,所以她打算开展一个学期的教学实验,观察学生在合作续写课堂中的学习投入情况,以更好地指导自己以后的教学设计与实践。

结合以往教学研究与课题申报的经验,查老师决定采用质性研究方法来了解学生如何参与课堂的小组讨论和合作写作。但在确定研究方法之后,她开始纠结自己要收集学生的哪些数据来反映他们真实的课堂学习情况。另外,她对质化数据的收集方法也不是很了解。随着新学期逐渐来临,她开始感到焦虑……

1.2 案例分析

在上述案例中,查老师为了改善教学效果,根据学生的困难和学校的环境选择了对应的合作写作教学设计,并准备在自己的班上开展教学实验。由于该教学设计对她而言是一种全新的尝试,而且也没有足够的文献资料能够指导她的教学实践,所以她希望通过质性研究方法,全面地了解学生在活动中的真实情况与想法。由此可以看出,查老师能够较好地理解质性研究方法的本质和目的。质性研究方法本质上是探索性的研究,能够帮助教育研究者针对领域内一个未知的或者探索较少的现象或情境进行深度地描摹(陈向明2000)。

查老师纠结和焦虑的真正原因是她缺乏质化数据收集的知识,不知道自己的研究需要哪种数据,也不知道如何在教学实践中收集到想要的数据。其实,查老师遇到的困境和很多一线的教师一样,由于质化数据的收集没有固定的标准,教师很难完全参考其他质性研究来收集数据。一方面,现有研究所涵盖的资料类型可能无法满足教师们实际的研究需求;另一方面,其他研究所采用的质化数据收集方法及过程也不一定能够完全照搬到教师们自己的教学研究之中。

然而,有效且完整的质化数据对质性研究来说十分重要(Heigham & Croker 2009)。在质性的教学研究中,教师需要获得有效的资料来充分地回答研究问题,从而达到最终的研究目的。如果教师想全面地描述教学中出现的真实情况,就要保证自己收集到的数据足够完整,不遗漏重要的信息与细节。所以,查老师需要了解质化数据的收集方法,保证自己能够收集到足够的质化数据,以便更好地了解学生在合作续写课堂里的学习投入情况。

本章旨在介绍质化数据的收集方法,让一线教师掌握教学研究中质化数据收集的步骤及注意事项,从而更好地开展质性的教学研究。在介绍质化数据的收集方法之前,让我们一起来看看什么是质化数据。

1.3 核心概念

通过分析案例,我们已经知道了质化数据收集方法的重要性。为了能够收集到有效且完整的质化数据,我们首先需要了解什么是质化数据。陈向明(2000)在《质的研究方法与社会科学研究》一书中讲到,"在质的研究中任何东西只要可以为研究的目的服务都可以成为'资料'"(p.163)。从她的话里我们可以看出,质化数据一般是指那些在质性研究中帮助研究者达到研究目的的"资料"。换句话说,这些"资料"能够帮助教师回答研究问题。

那么这些"资料"一般包含什么呢?质性研究领域里的著名学者Michael Quinn Patton 在他 *Qualitative Research & Evaluation Methods: Integrating Theory and Practice* 一书中就曾对质化数据的种类进行了说明。Patton (2015)指出 "Qualitative findings are based on three kinds of data: (1) in-depth, open-ended interviews; (2) direct observations; and (3) written communications"(p.55)。从他的说明中我们可以知道,质化数据可以分为访谈(interview)、观察(observation)和实物文件(document)三个类别。

因此,在收集质化数据时,我们首先要从研究目的出发,制定数据收集方案,以确认需要的质化数据类别,然后再思考应该怎样收集这些数据,保证最终得到所有需要的质化数据。

2. 方案提供

对于没有质化数据收集经验的教师来说,收集有效且完整的数据是一个具有挑战性的任务。在真实的教学研究中,我们应该如何收集质化数据呢?接下来,我们结合查老师的案例,给大家分享质化数据收集的三个重要步骤:制定收集方案、收集研究数据、整理研究数据。

2.1 步骤一——制定收集方案

在前面的分析中已经提到,质化数据的收集始终要服务于我们的研究目的。所以,在正式收集质化数据之前,我们建议大家可以回归自己的研究目的,明确自己的研究问题,并理清自己的教学情境,结合这三个要素来制定质化数据的收集方案,确定研究的对象、数据的类别以及收集的时间,从而指导我们在真实的教学实践中顺利收集到想要的数据。

2.1.1 结合研究目的确定研究对象

在收集质化数据之前,我们需要明确从哪些研究对象里收集数据。研究对象的选择对我们质化数据的收集是非常重要的——因为选择了合适的对象,才能让我们收集到的数据真正达成我们的研究目的。所以,质性研究方法里一般采用的是"目的性"原则来选择研究对象(Denzin & Lincoln 2011)。具体来说,我们要根据研究目的及具体需要来确定研究对象的选取标准,并在真实的研究情境中根据这些标准来选择合适的对象。

这里我们拿查老师的案例来给大家举例。查老师的研究目的是要了解学生在合作续写过程中的学习投入情况。根据她的研究目的,我们首先可以知道,她选取的对象一定是要能够帮她"了解情况"的,换句话说,就是要有足够的信息量才能够揭示学生在小组中的学习投入情况。其次,查老师的学生是在小组中进行合作的,为了知道学生真实的情况,她需要把每个小组作为整体,关注小组内部的学习特点与情况。所以,如果查老师可以选取一个学习投入度较高的小组,那么她就能通过观察这个小组在不同课堂活动中的学习情况,充分地了解学生们在合作续写课堂中的参与情况,从而加深对合作续写课堂中学生学习情况的了解。

除了深刻描摹真实的课堂情境,质性教学研究里可能还会有其他的不同目的,衍生出不同的研究对象选取标准。我们在表1为大家总结了教学研究里一些常用的研究对象选取标准(总结自 Patton 2015;陈向明 2000;金檀 2023)。

表 1　研究对象的选取标准

研　究　目　的	选取标准	标　准　描　述
揭示现象的特征	极端情况个案	非常极端的例子里得到的信息有利于揭示独特的现象
	信息丰富个案	高信息强度的例子可以为现象提供多方面、多角度的理解
	典型特征个案	具有一定代表性的例子有利于展示和说明研究现象的一般情况
	最大差异个案	选取异质性强的不同例子有利于覆盖研究现象中的不同情况
	同质性个案	同质性高的例子可以对研究现象中的某一特点进行深入分析
	分层个案	选取不同特点的例子有利于了解现象的不同情况
推断教学设计的有效性	关键个案	一些对整体情况有决定性影响的例子有利于将结论推论到其他的例子
理论/假设的验证或说明	以理论为标准的个案	根据理论的标准或基本条件选取的例子可以为理论/假设提供实例,然后对理论/假设进行进一步的修订
	证实/证伪个案	在研究后期选取一个可以证实或证伪初步理论假设的例子

　　简而言之,我们在选取研究对象的时候,必须结合教研的具体情况与目的,选取最能帮助我们达到目的的对象,让我们在实地调研中获取丰富有效的质化数据。

2.1.2 结合研究问题确定数据类别

在确定研究对象后，接下来需要确定我们要收集的质化数据的类别。前文提到，质化数据一般有访谈、观察以及实物文件三个类别，那么教师在教研中要收集哪种数据呢？我们给大家的建议是，结合所提的研究问题，收集能够回答研究问题的数据。

我们还是以查老师为例。她在确定自己的研究目的后提出了研究问题："学生在一个学期的合作续写课堂中呈现出怎样的学习投入情况？"这个研究问题中的一个关键词是"合作续写"，在她的研究里是指学生在课堂里分组讨论，与小组成员共同完成故事读后续写的这一系列活动。因此，她需要同时收集学生小组讨论和合作写作两个环节的质化数据，从而对学生在整个教学活动中的学习投入情况有所了解。针对学生的课堂小组讨论，查老师应该收集的质化数据类别为观察数据。通过课堂的观察，她可以记录下学生讨论时的话语、表情、动作及环境特征。针对学生的合作写作，查老师打算让学生使用在线写作平台"金山文档"开展合作写作，所以她应该收集写作平台上学生的实物文件数据。

此外，查老师的研究问题中还有另外一个关键词"学习投入"。"学习投入"是指学生在课堂活动中所呈现的行为投入、认知投入、情感投入和社会投入（Jin et al. 2022）。其中，行为投入是指学生学习任务完成的情况；认知投入是指学生在学习过程中心智层面的付出；情感投入是指学生对学习任务的感受或态度；社会投入是指学生与学习环境之间的联系程度。学生的行为投入、认知投入和社会投入都可以从前面提到的观察数据与实物文件数据中获取，但是情感投入是无法从学生外显的行为中得知的，查老师需要询问学生在活动中的所思所想，才能了解他们情感投入的情况。因此，她的研究里还需要涉及学生的访谈数据。

通过分析查老师研究问题的关键词，我们得出了回答该问题需要用到的质化数据为观察数据、实物文件数据和访谈数据。特别需要注意的是，为了回答研究问题，我们还需要考虑数据的信息丰富性，并让我们的质化数据能够相互验证（陈向明 2000）。所以，我们建议大家在教研中要收集到丰富多样的数据,尽量涵盖学生的观察、访谈及实物文件数据。这一方面能够让我们对研究现象进行深入、细致且全面的描摹(Yin 2018);另一方面也可以让我们的数据用于三角验证(Patton 2015),即在分析时从多个角度相互验证发现,提升研究结论的有效性。

然而,我们也要结合自己目前所具备的现实条件,综合考虑收集的数据类别。比方说,查老师还想了解学生在课后是否有开展小组讨论,或者是否在微信群聊里沟通相关的信息。但是学生们在社交软件上的交流有较强的私密性,让学生上传微信群聊截图或者课后讨论的录音都容易影响他们的正常交流。考虑到访谈也能获取学生课后学习的投入情况,我们就不用收集那些我们能力范围外或者敏感性较高的数据。

2.1.3　结合教学情境确定收集时间

在确定需要收集的质化数据类别后,我们还需要确定每个质化数据类别的收集时间,确保每种数据能在规定的时间里收集完毕,保证教研实践的顺利进行。在查老师的教研案例中,她需要一个学期合作续写课堂活动的观察、实物文件及访谈数据。观察数据的来源是学生在课堂上的小组讨论,因此查老师需要在每一次合作续写课堂上都进行观察记录,保证一学期里学生所有的课堂讨论都得到记录。学生实物文件的来源是在线写作平台。我们需要特别注意在线实物文件的收集时间,因为在教学实践中学生可能在研究的后期对初期的文件进行修改。所以,我们可以给学生设定一个修改的截止日期,在截止日期之后学生便不能再对文件进行编辑。等到一个学期的课程结束后,我们可以在写作平台的后台将所有的实物文件导出并归档保存。

访谈数据的收集时间是根据研究的具体情况而定的。首先,访谈的次数可能会影响我们访谈数据的收集时间。质性研究一般需要对研究对象开展一到三次访谈(Patton 2015),我们要根据访谈的次数和教学实践的安排合理规划时间。根据不同的访谈次数,我们建议教师参考表2,在教学实践的一些特定时间点开展访谈(陈向明

2000）。比如，查老师学校的教学任务较重，她只能访谈学生一次，那她可以在所有的合作续写教学活动结束之后再对学生开展访谈，询问学生的学习体验。

表2　访谈的次数及时间点

访谈次数	访谈时间点
1	教学实践之后
2	教学实践之前/期间、教学实践之后
3	教学实践之前、教学实践期间、教学实践之后

　　另外，研究的进度也可能会影响我们访谈数据的收集时间。在质性研究中，由于研究目的及研究问题有很大的灵活性，我们可能在正式开展研究期间更换了研究目的或研究问题，研究对象也有可能因此而改变，这个时候我们的访谈可能无法如期开展。总体而言，我们需要根据教学情境，合理规划好质化数据的收集时间，确保收集到完整的数据，但是也要注意质性研究的灵活性，根据具体的研究情况与进度调整我们的数据收集计划。

　　本小节分享了如何根据研究的目的、问题及情境制定质化数据的收集方案。首先，我们需要确定研究目的，根据研究目的选取研究对象。其次，根据提出的研究问题，确定需要的数据种类。我们尤其要注意做到数据的多样性和丰富性，以全面地呈现研究现象的特征，并且不同种类的数据之间要能够有效地相互验证。此外，我们还需要结合具体的研究情境与教学设计，合理规划数据收集时间。

2.2　步骤二——收集研究数据

　　在制定好数据收集计划之后，我们就可以根据既定的计划开展教学研究并收集质化数据了。在这一小节中，我们为大家分别介绍收集三类质化数据时的技巧与注意事项。

2.2.1　收集观察数据

首先,我们一起来看看如何收集观察数据。这里为大家重点介绍两种观察数据的获取方式:教师课堂记录与学生活动录制。教师的课堂记录是指教师在课堂实践中对学生动作、神情、话语及相关环境因素的记录,一个非常有效的工具是"现场图"(齐梅 2015)。在观察前,教师可以根据教室的布局特征与学生的座位安排绘制成现场图,在之后的教学过程中就能记录每一个位置的学生的信息及特点。在查老师的教研实践中,她将全班学生平均分成六个小组,每个小组有六个人。在每一次合作续写课之前,就可以制作如下图 1 的现场观察图,以便在授课过程中快速定位学生位置,记录关键时间点及重要信息。

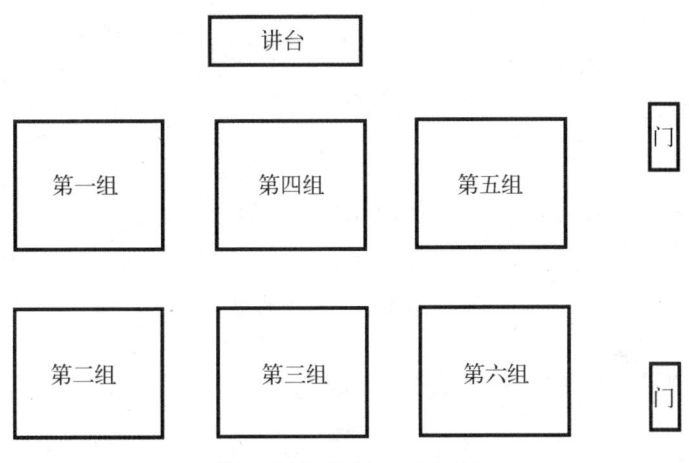

图 1　现场观察图制作样例

当教室的布置及学生的座位已经固定时,为了提高课前准备效率并让现场观察图重复利用,我们建议将确定下来的现场观察图另存为 PDF 文件,放到可以编辑 PDF 的软件中,然后每一次课就可以使用一个观察图 PDF 文件进行记录。我们这里以金山文档为例。首先,我们将确定好的现场观察图保存为 PDF 文件,并导入金山文档的"云文档"中(见图 2①)。金山文档"云文档"的一个好处就是我

---

①　检索于 2024 年 1 月 27 日。

们可以在不同的设备上通过同一个账号打开云文档里的文件,在课堂实践时我们就可以用手机或平板随时打开制定好的观察图。打开一个现场图 PDF 文件之后,我们可以使用金山文档里的"批注"功能(见图 3①)。在"批注"工具栏里选择"文本框"选项添加文本框,打字记录课堂活动中学生的行为举止。在课堂结束后,我们只需要点击文档左上角的"保存"按钮,就能将带有记录的现场观察图保存到文件夹中。将现场观察图保存在云文档中不仅方便快捷,还能保证每一次的课堂记录都完好地存储在文件夹里,不易丢失。

← 我的云文档 > 合作续写课堂实践 > **课堂观察记录** ⟳		⇄ 传输记录	新建	导入
全部类型 ↑		最近修改 ⌄	大小 ⌄	
❏ 合作续写课堂记录_Lesson 1.pdf		2023-03-25	32 KB	
❏ 合作续写课堂记录_Lesson 2.pdf		2023-04-15	32 KB	
❏ 合作续写课堂记录_Lesson 3.pdf		2023-04-25	32 KB	
❏ 合作续写课堂记录_Lesson 4.pdf		2023-05-12	32 KB	
❏ 合作续写课堂记录_Lesson 5.pdf		2023-07-18	32 KB	

图 2　观察图 PDF 文件储存

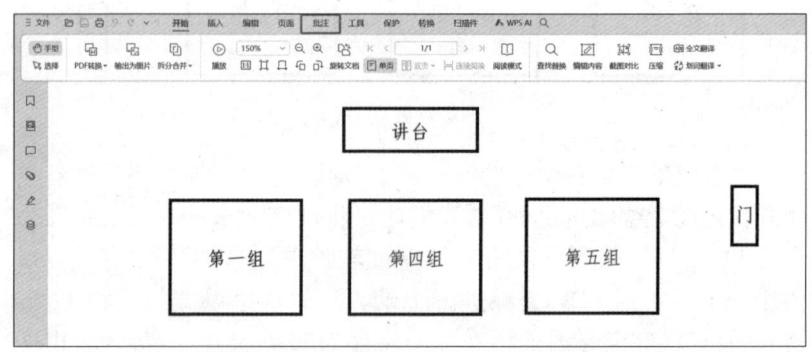

图 3　观察图 PDF 文件使用方式

---

① 检索于 2024 年 1 月 27 日。

虽然课堂记录能帮助教师记录一节课里的重要信息,但考虑到教师在一节课里既要教授又要观察,笔记不一定能够完全记录下学生的所有行为,尤其是学生小组活动时的互动话语。因此,除了课堂记录外,我们还建议对学生的活动过程进行录制,这样就能有效记录学生讨论过程的情况,减轻教师课堂观察的负担。

在录制学生活动之前,我们需要征询并获得学生的同意。只有获得学生的同意后,我们才能进行课堂活动的录制。录制学生活动过程时有一些注意事项。首先,我们需要决定是录音还是录像。相比于录像设备,录音设备无法记录学生的动作与表情,并且在分析音频的时候要求我们记住每一位组员的声音。但是,考虑到录音对学生小组讨论与合作的干扰更小,且录音设备比录像设备更容易操作,我们还是建议选择录音的方式录制学生的活动过程。其次,我们要提前为录制设备充电,以确保设备的电量充足。然后,在正式开始录制的时候,我们要确认录制设备能够正常工作,并将之放置在能够最大程度上收录声音的地方。我们以录音设备为例。如果查老师班上每一组的六位学生都是在前后两排就座,每一排有三名组员,且讨论的时候前排的三名组员会转向后排,我们就可以考虑把录音设备放置在后排的中间处,让录音设备能够同时接收到前后排学生的声音。

2.2.2 收集访谈数据

对于访谈数据的收集,我们首先需要确定访谈的方式。无结构型访谈不设置固定的访谈问题,可以让受访者根据某一议题畅所欲言;半结构型访谈会有一定的计划和方向,访谈者根据提前设定好的访谈提纲,引导受访者回答问题,问题的类别与顺序相对灵活,访谈者和受访者都可以根据对话情况进行适当的追问;结构型的访谈则要求受访者必须根据访谈者提前制定的问题清单,按顺序回答所有问题(陈向明 2000)。在查老师的研究里,为了让学生在访谈时有一定的方向,且包含更多有价值的内容,可以采取半结构型访谈的方式。我们建议,无论是半结构型访谈还是无结构型访谈,都需要制作一个访谈提纲,一方面是提醒我们在访谈开始前介绍研究的背景信息、信息保密规则、访谈交流规则及自愿参与规则;另一方面是可以列举我们在访谈中可能会涉及的问题。

针对访谈问题的设置,我们需要关注问题的内容和问法。首先,访谈问题的内容设置需要围绕核心概念的定义及理论框架。我们还是以查老师的教研案例作为例子,她可能设置的一些访谈问题如下:

- 小组讨论时,你们对故事有不同理解时怎么办呢?
- 合作写作时,你一般是如何想到针对写作文本的修改建议的呢?
- 你对小组合作产出的续写文本有什么看法呢?
- 你觉得小组合作完成续写对你来说有什么影响呢?

我们可以看到,以上四个问题都受到了核心概念定义的引导。在查老师的研究中,学生的"学习投入"是指学生在合作续写课堂中呈现的行为投入、认知投入、情感投入和社交投入(Jin et al. 2022),"合作续写"指的是她设计的小组讨论与合作写作活动。这四个访谈问题虽然没有直接点明"学习投入"的概念,但是每个问题都聚焦于学生在不同课堂活动里(小组讨论与合作写作)的参与情况。另外,这四个问题在内容上都与"学习投入"的理论框架息息相关:第一个问题涉及学生遇到不同理解时要付诸什么行动来解决问题;第二个问题问的是学生如何通过思考,得出针对写作文本的修改建议;第三个问题希望了解学生对续写文本的情感和态度;第四个问题关注学生从团队合作的学习情境中获得或付出了什么。所以,大家在设计访谈问题的内容时,可以结合自己核心概念的定义及理论框架来设置问题,让访谈的问题真正问到我们需要了解和掌握的内容。

接下来,我们看看访谈问题一般有哪些常见的问法。一般来说,为了获取不同的信息,我们需要在访谈里设置不同类型的问题(见下表3, 总结自 Patton 2015; Strauss et al. 1981; 陈向明 2000; 金檀 2023)。

表3 访谈问题的种类

问题类别	定 义	示 例
行为问题	询问受访者的行为和活动	你们一般是怎么进行分工的呢？
观点问题	询问受访者对事物的观点和价值判断	你觉得小组分工的效果如何？
感受问题	询问受访者的情绪和感受	当你的组员夸奖你的时候，你感受如何？
知识问题	询问受访者所掌握的事实信息	你知道什么是故事读后续写吗？
感官问题	询问受访者听觉、视觉等方面的感官体验	小组分工时你们组长会做什么？
背景问题	询问受访者的个人身份信息	你学英语几年了？
相反陈述问题	用与事实相反的陈述获取受访者的纠正	你会不会觉得合作写作没有帮助？
控制型问题	用别人的意见或在其他情境下发生过的相似事件询问受访者	你们班的同学认为合作写作利大于弊，不知你意见如何？
假设型问题	让受访者想象自己身处某一情境来回答问题	假设你们小组有个同学不赞同你的观点，你会怎么办？
理想化问题	询问受访者对理想化情境的意见	你理想的小组合作应该是怎样的？
阐释型问题	对受访者之前的回答进行阐释，并询问受访者是否接受这一阐释	你的意思是说如果其他组员赞扬你的话，你会学得更认真吗？

我们还需要特别注意，在设置访谈问题时要避免以下情况（Patton 2015；Merriam & Tisdell 2016；陈向明 2000）：

- 避免提出冗长或模糊的问题（例如：你哪一次的合作写作前

会在小组讨论里和同学认真讨论文章的一些内容呢?);

- 避免提出有倾向性的问题(例如:你觉得同学的建议对你有帮助吗?);
- 避免提出抽象的问题(例如:你怎样和同学合作?);
- 避免一次性提问多个概念(例如:你对独立构思和合作构思有什么看法?);
- 避免**经常**提出"是或否问题"(例如:你觉得合作写作对你有影响吗?),除非是用于检验受访者的信息或引导受访者往既定的话题讨论;
- 避免**经常**提出"为什么问题"(例如:你出于什么原因不参与那次的讨论?);
- 避免在问题中使用专业术语(例如:你在小组讨论时的情感投入是怎样的?)。

为了高效地设置访谈问题,我们建议大家根据上述访谈问题要点及原则,在人工智能聊天机器人"文心一言"的辅助下形成自己的访谈问题。"文心一言"由百度公司开发,其背后的大语言模型让它能够理解和回答各种问题,并根据用户需求生成不同类型的文本。在"文心一言"的聊天界面中,可以先告诉机器人我们的研究背景及研究目的,让机器人提供初步的指导(见图4①)。

然后,我们可以告诉机器人核心概念的定义及理论框架,并告知它在访谈问题设置时需要避免的情况,让它进一步辅助我们形成自己的访谈问题(见图5②)。需要注意的是,虽然这个方法高效且便利,但是人工智能聊天机器人提供的指导不一定完全符合我们的要求,我们需要有自己的判断,并根据实际情况形成最终的访谈问题。

在设计好访谈问题和访谈提纲后,我们就可以邀请研究对象参与访谈。考虑到线下访谈可能会有空间距离与时间安排上的阻碍,

---

① 检索于 2024 年 1 月 27 日。
② 检索于 2024 年 1 月 27 日。

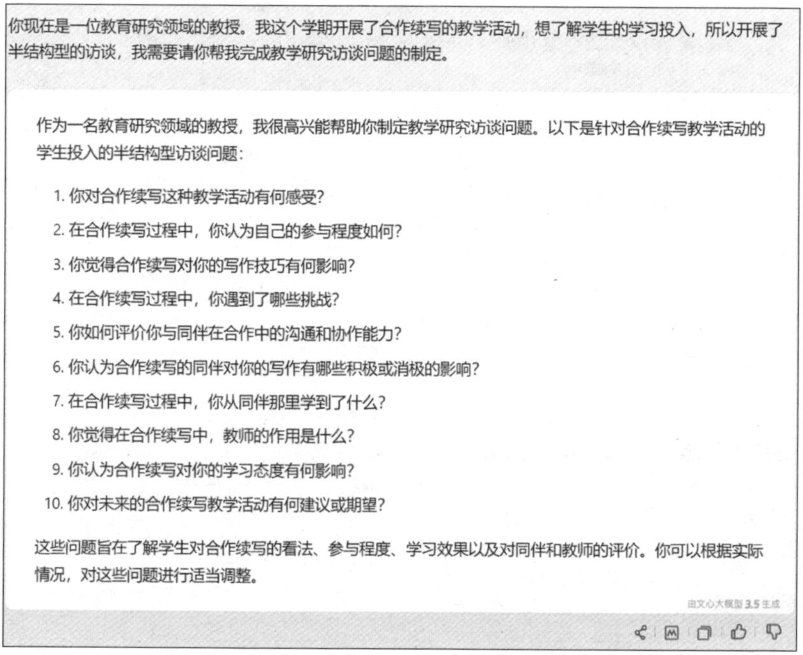

你现在是一位教育研究领域的教授。我这个学期开展了合作续写的教学活动，想了解学生的学习投入，所以开展了半结构型的访谈，我需要请你帮我完成教学研究访谈问题的制定。

作为一名教育研究领域的教授，我很高兴能帮助你制定教学研究访谈问题。以下是针对合作续写教学活动的学生投入的半结构型访谈问题：

1. 你对合作续写这种教学活动有何感受？

2. 在合作续写过程中，你认为自己的参与程度如何？

3. 你觉得合作续写对你的写作技巧有何影响？

4. 在合作续写过程中，你遇到了哪些挑战？

5. 你如何评价你与同伴在合作中的沟通和协作能力？

6. 你认为合作续写的同伴对你的写作有哪些积极或消极的影响？

7. 在合作续写过程中，你从同伴那里学习了什么？

8. 你觉得在合作续写中，教师的作用是什么？

9. 你认为合作续写对你的学习态度有何影响？

10. 你对未来的合作续写教学活动有何建议或期望？

这些问题旨在了解学生对合作续写的看法、参与程度、学习效果以及对同伴和教师的评价。你可以根据实际情况，对这些问题进行适当调整。

由文心大模型 3.5 生成

图 4　"文心一言"提供的初步指导

我们建议采取在线视频会议的方式进行线上访谈。我们给大家推荐的工具是"腾讯会议"（见图 6[①]）。虽然这种在线会议的形式可能会受到网络因素的影响（Thunberg & Arnell 2022），但是它方便快捷，消除了空间上的阻碍。我们还可以通过打开摄像头的形式观察到彼此的言行举止（Khan & MacEachen 2022）。

此外，腾讯会议还能够帮助我们高效地预约访谈、录制访谈以及转写访谈音频。我们可以通过腾讯会议应用主界面中的"预定会议"功能预约访谈的时间，并将预约好的会议号等信息发送给受访者（见图 7[②]）。在访谈过程中，征得受访者的同意后，我们可以通过腾讯会议的"录制"功能将访谈的全过程录制下来。同时，我们还能开启"录

---

① 检索于 2024 年 1 月 27 日。

② 检索于 2024 年 1 月 27 日。

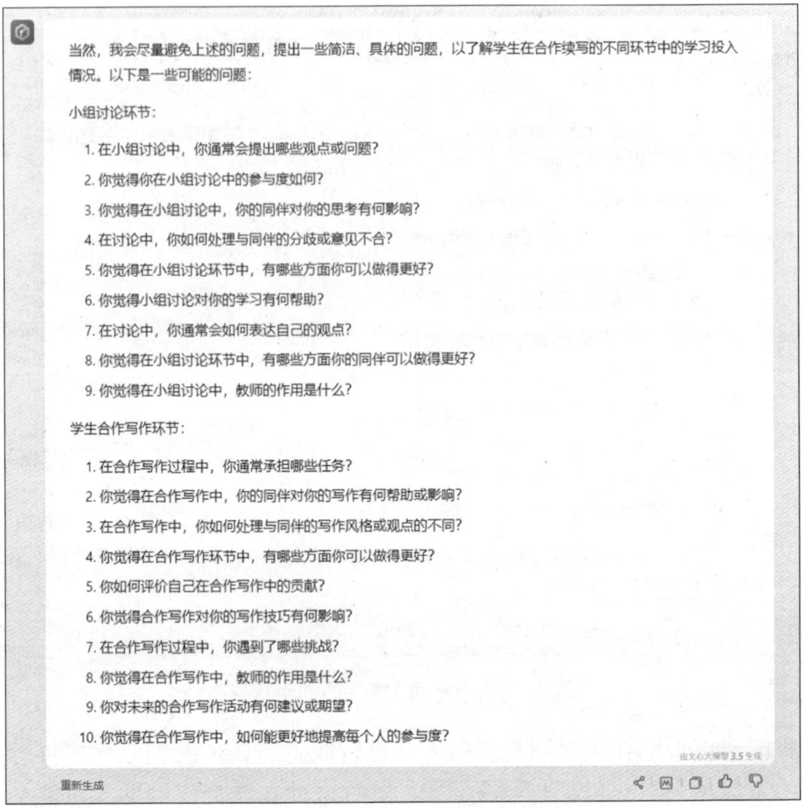

当然，我会尽量避免上述的问题，提出一些简洁、具体的问题，以了解学生在合作续写的不同环节中的学习投入情况。以下是一些可能的问题：

小组讨论环节：

1. 在小组讨论中，你通常会提出哪些观点或问题？

2. 你觉得你在小组讨论中的参与度如何？

3. 你觉得在小组讨论中，你的同伴对你的思考有何影响？

4. 在讨论中，你如何处理与同伴的分歧或意见不合？

5. 你觉得在小组讨论环节中，有哪些方面你可以做得更好？

6. 你觉得小组讨论对你的学习有何帮助？

7. 在讨论中，你通常会如何表达自己的观点？

8. 你觉得在小组讨论环节中，有哪些方面你的同伴可以做得更好？

9. 你觉得在小组讨论中，教师的作用是什么？

学生合作写作环节：

1. 在合作写作过程中，你通常承担哪些任务？

2. 你觉得在合作写作中，你的同伴对你的写作有何帮助或影响？

3. 在合作写作中，你如何处理与同伴的写作风格或观点的不同？

4. 你觉得在合作写作环节中，有哪些方面你可以做得更好？

5. 你如何评价自己在合作写作中的贡献？

6. 你觉得合作写作对你的写作技巧有何影响？

7. 在合作写作过程中，你遇到了哪些挑战？

8. 你觉得在合作写作中，教师的作用是什么？

9. 你对未来的合作写作活动有何建议或期望？

10. 你觉得在合作写作中，如何能更好地提高每个人的参与度？

由文心大模型 3.5 生成

重新生成

图 5 "文心一言"提供的详细指导

图 6 腾讯会议官网页面

图7　运用腾讯会议预约访谈

制转写"功能,自动转写我们所说的话并直接生成录制文件(见图8①)。

　　在访谈时,我们需要认真倾听、把握追问的时机并及时给予回应。倾听是访谈中获取有效信息的基础。我们在访谈的时候需要保持头脑清醒,认真听取受访者的话语,关注其表情和神态的变化,并记录下受访者所说的重要信息。如果听到一些有价值的信息或者观点,我们可以在受访者回答后进行适当地追问。通过追问,让受访者解释曾经提到过的信息,或让受访者补充更多或更具体的例子,可以加深我们对一些重要概念或特殊现象的理解。另外,我们还需要对受访者的话做出及时回应。及时回应受访者能够帮助我们与受访者建立起良好的对话氛围,有效引导受访者产出更多的信息,还能避免受访者在讲话时跑题。

---

① 　检索于 2024 年 1 月 27 日。

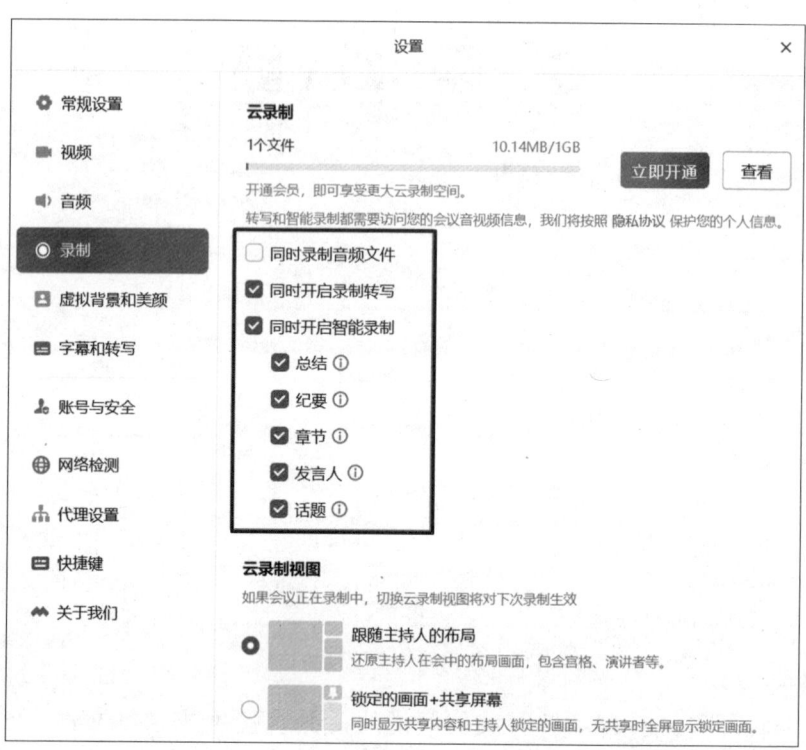

图 8　腾讯会议的"录制"选项

2.2.3　收集实物数据

　　除了观察和访谈数据外,我们在征得学生同意的前提下还可以收集学生的实物文件数据。实物文件数据一般是指教师和学生在教学活动中的过程性文件,如个人反思、日志和学习成果,这些资料可以帮助我们在数据分析的时候验证访谈和观察数据的发现(Yin 2018)。在查老师的合作续写课堂中,查老师可以收集学生不同的学习成果作为实物文件数据。例如,每节合作续写课之后,查老师可以收集学生在黑板上画的故事脉络,还可以收集学生小组讨论形成的修改计划。

　　此外,查老师还能收集学生合作写作的文本。比如说,可以在每一次课之后先收集学生故事读后续写的初稿,然后等到学期末的时候再收集每个小组的终稿。如果查老师开启了金山文档的"修订"模式,还能收集到学生的修订痕迹。在教学研究中,实物文件数据能够提供丰富且真实的信息,加深我们对教研情境及学生学习过程的理解。

在这一小节中,我们给大家分享了三种质化数据的收集方法及注意事项。首先,在收集观察数据的时候,我们可以利用观察图对现场进行记录,并且使用金山文档的"云文档"功能存放电子版本的观察图。同时,我们还向大家介绍了如何录制学生的活动过程,大家可以根据研究的需求选择录制的方法。然后,在介绍访谈数据的收集时,我们从访谈问题的内容和问法设置上为大家讲解了如何设置访谈问题。我们建议大家在人工智能聊天机器人的辅助下形成自己的访谈问题,并通过视频会议软件开展线上访谈,高效收集访谈数据。在这一小节的最后,我们还给大家介绍了实物文件数据的收集示例。在收集完我们需要的质化数据后,如何整理这些数据呢?接下来的这一小节,我们一起来看看质化数据的整理需要注意哪些要点。

2.3 步骤三——整理研究数据

整理质化数据与收集质化数据一般是同时进行的。一方面,我们需要在收集质化数据的同时将收集到的数据及时整理和归档;另一方面,我们在整理数据的时候如果发现有数据缺漏或遗失的情况,就需要重新收集相应的数据,或者采用相应的弥补措施,收集其他类型的数据(Merriam & Tisdell 2016)。因此,质化数据的整理对我们来说也非常重要。在这一小节里,我们主要为大家介绍质化数据整理的三个重要原则:确保数据完整、有序存储数据以及备份原始数据。

2.3.1 确保数据完整

在最开始介绍的时候就讲到,我们收集的质化数据要服务于我们的研究目的,因此数据必须有效且完整。在完成一轮的质化数据收集后,我们建议大家立即检查数据完整与否。比如说,在整理学生的实物文件时,我们有可能会遇到学生课堂纸质工作纸缺漏的情况。这个时候我们需要采取相应措施进行补救,例如可以及时与学生联系,询问学生是否有拍照留底,或者找到其他类型的质化数据代替这一缺漏的数据。

2.3.2 有序存储数据

在一项教学研究里,我们可能会收集到不同种类的质化数据,每一种数据的数量可能也很多。所以,我们建议大家在存储的时候要按照一定的顺序和规则存储每一类数据。比如,每一类数据都可以遵循一定的命名规则,并且在文件名后附上收集的日期,这样就能够在需要某一份质化数据的时候快速定位到对应的文件夹中。我们这里给大家推荐一款可以基于文件名称快速定位文件位置的软件"Everything"(见图9①)。下载了这款软件之后,直接在软件的搜索栏里输入需要查找的质化数据的文件名,计算机就会自动弹出对应文件的文件夹窗口供我们查看和操作。

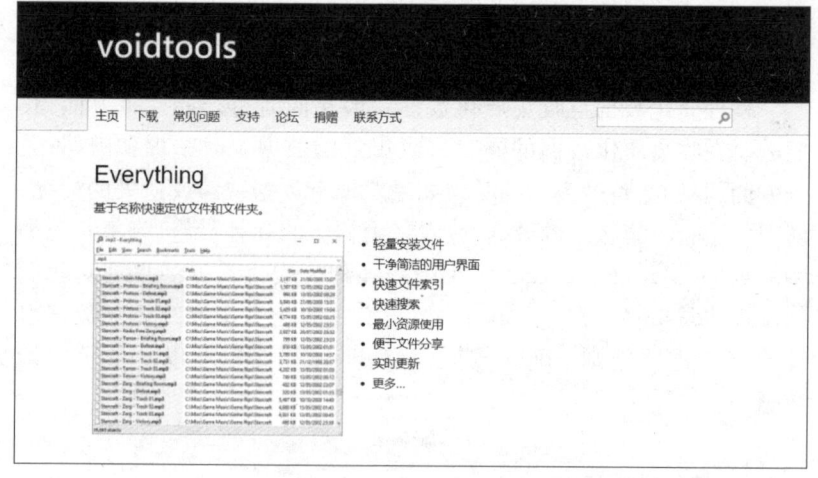

图9 Everything 官网页面

---

① 检索于 2024 年 1 月 27 日。

2.3.3　备份原始数据

　　由于收集到的质化数据可能数量庞大,而且我们可能会对质化数据进行初步的处理与分析,所以我们需要及时对收集到的原始数据进行备份,以防在后续的数据分析过程中遗失最初收集到的版本,导致数据的信息量缺失。为了更好地做好原始数据的备份工作,除了在网盘和 U 盘上进行备份外,我们建议大家使用移动硬盘进行备份(见图10[①])。相比于网盘,移动硬盘的数据传输速度更快,而且私密性较高;相比于 U 盘,移动硬盘一般能存储更大容量的数据,而且能够长时间、安全地存储数据。

图 10　移动硬盘

　　这一小节我们给大家简要介绍了质化数据的整理原则及方法。为了确保数据完整,我们需要在收集质化数据的时候及时整理数据,检查数据的完整性。为了有序存储数据,我们建议大家在存储数据的时候按一定的规则进行命名与排列,确保在需要的时候可以快速定位文件的位置。为了备份原始数据,大家可以考虑用移动硬盘,因为它能够帮助我们储存大容量的数据,而且在数据传入与导出时候的速率也非常可观。

3. 应用拓展

　　在上一节的内容中,我们分享了常用的质化数据收集的“三步走”:制定收集计划、收集研究数据以及整理研究数据。在这一节,我们将为大家带来收集与整理质化数据的其他方式:焦点团体访谈、在线调查问卷以及数据存储软件。

---

① 　检索于 2024 年 1 月 27 日。

3.1 焦点团体访谈

我们在上一节给大家介绍过访谈数据的收集方法。事实上,除了可以与受访者单独面对面访谈之外,我们还可以使用焦点团体访谈的方法收集访谈数据。在焦点团体访谈中,我们可以邀请多个受访者同时参与访谈,让他们针对一个特定话题展开集体讨论,通过频繁的互动与交流共同构建知识(Patton 2015)。作为研究者的我们也可以充当协调者和观察者的角色,关注并记录受访者的言行举止(Lathen & Laestadius 2021)。比如说,在查老师的案例中,她可以与选定的研究小组约定时间与地点,邀请小组的学生共同参与访谈。在焦点团体访谈的过程中,学生可以重现课堂的互动过程,而且在回答访谈问题时可以相互提醒和补充,有利于我们收集到更丰富的信息。

考虑到多个受访者同时参与访谈比起单人访谈更容易受到时间和空间的影响,我们还是建议大家使用在线会议的方式开展焦点团体访谈。由于腾讯会议在参与人数大于 2 人时有会议时长的限制,我们这里给大家推荐另外一款视频会议软件"Skype",它同样可用于多人的视频通话(见图 11①)。Skype 是 Microsoft 公司开发的一款通

图 11　Skype 官网页面

_____

① 检索于 2024 年 1 月 27 日。

讯软件,最早用于用户之间的通话,但是现在也有了视频通话的功能(类似于微信视频通话),而且支持屏幕共享与视频录制(Khan et al. 2022),可以用来开展焦点团体访谈。

　　Skype 开启视频通话的方式与腾讯会议类似,我们下载该软件后只需要点击"立即开会",就可以开启一个会议室(见图12[①]),并通过复制会议的链接邀请受访者参与到视频通话之中(见图13[②])。类似的视频会议软件还有很多,包括 Zoom、WhatsApp 和 Microsoft Teams 等,我们可以根据自己的实际需要和条件选取最适合的视频

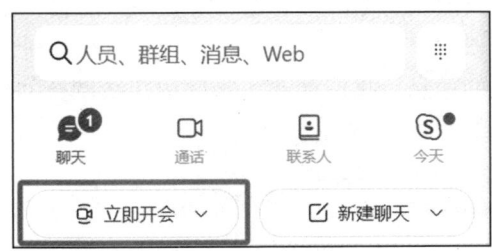

图 12　Skype"立即开会"

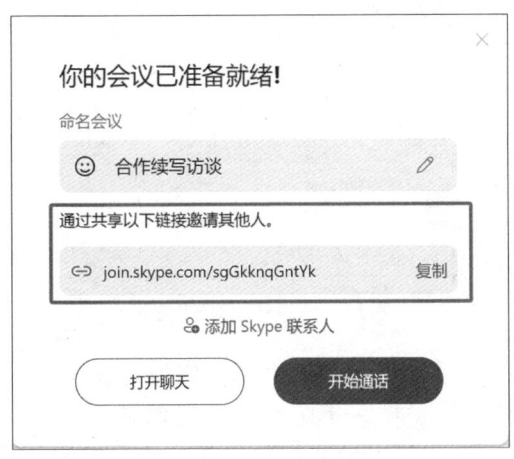

图 13　Skype 邀请受访者页面

会议软件。进行线上焦点团体访谈时，我们建议大家再邀请一位研究员参与到访谈之中，这样有利于我们更好地组织受访者参与互动，并记录下受访者提到的重要信息。在访谈过程中，我们要尤其注意让每一位受访者都有发言的机会。另外，为了遵循信息保密的规则，我们在访谈的开始与结束时都要向受访者强调保密事项（陈向明 2000）。

3.2 在线调查问卷

如果针对特定的研究对象收集的质化数据不够丰富时，我们还可以通过发放开放式问题的问卷来收集更多的信息。这种方式其实属于结构型访谈的一种，但比起面对面交谈，问卷有利于我们在短时间内获取大量的信息。我们推荐大家使用在线调查问卷平台"问卷星"（见图 14①）。

图 14 问卷星"调查"应用

在问卷星的"调查"应用中，我们可以通过设置不同形式的选择题或开放式填空题来收集受访者对研究现象的意见与观点（见图15②）。在问题设置时，因为我们收集的是质化数据，所以最好以填

---

① 检索于 2024 年 1 月 27 日。

② 检索于 2024 年 1 月 27 日。

空题为主,让受访者写下文字信息,从而获取更多有价值的数据。同时,我们也要注意题型的分布,尽量不要一份问卷中全是开放式问题。在规定的时间内收集完问卷后,我们可以用问卷星快捷地将问卷的数据导出为 EXCEL 或 WORD 文件,方便我们后续的数据处理与分析。

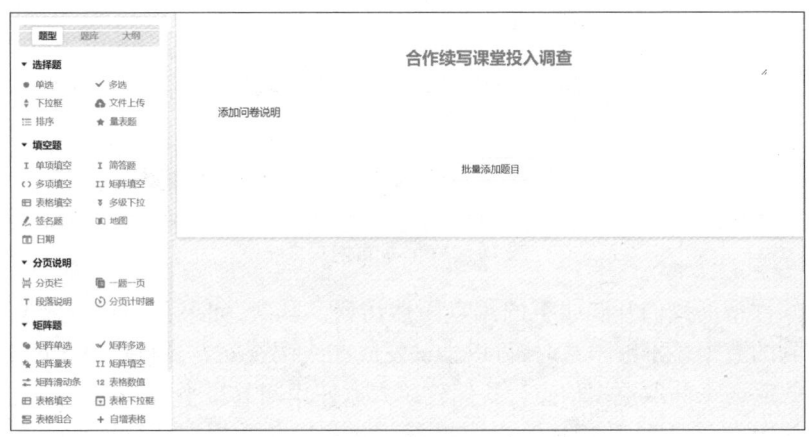

图 15　问卷星调查问题设置

3.3　数据存储软件

此外,我们在整理质化数据的时候还可以利用一些质化数据的分析软件来帮助我们妥善地保存数据并做好数据的分类,比如 Atlas.ti、Nvivo 或 QDA Miner 等(如图 16[①])。虽然这些软件本身是用于分析质化数据的,但考虑到我们在收集质化数据的同时也需要开展数据的整理与分析,所以这些软件可以有效地帮助我们存储质化数据。

这一节我们给大家拓展了质化数据的三个收集与整理的方法。首先,当我们的研究对象不是单独的几个个体时,我们可以采用焦点团体访谈的方式收集访谈数据,并且可以尝试用 Skype 等视频会议

---

① 　检索于 2024 年 1 月 27 日。

图 16　Atlas.ti 官网页面

软件帮助我们开展线上的焦点团体访谈。其次,如果我们觉得收集到的数据还不够丰富时,可以尝试发放在线调查问卷,通过设置开放式问题来获取更多信息。我们建议大家使用问卷星平台来设计和发放问卷。最后,我们还为大家推荐了一些质化数据的分析软件。虽然这些软件并不是为了存储数据而开发的,但是质化数据的收集、整理和分析是同时进行的,我们可以借助这些质化数据分析软件来帮助我们更好地保存数据。

4. 结语

我们对本章的内容做一个小结。在这一章里,我们通过查老师的教学研究案例给大家讲解了什么是质化数据。质化数据就是在质性研究里能够帮助我们达成研究目的的数据,一般包括访谈、观察及实物文件数据。然后,我们分享了质化数据收集的三个重要步骤:制定收集方案、收集研究数据、整理研究数据。制定收集方案时,我们需要围绕研究目的、研究问题以及具体的研究情境确定研究对象、收集数据的类型以及收集时间。收集研究数据时,我们可以利用观察图进行课堂观察与记录,并有效运用"云文档"功能将我们的观察图存档并重复利用;针对访谈数据,我们需要根据研究的核心概念设计访谈问题内容、根据我们的信息需求确定访谈问题问法,然后在人工智能聊天机器人的指导下形成我们的访谈问题,并利用在线视频会议应用开展线上访谈;针对实物文件数据,我们要注意收集研究对象的过程文件。另外,我们还介绍了质化数据的整理方法。我们需要确保数据的完整性,有序地保存数据并及时备份原始数据。最后,我们还给大家拓展了质化数据收集与整理的技巧:其一,我们可以利用焦点团体访谈的方法同时访谈多个受访者,观察并记录受访者们的交流与互动;其二,我们可以利用在线调查问卷获取更多的质化数据;其三,我们可以有效利用质化数据分析软件整理并保存我们收集到的数据。

希望通过本章的学习,大家可以快速掌握质化数据的收集方法,高效地收集到有效且完整的质化数据。

参考文献:

[1] Denzin, N. K. & Y. S. Lincoln. 2011. *The Sage Handbook of Qualitative Research*. Thousand Oaks, CA: Sage.

[2] Heigham, J. & R. Croker. 2009. *Qualitative Research in Applied Linguistics: A Practical Introduction*. London: Springer.

[3] Jin, T., Y. Jiang, M. M. Gu & J. Chen. 2022. "Their encouragement makes me feel more confident": Exploring peer effects on learner engagement in collaborative reading of academic texts. *Journal of English for Academic Purposes* 60: 101177.

[4] Khan, T. H. & E. MacEachen. 2022. An alternative method of interviewing: Critical reflections on video conference interviews for qualitative data collection. *International Journal of Qualitative Methods* 21: 16094069221090063.

[5] Lathen, L. & L. Laestadius. 2021. Reflections on online focus group research with low socio-economic status African American adults during COVID-19. *International Journal of Qualitative Methods* 20: 16094069211021713.

[6] Merriam, S. B. & E. J. Tisdell. 2016. *Qualitative Research: A Guide to Design and Implementation* (4th ed.). San Francisco: John Wiley & Sons.

[7] Patton, M. Q. 2015. *Qualitative Research & Evaluation Methods: Integrating Theory and Practice*. Thousand Oaks, CA: Sage.

[8] Strauss, A. , L. Schatzman, R. Bucher, D. Ehrlich & M. Sabshin. 1981. *Psychiatric Ideologies and Institutions* (2nd ed.). New York: Wiley.

[9] Thunberg, S. & L. Arnell. 2022. Pioneering the use of technologies in qualitative research — A research review of the use of digital interviews. *International Journal of Social Research Methodology* 25(6): 757 – 768.

[10] Yin, R. K. 2018. *Case Study Research and Applications* (6th ed.). Thousand Oaks, CA: Sage.

[11] 陈向明. 2000.《质的研究方法与社会科学研究》. 北京: 教育科学出版社.

[12] 金檀等. 2023.《外语教学研究方法入门札记(2023 年 8 月版)》. https://www. researchgate. net/publication/373657978.

[13] 齐梅. 2015.《教育研究方法》. 北京: 高等教育出版社.

第五章 如何分析质化数据

1. 问题呈现

1.1 案例引入

张老师是一名高中英语教师。她在某学校工作了 5 年,有着丰富的一线教学经验。为了进一步追求专业技能的提升、在教研方面有所进益,她成为某高校的在职研究生,开启了学科教学(英语)专业的学习之旅。

在进修了一些研究方法的课程后,张老师开始对质化研究产生兴趣。她希望能够在自己的课堂中进行研究,并邀请自己的学生参与,在教研结合的过程中追求进步、实现专业素养的提升。

在查阅了一些与中学英语教学相关的文献后,张老师逐步确立了自己的研究选题:探究自己改编的教学材料在课堂中的使用情况以及学生的学习感受。

张老师收集了一些学生的访谈录音作为本项研究的质化数据。当她着手准备分析时,却遇到了难题:该用什么质化数据分析软件呢?该用什么方法分析数据呢?

1.2 案例分析

张老师遇到的难题可能是广大质化研究初学者都会面临的问题。在当下的数字化时代,以当前的研究发展态势来看,质化数据分析软件已经成为研究者必须掌握的工具。

张老师对研究软件及研究方法的困惑源于对质化数据分析过程中相关知识的匮乏。我们在分析数据之前,必须对方法论有一定的知识储备,并且对软件的操作有一定的了解。在这样的基础之上,我们才能选择适合自己的软件以及适合自己研究情境和研究数据的分析方法。

本章从张老师的案例出发,针对软件在质化数据分析中的使用提出了解决方案,并着眼于未来,探讨了智能工具在质化数据分析中的应用前景。

首先,我们来看看张老师的案例中涉及的核心概念。

1.3 核心概念

张老师的案例涉及一个核心概念——计算机辅助的质化数据分析软件(Computer Assisted Qualitative Data Analysis Software, CAQDAS)(Gibson & Brown 2009:177)。CAQDAS 指为辅助数据分析而设计的专业软件,总体而言,这样的软件就像数据库一样,研究人员可以将自己收集到的数据导入软件,并在软件中对自己的数据进行标记与编码(Gibson & Brown 2009:177)。Bazeley(2013:125–126)在 *Qualitative Data Analysis: Practical Strategies* 一书中指出,编码的过程就是基于自己的理解来给一个个数据片段赋予标记,即码号(code),以描述每个片段的内容。在数据分析软件中,选中一个码号则能够查看所有被赋予该码号的数据片段,它们一般具有相似的内容。在学习软件使用的具体步骤之前,我们需要先了解质化数据分析的特点。

首先,从过程上看,质化数据的分析过程是循环往复的。相信大家都知道,当我们试图开展一项研究时,需要通过阅读文献,对研究选题进行深入思考、确定自己的研究目的与研究问题,从而收集相应的数据,并对数据进行分析以回答研究问题、撰写研究论文。如此说来,以上环节皆可按部就班完成。但我们需要注意的是,在质化研究中,以上环节往往并不构成一个线性的流程。Gibson 与 Brown(2009)指出,每一个环节都对其他的环节有所启发。也就是说,在质化研究中,这些环节往往是相互影响的,不一定存在绝对的时间先后顺序。研究者可能从分析数据转向阅读文献,继而转向收集更多数据,然后转向设计另一种数据收集方法,又转向撰写论文,再回到分析数据等(Gibson & Brown 2009:9–10)。这也就意味着,研究者需要在这个过程中根据所遇到的具体问题不断调整策略,并决定下一步该做什么。值得注意的是,数据的收集与分析应该是同时进行的(Merriam & Tisdell 2016:197-199)。我们难以将数据的收集与分析过程剥离开来,通过初步分析,我们可能会发现还需要再收集其他访谈数据、文本数据等。那么,我们从何得知数据是否收集足够了呢?当我们发现在数据收集的过程中(如访谈等)获取的都是早前得到的信息,已经无法获取关于所研究的现象的新信息的时候,我们的数据就达到饱和(saturation)了,可停止数据收集(Merriam & Tisdell 2016:199)。作为新入门的研究者,我们需要对这样的过程有大致的了解,并做好随时调整的心理准备。

第二,从方法上看,质化数据的分析方法应该根据具体的研究目标和数据的特点而定(陈向明 2000)。我们无法照搬其他研究的做法,也无法遵循固定的准则,应该采用适用于自己的研究情境的分析方法。Creswell(2015:243)同样认为,数据分析没有固定的指南。但他们都表明,整体的过程大致是对数据的意义进行浓缩、提炼的过程,即通过编码,给数据片段赋予码号以描述数据的内容。通过对码号的删减与合并,提炼出数据中蕴含的数个主题(themes)。Merriam与 Tisdell(2016)认为,主题(themes)是类属(categories)的别称,它们就是数据分析的结果,也就是对研究问题的回答。

综上所述,虽然数据分析不能依照固定的流程和方法进行,但我们可以从探讨研究方法的书籍(如 Creswell 2015)中学习一些基础的步骤及技巧,并运用软件的相应功能来实现具体步骤。

2. 方案提供

使用软件分析质化数据,不仅能帮助研究者有条不紊地处理数据,还能清晰地呈现结果,有效帮助研究者提高数据分析的效率。那么,如何运用软件分析质化数据呢?本章将结合 Creswell(2015)推荐的数据分析基础步骤及 NVivo 软件的使用方法进行讲解。具体内容围绕三个阶段展开:第一,做好前期准备;第二,进行数据编码;第三,形成编码结构。

2.1 阶段一——做好前期准备

在用软件进行数据分析前,我们需要做好两方面的准备:整理数据与选择软件。了解这两方面的要点能帮助初学者为数据分析做好充分准备。

2.1.1 整理数据

在数据收集阶段,我们已经对收集的质化数据进行了整理,如采用某种规则对数据文件命名、有序地存储数据文件等。在数据分析阶段,我们则需要进一步整理数据。这里为大家分享三个要点。

第一,转写。收集了访谈数据并通过工具(如腾讯会议)进行转写之后,我们需要进一步检查转写结果。在录音的过程中,如果偶尔出现嘈杂声响,机器自动转写的文本可能会在相应部分出现错误。如果访谈涉及多位被访者(如以课堂小组为单位的团体访谈),可能会出现大家同时发言的情况,这样一来,机器自动转写的文本也可能会出现一些错误。我们需要边听访谈录音边对转写错误的部分进行修订。如果使用方言进行访谈,找不到合适的工具进行转写,我们则需要人工进行转写。

第二,排版。我们可能需要对数据进行排版。Merriam 与 Tisdell (2016)认为,排版的目的是整理一份"干净"的数据文件,方便后续进行分析。对于访谈数据而言,我们需要在转写好的文本中添加研究者和被访者的名字(不同于真实姓名的称呼)或编号(如"学生一"),标记好谁说了什么。如果是团体访谈,我们要区分受访者的发言内容,标记好他们分别说了什么。排版时也可以利用回车键将大家的发言进行分段。

第三,熟读。我们需要阅读所有数据文件,了解大致内容,可以同时做笔记,记录阅读时出现的想法(Creswell 2015)。陈向明(2000:277-279)提出了两方面的技巧:首先,研究者应该暂时搁置其他预设的判断,采取开放的态度理解文本的内容;第二,研究者应该寻找文本中的意义,如"在语言层面寻找重要的词、短语和句子及其表达的有关概念和命题"。

2.1.2 选择软件

作为质化研究的初学者,我们需要了解市面上流通着哪些质化数据分析软件,并根据自身情况做出选择。

我们可以通过查阅研究方法书籍来了解现有的质化数据分析软件。对于学习者而言,研究方法书籍是重要的参考资料,其往往详细描述了我们需要掌握的数据分析方法,有些书籍也对质化分析软件进行了介绍说明。在查阅研究方法书籍时,我们可以寻求导师的专业意见,在导师推荐的经典书目中学习数据分析的相关知识;我们亦可从研究方法课程的推荐文献中入手,查阅授课教师推荐的书籍;我们还可以自主进行文献检索,找到高被引的研究方法书籍进行重点学习。

这里给大家推荐以下三本质化研究方法参考书(见图1):
(1)*Working with Qualitative Data*(Gibson & Brown 2009);
(2)*Qualitative Research: A Guide to Design and Implementation*(Merriam & Tisdell 2016);(3)*The Oxford Handbook of Qualitative Research*(Leavy 2014)。

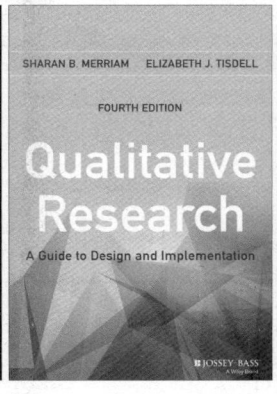

图1 质化研究方法参考书

这三本研究方法书籍提及了现行的被广泛使用的质化数据分析软件及软件网址等相关信息。Gibson 与 Brown(2009:177)列举了8个质化数据分析软件;Merriam 与 Tisdell(2016)介绍了9个软件的相关信息；Silver 及 Lewins(2014：635 - 638)则详尽地列举了 28 个软件。其中，Gibson 与 Brown(2009：177)指出，Atlas.ti、NVivo 以及 HyperRESEARCH 是分析质化数据时常用的三大软件。这三个软件都被以上三本研究方法书籍提及，足见它们的重要性。

那么我们应该如何做出选择呢？其实，基础的编码功能这三个软件都能实现，而我们不得不考虑的两大因素则是经济成本和软件版本。关于软件的费用，大家可以在软件官网进行查询，有些软件提供一定限期内的免费试用体验，如 NVivo 提供 2 周的免费试用期限，大家可以先试用再决定是否需要购买。关于软件的版本，大家也可以查阅软件官网。有的软件推出了不同版本，有些可能只适用于 Windows 系统，有些则既适用于 Windows 也适用于 macOS。大家可以根据自己电脑设备的系统版本选择适用的软件。

Atlas.ti、NVivo 以及 HyperRESEARCH 的官方网站都提供了免费试用的机会。以 NVivo 为例，我们可以在其官网下载免费试用的版本。图 2[①]展示了 NVivo 官网界面，点击下方的"14 天免费试用体

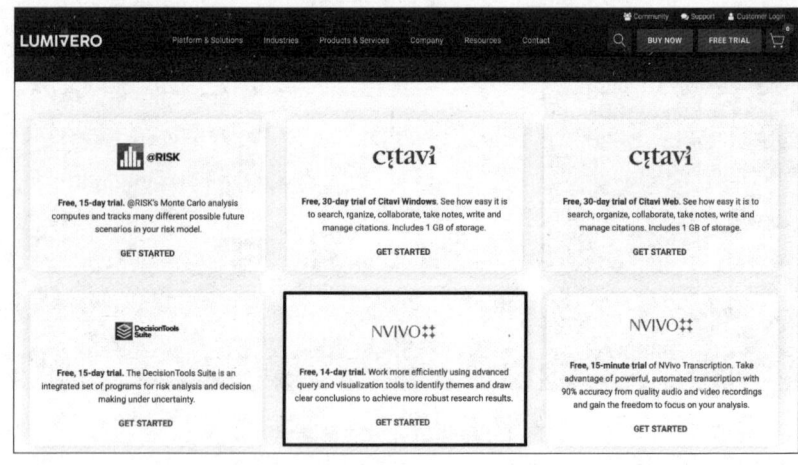

图 2　NVivo 官方网站界面

---

① 检索于 2024 年 4 月 4 日。

验",网页即会自动跳转到图 3① 的界面。在图 3 中输入邮箱地址便可创建账号,获取 NVivo 软件(免费体验版)的下载链接。下载安装后便可进行试用。

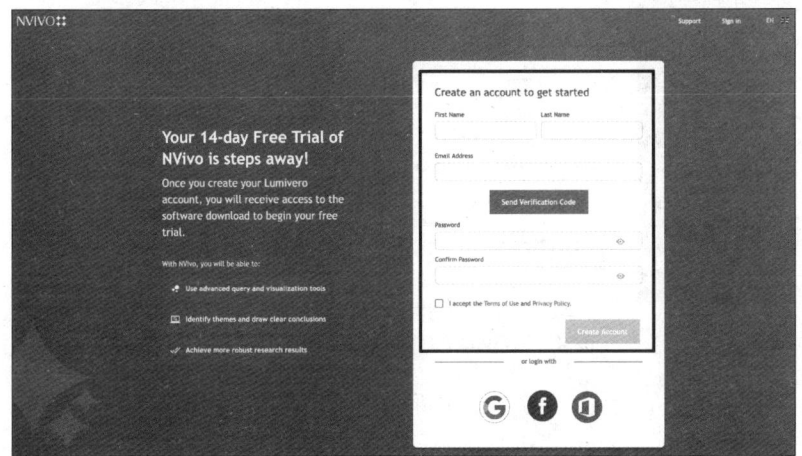

图 3　NVivo 账号注册界面

2.2　阶段二——进行数据编码

在选择了数据分析软件后,我们就能正式展开编码工作了。我们先将质化数据导入软件,再在软件中创建码号,标记一个个数据片段。以下内容将围绕这两方面展开,并结合 NVivo 官方网站提供的一个项目样例进行讲解。

图 4② 展示了 NVivo 官方网站提供的学习资源,点击左侧导航栏中的"项目样例"(Sample projects)即可查阅并下载 3 个研究项目样例。下载后的文件为 .nvpx 格式,可以在 NVivo 软件中打开。学习者可以看到具体的研究项目的数据及研究者创建的码号,从而了解这些研究者是如何对自己的数据进行编码的。我们还可以通过点击 NVivo 软件的各种按钮,探索如何使用它实现创建码号等功能。

---

① 检索于 2024 年 4 月 4 日。
② 检索于 2024 年 4 月 3 日。

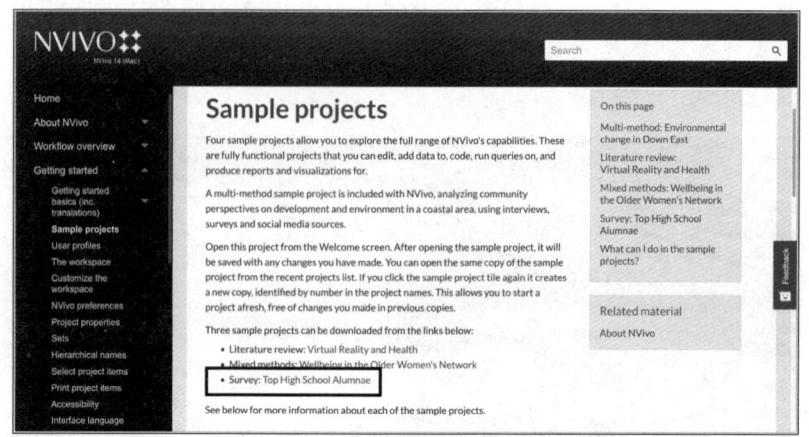

图 4　NVivo 官方网站提供的项目样例

以下内容将基于图 4 下方第三个研究项目样例"Survey: Top High School Alumnae"进行讲解①。这是一个问卷调查研究,研究者收集了毕业于某高中的校友的问卷调查数据,并使用 NVivo 软件对问卷中开放性问题的回答进行了分析。

2.2.1　导入数据

使用 NVivo 时,我们首先需要创建研究项目。如图 5 所示,打开下载好的 NVivo 软件,点击"新项目"(New Project),即可给新项目命名并设置该数据分析文件在电脑上的储存位置。最后,点击右下角的"创建项目"(Create Project)即可。

关于数据的导入,我们先点击图 6 左侧导航栏中的"文件"(Files),再打开电脑中存放质化数据的文件夹,选中数据文件,并拖拽到图 6 中间的空白处即可。在这个关于高中校友的研究项目样例中,我们可以看到研究人员导入了一个数据文件,即图 6 左侧导航栏中"文件"下方的第一个名为"The Survey"的文件,而其下方的第二

---

① 该研究项目样例下载于 2024 年 4 月 3 日,图 5 至 16 为其在 NVivo 14 Mac (14.23.2 版本)操作界面中的演示截图,作为示例,供参考学习。

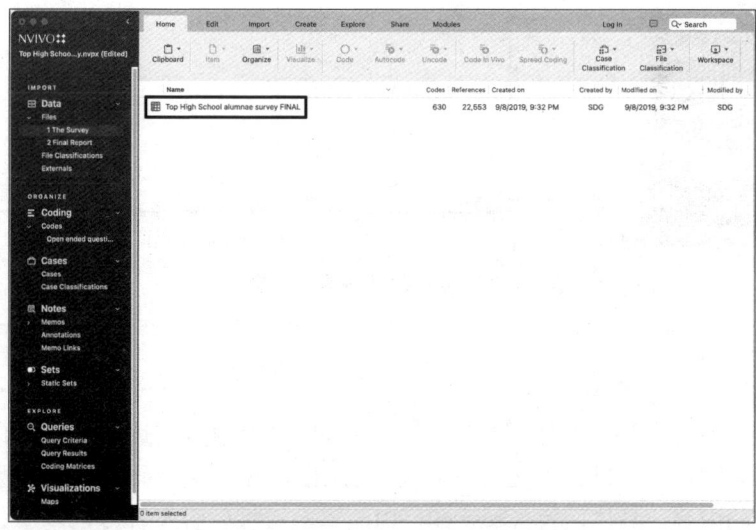

New Project

Save As: Untitled

Tags:

Where: 📁 Documents

ⓘ Projects created in this version of NVivo cannot be opened in previous versions.

Project Title: Untitled

Description:

For text analysis of your data, select the language that (most of) your data files will be.

Text Content Language: English (United States)

☐ Autosave project

Cancel　　Create Project

图 5　在 NVivo 中创建项目

图 6　在 NVivo 中导入数据

个文件则是最后撰写完成的研究报告,供我们查阅学习。换言之,研究人员只对一个数据文件进行了分析。他们已经将所有的问卷填写结果汇总于一个表格内,并保存在该数据文件中。

我们也可以用同样的方法导入多个数据文件,它们会自动排列在左侧导航栏中的"文件"下方。双击某个文件,其内容就会在右侧出现。如,当我们双击上述提及的"The Survey"文件,就能够查阅文件中的数据内容(见图7)。由于版面空间有限,图7的方框中展示的是部分关于开放式问题的回答。我们可以通过拉动右侧及下方的滚动条查看该文件中完整的数据内容。

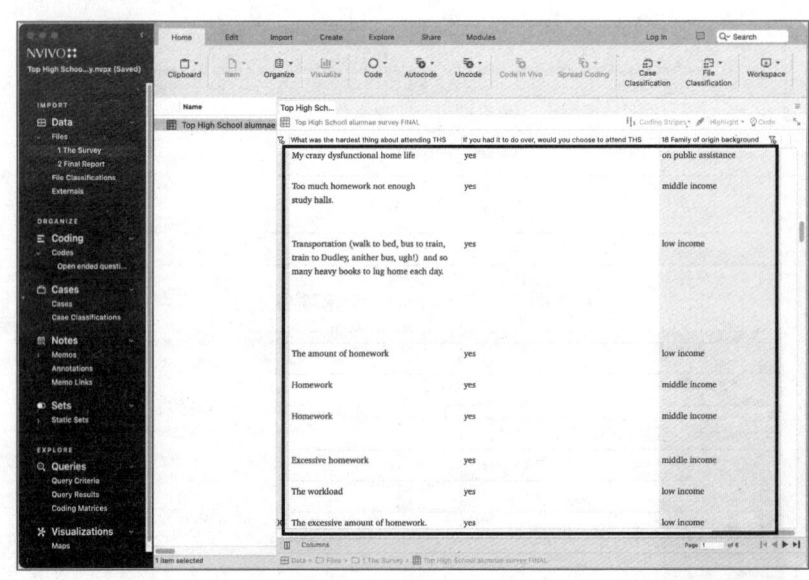

图7　NVivo 项目样例中的数据文件

2.2.2　创建码号

如1.3小节所述,数据分析大致可以理解为对数据的意义进行浓缩和提炼的过程。通过编码,我们给数据片段赋予码号以描述数据的内容。具体而言,Creswell(2015:243)建议,研究者可以基于数据文本的内容先将其分成一个个片段,每一个片段可能包含一些句子或段落;然后创建码号,并将一个个码号赋予每一个片段。这样一来,所有的数据片段都得到了标记。我们需要根据自己的研究情境来考虑如何切分片段以及命名码号。如,关于数据片段的切分,项目样例中的开放式问题的回答是根据问题划分的,每一个问题的答案就构成了一个片段。关于码号的名称,我们可以用研究参与者的原话(即数据中的原文)作为码号,这类码号被称为 in vivo codes (Creswell 2015:243)。我们也可以用自己的话来给码号命名。

那么,我们如何在 NVivo 里创建码号呢? 如图 8 所示,点击“创建”(Create),选择“码号”(Code)及其下拉菜单中的“新码号”(New Code),即可在弹出的方框中给新的码号命名(见图 9)。图 9 中输入的“satisfied with career choice”是项目样例的其中一个码号。这里重新输入一遍以展示创建新码号的过程。这个名为“satisfied with career choice”的码号其实是数据中的原文,即源于研究参与者的原话。下文将会进一步讲解。

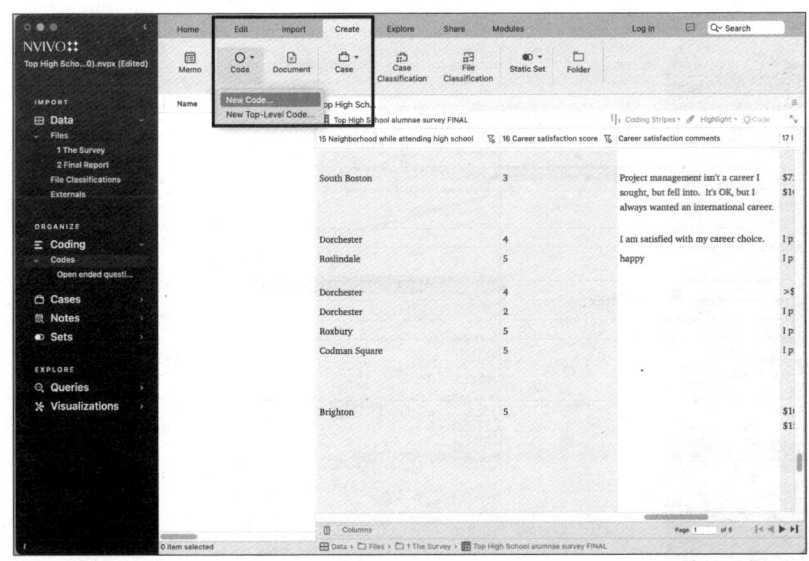

图 8　在 NVivo 中创建码号

图 10 展示了编码的具体操作过程示例。NVivo 界面右侧为一

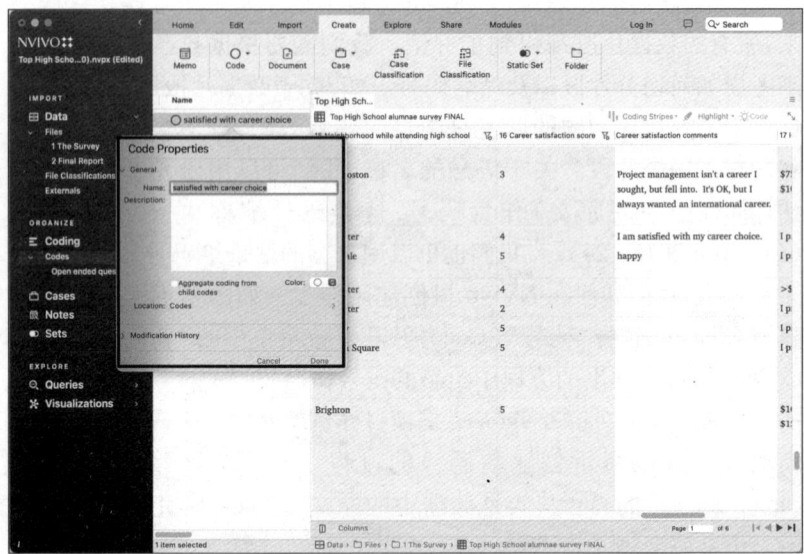

图 9　NVivo 项目样例中的码号示例

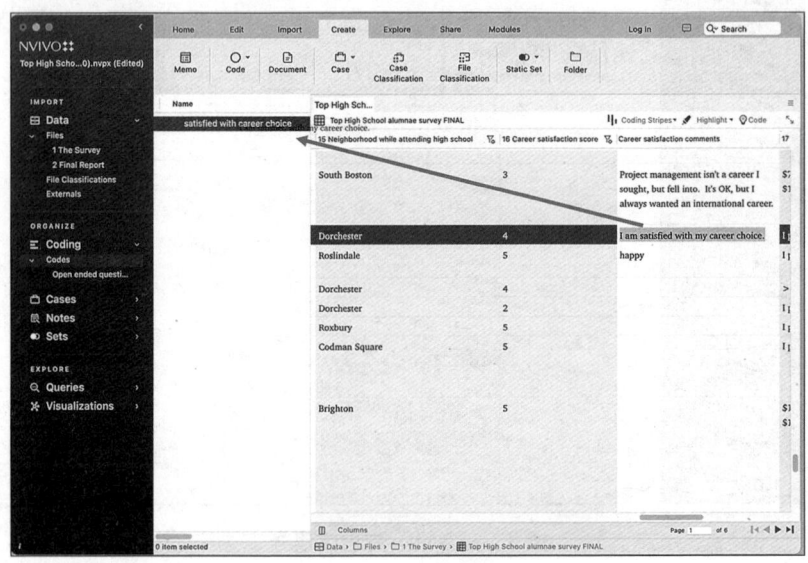

图 10　NVivo 项目样例中的编码过程示例

外语教学智慧科研方法入门

个数据片段"I am satisfied with my career choice."。这是某位研究参与者对问卷中的一个开放式问题的回答。研究者在阅读完这个片段之后,决定给这个片段赋予一个名为"satisfied with career choice"的码号,这个码号是来自该片段的原文。也就是说,研究者认为用这四个源自原文的单词可以很好地概括这个数据片段的意思。在创建完这个名为"satisfied with career choice"的码号后,拖动鼠标选中这个片段,并沿着箭头的方向移动鼠标,最后在"satisfied with career choice"这一码号的位置停下。这样一来,这个数据片段就被成功编码。在拖拽的过程中,被选中的文字片段会变成漂浮的小字,随着鼠标的轨迹移动,在编码成功后即会消失。

从操作方法来看,编码的过程并不复杂。不过,我们需要保持足够的耐心认真阅读每一个数据片段,并思考应该创建什么样的码号以标注相应的数据片段。在操作的过程中,我们也要留心,避免在拖拽过程中发生错误,将数据片段拖拽到不适合的码号处。

在编码的过程中,我们也许会发现,很多个数据片段的内容都可以用同一个码号来概括,那么我们就可以将同一个码号赋予这些数据片段。我们亦可以双击该码号以查阅相关的所有数据片段,这为我们提供了一个概览。在撰写研究论文的过程中,我们有时需要引用数据片段在文中进行展示。在 NVivo 中查阅相应码号对应的所有数据片段,也给学术写作提供了便利。以图 11 为例,这里呈现了上述提及的项目样例中的码号"satisfied with career choice"及相关数据片段。我们可以看到,该码号含有 112 个"references",即 112 个被该码号标注的数据片段。图 11 右侧呈现的是 112 中的 10 个数据片段。我们可以拖动右侧的滚动条,上下滑动以查阅完整的 112 个片段。

值得注意的是,我们也可以根据自己的研究问题与目的,为同一个数据片段赋予多个码号。这有助于我们在后续的分析中进一步修订码号及编码方式。

码号名称的修订方法,展现在了图 11 下半部分。右击该码号,选择"Get info"可以修订码号名称。最后按下"Done",即可完成修订。

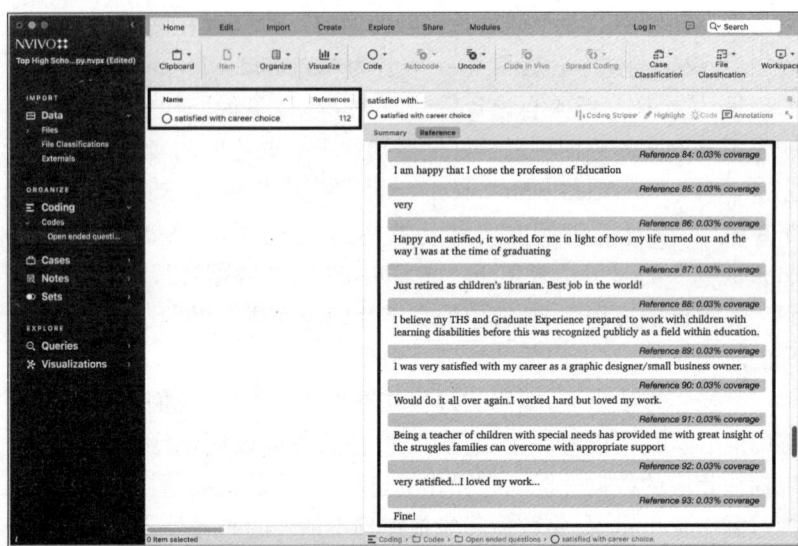

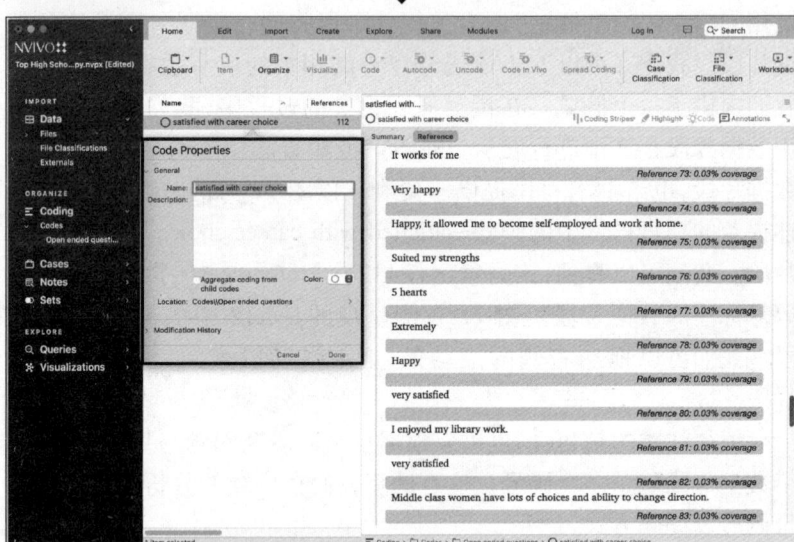

图 11　在 NVivo 中修订码号

2.3　阶段三——形成编码结构

在创建了一系列码号之后，我们需要进一步对码号进行归类。Creswell(2015：244)认为，这个阶段的分析目标是减少码号的数量，避免重复。通过合并码号、提炼主题，我们的码号将构成一个层级结构，呈现在 NVivo 中。

2.3.1　合并码号

Creswell(2015：244)建议，我们可以将所有的码号列举出来，查看是否有重复的。对于类似的码号，可以进行合并。当我们发现两个码号意思相近，想要合并它们，可以参考图12，右击其中一个码号，选择"Copy"，并右击另一个码号，选择"Merge into Selected Code"。这样一来，两个码号及对应的数据片段将会被合并。合并两个码号后，我们还可以进一步修订合并后的码号的名称。

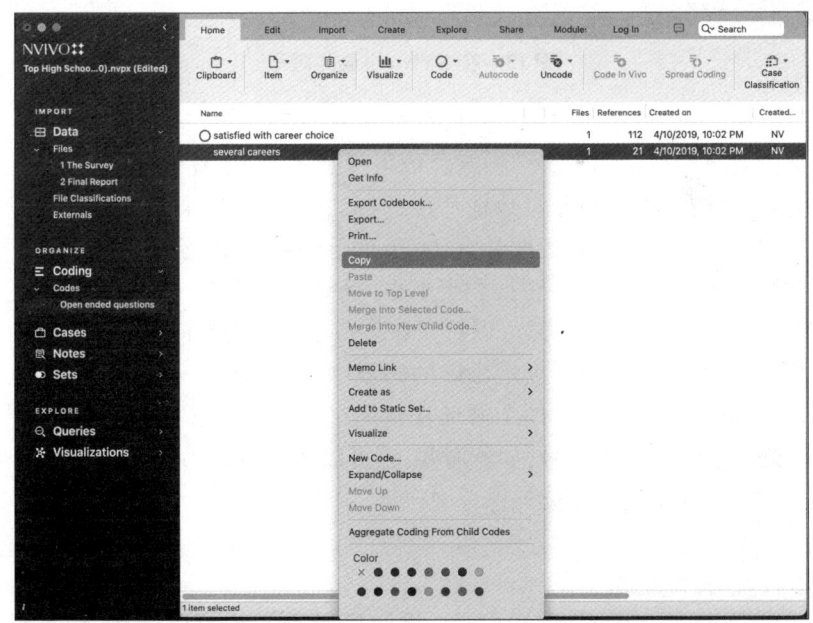

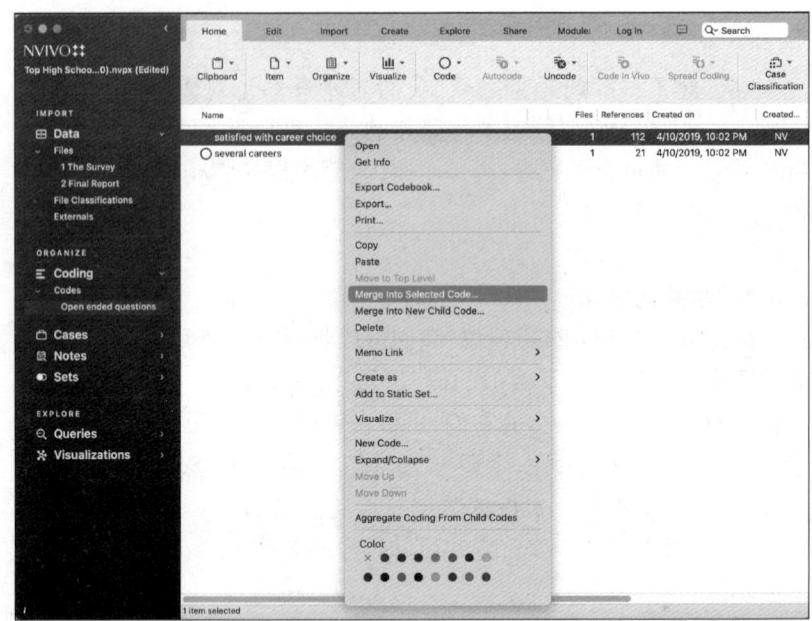

图 12　在 NVivo 中合并码号

如果我们想删除某个码号,可以参考图 13,右击这个码号,并在下拉菜单中点击"Delete"删除。值得注意的是,当我们删除码号的时候,也删除了该码号对数据片段的标注痕迹。我们可以通过双击数据文件找到相应的数据片段,重新进行编码,为其赋予新的码号。我们在 NVivo 进行分析时,需要小心,避免误删码号。

在合并码号后,我们可以对照着已经创建的码号清单,再次阅读数据文本,检查是否可以增添新的码号(Creswell 2015:244)。如前文所述,质化数据分析是个循环往复的过程,在创建码号后,我们可以修订、删减、合并码号,如若需要,也可以增加新的码号。一系列码号就这样在反复的阅读与思考中产生。

2.3.2　提炼主题

Creswell(2015:244)认为,我们需要进一步对码号进行分类整合,归类到 5 至 7 个主题(themes)或类属(categories)下。换言

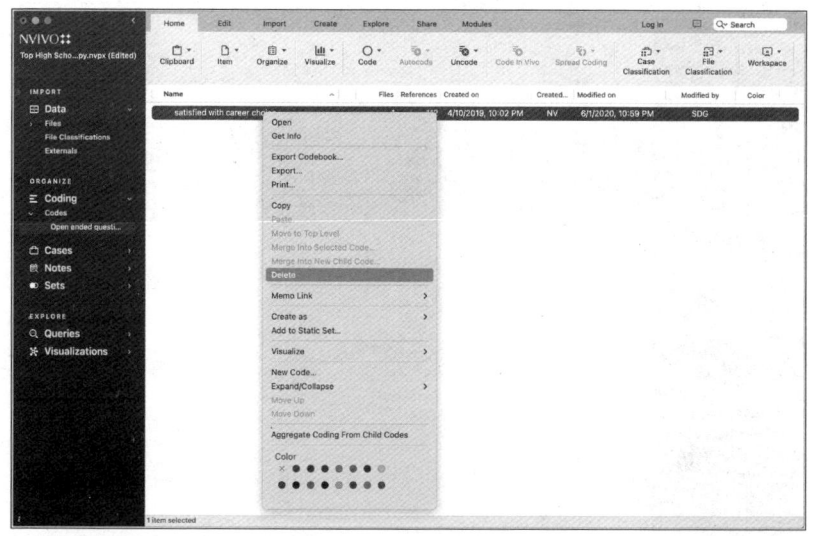

图 13　在 NVivo 中删除码号

之,我们通过将码号归类到这些主题或类属下,提炼出了数据的主要意义。

图 14 展示了一个对码号进行分类整合的例子。通过对问卷中开放式问题的回答的分析,研究人员创建了 6 个码号以描述数据中的内容:"电影"(Film)、"艺术"(Arts)、"舞蹈"(Dance)、"食物"(Food)、"音乐"(Music)、"剧院"(Theatre)。在分析的过程中,研究人员认为这 6 个码号可以用"文化活动"(Cultural activities)进行概括,于是创建了这个码号,将 6 个码号归类于此。具体操作时,如图 14 上半部分所示,我们可以选中这 6 个码号,沿箭头方向将它们拖拽到"文化活动"(Cultural activities)的位置放下。这样一来,它们就被归好类了。

这 6 个隶属于"文化活动"(Cultural activities)的码号都是它的"子码号"(Child codes)。如图 14 下半部分所示,我们右击"文化活动"(Cultural activities),再选择"Aggregate Coding from Child Codes",就可以把所有相关的数据片段进行合计。根据 NVivo 的计算,一共有 144 个数据片段是关于"文化活动"(Cultural activities)的。此时,如果我们双击这个码号,即可查阅这 144 个数据片段。

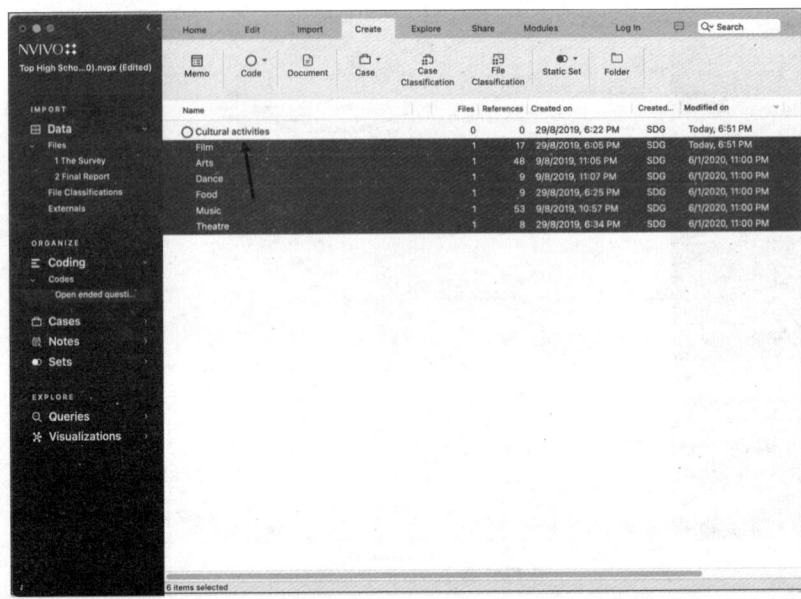

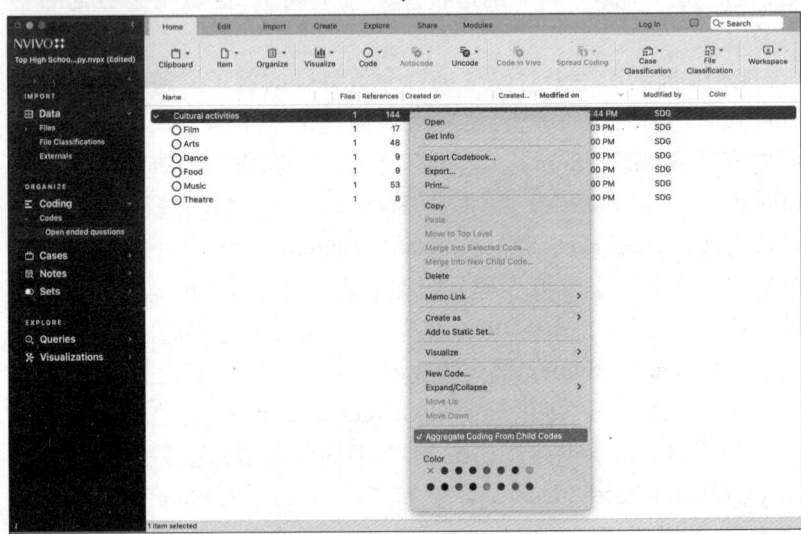

图 14　在 NVivo 中对码号分类

在这个项目样例中,以上 6 个码号是对问卷其中一个开放性问题的回答。这个问题是:"你有什么兴趣爱好?"(What are your hobbies and interests?)。因此,如图 15 上半部分所示,"文化活动"(Cultural activities)及下属的 6 个码号都被拖放至"你有什么兴趣爱好?"这一主题之下。

同样地,研究人员将其他相关的码号及"子码号"都归类到"你有什么兴趣爱好?"(What are your hobbies and interests?)这一主题之下。因此,如图 15 下半部分所示,除了"文化活动"(Cultural activities)及其 6 个子码号,这一主题还包括了其他 7 个码号:"志愿服务"(Volunteering)、"卡牌桌游"(Board or card games)、"旅行"(Travel)、"创意作品"(Creative work)、"益智兴趣"(Intellectual pursuits)、"体育活动"(Physical activities)、"家庭生活"(Home life)。这 7 个码号中,"创意作品"(Creative work)、"益智兴趣"(Intellectual pursuits)、"体育活动"(Physical activities)、"家庭生活"(Home life)都分别包含了各自的子码号。由于版面空间所限,此处并未完全展开。根据图 15,我们可以看出码号之间的层级关系,一个层级分明的结构由此形成。

在这个项目样例中,我们可以看到研究者从数据中提炼出了 6 个主题,分别对应问卷中的 6 个开放式问题(见图 16):"职业满意度评论"(Career satisfaction comments)、"你认为高中教育帮助你做好读大学的准备了吗"(Do you feel that your high school education prepared you for college)、"如果能重来,你还会选择就读于 THS 学校吗"(If you had it to do over, would you choose to attend THS)、"你还有什么想补充的吗"(Is there anything you'd like to add)、"你有什么兴趣爱好"(What are your hobbies and interests)、"就读 THS 学校期间,你遇到的最大的困难是什么"(What was the hardest thing about attending THS)。在这 6 个主题之下,我们可以看到相应的码号和子码号,此处未能全部展示。这些主题、码号、子码号则构成了一个编码结构。

如前文所述,在进行质化数据分析时,我们需要选择适用于自己的研究情境的分析方法及相应步骤。此处的项目样例仅作为一个参

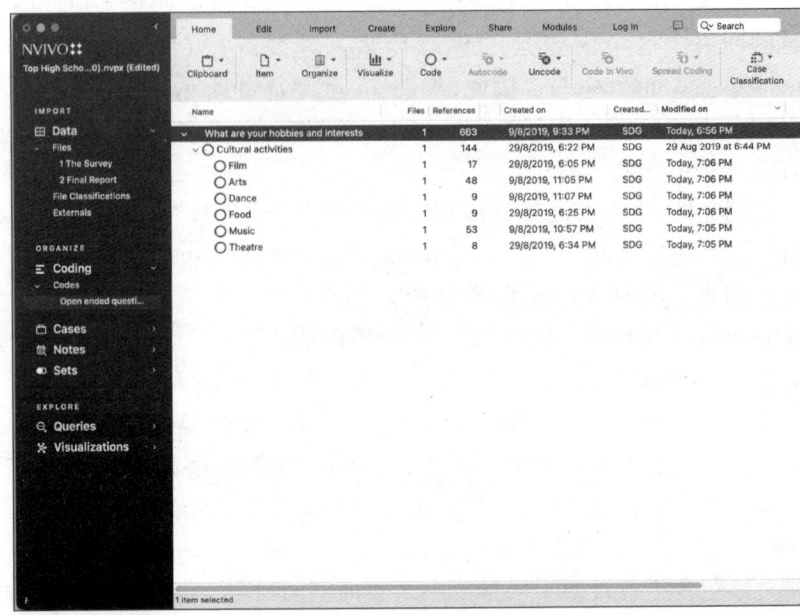

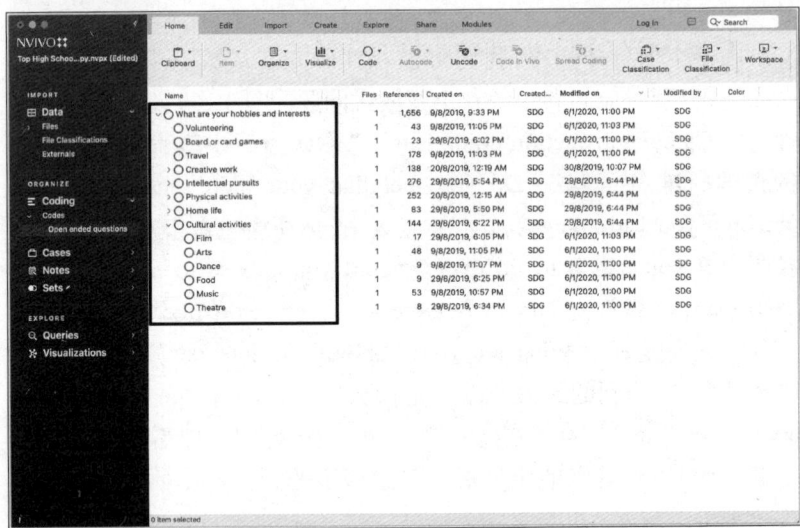

图 15　在 NVivo 中提炼主题

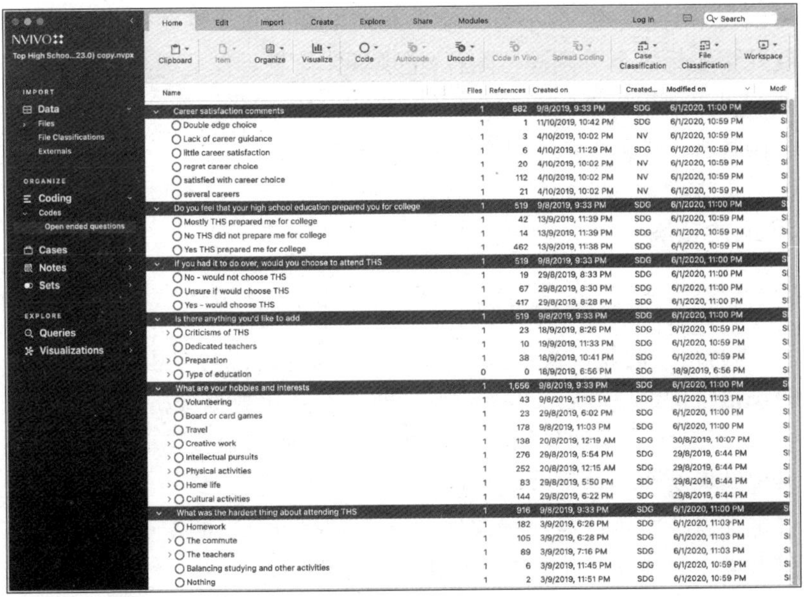

图 16 NVivo 项目样例中的编码结构

考,供我们学习、思考。在这个项目样例中,研究者根据研究情境与数据特点,将问卷中的 6 个开放式问题作为编码过程中的 6 个主题,而这 6 个主题下的码号及子码号则概括了相关问题的回答内容。在撰写研究报告时,他们逐项描述了这 6 个问题的回答内容。我们也可以根据自己的研究情境及数据特点进行思考,发掘适用于自己研究的编码方式。

Creswell(2015:244)建议研究者从数据中提炼出 5 至 7 个主题,并强调,之所以将主题的数量控制得比较少是因为在撰写质化研究的报告时,比较好的做法是呈现一些主题,并对这些主题逐一进行阐释,提供具体的信息;相对而言,比较不推荐的做法则是呈现多个主题,但关于每一主题只提供笼统的信息。

如前文所述,我们通过分析数据而提炼出的主题(themes)或类属(categories)就是分析的结果,也是对研究问题的回答。在学术写作中,我们可以通过绘制图片、表格等方式呈现研究发现。如,我们可以将分析得出的编码结构(含主题、码号等)呈现在一个表格中,也可以在"研究发现"的小节中使用我们发现的几个主题作为小标题，在几个小标题下分别进行阐释，呈现具体信息。在呈现具体信息时，我们可以引用数据的相关内容，例如，引用一段受访者说过的话来进行阐释。

3. 应用拓展

我们通过研究方法书籍，了解了质化数据分析的特点及大致过程、现行可用的软件及获取渠道、NVivo 软件的使用方法等知识。相较于传统的纸笔分析方法，计算机辅助的质化数据分析软件给研究者带来了便利，帮助我们高效地进行编码、便捷地调整码号、有序地呈现结果。在科学技术日新月异、智能工具不断迭代的今天，我们或许也会思考质化数据分析软件的使用前景与未来的发展趋势，甚至思考人工智能在质化数据分析中的潜在作用。

为了更进一步探索智能工具在质化数据分析中更广阔的应用前景，本章提出以下两个建议：关注软件发展、关注研究进展。

3.1 关注软件发展

我们可以通过关注质化数据分析软件的最新发展来掌握先进的数据分析的策略与方法。

图 17[①] 展示的是 NVivo 软件官方网站的页面。图中标题为文本数据分析的革新——NVivo 的 AI 自动编码。由以下文字我们得知，这是 2023 年 10 月 23 日发布的较新的资讯，介绍了 NVivo 软件的 AI 自动编码功能。

这则资讯介绍了好几个 NVivo 软件中能够使用的 AI 辅助功能，图 17 呈现的是其中一个例子。根据图 18[②]，我们得知 NVivo 软件中有自动编码工具，它可以识别名词短语并对其进行分组，也可以根据名词短语出现的频次判断不同主题的重要程度。通过分析，NVivo

---

① 检索于 2024 年 2 月 2 日。
② 检索于 2024 年 2 月 2 日。

Revolutionizing Text Data Analysis with AI Autocoding with NVivo

Published: Oct. 23, 2023

Recent Articles

In our fast-paced digital world, we're drowning in a sea of text data every day. Handling unstructured data manually is a daunting task – it's time-consuming and prone to errors. But here's the good news: we've got a powerful ally in our corner – AI autocoding with NVivo!

图 17　NVivo 官方网站关于运用人工智能进行数据分析的资讯

Cracking the Code on Themes

When it comes to thematic analysis, the first challenge is identifying the key themes hidden in your data. NVivo's autocoding text analysis tool quickly helps you identify key themes by analyzing your material (as a single file or combination of items) using a language pack which you download onto your computer. It detects themes by identifying noun phrases, grouping them, and tagging each idea –assigning significance to some themes over others based on how frequently each noun phrase appears. NVivo groups the noun phrases under broad themes and codes each theme, including child codes for noun phrases within each theme. You can preview this provisional coding and only include the coding that makes sense to you. It kick-starts your coding process. It's like having a theme detective by your side!

Watch short video: NVivo AI-Powered Autocoding to Identify Themes

图 18　NVivo 官方网站呈现的一个人工智能辅助数据分析的功能

能够呈现初步结果：宽泛的主题与其子码号。这个功能可以帮助研究者快速识别数据中的重要主题，研究者可检阅初步的分析结果并决定保留哪一部分。如此一来，研究者就像是多了一个可以识别主题的"侦探"。除了文字介绍，NVivo 官方网站还提供了视频教程（方框部分），大家可以查阅视频进行学习并打开 NVivo 软件进行操练。

在使用这个功能之前，我们需要整理好数据，确保数据文件的内容有序。此外，正如文中所说，在进行自动编码时，NVivo 充当一个辅助我们的"侦探"角色，它能够为我们带来分析的初步结果，但我们依然需要根据自己的研究情境做出决策，判断初步分析时创建的码号内容及编码的方式是否合理，并对不适切的部分进行修订完善。

除了自动编码功能，我们在这个网页界面还可以了解到其他的 AI 辅助数据分析的功能。因此，我们可以积极关注各类质化数据分析软件的发展态势，及时了解新功能、学习新方法，通过在软件中进行操作练习以掌握便捷的数据分析方法，为我们的分析工作提高效率。

3.2　关注研究进展

除了关注质化数据分析软件的发展态势，我们也可以通过持续关注最新的研究进展以掌握新兴、便捷的使用智能工具分析质化数据的方法。

TESOL Quarterly 期刊在 2023 年发表了一篇文章：Using Generative Artificial Intelligence for Language Education Research: Insights from Using Open AI's ChatGPT。该文章探讨了人工智能在语言教学研究中的应用前景。作者 Pack 与 Maloney（2023）谈到了运用智能工具进行质化数据分析的可能性。

他们曾运用 ChatGPT（3.5 版本）进行质化数据分析。具体而言，他们提供一部分质化数据并让 ChatGPT 分析其中共同的以及反复出现的主题。他们在与 ChatGPT 的对话框中输入的具体指令为（Pack & Maloney 2023：1575）：

> Conduct thematic coding of the following qualitative data: [input date here].

对以下的质化数据进行主题分析：[在此处输入数据]。

他们并未提供质化数据的详细信息及 ChatGPT 的分析结果。大家如果感兴趣，可以运用上述指令进行尝试，探索智能工具在质化数据分析时潜在的使用价值。

虽然他们重视智能工具的作用，但也强调了运用 ChatGPT 分析质化数据的局限性。首先，ChatGPT 3.5 的设定要求使用者必须输入文字进行对话，这在一定程度上限制了它的使用范畴。不过他们也提到了 ChatGPT 4 的插件已经能够使其阅读 EXCEL 与 PDF 文件了，也许这一功能在未来能够得到进一步的发展。其次，他们也强调了研究方法的适切性等方面的问题。我们仍需继续探索，才能摸索出人工智能在研究中有效的使用方式。最后，他们也提到了研究伦理的问题，呼吁大家进行进一步的探讨与尝试，以探索出上佳的使用方法及规程标准。

4. 结语

通过张老师的案例，我们得知了学习质化数据分析方法与软件的操作方法的重要性。本章的核心概念是"计算机辅助的质化数据分析软件"（CAQDAS）（Gibson & Brown 2009：177）。本章介绍了研究方法书中讲述的质化数据分析的大致流程，并以 NVivo 软件为例，展示基础的编码功能。具体而言，参考 Creswell（2015）推荐的数据分析基础步骤，本章提供的解决方案将质化数据分析大致分为三个阶段，并逐一介绍其要点：第一，做好前期准备；第二，进行数据编码；第三，形成编码结构。首先，本章介绍了如何整理数据、选择软件。随后，结合 NVivo 官方网站提供的项目样例，示范了如何用 NVivo 软件导入数据、创建码号、合并码号、提炼主题。最后，展望未来，探讨智能工具在质化数据分析中更广阔的应用前景。大家可以积极关注智能软件发展及最新研究进展，以及时了解并应用智能工具辅助质化数据分析。

简言之，使用质化数据分析软件是研究人员在数字化时代需要掌握的必备技能。相较于运用纸笔进行的手动分析，质化数据分析软件能够帮助我们储存及处理大批量的数据,并且将数据分析的过程与结果清晰地呈现出来。在软件的支持下,我们不仅可以快捷地找到被编码的数据片段(如短语、句子、段落),还能高效地对编码结构作出修订、调整完善。

通过学习本章内容,我们能够基本了解质化数据分析的大致过程及 NVivo 软件的基础功能。在今后的学习中,大家可以继续研读研究方法书籍与研究论文文献,思考如何结合自己的研究情境与数据特点采用适合的分析方法,并运用质化数据分析软件进行相应的编码分析工作。

参考文献:

[1] Bazeley, P. 2013. *Qualitative Data Analysis: Practical Strategies*. Sage.

[2] Creswell, J. W. 2015. *Educational Research: Planning, Conducting, and Evaluating Quantitative and Qualitative Research* (5th ed.). Pearson.

[3] Gibson, W. J. & A. Brown. 2009. *Working with Qualitative Data*. Sage.

[4] Merriam, S. B. & E. J. Tisdell. 2016. *Qualitative Research: A Guide to Design and Implementation* (4th ed.). John Wiley & Sons.

[5] Pack, A. & J. Maloney. 2023. Using generative artificial intelligence for language education research: Insights from using OpenAI's ChatGPT. *TESOL Quarterly* 57(4): 1571–1582.

[6] Silver, C., & A. F. Lewins. 2014. Computer-assisted analysis of qualitative research. In P. Leavy (ed.). *The Oxford Handbook of Qualitative Research*. Oxford University Press, 606–638.

[7] 陈向明. 2000.《质的研究方法与社会科学研究》. 北京:教育科学出版社.

第六章 如何收集量化数据

1. 问题呈现

1.1 案例引入

刘老师是一位敬业的中学英语教师。最近,学校进行了一次英语水平的大考核,结果让刘老师感到一丝担忧。虽然班级的整体成绩尚可,但仔细分析后他发现,学生在阅读考试中的得分差异较大,有的取得了较好的成绩,而另一些学生则显得力不从心,阅读理解失分严重。为了帮助学生提高阅读理解能力,刘老师决定开展一项教研实践,以探索提高学生阅读能力的有效途径。

在一次教学培训中,刘老师偶然接触到了定量研究这一科学方法。他了解到,定量研究通过收集和分析可量化的数据,能够揭示现象背后的规律,对于探索阅读理解这种复杂的认知活动具有一定的价值和意义。刘老师意识到,通过定量研究,他可以更精准地衡量和分析学术阅读理解的水平以及各种影响因素,例如:不同教学策略对学生阅读理解水平的影响,学习动机对学生阅读理解的影响,以及词汇知识对阅读理解的影响等。这不仅能够为他的教学实践提供有力的指导,还能够为阅读理解的教学研究贡献新的见解。

然而,对于科研经历尚浅的刘老师而言,如何科学地收集和分析数据成为一个难题。他不知道采用什么方法来测量学生阅读理解能力,也不知道如何确定和量化可能影响阅读水平的各种因素。这些困惑让他在开展定量研究的道路上遇到了不小的挑战。

正是在这样的背景下,刘老师决定深入探索定量研究的方法论,寻找适合自己研究问题的数据收集方法。他希望通过自己的努力,能够为学生阅读理解能力的提高找到一条科学有效的途径。

1.2 案例分析

刘老师在开展实证研究时遇到困难的关键原因是他缺乏从量化研究角度探讨阅读理解能力的经验。尽管已有大量的学术论文探讨了阅读理解的发展机制和影响因素,例如,Zhang et al.（2023）,Liu et al.（2023）,为相关研究提供了参考和指导。在阅读了相关文献后,刘老师锁定了心理语言学纹理理论（PGST,Psycholinguistic grain size theory；Ziegler & Goswami 2005）。该理论强调语音意识在阅读发展中的重要性。对声音结构具有良好感知和操纵能力的读者通常具有较好的阅读水平。在 PGST 的理论基础上,刘老师想尝试从语音意识入手,来探究其与阅读能力的关系。然而,刘老师并不清楚如何量化语音意识和阅读能力,以及如何具体地将语音意识与阅读能力联系起来。因此,他需要进一步学习定量研究的方法论,学习如何收集和分析数据,从而揭示阅读理解的内在机制,找到提升阅读理解能力的科学方法。

1.3 核心概念

1.3.1 量化数据

通过刘老师的案例,我们可以看到定量研究的重要性。数据是定量研究的基本素材,在定量研究中非常关键。教学人员可以收集定量数据分析学生学科成绩的影响因素及其相互关系,甚至学生的学科能力发展趋势和模式,为教学提供更为科学和有针对性的指导。首先,让我们一起来看看量化数据的定义。

量化数据（quantitative data）,又叫测量数据（measurement data）。Howell（2013）将其定义为"Data obtained by measuring objects or events"（p. 10）。简而言之,量化数据是通过测量研究对象的特征、属性或行为所得到的。它是对某种度量的结果表达,通常以数值的形式表示,例如阅读测试分数、评价学习态度的分值等等。量化数据具有客观性和精确性的特点。借助统计和数学分析,我们可以探索量化数据之间的关系和趋势,进而深入了解某一研究对象的运作机制。量化数据为科学研究和决策提供了重要的基础。

现在,我们了解了量化数据的定义,那么量化数据是怎么分类的呢?根据其性质和测量水平,量化数据主要可分为两大类:离散数据(discrete data)和连续数据(continuous data)。(Howell 2013:25)

离散数据,指只能取有限或可数个数值的数据,这些数值之间通常有间隔,不能取到中间的值。离散数据通常在一个固定的集合中取值,这个集合可能是整数集或者有限的枚举集。例如在调查学生性别的问卷中,数值"0"代表"男性","1"代表"女性"。

连续数据,指在一定区间内可以任意取值,数值是连续不断的,相邻两个数值可作无限分割(即可取无限个数值)的数据。例如上海到北京的距离为"1,080千米",动车D3102的时速为"250公里/时",学生A数学期末考试成绩为"88分"。

了解数据的分类有助于理解其性质,并决定分析和解释数据时运用何种统计方法。选择适当的数据类型和相应的统计方法对于正确解释研究结果至关重要。

1.3.2 定量研究的一般流程

接下来,我们一起来看一下开展定量研究的具体流程(见图1),主要包括以下几个关键步骤:课题选择与文献查阅;提出问题与研究假设;研究设计与实施;数据整理与统计分析;撰写实验报告。鉴于本书的第一章详细介绍了选题和文献查阅,本章节就不再赘述,直接切入第二个步骤——提出问题与假设。

图1 定量研究的具体流程

研究假设指研究者在进行实验或调查前,基于理论或观察到的现象所提出的关于研究中将要验证的关系的假定性陈述。提出合理的研究假设是科学研究的基础。研究假设一般具有以下特征:科学性,基于一定的科学依据;可预测性,是预期可能取得的研究结果;可检验性。在刘老师的案例中,研究假设可以为:语音意识对学生的英语阅读能力产生影响,语音意识越好,学生的英语阅读能力越强。

接着,我们进入研究设计环节。研究设计包括根据研究问题确立被试样本、数据收集。抽样指被试样本的选择,从研究对象的全体中抽取一部分作为全体代表进行研究,所抽取的那部分称为样本。关于样本容量,通常研究者可以采用抽样理论或者经验公式计算样本容量。关于抽样方式,一般而言,可分为以下四种:1) 简单随机抽样。这是最易于操作的方法。随机从 n 个单位中抽取样本;2) 随机分层抽样。不是直接从总体中抽取样本,而是先将总体各单位按一定标准分为若干类型(即层),然后根据类型单位数与总体单位数之比率,确定从各类型中抽取样本单位的数量,最后按随机原则从各类型中抽取样本;3) 等组匹配取样。在样本研究中,不论观察到的行为差异是什么,都有可能是由于抽样时引入的额外变量的个体差异造成的。避免这一问题的一种方法是,在相关的额外变量上对被试进行匹配,从而保持额外因素恒定并避免混淆。具体操作方法如下:确定可能影响到研究结果的特征或变量。根据这些特征将研究对象划分为不同的组别。在每个组别中进行随机抽样,确保每个组别中的样本数量相当,并且每个组别中的样本在匹配特征上尽可能相似;4) 个案样本取样。对某种类型的单一案例开展深入调查。对于难以获得多样化的广泛样本时,个案研究是主要的研究方法。值得注意的是,虽然个案研究在探索特定情境下的复杂性和深度方面具有优势,但它并不适用于定量研究的范畴。

2. 方案提供

接下来,我们进入实验数据收集环节,本章节主要关注量化数据的收集方法。收集定量数据的方法有很多,具体选择取决于研究性质和目的,这里主要给大家介绍几种在量化研究中常用的量化数据收集手段:

2.1 策略一——问卷(questionnaire)

问卷调查是社会科学研究中最常见也最为流行的一种研究方

法。问卷的答案本身不存在好坏之分,是以一种非评判性的标准获取信息的方式。常用于收集有关语言使用习惯、态度和认知的定量数据。

2.1.1　问卷的类型

根据设计和用途的不同,问卷可以分为以下几种类型:

结构型问卷(structured questionnaire):这类问卷又称封闭式问卷,具有明确定义的问题和固定的回答选项,要求调查对象从选项列表中选择一个答案。

非结构型问卷(unstructured questionnaire):这类问卷又称开放式问卷,测试者事先提出一个问题,但是并未列出任何选择答案,调查对象者根据自身情况自由作答。

综合结构型问卷(mixed questionnaire):这类问卷结合了结构型和非结构型问卷,在问题设计上有更多的灵活性。

图式问卷(pictorial questionnaire):这类问卷用图片或图表的形式进行提问,常适用于识字能力较低或存在语言障碍的调查对象。图示问卷在跨文化研究中也很有用,因为调查对象可能有着不同的语言背景。

相比于其他数据收集方法,问卷调查通常更经济,尤其是在线调查。随着科技的发展,在线发放问卷变得很容易,常见的在线调查问卷工具有 Typeform、SurveyMonkey、Bristol Online Survey Tool、问卷星、腾讯问卷等。调查对象可以在任何时间、任何地点参与在线问卷调查,这为数据采集提供了极大的灵活性,方便调查对象根据自己的时间安排填写问卷。在线问卷与传统问卷相比,在减少了印刷成本的同时,保护了环境,降低了人力成本。此外,在线发放的问卷能够自动进行数据输入和存储,减少了数据输入错误的可能性,因而大大提高了数据收集的效率。而且,可以短时间内发放给大量调查对象,提高了研究的代表性。调查问卷的另外一大优势是调查对象可以选择匿名回答,在一定程度上减轻了调查对象的心理压力,有助于提高调查的真实性。在线调查问卷固然经济便捷,但也存在一些不可忽视的缺点。例如,在某些地区,由于网络覆盖不足或设备限制,人们可能无法参与在线调查。另外,对于不熟悉网络操作的人群(如老年人、残疾人等)来说,可能存在操作上的困难,导致他们无法完成调查。

2.1.2 案例展示

问卷调查对研究新手来说非常友好,能十分便利地收集大量数据。然而,如果不按照正确的步骤或题目设置不合理,很容易收集到质量低劣且无法使用的数据。那么,在设计问卷时,有什么需要注意的呢?

在题目选项层面上,Dörnyei 和 Csizér(2012)提出了提高问卷有效性的五个策略,它们分别是:1) 选项尽可能简洁;2) 语言简单、自然;3) 避免有歧义的选项;4) 避免使用否定结构(如"我不做 X""我从不喜欢 Y");5) 避免双重问题(如"你喜欢鸡蛋和火腿吗?")。

另外,应避免使用引导性问题(即对被试的观点或行为做出假设的项目)和专业术语,也应避免使用可能导致被试做出社会认可回答的题目(如"您给孩子读过多少书?")。在问卷设计阶段,顺序效应(即问卷中项目的排列顺序)也可能会带来偏差,因为前面的题目可能会影响后面题目的回答。例如,当被调查者被要求对自己的二语水平进行自我评价,然后又被直接要求对他们所接受的二语教学质量进行评价时,前一个回答很可能会对后一个回答产生影响。为避免顺序效应,应考虑到所探究的题目主题之间可能存在的关系,题目最好按主题分组,但高度相关的主题之间最好穿插一些不相关的主题(主题顺序的随机化是另一种可能的选择)。调查问卷的回收率(在所有可能完成调查问卷的人中完成调查问卷的人所占的比例)也是一个需要考虑的重要问题。如果回收的有效答卷较少,样本出现偏差的风险就越高,但如果回收率较低,则可能导致样本偏向于那些愿意参与的个人(Rose et al. 2019:166-167)。

了解完这些注意事项,接下来让我们一起来看看如何运用问卷星制作一份在线问卷。首先,你需要打开问卷星官网,在页面右上角点击"注册"按钮,输入邮箱地址和密码进行账号注册。登录后点击"创建问卷"按钮,输入我们的问卷标题。鉴于阅读自我效能是影响学习者认知和阅读能力的重要因素(Bronfenbrenner 1995),我们这里借鉴 Hager(2017)以及 Liu(2023)的研究来设计一份中学生阅读自我效能的调查问卷,一共十道四级量表题目。这里我们输入"阅读自我效能",点击"立即创建"(见图2①)。

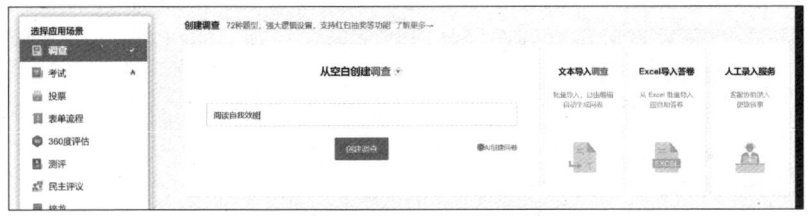

图2 问卷星创建问卷页面

接下来,我们进入问卷创建。首先,我们需要填写问卷说明,对问卷的内容和目的进行简述。刘老师的科研实践是对中学生的阅读能力展开的研究,为了后续更好的数据分析,这里我们需要收集学生的个人信息,可以从题库里面的个人信息一栏按需选择研究可能需要用到的个人信息(见图3)。

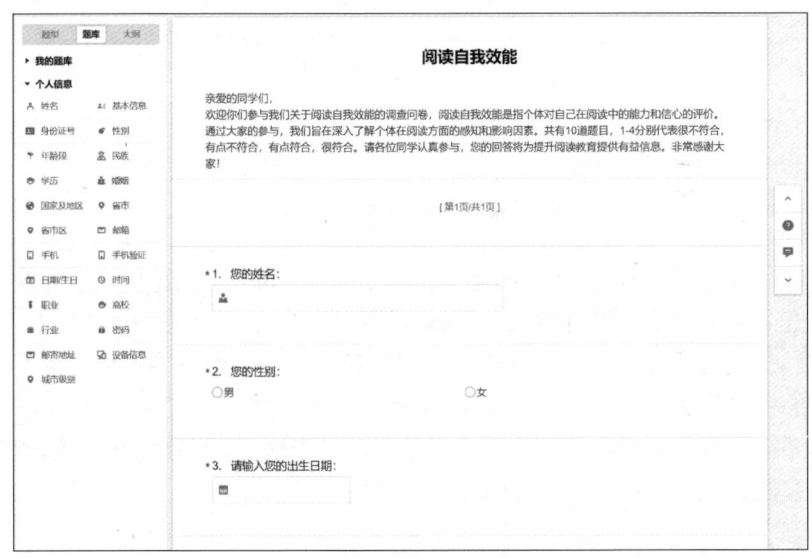

图3 问卷星问卷说明及收集个人信息界面

———————————

① 检索于2024年1月27日。

下一步,我们开始加入题目(见图4)。左边有各种题型供研究者选择,这里我们加入的是四级量表题,点击左栏目的单选,右侧弹出对应的题目后,下拉选择量表题切换类型,点击"四级量表",右侧是样式,研究者可按喜好选择是以数字形式呈现,还是以星星等其他形式呈现。

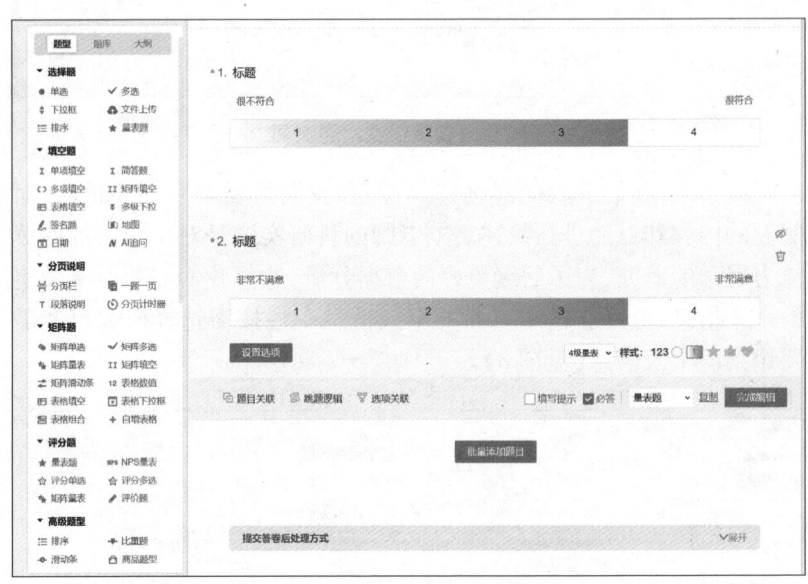

图4 问卷星创建量表题目界面

接着,我们将设计好的题目填进去,然后选择预览(见图5),检查是否有错误。没有错误的话,就可以点击右上角的"发送问卷"。

这就是使用问卷星设计问卷时一般需要包含的基本要素:问卷的标题和说明、个人信息、题目与选项。一般情况下,在题目开始前还需要有答题指导语。由于这里是四级量表题目,较为简单,我们仅在问卷说明那一栏做了介绍。

2.2 策略二——测试(tests and measures)

另外一个非常非常见的量化数据收集手段就是测试。测试一般用于衡量被试某个方面的能力、知识或特征,例如我们熟知的 IELTS、

图5 问卷星"阅读自我效能"问卷预览界面

CET-4、CET-6 等。这些标准化的测试通常比较容易获取。在刘老师的案例中,由于被试是青少年,认知能力是不可忽略的重要因素。因而,他可能会用到瑞文智力测试来测量学生的认知能力,网上就有公开的资源可以下载。但是很多时候,实证研究中使用的测试或测试的完整版本没有作为期刊文章的一部分进行公开发表(有些作者会在期刊论文的附录中附上所有的测试)。在这种情况下,我们可以发邮件向作者询问他们是否愿意分享,在获得作者的允许后,方可运用在自己的研究中。

根据研究需求,作者可以对测试做适当的修改。例如,当测试题目过多,为避免被试产生疲劳效应,可以适当削减题目;再譬如,某些题目可能对被试来说难度过大或者过于简单,也可以适当做些调整;还有一个比较常见的情况就是,很多测试都是西方借鉴过来的,比如口语词汇的经典测试 PPVT(Peabody Picture Vocabulary Test,皮博迪图片词汇测验),如果我们想借鉴来测量汉语的口语词汇,可以将其翻译成中文。

2.2.1 测验的分类

根据不同分类标准,测验可以分为以下几类:

(1) 按测量方式可分为个体施测和集体施测。个体施测(individual testing)指的是对每个个体单独进行测量、测试或评估的过程。由每个被测者在隔离的环境中独立完成测验,以确保他们的回答不受他人的影响。集体施测(group testing)则是在相同的时间和地点对一个群体中的多个个体进行的测量、测试或评估。例如,一群学生在教室内同时参加考试,或者多个参与者同时参与某项实验。两种施测方式各有利弊,研究者需要根据研究目的选择相应的测试形式。个体施测相对耗时,但能更好地了解每个个体的差异和表现;集体施测节省时间和资源,适合大规模测验,但测试过程中可能出现干扰,个体的表现可能受到其他人的影响,研究者无法更好地了解每个个体的表现和特征。

(2) 按使用材料可分为文字测验和非文字测验。文字测验主要依赖于书面或口头的文字形式,参与者需要通过书写、阅读或回答与文字相关的问题,包括标准化考试、课堂测验和书面问卷调查等。非文字测验则不依赖于文字形式,而是通过其他形式的材料来进行评估,包括图形测验、实际技能测试、观察和实地评估等,对于那些文字理解能力有限的受试者或需要考察实际技能的情境非常适用。

(3) 按作用目的可分为描述性测验、诊断性测验和预测性测验。描述性测验旨在描述个体或群体当前的状态或性质,通常用于了解受试者的基本特征、知识水平、技能水平等;诊断性测验旨在诊断受试者的弱点、需求或问题以提供更具体的信息,帮助识别个体在某一领域的优势和不足,从而为有针对性的干预和教学提供支持;预测性测验用于预测受试者在将来特定任务或领域中的表现,这种测验经过精心设计,能够预测受试者未来可能发生的行为、成绩或表现,在招聘、选拔或学术预测等场景有重要的应用价值。

2.2.2 案例展示

案例中刘老师若想了解学生的语音和阅读能力，可以通过测试来评估。这也是前人研究中被广泛采用的数据收集形式。面对难以获取公开资源的挑战，刘老师可以选择向文献作者发送邮件索要完整测试，或自行设计一套测试。在自行设计测试时，刘老师需要确保测试有充分的研究基础，并验证其信效度。

接下来，我们以语音意识为例，一起来看看如何编制一份关于语音意识的测验题目。首先，我们来看看前人是怎么测量语音意识的。图 6 摘自 Gottardo，Pasquarella，Chen 和 Ramirez 教授在 Applied Psycholinguistics 期刊上发表的一篇文章：

ENGLISH PHONOLOGICAL AWARENESS. An experimental measure of phonological awareness was created that addressed subcomponents of phonological awareness based on commonly agreed upon phonological units: syllable awareness, onset-rime awareness, and phonemic awareness (Jared, Cormier, Levy, & Wade-Woolley, 2011). This task was administered in both kindergarten and Grade 1. The task required the deletion of units from English-like pseudowords in order to control for lexical familiarity with the items. Equal numbers of items were blocked by unit type, 12 for each block. The first block of items involved the deletion of syllables (e.g., "say *bamdaw*, now say *bamdaw* without saying *bam*"). The second block of items involved deleting initial phonemes from single-syllable words. The items in this block corresponded to onset awareness because all of the phonemes were also simple onsets (e.g., "say *vock* without saying /v/"). The last block of items involved deleting phonemes within the onset or rime (e.g., "say *bip* without saying /p/"). Because this measure was experimental, no formal stopping rule existed. However, if the child produced 5 incorrect responses for the possible 12 items in a given block, subsequent levels were not administered. The Cronbach α for this test was calculated to be 0.70, while split-half reliability was 0.92.

图 6 摘自 Gottardo, Pasquarella, Chen & Ramirez (2015)

我们可以看到，Gottardo 教授等人用的是删除任务来测量语音意识，属于非文字测验，需要个体施测。我们以其中的音节（syllable）删除任务为例，文章中给出的例子是，说出多音节单词"bamdaw"删除"bam"后的发音。基于此，我们可以同样设计 10 个多音节假词，让被试说出去掉某个音节后的发音。我们在出测试题的时候，有几点需要注意：首先是难度的把控，不能太难也不能太简单，避免出现天花板（任务过于简单导致大部分个体得分普遍较高）

或者地板效应(任务太难导致大部分个体得分普遍较低);其次是保证被试完全理解测试指令。一般,我们会在每一类测试前提供若干个试验题目(trial items),并提供及时反馈,以保证被试理解测试指令;另外,在实际施测时,要避免被试产生传递效应。传递效应(carryover effect)指在研究中,先前的实验条件或情况可能会对后续的条件或情况产生影响,从而使结果受到先前条件的污染,进而影响研究的内部有效性。为了减轻传递效应,我们可以使用平衡对照的方法(counterbalance),即为不同被试安排的实验处理顺序不同,让传递效应分散到不同的实验处理中。通过不同条件间交叉分组,以避免单一顺序的条件影响整体结果,减少传递效应的潜在影响。在刘老师的案例中,我们可以安排不同班级以各不相同的顺序参与测试。

图7是我们基于前人文献初步设计的有关音节意识的测试项目,一共是十个假词。

请告诉我单词去掉划线后该怎么读。	
例: **winlow** 删除 win 后,读 low。	
1. puplis	2. todorrow
3. domato	4. vegelable
5. sleven	6. elephance
7. finema	8. subfact
9. aftersoon	10. tamily

图7 自己编制的音节删除任务

由于是口语施测,在实际操作时,学生看不到这些题目,是由研究者念出单词,让学生去回答。如"winlow"这个单词去掉"win"之后念什么。

2.2.3 信效度(reliability and validity)

对于问卷和测试这两种测量工具,信效度是评价测量工具是否有效的关键指标。信度指的是测量工具的稳定性和一致性,在不同时间和环境下应该能够产生相似的结果。常见的信度类型有: 内部一致信度(internal consistency reliability)、重测信度(test-retest reliability)和分半信度(split-half reliability)。效度指的是测量工具是否真正测量到研究中所关心的概念。常见的效度类型包括：内容效度(content validity)、结构效度(construct validity)和效标关联效度(criterion-related validity)。

这里我们举例介绍常用的信度检验方法——内部一致信度,一般我们可以采用 Cronbach's alpha 系数检验。Cronbach's alpha 的值介于 0 和 1 之间,越接近 1 表示测量工具的内部一致性越高,测量工具越可靠。

Cronbach's alpha 可以通过数据分析软件 SPSS(Statistical Package for the Social Sciences)来计算,点击"分析"→"度量"→"可靠性分析"(见图 8 上),接下来就可以将想要分析的题目加进去(见图 8 下),点击"确认"即可计算出 Cronbach's alpha 相关数值(见图 9)。

如图 9 所示,我们可以看到最后的 Cronbach's alpha 为 0.864,说明测试具有良好的信度。在实际应用中,通常认为 0.7 以上的 Cronbach's alpha 较好,但具体的评价标准也可能因研究领域和具体问题而异。

关于效度,比较常见的指标有收敛效度和区分效度,可以通过 Amos、Mplus 等数据分析软件进行验证性因子分析来获得。

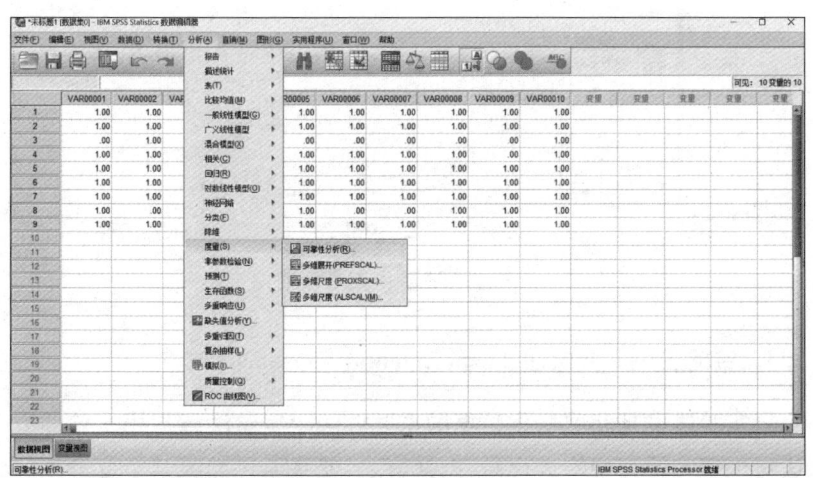

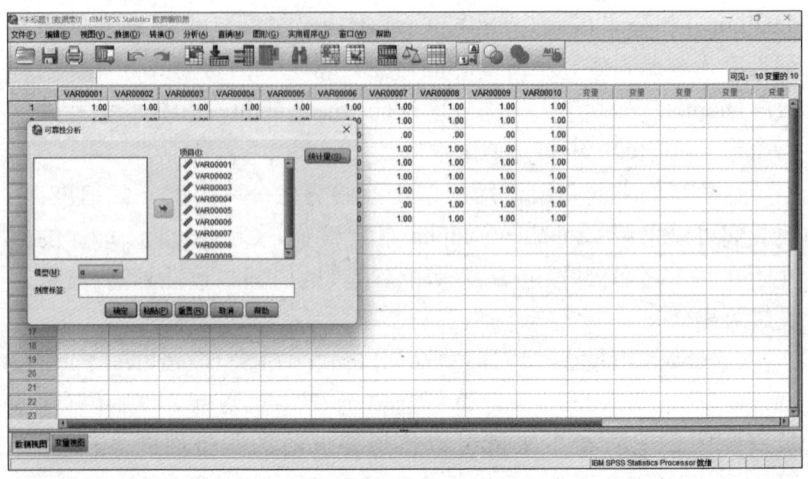

图 8 SPSS 信度分析流程

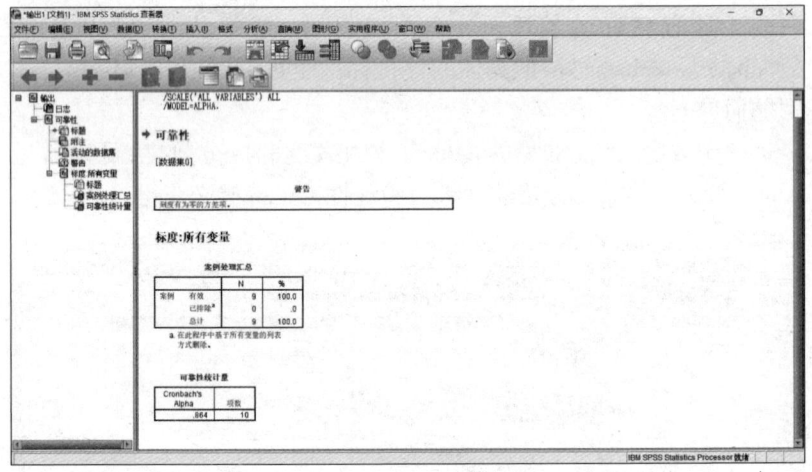

图 9 SPSS 信度分析结果

2.3 策略三——实验法（experimental approach）

实验法也是获取量化数据的重要方法。实验法指运用实验的方法对现象和行为规律进行研究，换言之，就是通过操纵某个变量来探究其变化是否会影响其他变量的变化。实验的特点是：1）操纵或控制变量; 2) 揭示变量之间的因果关系; 3) 有严格的实验设计以保证实验结果具有科学性,包括被试选择、研究测量和工具、实验程序、设计分析方法等。实验所包含的几大要素有: 1) 主试(experimenter):实验者; 2) 被试(subject):实验对象; 3) 变量(variable):在数量或性质上可以变化、操纵或测量的条件或特征,一般包括自变量、因变量和控制变量; 4) 刺激(stimuli):一定对象或情景对有机体施加的作用和影响; 5) 反应(response):由神经、肌肉或腺体所实现的活动及其变化。

2.3.1 实验的分类

实验可以根据不同标准进行分类。根据实验设计不同,分为前实验、真实验和准实验。前实验(pre-experimental)是最基本、最简单的实验设计类型之一,通常缺乏控制组或随机分配,因此在确定因果关系时较为薄弱。前实验设计适用于初步的探索性研究,但在确保实验内外因素均衡的同时,对因果关系的推断能力相对较差。真实验(true experimental)则是更为强大和可靠的实验设计。在真实验中,研究者通过随机分配参与者到实验组和对照组,并且有一个明确定义的独立变量。真实验可以更可靠地推断因果关系,因为它更好地控制了其他可能影响因果关系的变量。准实验(quasi-experimental)介于前实验和真实验之间。它在一些方面类似于真实验,但在某些方面缺乏完全的随机化或控制组。准实验设计可能因为某些原因无法进行完全的随机分配,例如伦理考虑、实施上的难题等。虽然准实验的内部有效性较真实验稍差,但在实际研究中,特别是当真实验难以实施时,它仍然是一个非常有效的实验手段。

让我们用一个具体的例子来说明这三种实验的区别。

如果我们想探究自然拼读法对学生英语成绩的影响,下面是三种实验设计:

(1) 前实验设计:选择一个班级,实施自然拼读训练,然后观察学生在期末考试中的英语成绩。

(2) 真实验设计:随机将一个班级的学生分为两组,一组实施自然拼读训练(实验组),另一组继续使用传统教学方法(控制组),

然后在期末考试中比较两组的成绩。

（3）准实验设计：研究者选择两个班级（而非随机分组的方式），一个班级展开自然拼读训练，另一个班级作为对照组，不进行自然拼读训练，然后在期末考试中比较两组的成绩。

2.3.2 案例展示

下面，我们一起来看看准实验是如何开展的。以刘老师的情况为例，我们来设计一个干预实验，探讨语音意识训练是否会提高学生的英语阅读能力。

刘老师在阅读了大量文献后，提出了研究假设：语音意识训练能提高学生的阅读能力。由于完全的随机抽样将学生分为实验组和对照组不现实，因而刘老师选取两个平行的班级，分别作为对照组和实验组，保证这两个班级在年龄、性别、阅读语言认知子技能（包括语音意识、词汇知识、工作记忆等）层面，以及阅读能力方面均没有显著差异。前面我们已经讲过语音意识的测试设计，在此就不再赘述，其他层面的测试也可以按照前面所讲过的方法设计和操作。在干预实验之前，我们会进行前测（pre-test），测量两组学生在社会经济背景、语音意识、词汇知识、工作记忆、阅读等方面是否有显著差异。如果某些方面存在显著差异，需要控制有差异的变量，亦或重新抽样。

接下来我们进入设计干预实验环节。这里我们可以参照Torgesen, Morgan 和 Davis（1992）发表在 Journal of Educational Psychology 上的文章（见图 10），将干预分为预热（warm-up）和正式干预训练阶段（training）：

在预热阶段，刘老师可以开展许多押韵和压头韵的游戏，以与学生建立融洽的关系，并逐渐将学生从熟悉的活动带入不熟悉的活动。该阶段持续一周左右，之后进入干预阶段（见图 11）。研究者设计一些训练活动帮助他们切分和融合单词，教被试如何识别和念出多音位单词的首音（开头的音位）、韵脚（结尾的音位）或中间音（中间的音位）。之后再教学生去发出单词里每个部分的读音（这里涉及语音分析技能），最后教学生如何将听到的音位整合起来念出所对应的单词（这里涉及语音整合技能）。

Description of Training

Groups of 3 to 5 children met with their trainers in 20-min sessions three times a week. Two of the trainers were former elementary school teachers, whereas the third had extensive experience working as a tutor for learning-disabled children. Each trainer was assigned to train all three types of groups. There were four training groups in each of the three conditions. Training took place in quiet rooms close to the children's classrooms.

Training for the AB and B groups was proceeded by a four-session warm-up period in which the trainers played a variety of rhyming and beginning-sound games with their children to establish rapport and gradually move the children from familiar to relatively unfamiliar activities. Another purpose of these activities was to begin to focus children's attention on the separate sounds within words. These sessions took a little more than 1 week to complete.

After the warm-up period, the AB groups engaged in training activities designed to help them learn to segment and blend individual words. The children were first taught to identify and pronounce the beginning, ending, or middle sounds in two- and three-phoneme words. They were then taught to pronounce all the sounds of a word separately (analysis) and finally were taught to pronounce words after hearing their phonemes presented in sequence (synthesis).

图 10　摘自 Torgesen, Morgan & Davis（1992：366－367）

　　正式干预持续 7－8 周。而对照组不进行任何额外的语音训练。两组除了语音意识训练，其他教学活动和教学方法都是一样的。干预结束后，对两组学生的阅读能力再次进行测试（后测，post-test），看看实验组的学生在阅读能力方面是否有显著提升。有些研究者会在干预进行中期展开一次中测（mid-test），研究者可根据实际需要决定是否需要中测。

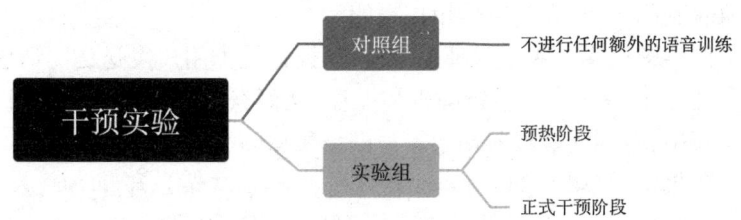

图 11　刘老师案例中干预研究设计简介

实验法的优点在于能通过一系列的控制和操纵措施,从复杂因素的相互关系和相互作用中将自变量对因变量的作用分离出来,更好地解释变量之间的因果关系。在刘老师的案例中我们可以看到,通过操纵语音意识(即对比有语音意识训练和无语音意识训练这两种实验条件),可以很好地剥离出语音意识以外的因素,更好地解释语音意识与阅读技能之间的因果关系,主要缺点在于对变量的操控可能会受到人为因素的影响。在刘老师的案例中,干预进行时的人为干扰因素,如学生的学习效能等因素都会影响结果。另外,实验研究也很难做到排除所有的无关变量。在刘老师的案例中,阅读是个受多方面影响的能力,除了语音意识,还有其他技能也会影响阅读能力的发展,但考虑到实际情况,很难排除所有的无关变量。

2.4 策略四——网络爬虫

另外,我们还可以运用网络抓取工具收集在线平台上的数据,如社交媒体评论、新闻文章、论坛帖子等。

2.4.1 简介

网络爬虫技术指的是通过编写自动化的程序,从而模拟人类用户在互联网上浏览和检索信息的过程,随后进行收集和记录数据。网络爬虫可用于收集在线平台上的数据,如社交媒体评论、新闻文章、论坛帖子等。在了解网络爬虫具体应用之前,我们首先需要了解的是网页工作的主要模式(见图12):当用户通过浏览器访问网站页面时,会向网站服务器发送相应的请求,随后网站服务器会返还HTML代码给用户的浏览器,浏览器会将接收到的HTML解析为我们所看到的页面内容,以供用户查阅。

网络爬虫正是基于这种工作模式,模拟人类用户发送访问请求,并自动对HTML内容进行解析和保存,从而获取我们需要的大量数据。其中,Python是最常用于编写网络爬虫的编程语言之一,它有丰富的爬虫库和框架,如Scrapy(构建整个爬虫框架)、Requests(发送HTTP请求)、Beautiful Soup(解析HTML文档)和Selenium(处理JavaScript渲染的网页)等。

向服务器终端发送请求

HTML代码，并通过浏览器解析

图12　网页工作的主要模式

2.4.2　操作流程

通过 Python 进行网络爬虫的主要操作流程：

发送 HTTP 请求：在爬虫中，使用 Python 的 HTTP 库（例如 requests）向目标网站发送 HTTP 请求。这包括构建请求头（浏览器的用户标签）、选择合适的请求方法（GET、POST 等），并携带必要的参数，以模拟用户在浏览器中输入网址并请求页面的过程。

获取网页内容：通过 HTTP 库接收到目标网站的响应后，获取网页的 HTML 代码或其他相关资源，如图片、CSS 文件等。这可能涉及处理响应的状态码、头部信息等，以确保成功获取所需内容。

解析 HTML：使用 HTML 解析器（例如 Beautiful Soup 或 lxml）对获取的 HTML 文档进行解析，模拟浏览器解析网页的过程。这涉及遍历 HTML 文档的 DOM 结构，以便后续提取感兴趣的数据。

提取数据：从解析后的 HTML 文档中提取所需的数据。这可以包括查找特定的 HTML 标签、CSS 选择器，或者使用正则表达式等方法。提取的数据可能包括链接、文本、图片地址等，具体取决于爬虫的目的。

数据处理：对提取的数据进行处理，这可能包括数据清洗、转换格式等。清洗数据涉及去除不需要的字符、处理特殊符号、格式化日期等，以确保数据的准确性和一致性。

存储数据：将处理后的数据保存到本地文件、数据库或其他存储介质中,以备后续使用。这可以通过使用 Python 的文件操作、数据库连接库(例如 SQLite、MongoDB)等实现。选择合适的存储方式取决于数据量、结构以及后续的使用需求。

　　整个流程的设计和实现使得网络爬虫可以高效地从互联网上抓取大量的数据,供后续分析和利用。值得注意的是,爬虫用于学术研究且不涉及侵犯隐私的行为,通常被视为合理。然而,仍需严格遵守相关的数据保护法规,并确保符合目标网站的服务条款。

2.4.3　案例展示

　　接下来我们展示如何使用 Python 获取豆瓣读书网中《活着》的书评里的精简评价。首先,去豆瓣网站上搜索《活着》及其书评(见图 13[①])。

　　然后,通过检查获得页面的网络源代码,确定页面构建使用的是 GET 请求,并通过比较多页 URL 的方式获得 GET 请求下的规律,如图 14 所示,发现每多加一页,URL 中 start 的参数都会多加 20(第一页为 0)。

──────────

①　检索于 2024 年 1 月 25 日。

活着的书评······(全部 12172 条)　　　　　　　　　　　　　　　✏ 我要写书评

热门 / 最新 / 好友 / 只看本版本的评论

■ 子不語 ★★★★★　2007-12-01 19:26:00　　　　　　　　南海出版公司1998版

沉浮如光。唯有夕阳斜。

| 这篇书评可能有关键情节透露

好吧。我突然想起来还有这么一本书。在去年炎热夏季。从成都到南宁的火车上。36个小时。我突然想起来还有这么一本书在我的背包里。对面是吃瓜子喝啤酒恩爱的年轻男女。男子高瘦英俊。法学本科。女子温暖小巧。垂下眼有着美丽的睫毛。突然觉得无聊。于是聊到有什么杂志看。... (展开)

△ 6715　▽ 677　713回应

■ 陈莫尼 ★★★★★　2013-03-29 14:10:26

生命不能承受之轻，能接受之痛

当我跳进那个世界之前，我依然暗示着自己要怀着理智来阐述自己想说的心情，客观地评价这部作品。直到我翻完最后一页，我在余华沉静的笔墨中渐渐失去了耐心，我甚至迫不及待地想要写点什么，不需要充满张力的语言却也能让别人感受到此时此刻我的满腔热情。我记得有人说过；当... (展开)

△ 6107　▽ 238　270回应

图 13　豆瓣网上《活着》及其相关书评

请求 URL:	https://book.douban.com/subject/4913064/reviews?start=0
请求方法:	GET
状态代码:	● 200 OK
远程地址:	127.0.0.1:7890
引用站点策略:	unsafe-url

⬇

请求 URL:	https://book.douban.com/subject/4913064/reviews?start=20
请求方法:	GET
状态代码:	● 200 OK
远程地址:	127.0.0.1:7890
引用站点策略:	unsafe-url

图 14　比较第一页和第二页的 URL 差异

　　随后，我们在 pycharm(python 编译器) 中导入我们需要使用的库(见图 15)，并通过代码在控制台(图 16 左图) 输入我们需要的页码范围，再根据页码进行循环函数 f(page)。如图 16 右图所示，我们选择了 100 页的范围内容。

```
import urllib.request
import urllib.parse
import pandas as pd
import json
```

图 15　导入库

```
# 在控制台设置需要的页码范围
start_page = int(input('请输入起始的页码'))
end_page = int(input('请输入终止的页码'))
for page in range(start_page, end_page + 1):
    f(page)
```

F:\python\python.exe F:\py
请输入起始的页码1
请输入终止的页码100

图 16　设置控制台信息(左图)并输入页码范围(右图)

　　下一步,定义函数 f(page),根据前面找到的规律拼合每一页的URL,由于 https 使用加密传输协议,我们需要定制请求头(图中的User-Agent,可以通过浏览器查看获得)。使用 request 库的相关函数模拟浏览器访问页面,并通过 parse 库的相关函数对页面返还的HTML 进行解析,随后使用 XPath 方法定位到我们所需的书评中的简评。最后,通过 json 库将我们的内容保存到"comments. json"文件夹中(代码详见图 17,爬取的简评内容如图 18 所示)。

```
def f(page):
    url_base = 'https://book.douban.com/subject/4913064/reviews?start='
    headers = {'User-Agent':'Mozilla/5.0 (Windows NT 10.0; Win64; x64) AppleWebKit/537.36 (KHTML, like Gecko) Chrome/120.0.0.0 Safari/537.
    url_page = str((page-1)*20)
    url = url_base+url_page #拼合url
    request = urllib.request.Request(url = url,headers = headers) #请求定制对象
    response = urllib.request.urlopen(request) #以定制对象获取数据
    content = response.read().decode('utf-8') #解码
    from lxml import etree  # 导入etree
    tree = etree.HTML(content)  # 读取content的内容(服务器文件)
    comments_list = tree.xpath('//div/h2/a/text()')
    # 在json中显示为一列一个评论
    with open('comments.json', 'a', encodings='utf-8') as json_file:
        for comments in comments_list:
            json_file.write(json.dumps(comments, ensure_ascii=False) + '\n')
```

图 17　定义函数的代码展示

　　为了方便,我们还可以通过 pandas 库,将 json 文件导入我们需要的 Excel 表格之中(代码详见图 19,Excel 内容展示如图 20 所示)。

```
{} comments.json  ×

 1   "沉浮如光，唯有夕阳斜。"
 2   "生命不能承受之轻，能接受之痛"
 3   "像福贵那样《活着》"
 4   "读来虽苦，却莫名的苦中带眠"
 5   "少年去游荡  中年想掘藏  老年薇和尚"
 6   "《命中注定终需有，命中没有莫强求。》"
 7   "人之所以活着，人之只好活着"
 8   "莫言获奖了，我却想流泪余华"
 9   "命运是妹子，绝望不存在。"
10   "人活着的世界"
11   "不能承受的生命之轻"
12   "安提生与海德格尔之问：为了活着而活者"
13   "他们都有故事¶
14   "苦难是什么颜色的"
15   "身如浮萍，心如磐石"
16   "不满意的作品和不认同的观念。。。"
17   "除了活者，还有什么？"
18   "历史洪流下"活者"的无力"
19   "人并不是为了活着本身而活着"
20   "向死而生    ----《活着》的价值"
21   "余华的笔突是多么的冷酷无情但生动"
22   "活着"
23   "这不是书评，这不过是换抄"
24   "仅仅活着是不够的"
25   "痛苦的堆砌"
26   "记住，活着永远是自己的事"
27   "活者--结果与过程"
28   "活着诚是感受命运"
29   "浅析几个《活着》里的典型人物"
30   "选择活着"
31   "时代变迁中的小人物"
32   "人活着的原因只不过是因为还没死"
33   "如果你坚持不下去了，请看看这本《活着》"
34   "看到豆瓣9.1，我也是醉了，读者都是行尸走肉吗"
```

图 18　json 文件中爬取到的所有精简评论

```python
# 将json结果写入excel
# 读取 JSON 文件中的内容
with open('comments.json', 'r', encoding='utf-8') as json_file:
    # 逐行加载 JSON 数据并将字符串转换为 Python 对象
    data = [json.loads(line) for line in json_file if line.strip()]
# 将每个字符串转换为 DataFrame
dataframes = [pd.DataFrame( data: {'Comments': [comment]}, index=[0]) for comment in data]
# 合并所有 DataFrames
final_df = pd.concat(dataframes, ignore_index=True)
# 将合并后的 DataFrame 写入 Excel 文件
final_df.to_excel( excel_writer: 'F:/jiexin/output.xlsx', index=False)
```

图 19　导入 Excel 的代码展示

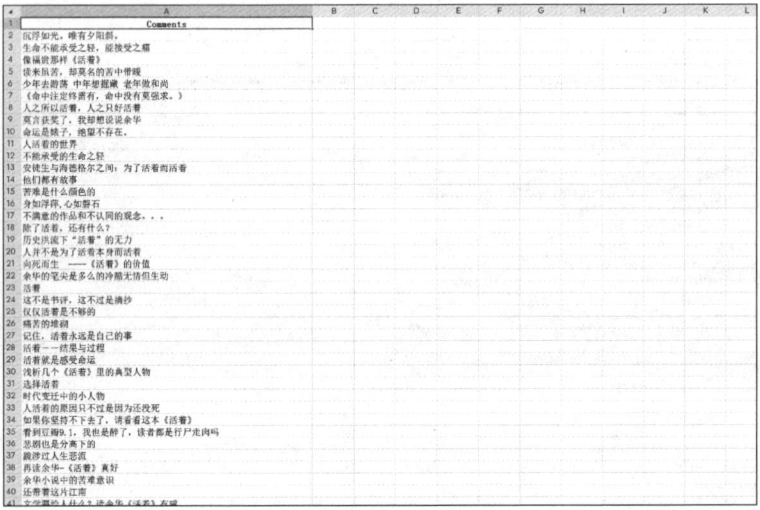

图 20　Excel 的内容展示

3. 应用拓展

上一节为大家介绍了量化数据常用的收集方法：问卷、测试、实验法以及网络爬虫。此外，我们还可以利用现有公开的数据库，选取感兴趣的变量进行分析。

3.1　公开数据库举例

随着互联网的发展，目前已有很多公开的公共数据库供研究者们使用，关于教育的公开数据库有 UNESO 数据库、World Bank 数据库、OECD 数据库、全国教育统计中心数据库等。

3.2　案例展示

如果想从公开数据库中获取有关于数学、阅读和科学能力的数据，我们可以利用 OECD 中的 PISA 数据库。PISA（Programme for International Student Assessment）是由经济合作与发展组织（Organization for Economic Cooperation and Development，OECD）主办的国际性学

生评估项目。该项目的目标是测量 15 岁学生的数学、阅读和科学素养，以评估不同国家和地区学生的学业表现，从而提供对国际上教育质量和学生能力的比较。

接下来，让我们一起看看如何从 OECD 获取相关数据。首先，我们可以打开 OECD 网站，打开后界面如下（见图 21[①]）。

图 21　PISA 官网界面

① 检索于 2024 年 1 月 24 日。

接下来,点击"Data",在 PISA Database 下选择想要的年份,例如 2022 年,页面依次出来简介、所用的问卷,以及适用于 SAS 和 SPSS 的数据(见图 22①),研究者可以下载想要的数据格式以及查看所对应的测试或问卷。

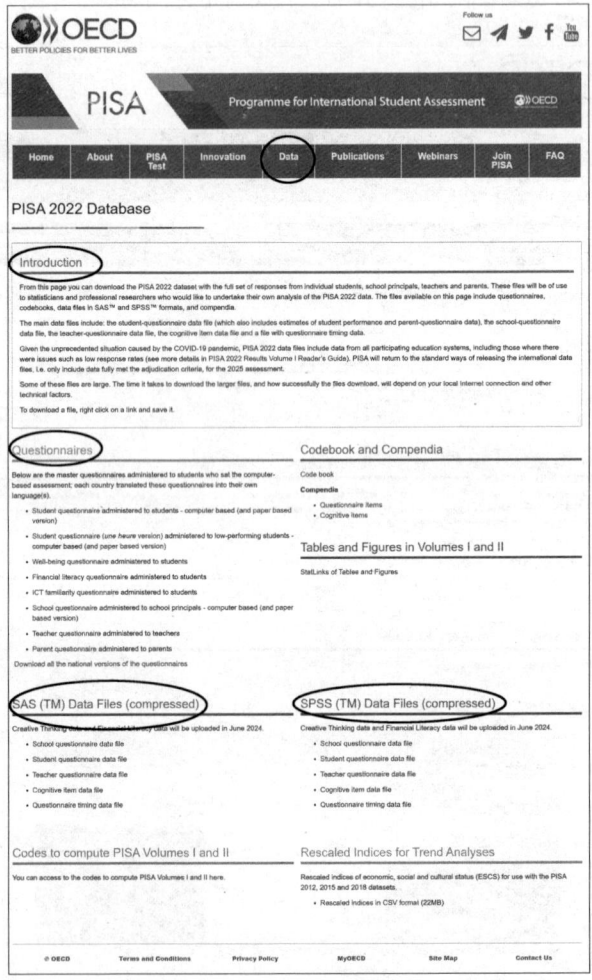

图 22　PISA 数据界面

---

① 检索于 2024 年 1 月 24 日。

4. 结语

刘老师想尝试从语音意识入手,探究其与阅读能力的关系,通过他的案例,本章首先为大家介绍了量化研究中量化数据的概念以及量化研究的基本流程。然后,为大家介绍了四种常用的量化数据收集方法:问卷调查、测试、实验法和网络爬虫。每种数据收集方法各有优缺点。问卷适用于收集有关语言使用习惯、态度和认知的定量数据,省时省力;测试具有客观性和准确性,能精准测量特定能力或知识(如语音技能和阅读水平);实验法能允许研究者控制变量,得出变量之间的相互作用,推断因果关系;网络爬虫适用于抓取在线平台的数据。在实际应用中,研究者可根据研究目的、研究问题和可行性等因素进行权衡和决策,选取最合适的研究方法。最后,本章为大家拓展了一些其他常用的手段,例如运用现有公开的数据库对目标变量进行分析。这些方法为研究者提供了更多选择,以更全面地了解和解决研究问题。

参考文献:

[1] Bronfenbrenner, U. 1995. Developmental ecology through space and time: A future perspective. *The Modern Schoolman* 12(3): 73.

[2] Dörnyei, Z. & R. K. Csizér. 2012. How to design and analyze surveys in SLA research? In A. Mackey & S. Gass (eds.). 2012. *Research Methods in Second Language Acquisition: A Practical Guide*. Wiley-Blackwell, 74 – 94.

[3] Gottardo, A., A. Pasquarella, X. Chen & G. Ramirez. 2016. The impact of language on the relationships between phonological awareness and word reading in different orthographies: A test of the psycholinguistic grain size theory in bilinguals. *Applied Psycholinguistics* 37(5): 1083 – 1115.

[4] Hager, J. L. 2017. *The Relationship of Reading Self-Efficacy and Reading Achievement in Second Grade Students*. MA thesis, University of Montana.

[5] Howell, D. C. 2013. *Fundamental Statistics for the Behavioral Sciences* (8th ed.). Wadsworth Cengage Learning.

[6] Liu, D., L. Wang, Z. Xu, M. Li, R. M. Joshi, R., N. Li & X. Zhang.

2023. Understanding Chinese children's word reading by considering the factors from cognitive, psychological and ecological factors. *Contemporary Educational Psychology* 73: 102 – 163.

[7] Rose, H. , J. Mckinley & J. B. Baffoe-Djan. 2019. *Data Collection Research Methods in Applied Linguistics*. Bloomsbury.

[8] Torgesen, J. K. , S. T. Morgan. & C. Davis. 1992. Effects of two types of phonological awareness training on word learning in kindergarten children. *Journal of Educational Psychology* 84(3): 364 – 370.

[9] Zhang, H. , J. Lin, X. Cheng, C. Wang & X. Wei. 2023. Concurrent and longitudinal contributions of phonological awareness to early adolescent Chinese reading acquisition. *The Journal of General Psychology* 150(3): 278 – 294.

[10] Ziegler, J. C. & U. Goswami. 2005. Reading acquisition, developmental dyslexia, and skilled reading across languages: a psycholinguistic grain size theory. *Psychological Bulletin* 131(1): 3 – 29.

第七章 如何分析量化数据

1. 问题呈现

1.1 案例引入

王老师是一名资深的高中英语教师,一直对提高学生的英语学习效果充满热情。有一天,王老师在办公室里整理学生的英语考试成绩,她的目光在成绩单上来回扫视,发现那些对英语学习表现出更多兴趣的学生在考试中往往也会获得更高的考试分数。这一现象引发了她的好奇心:是否能通过数据来科学地证明学生的英语学习兴趣会直接影响他们的学习成绩?

为了探究这个问题,王老师决定进行一项量化研究。她首先收集了过去三年她教授的所有班级学生的期末英语成绩,以此作为评估学习成效的基准。接着,她制定了一份详细的调查问卷,目的是评估学生对英语学习的兴趣。问卷包括了一系列问题,如学生对英语学习的总体态度、课外英语活动的参与程度以及他们对英语课堂内容的兴趣等。

完成数据收集后,王老师面临一个新的挑战:尽管她成功地收集了大量的数据,但并不清楚如何对这些量化数据进行分析。王老师意识到,需要对数据进行统计分析以发现学习兴趣与学习成绩间潜在的模式和关系,但她在统计分析方面几乎没有经验。

尽管面临困难,王老师并没有轻易放弃,她决定通过自学来克服这一障碍。然而,在面对庞杂的数据和复杂的统计分析方法时,王老师竟一时不知从何下手……

1.2 案例分析

王老师的困境反映了当前研究领域的一个普遍现象,许多没有系统学习过统计学的研究人员经常在研究开展过程中面临数据分析方面的挑战。这种技能的缺乏限制了他们对复杂量化数据的解读能力,也影响了他们在量化研究中提出和验证假设的能力(Creswell & Creswell 2017)。

王老师收集了大量的学生英语成绩和学习兴趣的量化数据,但由于缺乏数据分析技能,她在面对这些复杂数据时难以理解和解释,无法从数据中提取有用的信息。不进行合理的分析,数据集只是一列列冰冷的数字,无法被转化为直观和便于理解的统计量。

量化研究依赖于统计方法来测试和验证假设,不熟悉适当的统计技术可能会影响研究假设的有效提出和验证。王老师想要验证"学习兴趣影响学习成绩"的假设,然而,由于不熟悉如何应用统计方法进行假设检验,她可能无法确定兴趣和成绩之间的关系是否成立以及表现出怎样的形式。现实情况中,经常会出现研究者错误地选用了统计方法和模型,从而得出不准确甚至是误导性的结论。

此外,统计分析对研究进程的影响不仅存在于结果分析这一阶段,对统计知识的缺乏还可能导致研究者在研究设计阶段无法选择合适的数据收集方案,从而极大地限制了研究的有效性。

对于研究人员来说,提升统计分析技能是提高研究质量的关键步骤。统计方法的运用使量化研究能够在客观和系统的基础上提出和验证科学假设,这对于确保研究结果的可靠性和有效性至关重要(Black 1999)。本章将针对量化研究中的统计分析这一模块,讲解在学术研究中常见的统计技术,以及如何使用相应的软件实现这些技术。

1.3 核心概念

通过前述案例,我们可以发现统计分析在数据解释中的核心作用。在运用统计分析的过程中,我们不可避免地要接触到诸多统计学知识。统计学是运用数理统计原理与方法研究客观现象的一门应用科学(Wasserman 2013)。它是专门研究如何整理、分析由调查或实验所获得的数字资料,并根据这些数字资料所传递的信息进行科学推论,从而揭示客观规律的有效科学工具。由此定义我们可以看出,统计学具有极强的应用属性。对于广大的研究者来说,我们所关注的是如何使用统计学来解读和分析所得到的量化数据,其背后复杂的数理原理则并不是我们关心的内容。这就类似于电脑软件的使用,我们只需要知道如何操作软件实现所需功能,而并不需要了解软件是如何通过复杂的代码设置与逻辑来支持这些功能的。

总而言之,统计分析是我们进行科学研究时不可或缺的一环,下面几节将分别介绍统计中的基本概念及应用方法。为便于理解,我们将主要关注统计方法的适用情景及实现方法,对统计原理进行了适当的简略。

2. 方案提供

统计分析包含了广泛的方法和技术,对于缺乏科研经验的教师和新手研究者来说,理解这些不同的方法及其适用情景颇具挑战。接下来,我们将统计分析分为描述统计与推论统计两个部分,由浅入深地逐步了解学术研究中如何运用统计方法来分析量化数据。

2.1 描述统计

在实际应用中,描述统计通常是数据分析过程的第一步。描述统计是指对所获得的数据进行整理,并计算各种总结性统计量,将大量零散的、杂乱无章的资料加以简化、概括,显示其分布特征的统计方法。描述统计专注于呈现和解释已有的数据集,主要用来提供数据的概括和总结,优点在于其简明性和直观性,使研究者能够快速理解数据的基本特征,并为更深入的分析提供基础。

2.1.1 集中趋势

集中趋势是描述统计学中一个非常重要的概念,也是我们在日常生活中最常见的统计量,主要用于概述一组数据的中心点或典型值,包括平均数、中位数和众数。这些度量标准有助于我们理解数据的一般趋势和集中点。

其中,平均数(Mean)的计算方法是将所有数值加起来,然后除以数值的总数。例如一组数据是 10、20、30、40、50,其平均数为(10+20+30+40+50)/5=30。平均数提供了数据集的一个"中心"位置,它对异常值非常敏感,数据中的极端值会显著影响平均数的大小。因此,当数据分布较为均匀,没有异常值时,平均数是一个很好的集中趋势度量。在研究中,平均数是最常用的集中趋势,它是对数据总体特征的简洁概括。

中位数(Median)的计算方法是将所有数值按大小顺序排列,中间位置的数值就是中位数。如果数值个数是奇数,中位数是中间的数值;如果是偶数,则是中间两个数值的平均值。中位数不受数据中异常值或极端值的影响,它将数据集进行了划分,使得一半的数值低于中位数,另一半高于中位数。在数据分布不对称或存在异常值时,中位数可以更好地代表数据的集中趋势。

众数(Mode)则是在数据集中出现次数最多的数值。一个数据集可以有一个众数,也可以有多个众数或是无众数。众数代表了数据集中最常见的值,它对数据的分布状况不敏感,即使数据分布极不均匀也不受影响。众数尤其适用于名义数据(如性别等),特别是当数据为非数值型数据时,众数是唯一适用的集中趋势度量。

在实际应用中,理解数据的分布特性是正确选择集中趋势的关键。通过适当地应用平均数、中位数和众数,我们可以获得对数据集全面、深入的理解。在报告和分析时,同时提供平均数、中位数和众数可以为数据的集中趋势提供更全面的视角。

2.1.2 离散趋势

与集中趋势相对应的是离散趋势,我们在描述数据分布趋势时,数据的分散程度同样不可忽视。例如,甲组学生的成绩为 80、82、84、86、88,乙组学生的成绩为 70、80、84、88、98。尽管甲乙两组学生成绩的平均数和中位数都是 84,但两组数据的分布形态完全不同,乙组学生的成绩分布更加分散。统计学中通过离散趋势来描述不同数据集的离散分布情况。离散趋势是描述统计中用于衡量数据分布或散布程度的统计量,提供了关于数据点如何围绕中心值(如平均数)分布的信息。主要的离散趋势包括极差、四分位差、方差和标准差。

极差(Range)又称全距或范围,是衡量数据分散程度的最简单方式,用来表示数据中的最大值和最小值之间的差距。通过计算最大值和最小值之间的差值即可得到数据的范围,因此极差的计算方式简便且易于理解。然而,极差仅考虑了数据集中的极端值,并不能体现数据集中其他数据点的分布情况。

四分位差(Interquartile Range, IQR)又称四分位距,是描述数据集中间 50% 数据的范围,它由第一四分位数(Q1,即 25% 分位数)和第三四分位数(Q3,即 75% 分位数)的差值表示。相较于极差,四分位差不受极端值或异常值的影响,可以提供更稳健的分散度量。

方差(Variance)是衡量数据点相对于其平均值分散程度的统计量,它计算了每个数据点与平均值之间差值的平方的平均值。方差提供了数据分散程度的量化指标。然而,由于方差的单位是原始数据单位的平方,这不利于我们对数据离散程度进行直观的解释。因此,在研究中研究者通常使用标准差作为数据离散程度的量化指标。

标准差(Standard Deviation)是方差的平方根,以原始数据的单位量化数据的分散程度。它与原始数据在同一量纲上,为数据相对于平均值的离散程度提供了更加直观的量化指标。

在实际应用中,离散趋势与集中趋势通常联合使用,二者互为补充。研究者通过集中趋势了解数据的中心点,通过离散趋势了解数据如何围绕这个中心点分布。二者相辅相成,共同为数据集提供了一个全面的理解。

2.1.3 分布形态

在讲解分布形态之前,我们先来了解一下正态分布,这是理解分布形态的重要前提。正态分布(Normal Distribution)也称高斯分布(Gaussian Distribution),是统计学中最重要的概率分布之一。图 1 通过可视化的方法展示了一个平均数为 0 的标准正态分布。图中横轴为该组数据的标准差,纵轴为数据点分布的密度。从图中我们可以观察到,正态分布的数据呈现为对称的钟形曲线,这表明在正态分布的数据中,大部分数据点都分布在平均值附近,随着离平均值越远,数据分布的密度越低,数据点越少。正态分布围绕着平均值(也就是图1中的0点)左右对称分布,也就意味着在正态分布数据中,平均数与中位数相等。同时,正态分布曲线中平均值上的数据点密度也最大,因此正态分布数据的平均数、中位数和众数均相等。此外,统计学家使用68—95—99.7规则来描述正态分布数据中间多两边少的性质。这一规则指出,在正态分布中,约68%的数据点落在平均值的一个标准差范围内,约95%的数据点落在两个标准差内,而约99.7%的数据点落在三个标准差范围内。正态分布在社会科学以及自然科学中广泛存在,统计学家依据中心极限定理证明了正态分布的数据模式适用于描述绝大部分常见的事物和现象(Feller 1991)。例如正常人群的身高、体重、考试成绩等,这些数据集都会呈现出一种中间密集、两边稀疏的特征。

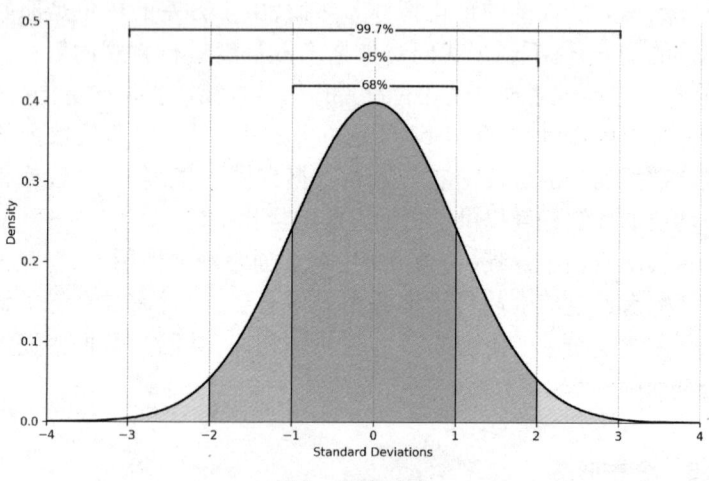

图1　正态分布

　　然而,正态分布是一种数据分布的理想形态,在实际研究过程中,我们所收集的数据或多或少都会与正态分布存在一定偏差。因此,我们需要使用一个量化指标来判断我们的数据与正态分布的偏离程度。分布形态正是用于描述数据分布形状特征与正态分布差异的统计量,主要包括偏度与峰度两个指标。

偏度(Skewness)是用来衡量数据分布的对称性的指标。偏度系数分为正、负和零三种情况。如果数据呈现正偏度,表示该数据集中的大部分数据点集中在比平均数小的区间,从图 2 中的正偏度分布曲线可以观察到,正偏态分布右边的尾部相对于左边的尾部要长,这是由于正偏度分布数据中有少数数据值很大,使曲线右侧尾部拖得很长。负偏度则表示数据主要集中在高于平均数的区间,其左边的尾部相对于右边的尾部要长,数据中有少数数据值很小,使曲线左侧尾部拖得很长。偏度为零则表示数据围绕平均值对称分布,这也是正态分布所表现出的分布趋势(如图 1)。

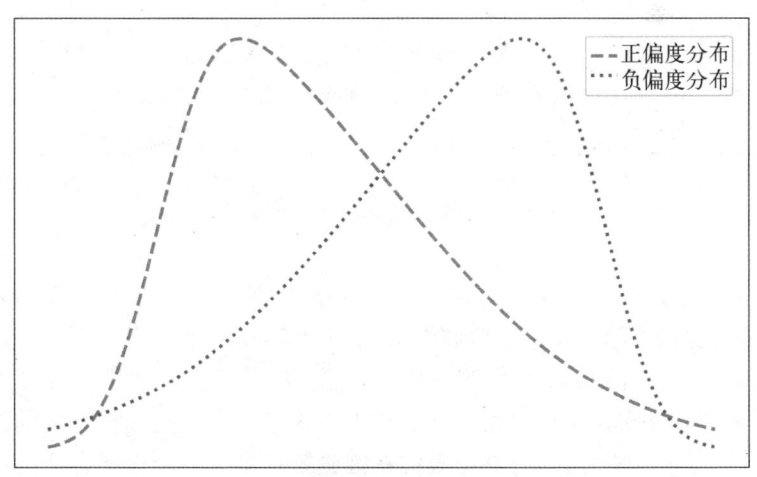

图 2　不同偏度的数据分布曲线

峰度(Kurtosis)是描述数据分布陡峭程度的度量,峰度值可以反映数据尾部异常值的存在。与偏度系数相似,这一指标也是与正态分布相比较得出的。峰度[①]存在正、负和零三种情况(见图 3)。正峰

① 此处峰度为超额峰度(Excess Kurtosis),是由实际峰度减 3 得出。这是由于标准正态分布的实际峰度为 3,为得到数据分布与正态分布的偏差量,研究人员所说的峰度一般为超额峰度而非实际峰度。

度表示数据分布比正态分布更平坦,有更厚的尾部,尾部的极端值比正态分布更多;负峰度则意味着数据分布更尖锐,有较薄的尾部,尾部的极端值比正态分布更少。

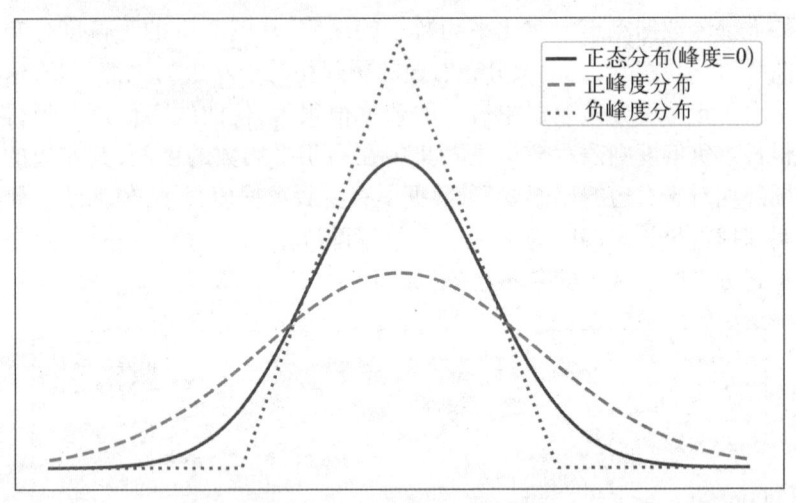

图3 不同峰度的数据分布曲线

分布形态揭示了数据的分布特性,如数据的对称性、异常值的存在等,提供了超出集中趋势和离散趋势的信息,有助于更全面地理解数据集的特性(Joanes & Gill 1998)。在应用过程中,我们同时使用偏度和峰度来作为衡量所收集的数据与正态分布之间差异程度的线索(王学民 2008),这有助于我们在推论统计中进一步选择合适的统计方法和模型,因为某些统计技术假设数据需服从正态分布。因此,计算偏度和峰度是我们进行更准确的数据分析的必要步骤(Hatem et al. 2022)。

2.1.4 描述性统计的软件实现

在了解描述性统计中常用的统计量之后,我们便可以在统计分析软件中对我们所收集的量化数据进行计算。SPSS 作为一款简单易用的统计分析软件,在社会科学、教育研究等领域中受到研究人员

的广泛欢迎。我们也将使用 SPSS① 作为示例,演示如何通过 SPSS 计算我们在上面所提到的统计量。其步骤如下:

首先,见图 4,在打开 SPSS 并加载数据集之后,点击顶部菜单中的"分析"(Analyze),选择"描述统计"(Descriptive Statistics),接着选择"频数"(Frequencies)。

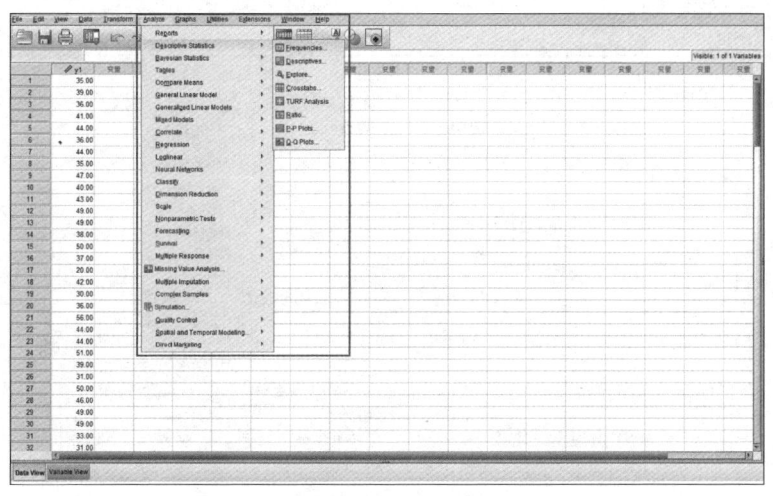

图 4 SPSS 描述统计操作步骤一

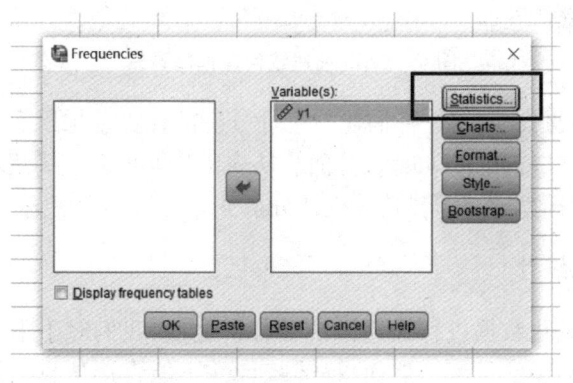

图 5 SPSS 描述统计操作步骤二

① SPSS 版本为 26.0.0.0

接下来,见图6,在弹出的对话框中,勾选我们需要计算的统计量,包括平均数(Mean)、中位数(Median)、众数(Mode)、四分位差(Quartiles)、极差(Range)、方差(Variance)和标准差(Std. deviation)。勾选完成后点击"继续"(Continue),软件会自动跳回第二步中的界面(见图5)。随后,我们点击"确认"(OK),软件将开始计算这些统计量。

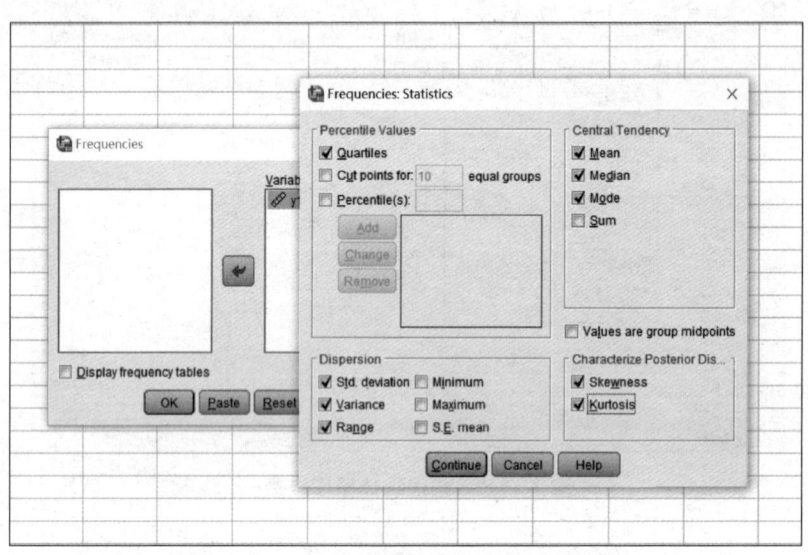

图 6　SPSS 描述统计操作步骤三

最后,见图7,软件将描述性统计分析的计算结果以表格的形式自动呈现在"输出"(Output)界面。从表中我们可以直接获取想要的统计量,这样就完成了描述性统计分析。

2.2　推论统计

在对量化数据进行描述性统计分析之后,我们对手中的数据集本身有了初步的了解。然而,描述统计并不能直接帮我们回答研究问题,它只是对现有数据进行了精确概括。要想使用数据来判断我们的研究假设是否合理,我们需要在描述统计的基础上进行推论统计。推论统计(Inferential Statistics)通过抽样调查的量化数据来对不

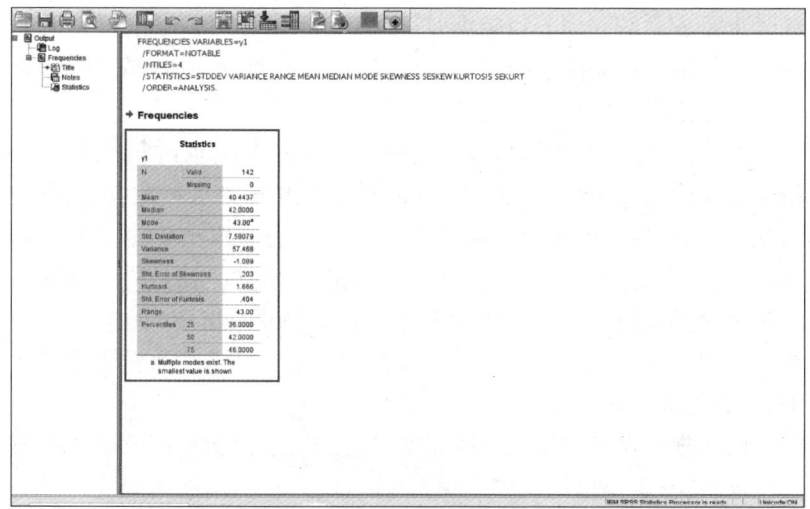

图 7 SPSS 描述统计结果

确定的关系做出统计决策。例如,在我们的案例中,王老师希望从自己所教授的学生中收集数据,来验证学习兴趣可以影响学习成绩,这需要使用推论统计分析方法来判断这种预测关系是否存在。

在推论统计中,验证特定假设是否成立的过程被称为假设检验,它是推论统计中的核心过程。假设检验首先需要确定两个相互对立的假设,即零假设(H_0)和备择假设(H_1)。零假设通常代表并不存在效应,相反,备择假设代表存在效应。对应到我们的案例中,零假设为学习兴趣对学习成绩没有影响,备择假设就是我们想要证明的假设,即学习兴趣可以影响学习成绩。

在建立假设之后,我们需要依据研究假设来选择适当的统计检验技术,如 T 检验、方差分析等。通过这些统计方法,我们可以从数据中计算出相应的统计量。依据这一统计量,再计算出相应的 p 值。

p 值是一个概率值。它表示在当前的数据中,不存在实际效应的情况下,仅凭偶然得到统计结果的可能性。p 值是我们进行推论的重要依据,当 p 值较小时,表明统计结果很大可能是真实存在的,而非仅由偶然得到,零假设存在的可能性较低。那么我们就有较大的把握拒绝零假设,接受备择假设,也就是说,我们的研究假设在统计学上是成立的。当 p 值较大时,表明零假设存在的可能性较高,那么我们就更应该倾向于接受零假设,拒绝备择假设,也就是我们的研究假设是不成立的。

在实际应用中,我们使用显著性水平(α)作为何时拒绝和接受研究假设的决断阈值。当数据的 p 值大于显著性水平时,则认为 p 值太大,需要将研究假设判断为不成立。而当 p 值小于显著性水平时,就认为 p 值足够小,研究假设可以判断为成立。社会科学领域中最为常见的显著性水平为 0.05(Di Leo & Sardanelli 2020)。大多数情况下,当 p 值小于 0.05 时,我们就可以决断研究假设是具有显著性的,也就是成立的。

图 8 中展现了假设检验的完整过程。假设检验利用了反证法的思维逻辑,首先提出与研究假设相对的零假设,再用适当的统计方法证明零假设成立的可能性大小,当零假设成立的概率很低时,从而推断研究假设成立。

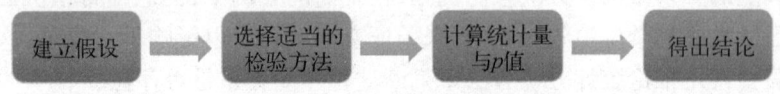

图 8　假设检验的过程

假设检验为研究人员提供了一种系统的方法来决策是否有足够的证据支持特定的科学或实践假设。作为一种标准化的分析框架,假设检验有助于将量化数据与研究预设进行对比,推动科学知识的发展。

接下来,让我们进一步了解假设检验中较为基础的几个统计检验技术及其软件实现方法。

2.2.1　T 检验

T 检验(t-test)是一种用于测试两组数据之间是否具有差异的假设检验方法。使用 t 检验时,需保证我们的数据满足以下条件:1. 两组数据需均为连续型数据;2. 数据来源为随机样本且相互独立;3. 数据需遵循正态分布;4. 方差齐性,即两组数据的方差相等。若违反以上假设,则 t 检验不适用。

在研究中,我们常用的 t 检验为独立样本 t 检验(Independent-Samples T Test)和相关样本 t 检验(Paired-Samples T Test)。独立样本 t 检验是用来比较两组独立数据间是否存在差异,关注不同群体间的差异,例如,男生和女生是否在英语成绩上具有差异;相关样本 t 检验通常用来比较同一主体在不同条件或不同时间下两次测量的数据是否存在差异,例如,学生在接受辅导项目前后的成绩是否具有差异。在选择 t 检验的类型时,我们只需区分所比较的两组数据是否收集自同一主体,非同一主体选择独立样本 t 检验,同一主体则选择相关样本 t 检验。

T 检验也可在 SPSS 中计算,其中,独立样本 t 检验的操作步骤与结果解读如下:

在使用 SPSS 执行独立样本 t 检验时,首先要提前将我们想比较的两组数据放在同一列中(例如将男生和女生的测验成绩放在一列),随后创建一列相应的分组数据,用来标注数据的组别(例如用 1 来标注男生,2 来标注女生)。接下来,如图 9 所示,点击顶部菜单中的"分析"(Analyze),然后选择"比较平均值"(Compare Means),接着选择"独立样本 t 检验"(Independent-Samples T Test)。

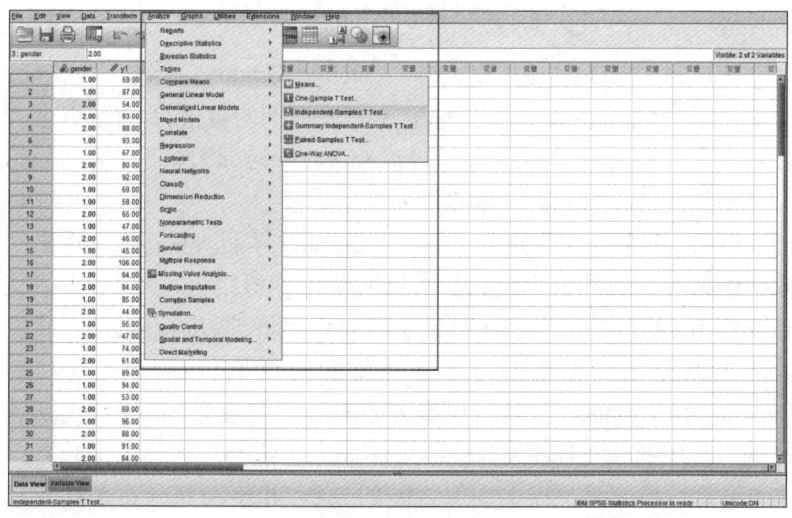

图 9 SPSS 独立样本 t 检验步骤一

下一步,在弹出的对话框中,如图 10,将要进行检验的变量拖动到"测试变量"(Test Variable(s))框中,将所创建的分组数据拖到"分组变量"(Grouping Variable)框中。

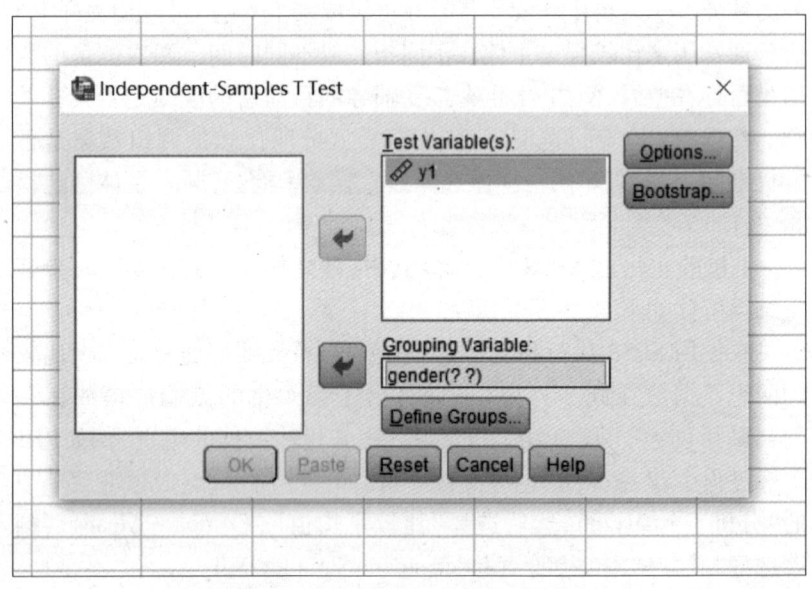

图 10 SPSS 独立样本 t 检验步骤二

然后,如图 11,点击"定义组"(Define Groups),"组 1"(Group 1)和"组 2"(Group 2)框中分别输入标注组别的数值,1 表示男生,2 表示女生。输入完成后点击"继续"(Continue),软件会自动跳回第二步中的界面,我们点击"确认"(OK)。

随后,软件会自动弹出"输出"(Output)界面。见图 12,输出结果中的第一个表格是两组数据的描述统计分析结果,第二个表格是独立样本 t 检验的结果。在对独立样本 t 检验结果进行解读时,我们首先要观察表格左部的方差齐性检验的结果(Levene's Test for Equality of Variances),然后根据方差齐性的显著性(Sig.),判断选择哪一行中的独立样本 t 检验结果作为推论依据。这是由于独立样本 t 检验是基于两个样本均值之差的分布,并使用此分布来计算观察到的均值差异的显著性,其公式依赖于样本的方差来估计均值差

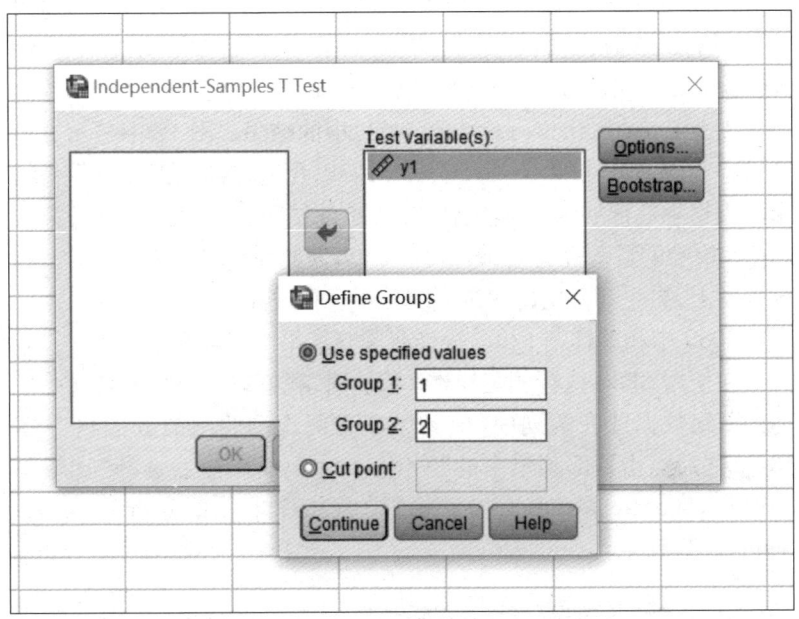

图 11 SPSS 独立样本 t 检验步骤三

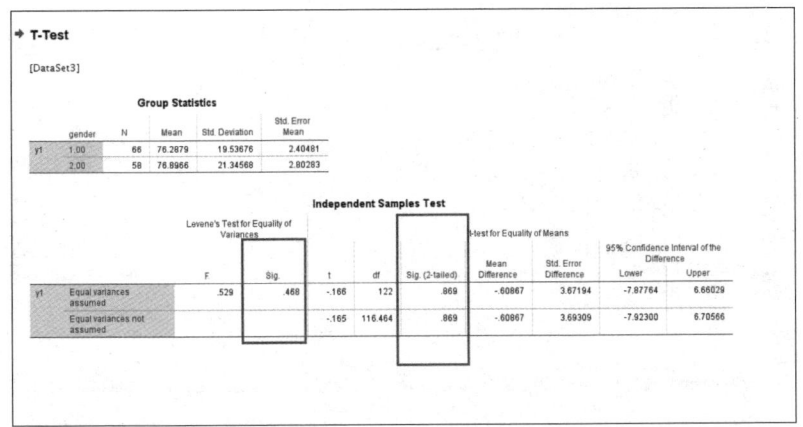

图 12 SPSS 独立样本 t 检验结果

异的标准误差。因此,进行方差齐性检验并根据其结果选择正确的
独立样本 t 检验结果是确保统计结论有效性的关键步骤,忽视方差

不齐的问题可能会误判独立样本 t 检验的结果。当方差齐性检验显著性大于 0.05 时，我们需要选择表格中第一行"假定等方差"（Equal variances assumed）中的 t 检验结果，小于 0.05 则选择下一行"不假定等方差"（Equal variances not assumed）中的结果。图 12 中显示方差齐性检验的显著性（0.468）大于 0.05，所以我们选择上面一行作为结果。表格中右部展示了独立样本 t 检验的结果，我们可以看到，第一行中 t 检验的显著性为 0.869，大于 0.05，因此我们可以得出结论：在统计学上，男生和女生的测试成绩并不存在差异。

SPSS 中相关样本 t 检验操作步骤与结果解读如下：

在使用 SPSS 执行相关样本 t 检验时，我们首先要将来自同一主体的两组数据放在两列中（例如学生在两次测验中的分数）（见图 13）。之后点击顶部菜单中的"分析"（Analyze），然后选择"比较平均值"（Compare Means），接着选择"相关样本方差分析"（Paired-Samples T Test）。

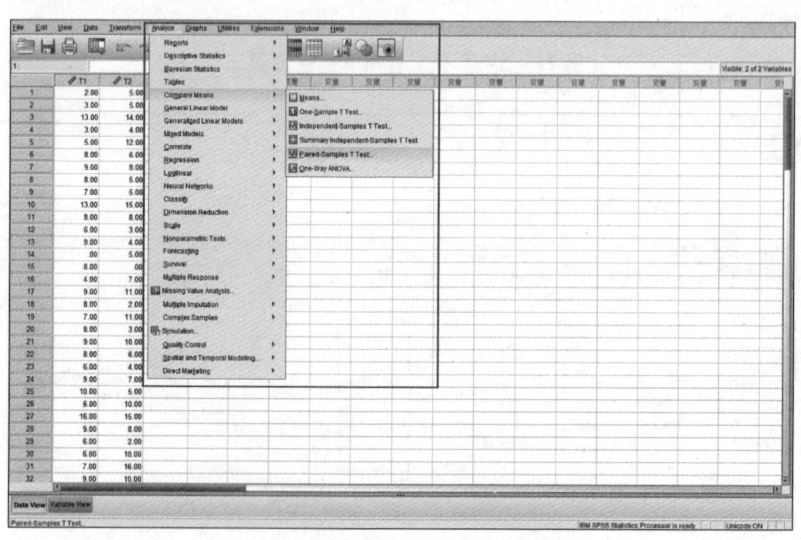

图 13　SPSS 相关样本 t 检验步骤一

接下来，如图 14，在弹出的对话框中，将要进行检验的两列变量分别拖动到"配对变量"（Paired Variables）框中。随后，直接点击"确认"（OK）。

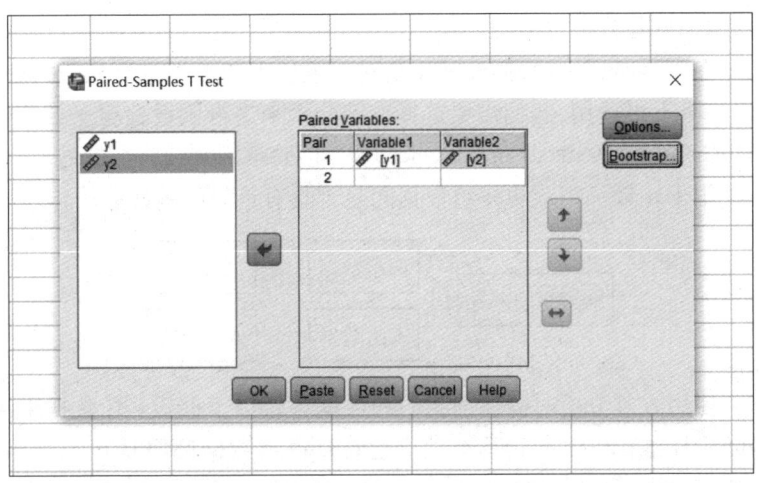

图 14　SPSS 相关样本 t 检验步骤二

最后,软件将自动弹出"输出"(Output)界面(见图 15)。输出结果中包含三个表格,相关样本 t 检验的结果在第三个表格中。在表格的右侧我们可以看到,t 检验的显著性(Sig.)为 0.001,小于 0.05。因此,我们可以得出结论:在这两次测验中,学生的成绩在统计学上具有差异。

→ T-Test

Paired Samples Statistics

		Mean	N	Std. Deviation	Std. Error Mean
Pair 1	y1	7.8080	125	3.20206	.28640
	y2	9.0400	125	3.98465	.35640

Paired Samples Correlations

		N	Correlation	Sig.
Pair 1	y1 & y2	125	.433	.000

Paired Samples Test

		Paired Differences					t	df	Sig. (2-tailed)
		Mean	Std. Deviation	Std. Error Mean	95% Confidence Interval of the Difference Lower	Upper			
Pair 1	y1 - y2	-1.23200	3.88366	.34737	-1.91953	-.54447	-3.547	124	.001

图 15　SPSS 相关样本 t 检验结果

2.2.2 方差分析

在实际研究中,我们经常需要对两组以上的数据进行比较,这时 t 检验将不再适用,我们需要选择方差分析来进行假设检验。方差分析(ANOVA, Analysis of Variance)将 t 检验推广到两组数据之上,是一种用于比较三组或更多组数据间是否具有差异的统计方法。

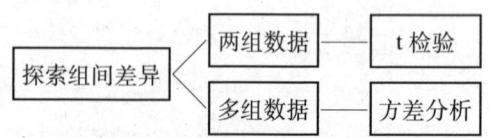

使用方差分析时需保证我们的数据符合以下假设:1. 数据来源为随机样本;2. 样本间具有独立性;3. 每组数据都服从正态分布;4. 各组数据间方差齐性。

与 t 检验不同的是,在方差分析中还需进一步进行事后检验。事后检验(Post Hoc Test),也被称为多重比较分析,是在进行方差分析之后使用的统计检验。方差分析的结果仅能告诉我们在多组数据中至少有一组与其他组不同,但无法具体指明哪些数据组之间存在差异。当方差分析显示三个或更多组数据之间存在显著差异时,事后检验被用来确定具体是哪些组别之间存在显著差异。事后检验通过对所有组合进行成对比较来识别具体的各个组间差异。例如,在三组数据的方差分析中,事后检验分别比较第一组与第二组、第一组与第三组以及第二组与第三组间的差异。

单因素方差分析是用来研究一个自变量的不同水平是否对因变量产生了显著影响,是最基础的方差分析方法。单因素方差分析及其事后检验的 SPSS 操作示例与结果解读如下:

在使用 SPSS 执行单因素方差分析时,首先要提前将我们多组数据放在同一列中(例如将一、二、三年级学生的测验分数放在一列),随后创建一列相应的分组数据,用来标注数据的组别(例如用 1 来标注一年级学生,2 来标注二年级学生,3 来标注三年级学生)。之后,如图 16,点击顶部菜单中的"分析"(Analyze),然后选择"比较平均值"(Compare Means),接着选择"单因素 ANOVA"(One-Way ANOVA)。

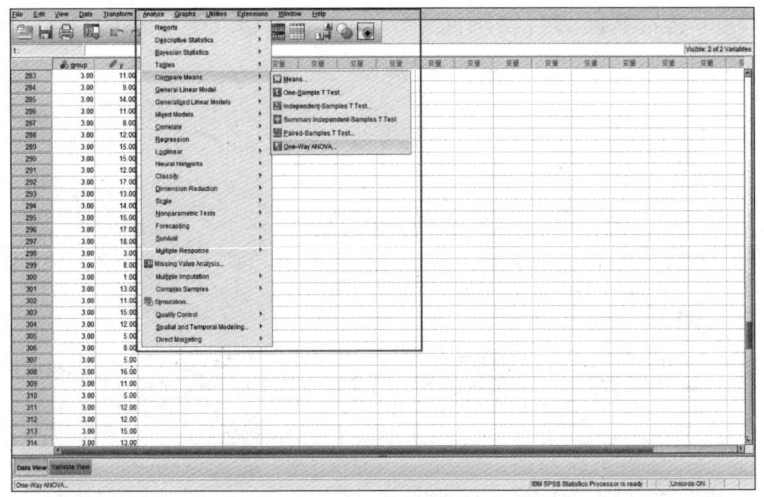

图 16　SPSS 单因素方差分析步骤一

　　下一步,如图 17,在弹出的对话框中,将要进行检验的变量拖动到"因变量列表"(Dependent List)框中,将所创建的分组数据拖到"因子"(Factor)框中,并点击右侧的"事后检验"(Post Hoc)。

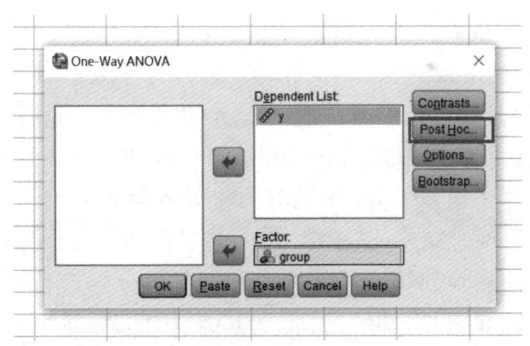

图 17　SPSS 单因素方差分析步骤二

　　然后,如图 18,在弹出的对话框中勾选 LSD[①],之后点击"继续"

――――――――――

① LSD 法是一种较为简单的事后检验方法,由于其具有简单性和灵活性的特点,在实际使用中适用于多种情形。

（Continue），软件会自动跳回第二步中的界面。随后我们点击"确认"（OK）。

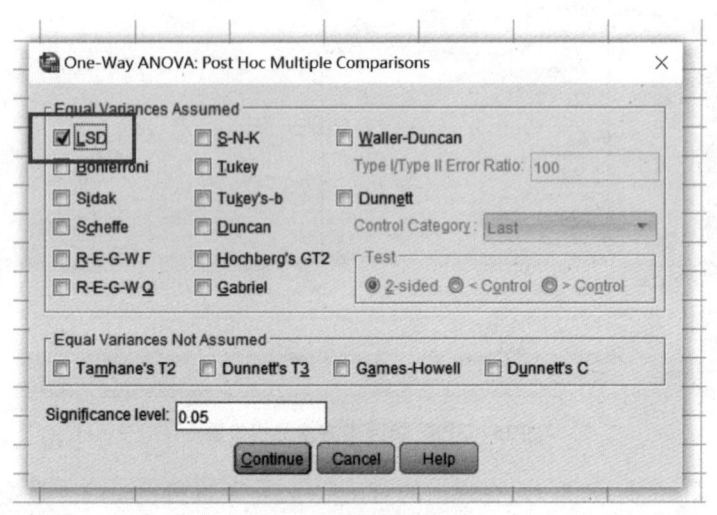

图 18　SPSS 单因素方差分析步骤三

　　最后，软件自动弹出"输出"（Output）界面（见图 19）。输出结果中的第一个表格为方差分析的结果。表格第一行"组间"（Between Groups）指的是由自变量（不同年级）引起的各组中因变量（测验分数）均值的差异。其结果显示组间差异的显著性（Sig.）为 0.000，低于 0.05。因此我们可以认为，一年级、二年级和三年级这三组学生在测验分数上存在显著差异，年级对测验分数具有影响作用。第二个表格则为事后检验结果，其中第一行、第二行和第三行分别为一、二、三年级学生的测验分数与其他两个年级学生分别进行的差异比较。表格中所有的显著性（Sig.）都低于 0.05，因此，一年级与二年级、一年级与三年级、二年级与三年级学生在测验分数上都存在显著差异。

2.2.3　相关分析与回归分析

　　在研究实践中，我们有时需要用统计方法来探讨各组数据之间的关联性，例如，在案例中王老师对学习兴趣和学习成绩这两个变量间的相关或预测关系感兴趣。相关分析和回归分析正是最常用也最

→ **Oneway**

[DataSet5]

ANOVA

y

	Sum of Squares	df	Mean Square	F	Sig.
Between Groups	672.149	2	336.075	23.937	.000
Within Groups	5222.800	372	14.040		
Total	5894.949	374			

Post Hoc Tests

Multiple Comparisons

Dependent Variable: y

LSD

(I) group	(J) group	Mean Difference (I-J)	Std. Error	Sig.	95% Confidence Interval	
					Lower Bound	Upper Bound
1.00	2.00	-1.23200*	.47396	.010	-2.1640	-.3000
	3.00	-3.24800*	.47396	.000	-4.1800	-2.3160
2.00	1.00	1.23200*	.47396	.010	.3000	2.1640
	3.00	-2.01600*	.47396	.000	-2.9480	-1.0840
3.00	1.00	3.24800*	.47396	.000	2.3160	4.1800
	2.00	2.01600*	.47396	.000	1.0840	2.9480

*. The mean difference is significant at the 0.05 level.

图 19　SPSS 单因素方差分析结果

基础的用来考察变量间关系的分析方法。

　　相关分析通过计算相关系数来表征变量间存在的相关关系。相关系数(Correlation Coefficient)是描述两组数据的相关方向及其密切程度的量数。相关系数的取值介于-1.00 至+1.00 之间,常用小数形式表示。

　　依据相关关系在方向上的不同,相关关系被分为正相关和负相关。正相关指一变量由大而小或由小而大变化时,另一变量亦由大而小或由小而大的变化,即两列变量是同方向变化的,属"同增共减"的关系;负相关指一变量由大而小或由小而大的变化,另一变量却反由小而大或由大而小的变化,即两列变量的变化方向是相反的,属"此增彼减"的关系。正相关的相关系数为正数,负相关的相关系数为负数。

　　依据两变量相互变化的关系程度,相关关系被分为强相关和弱相关。强相关又称高度相关,即当一变量变化时,与之相应的另一变量增大(或减少)的可能性非常大;弱相关又称低度相关,即当一变量变化时,与之相对应的另一变量增大(或减少)的可能性较小。通常,相关系数的绝对值在 0.7 以上被认为强相关,相关系数绝对值低于 0.3 被认为弱相关(Akoglu 2018)。

科研实践中常用的相关系数计算方法为皮尔逊积差相关(Pearson Correlation)。在计算皮尔逊积差相关系数时,我们需保证这两组数据符合以下假设:1. 两变量之间的关系为线性关系;2. 两变量都是连续型数据,且均符合正态分布;3. 样本量大于 30。

相关分析的 SPSS 操作示例与结果解读如下:

在使用 SPSS 进行相关分析时,我们首先需要准备两列配对的数据(例如学生的学习兴趣和考试成绩)。之后,如图 20,点击顶部菜单中的"分析"(Analyze),选择"相关"(Correlate),接着选择"双变量"(Bivariate)。

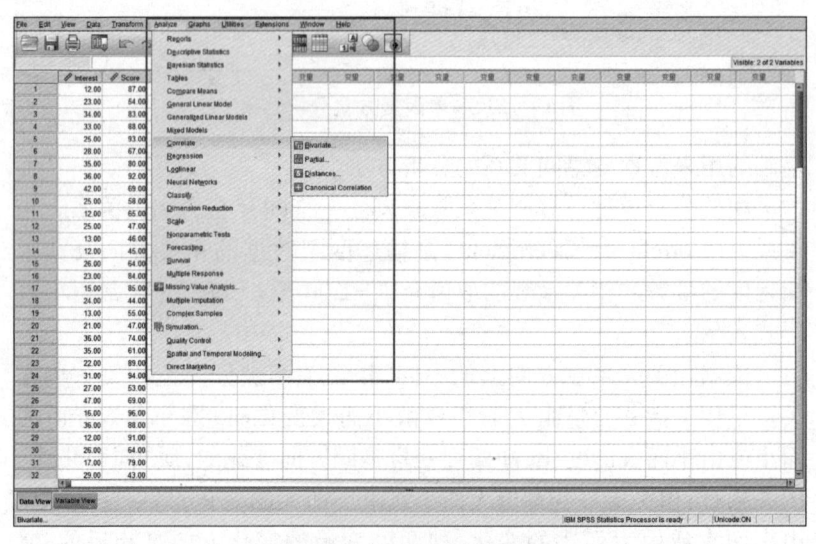

图 20　SPSS 相关分析步骤一

然后,如图 21,在弹出的对话框中,将要进行相关关系检验的两列变量分别拖动到"变量"(Variables)框中。其余选项保持默认设置,随后直接点击"确认"(OK)。

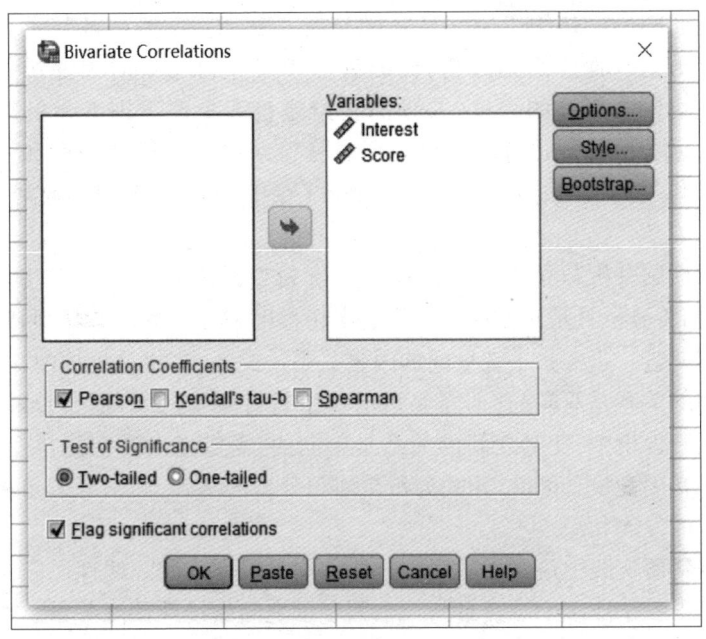

图 21 SPSS 相关分析步骤二

最后,软件将自动弹出"输出"(Output)界面。见图 22,输出结果中包含一个表格,从表中我们可以看到,学习兴趣和学习成绩之间的相关系数(Correlation)为 0.266,且这一相关系数的显著性(Sig.)为 0.003,小于 0.05。因此,学习兴趣与学习成绩间存在着正向的弱相关关系。

→ Correlations

Correlations

		Interest	Score
Interest	Pearson Correlation	1	.266**
	Sig. (2-tailed)		.003
	N	120	120
Score	Pearson Correlation	.266**	1
	Sig. (2-tailed)	.003	
	N	120	120

**. Correlation is significant at the 0.01 level (2-tailed).

图 22 SPSS 相关分析结果

　　回归分析是用于研究自变量与因变量之间预测和解释关系的统计方法。通过回归分析,研究者可以量化自变量对因变量是否存在影响及影响的强度,并预测在给定自变量值下因变量的期望值。回归分析通过计算得出表征自变量对因变量影响强度和方向的量化指标,即回归系数(Regression Coefficient)。回归系数常用β表示。

　　回归分析与相关分析都是用于度量变量之间关系的方法。然而,相关分析只是对变量间关系的密切程度和方向进行考察,回归分析则是进一步考察了变量间的因果关系。此外,在相关分析中,变量之间的关系是双向的,不需要指出哪个是自变量,哪个是因变量;而在回归分析中,变量之间的关系是单向的,需要指出哪个是自变量,哪个是因变量。因此,相关分析是回归分析的基础,回归分析是相关分析的发展和深入。

　　科研实践中最常用的回归分析方法是线性回归。线性回归被用来探索一个或多个自变量与一个因变量之间的线性预测关系。在我们的案例中,王老师的研究问题是学习兴趣是否可以影响学习成绩,这一研究问题可以使用线性回归来直接回答。

　　在使用线性回归时,我们的数据不能违反以下假设:1. 变量之间的关系为线性关系;2. 变量的方差齐性;3. 变量均符合正态分布;4. 自变量之间不存在多重共线性,即自变量之间不存在高度相关关系;5. 因变量需为连续型变量。

　　线性回归的 SPSS 操作示例与结果解读如下:

　　线性回归的操作与相关分析相似,我们需要先准备两列配对的数据(例如学生的学习兴趣和考试成绩)。之后,如图 23,点击顶部菜单中的"分析"(Analyze),然后选择"回归"(Regression),接着选择"线性"(Linear)。

　　下一步,如图 24,在弹出的对话框中,将想要考察的自变量拖动到"自变量"(Dependent)框中,将因变量拖动到"因变量"(Independent(s))框中。随后直接点击"确认"(OK)。

　　最后,软件将自动弹出"输出"(Output)界面。如图 25,输出结果中包含四个表格,线性回归结果在最后一个表格中。从表中我们

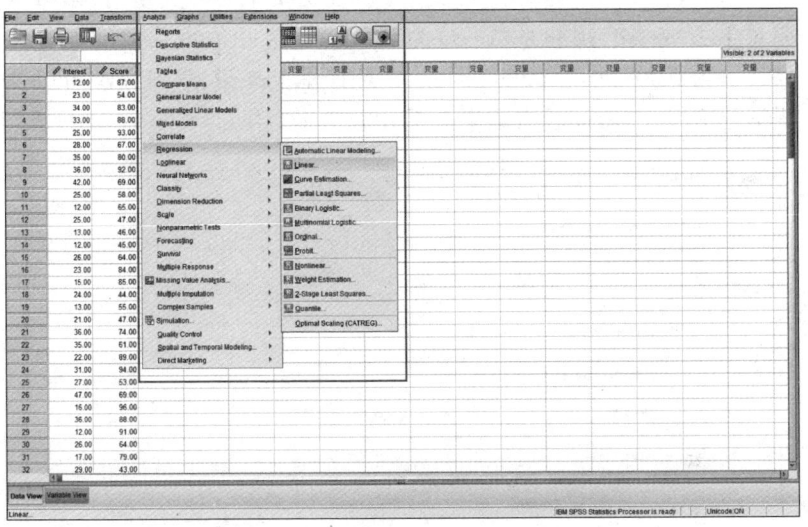

图 23　SPSS 线性回归操作步骤一

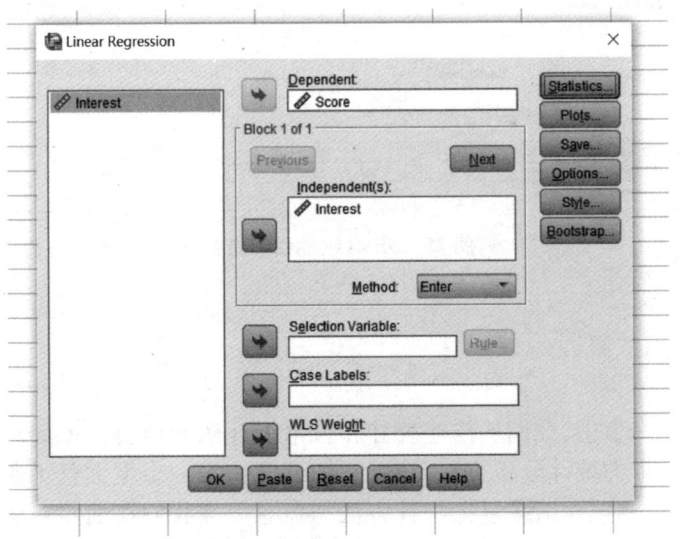

图 24　SPSS 线性回归操作步骤二

可以看到,当学习兴趣作为自变量,学习成绩作为因变量时,学习兴趣对学习成绩的预测系数(β)为 0.579,且这一预测系数的显著性(Sig.)为 0.003,小于 0.05。因此,在统计学上来说,学习兴趣可以预测学习成绩,二者间具有因果关系。

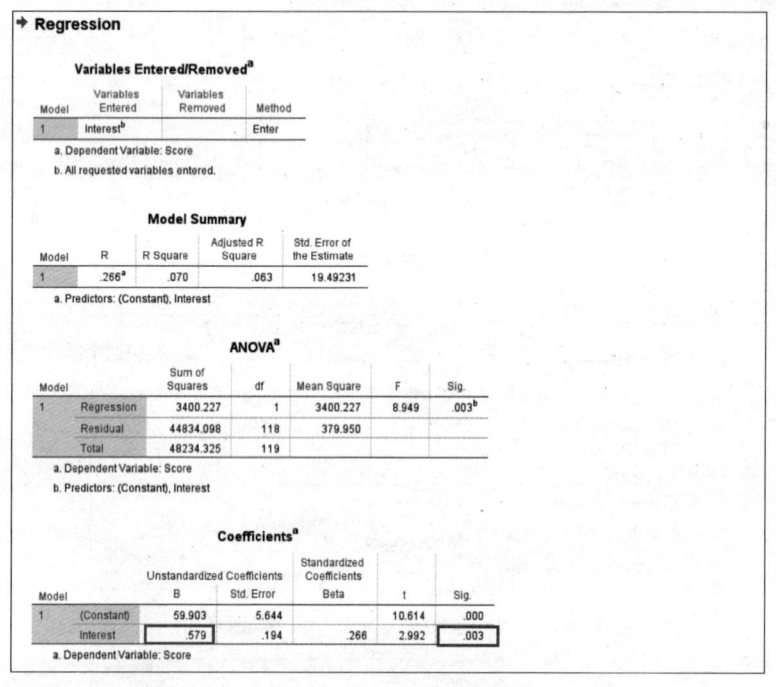

图 25　SPSS 线性回归结果

3. 应用扩展

上一节中,我们从描述统计和推论统计两方面为大家介绍了一些最基本的统计分析方法。然而,统计学作为一个庞大且不断发展的领域,还包含诸多复杂统计方法与概念。当我们在面对更复杂的研究问题时,有必要进一步学习高阶的分析方法来帮助我们回答复杂的研究问题。接下来,我们将从数据可视化、结构方程模型两方面简述这些高阶统计方法。

3.1　数据可视化

数据可视化是将复杂、大量的量化数据进行可视化表达以增强对数据直观认知的技术。它将不可见或难以分析的数据转化为易于感知的图形、颜色等，提高了研究者进行数据识别和信息传递的效率。

在数据可视化的应用中，我们首先需要进行数据的初步处理和整理。随后选取合适的可视化方法确定要展示的视觉结构，即决定按照什么维度、展示什么指标。最终，这些视觉结构将通过图形化的方式转换成可视化图像，以直观地呈现出来。

数据可视化可以快速揭示数据中的模式、趋势和异常值，而这些在纯数字统计中可能不易被发现。相比于上述提及的描述性统计方法，数据可视化通过对数据结构进行直接呈现，提供了更直观、更易理解的数据解读方式，从而进一步加深我们对数据的理解。例如，在描述统计中我们使用偏度和峰度作为指标来判断数据与正态分布的偏离程度。而通过数据可视化，我们可以将收集到的数据绘制为直方图，再添加一条正态分布曲线（如图26），这样我们就可以直观地看到数据与正态分布的偏离情况。

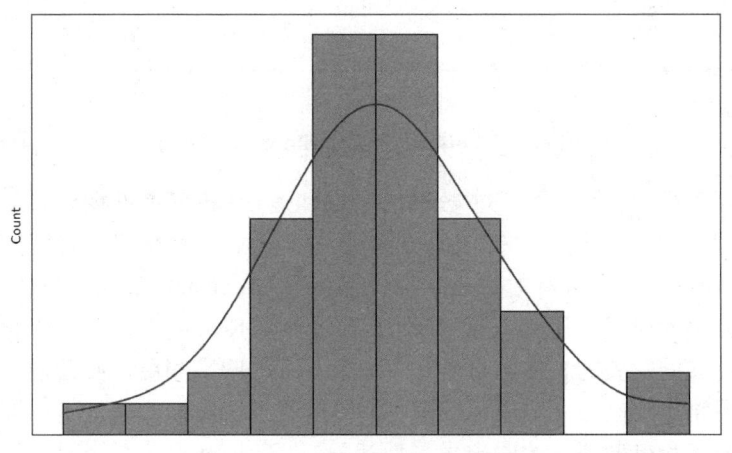

图26　添加正态曲线的直方图

在实际研究中，数据可视化不仅包含简单的直方图、饼图、折线图等，科研人员还经常使用箱线图、热图、小提琴图等来可视化呈现数据。例如 Quinn et al.（2020）在研究中绘制了学习困难儿童（Learning Disability, LD）和正常儿童在四个时间点阅读理解测验分数的分半小提琴图（图 27）。图中横轴为时间点，纵轴为在该时间点中的测验分数，图中的点代表了每个儿童在该时间点下测验的分数，曲线代表了正常儿童或是学习困难儿童群体的测验分数在该时间点下的分布趋势。从图中我们可以直观地看到，相比于正常儿童，学习困难儿童在所有时间点上都表现出了较差的阅读理解水平。

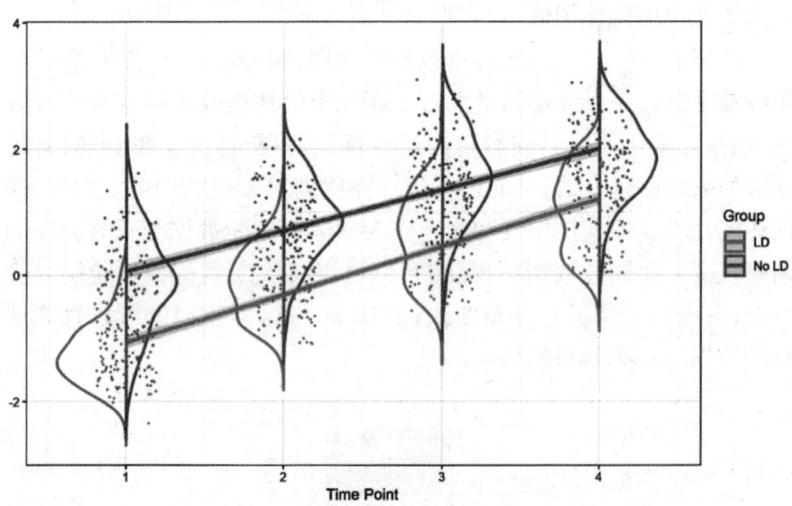

图 27　小提琴图（摘自 Quinn et al. 2020）

可视化技术不局限于数据的呈现和表示，还可将可视化和数据挖掘、图形学结合起来，使研究人员从数据中快速挖掘出有用的信息，辅助研究人员有效做出研究决策。例如，Steacy et al.（2021）在研究中探讨了英语儿童假字阅读（Nonword Reading）和单词阅读是如何共同发展的。他们将研究中每个儿童的假字和单词阅读能力的发展轨迹绘制在一个坐标轴中（图 28），通过这一形式确定了不同个体假字和单词阅读的联合发展轨迹，也即当儿童的某一能力在发展时另一能力是否随之发展。从图中我们可以看到，那些单词阅读能力较差的儿童(在横轴左部)的轨迹呈水平状,这直观地表明了他们的假字阅读能力并不随单词阅读能力的发展而共同发展。此外,Steacy 等人还通过动态化的方式让这一可视化图像更加清晰和直观。

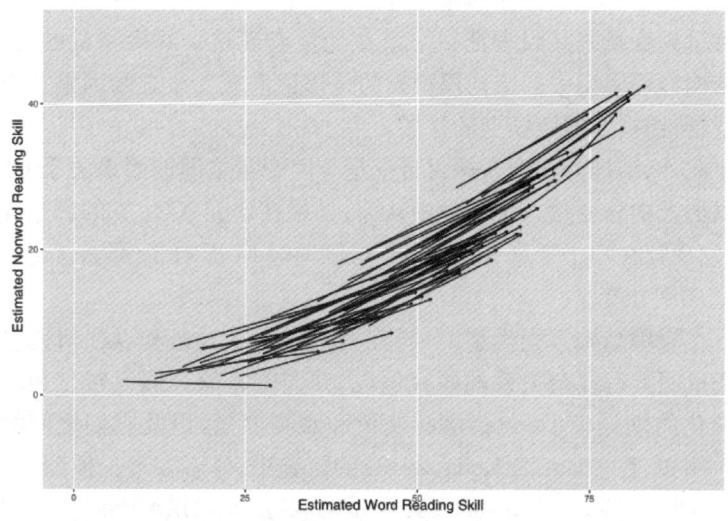

图 28　向量图(摘自 Steacy et al. 2021)

在执行数据可视化时,我们可以通过 Excel 来绘制简单的直方图、折线图等。更高阶的可视化图形则需要通过 Python 中的 seaborn 库或是 R 中的 ggplot 包这些更强大且灵活的工具实现。

3.2　结构方程模型

结构方程模型(Structural Equation Modeling, SEM)是在回归分析的基础上发展而来的复杂统计方法,它可以处理和分析更为复杂的数据结构,同时分析多个变量之间的相关与预测关系。如果将回归分析比作考察自变量对因变量影响的一种"直线"式的分析方法,那么结构方程模型则是一个"网络"或"系统"。在这个系统中,可以包含数量众多的自变量和因变量。同时,这些变量间的关系可以在一个系统中被指定为相关关系或是因果关系。

结构方程模型还同时涵盖了测量模型与结构模型。测量模型的提出是由于在科研实践中，某些变量很难通过单一的测量来表征。例如，儿童的学习兴趣可能包含在课堂的学习兴趣和课外的学习兴趣两个方面，这就需要我们同时测量课内和课外兴趣来间接测量学习兴趣这一变量。在测量模型中，结构方程模型使用多个可以被直接测量的变量来共同表征一个潜在变量实现这一间接测量的过程。而结构方程模型中的结构模型指的是描述潜在变量之间因果关系的模型，可被视作回归模型的扩展。

此外，结构方程中在探讨自变量与因变量之间的因果关系时，还可以加入中介变量。统计学中认为，如果在研究 X 对 Y 的影响的时候，发现存在一个变量 M，使得 X 可以通过 M 影响 Y，那么这个变量 M 就叫中介变量。

在应用结构方程模型时，研究者首先基于理论和以往研究来构建变量间具有复杂关系的研究假设，并同时将研究假设转化为一个可视化的理论模型，包括潜在变量和观测变量，以及它们之间的关系。例如，在 Zhang & Koda（2018）的研究中，作者在理论模型图（图 29）中假设词汇知识（VOCK）、语素意识（MORA）和阅读理解（READ）这三个潜在变量分别由两个观测变量表征，并假定词汇知识和语素意识间具有相关关系，词汇知识和语素意识对阅读理解具有预测关系。随后研究者需要使用专业的结构方程模型软件（如 AMOS、LISREL、Mplus 等）来分析量化数据，获取模型估计参数和拟

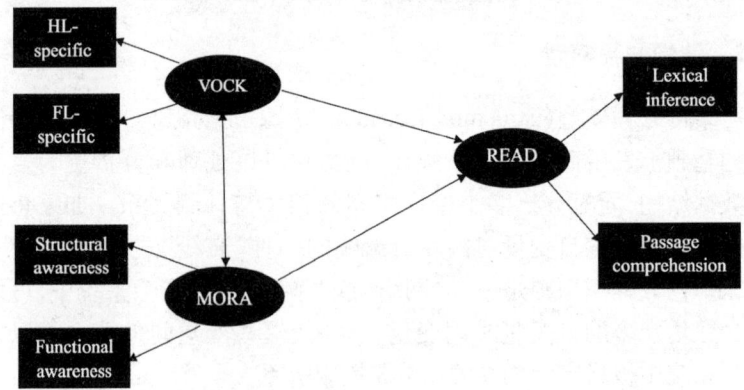

图 29　结构方程模型理论模型图（摘自 Zhang & Koda 2018）

合度指数。通过这些结果,研究者得以回答研究假设,描述和解释变量之间复杂的关系。

总的来说,在结构方程模型这一有效的分析框架下,多层次、多维度的研究理论和假设得以有效验证。它让研究者能够更深入地理解变量间的复杂关系,从而在理论构建和实证研究中发挥重要作用。

4. 结语

通过王老师的案例,我们为大家简要介绍了分析量化数据时使用的统计方法。通过描述统计,我们首先将原始数据转化为简约表达的描述性统计量,从数据中直接获取有意义的信息。随后,我们介绍了一些基础的推论统计分析方法,帮助大家更好地理解如何计算量化数据来合理地检验研究假设,进而做出科学有效的研究决策。最后,本章还为大家扩展了两个高阶的分析方法:数据可视化和结构方程模型。

然而,我们所讲述的内容只是庞大数据分析知识的冰山一角。希望大家可以通过本章内容的学习,初步了解数据分析,在之后的实践和持续学习中掌握更多更复杂的数据分析方法,不断提高自己的数据分析能力。作者在这里推荐三本书籍以供大家进行更深入的学习。第一本是杜强、贾丽艳编著的《SPSS 统计分析从入门到精通》,该书有助于读者全面地学习和使用 SPSS。第二本是 David S. Brown 著,李嘉平译的《R 统计与数据可视化:社会科学数据分析实践》,该书详细讲解了使用 R 语言进行数据可视化和分析的方法。第三本是由王孟成所著的《潜变量建模与 Mplus 应用》,该书介绍了使用 Mplus 进行结构方程模型分析的方法。

参考文献:

[1] Akoglu, H. 2018. User's guide to correlation coefficients. *Turkish Journal of Emergency Medicine* 18(3):91–93.

[2] Black, T. R. 1999. *Doing Quantitative Research in the Social Sciences: An*

Integrated Approach to Research Design. Sage.

[3] Creswell, J. W. & J. D. Creswell. 2017. *Research Design: Qualitative, Quantitative, and Mixed Methods Approaches.* Sage.

[4] Di Leo, G. & F. Sardanelli. 2020. Statistical significance: p value, 0.05 threshold, and applications to radiomics — reasons for a conservative approach. *European Radiology Experimental* 4: article 18.

[5] Feller, W. 1991. *An Introduction to Probability Theory and Its Applications,* (Vol 2). John Wiley & Sons.

[6] Hatem, G. , J. Zeidan, M. Goossens & C. Moreira. 2022. Normality testing methods and the importance of skewness and kurtosis in statistical analysis. *BAU Journal — Science and Technology* 3(2): article 7.

[7] Joanes, D. N. & C. A. Gill. 1998. Comparing measures of sample skewness and kurtosis. *Journal of the Royal Statistical Society: Series D (The Statistician)* 47(1): 183 - 189.

[8] Quinn, J. M. , R. K. Wagner, Y. Petscher, G. Roberts, A. J. Menzel & C. Schatchneider. 2020. Differential codevelopment of vocabulary knowledge and reading comprehension for students with and without learning disabilities. *Journal of Educational Psychology* 112(3): 608 - 627.

[9] Steacy, L. M. , A. A. Edwards, J. G. Rueckl, Y. Pestcher & D. L. Compton. 2021. Modeling and visualizing the codevelopment of word and nonword reading in children from first through fourth grade: Informing developmental trajectories of children with dyslexia. *Child Development* 92 (3): 252 - 269.

[10] Wasserman, L. 2013. *All of Statistics: A Concise Course in Statistical Inference.* Springer Science & Business Media.

[11] Zhang, H. & K. Koda. 2018. Vocabulary knowledge and morphological awareness in Chinese as a heritage language (CHL) reading comprehension ability. *Reading and Writing* 31: 53 - 74.

[12] 王学民. 2008. 偏度和峰度概念的认识误区. 《统计与决策》第 12 期: 145 - 146.

Part 3　研究回答

第八章　如何撰写学术论文

1. 问题呈现

1.1　案例引入

　　王老师是一位对教育充满激情的高中英语教师。在教学之余，他经常参加各种教育讲座，翻阅最新的学术文章，以掌握教育界的最前沿方法。他的目标是将这些创新理念应用于自己的课堂，从而提升教学水平和激发学生的学习热情。经过不断的探索和学习，王老师确信，将游戏化学习策略融入教学是激发学生兴趣的关键。于是，他在自己的课堂上进行了为期一学期的教学实验。

　　这一学期的实验给了王老师许多宝贵的经验和深刻的认识。他发现，游戏化教学可以使学生在轻松愉快的氛围中提升学习热情和学习参与度。他希望能够把自己的发现和成果整理成文章，为其他教育工作者提供相关参考。

　　但是，当王老师打开电脑准备写论文时，内心却充满了焦虑。作为一名研究新手，他面临的第一个困难是有限的时间——教学计划、批改作业、家长会议，再加上他自己的家庭职责，耗费了他大量的时间和精力。有时好不容易完成一项工作，正准备打开电脑写论文时，另一项任务又接踵而至，不断扰乱他的计划。他不得不利用细碎的时间进行写作，但他发现在这种方式下，很难专注思考。此外，虽然王老师在英语文学方面有着较强的背景，但他却不熟悉学术论文的严密逻辑和严谨结构。他知道，一篇好的研究论文不仅需要有力的论点，还要有一个清晰的框架。他也曾尝试用学术英语来表达自己的思想，却又发现自己总是难以产出精准而专业的表达。在熟悉英语文学语言的王老师看来,学术英语写作就像是一种全新的语言,有着自己的规则。

在写论文时,尽管王老师知道自己的研究有潜力,但这些痛点却始终萦绕眼前,令王老师深感迷茫……

1.2　案例分析

王老师在撰写学术论文时遇到的困难可以概括为三点:时间不够、框架不会、语言不好。对于像王老师这样的在职教师而言,时间常常是一种稀缺资源。教学准备、课堂教学、学生评估以及学校的其他职责,无疑都占用了大量的时间。然而,学术写作需要连续不断的专注和深入思考,而王老师在努力挤压出零星时间尝试写作时,却发现自己难以取得实质性进展。除了时间紧迫之外,不熟悉论文框架也成为王老师学术写作道路上的一大障碍。他需要将零碎的想法系统化、逻辑化并以清晰的方式表达出来,这不仅是为了符合学术的严谨性,更是为了让读者能够理解和欣赏他的研究成果。此外,尽管王老师是一名英语教师,在日常教学中对语言的运用已经相当熟练,但学术论文写作却为他带来了挑战。学术写作的语言通常更为正式、严谨,要求作者不仅要有较强的语言能力,还要对所研究的领域有深入的了解。因此,王老师在进行学术写作时,可能会发现自己在词汇选择、句式结构乃至引用和规范格式上都存在困难。这种困难不仅仅关乎语言技能,还关乎思维模式。

这些困难不仅限于王老师个人,而几乎是每个学术写作者在学术生涯的初期都会面临的挑战。通过王老师的案例,我们了解了掌握恰当的学术论文写作方法的重要作用。总体而言,当我们谈论学术论文撰写的时候,实际上是在谈论如何进行时间管理、如何搭建逻辑框架以及如何修改学术语言。在随后的小节里,我们会介绍实用的时间管理技巧、学术论文结构,以及若干有助于提升写作效率的工具,助力教师、学生以及研究人员在忙碌的学习和工作中找到平衡,能在有限的时间里高效地进行学术写作。最后,我们期望读者在阅读完本章节之后,能够更加熟练地撰写学术论文,并在学术之路上越走越远。在介绍学术论文写作的具体工具和策略前,让我们首先来一起了解一下:什么是学术论文写作以及学术论文写作为什么如此重要。

1.3　核心概念

通过王老师的案例,我们了解到了掌握恰当的学术论文写作方法的重要性。那么,什么样的写作是学术论文写作呢? 简单来说,学术论文写作是一种为了学术目的而进行的专业化写作活动(Fang 2021)。Graff 和 Birkenstein(2017)将其描述为一种通过书面形式与其他研究者所进行的学术交流。这种交流方式区别于我们在日常生活中的对话,既强调作为作者的"我"说的话,也强调"他们"说的话。这就要求作者不仅要提出有充分证据支撑的观点,也需要将自己的观点与他人的观点相比较。此外,学术论文写作要求作者以严谨、客观的方式沟通研究成果、分析或讨论特定学术话题。与日常写作相比,学术论文写作往往更加正式、抽象、客观、严谨,并且信息含量大(Fang 2021)。

近年来,伴随着科技进步和开放获取模式的兴起,研究人员的队伍不断壮大,学术论文写作及发表的竞争压力也相应增加(Hyland & Jiang 2019)。究其根本,学术写作不仅是学术交流的一种工具,也是研究人员进入学术领域并在该领域内取得认可的通行证(Fang 2021)。学术论文写作不单单是对学术活动的记录或描述,它实际上参与了学科知识体系的构建过程,通过学术文本的创造和交流,学术领域得以发展和演化(Hyland 2004:3)。因此,写作是学科实践的核心组成部分,通过学术写作,研究者定义问题、提出假设、交换思想,并最终推动了知识的创新和学科的发展。正如 Ziman(1968)所述,只有当一项研究成果为更广大的研究界所知晓时,该研究才能被视为真正完成。

总的来说,学术研究的发展离不开学术论文写作。掌握学术论文写作的方法,对于任何渴望在学术界有一席之地的研究者来说都是至关重要的。

2. 方案提供

对于没有科研经验的教师或者科研新手来说,撰写学术论文是一项具有挑战性的任务。那么,我们应该如何撰写学术论文呢? 这里给大家分享三个策略:第一,找到时间管理方法;第二,善用逻辑搭框架;第三,巧用工具改语言。

2.1 策略一——找到时间管理方法

不论是在读研究生、职前教师,还是在职教师,都不可避免地会在日常生活中受到各种杂事的干扰,使自己难以集中精力进行学术写作。针对"时间不够"这个问题,找到恰当的方法进行时间管理并提高写作效率,成为一个亟待解决的问题。

2.1.1 好记性不如烂笔头

对于那些突如其来的灵感,大家可以养成随时随地用小本子或手机备忘录等工具记录的习惯,这样可以确保即使当下没有完整的时间进行写作,这些宝贵的想法也不会丢失。如果条件允许,应趁热打铁,在当天找到空闲时间,尽快将这些零散的灵感整理成连贯的文本,有效地利用这些即时的创意。

除了记录日常的思考,在阅读文献的过程中遇到的对写作有裨益的信息也应该及时记录。正如我们在第二章"如何进行文献综述"中提到的,带着问题阅读文献可以帮助我们更加专注并有效地提取信息。为此,我推荐使用文献管理软件 Zotero 来帮助记录在阅读文献时出现的那些小灵感。Zotero 是一款功能丰富的文献管理软件,它通过增加浏览器插件、接入数据库和手动输入等多种方式帮助用户高效地管理和整理参考文献。此外,它还能保存用户的笔记和想法,使得文献回顾工作更加系统和有条理。鉴于本章的重点是"如何撰写学术论文",对于 Zotero 的基础文献管理功能不再赘述。本章将着重讨论如何利用 Zotero 辅助学术写作。

(1)功能1:巧用标签分类整理笔记

在阅读文献的过程中,可以使用添加标签(tag)的功能分类整理笔记,并通过添加评论(Add comment)记录下这一条笔记对自己的帮助(见图1)。在开始写作时,通过搜索标签,可以快速浏览归类到不同标签下的笔记,确保自己的写作得到充分的文献支持。如图2

所示,王老师通过搜索"definition of gamification"这一标签,找到了相关的文献笔记,这些笔记帮助他在撰写论文的过程中为核心概念

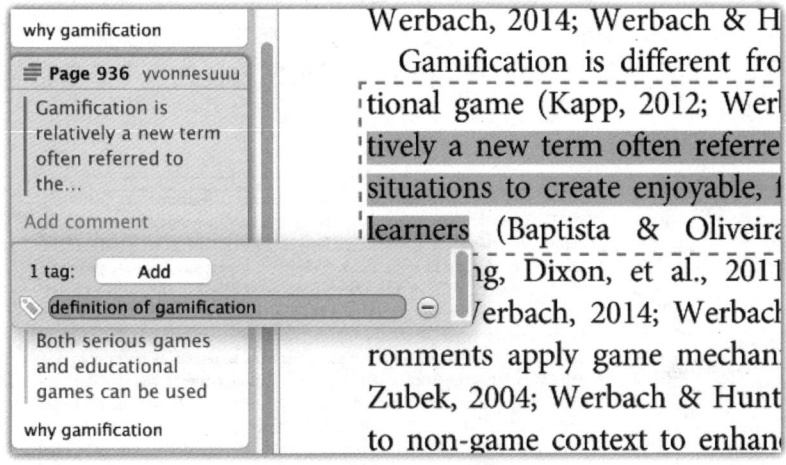

图 1　通过添加标签分类整理笔记

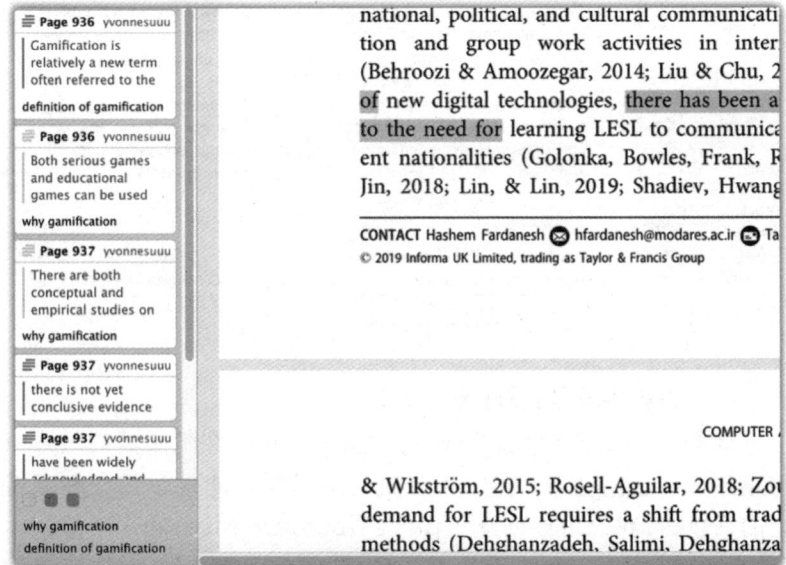

图 2　通过搜索标签快速定位笔记

"游戏化教学"更好地下定义。

除了添加标签外,王老师还可以利用不同颜色的高亮区分笔记类型。如图 3 所示,在阅读文献的过程中,他用紫色高亮来标记那些对论文写作有益的学术表达。点击紫色,屏幕的左侧便会列出所有用紫色高亮的笔记,这样在写作论文时就能方便地参考这些语言表达。

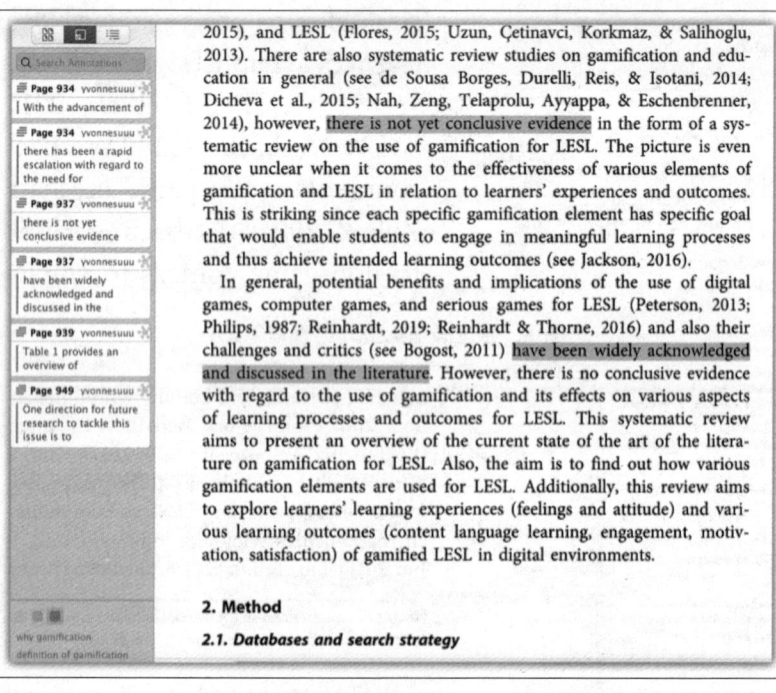

图 3　通过彩色高亮区分笔记类别

（2）功能 2：巧用插件构建知识网络

Zotero 的插件 Better Notes 可以帮助用户在文献阅读的过程中构建知识网络与理论框架,从而提升学术写作的效率。在整理特定的话题时,我们可以创建工作区（Workspace Note）和多个笔记本（Note）以形成自己的知识体系。如图 4 所示,Better Notes 的工作区界面分为三个部分：左侧是大纲区,用户可以在此选择展示大纲或思维导图,也可保存所生成的思维导图;中间部分是主笔记区,直观展现了特定话题下的所有笔记;右侧则是笔记预览区,便于用户快速预览任何选定话题的笔记。有关该插件的详细使用指南,可以查看 GitHub 上的项目简介,或者在视频平台搜索相关的操作教程。

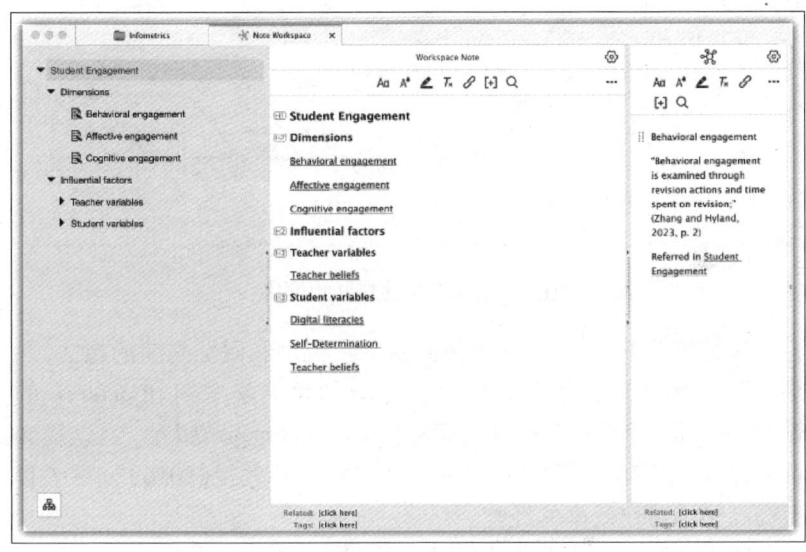

图 4　Better Notes 工作区界面

例如,王老师在研究游戏化教学时,发现许多文献都提到了学生参与度(engagement)这一关键概念。他将这些文献中的相关概念和研究结果分类整理进不同的笔记本,逐步搭建起以"学生参与度"为主题的知识网络(见图5)。这样有组织的知识网络极大地加速了他在撰写论文时对文献综述和理论框架部分的整理。

2.1.2　让写作成为一种仪式

"一天不练手脚慢;两天不练丢一半;三天不练门外汉;四天不练瞪眼看"这句话原本是用来形容学艺练功要持之以恒,其实,它也同样适用于学术论文写作。即便在心中已经规划了十分清楚的论文写作逻辑框架,写作若中断,就可能会逐渐遗忘之前已经深思熟虑的内

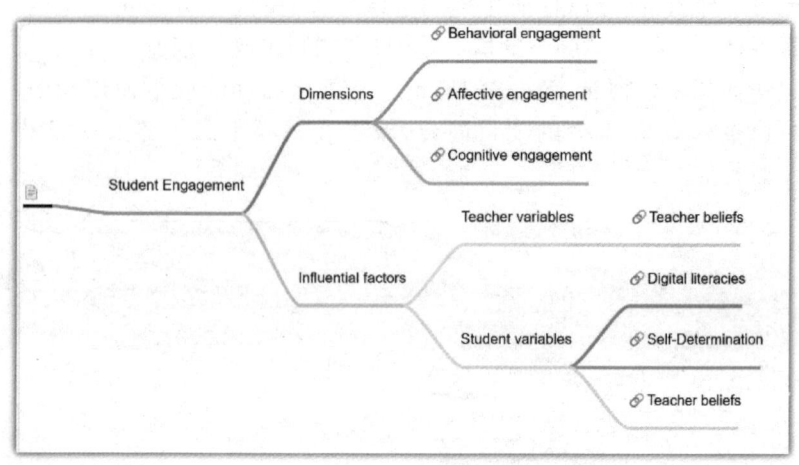

图 5　利用笔记生成知识网络

容。这种情况下,重启写作往往需要重新梳理和回忆先前的想法,几乎等同于重新开始整个写作过程。国际著名学术期刊 *Science* 的 Working Life 专栏曾发表过一篇文章 *The 1-hour workday*。在这篇文章中,萨斯喀彻温大学的 Jeffrey J. McDonnell 教授(2016)分享了自己提高学术写作效率的经验。

　　McDonnell 教授还是助理教授的时候,他时常觉得自己处于一种迷茫状态。他不仅要负责授课,组建实验室团队,还要努力与新同事建立联系,研究和发表论文的压力更是不言而喻。除此之外,他家中还有小朋友需要照顾。为了追求成功,他尽可能把握每一个可利用的机会,勤奋工作,近乎疯狂。然而从论文发表数量来看,他的"生产力"却相当有限。他几乎没有时间静下心来写作。当他终于能够抽出时间写作时,重新回顾之前的想法又花费了很长时间。他向高产出的同事询问了论文发表的秘诀后才发现,这些同事每天都会进行少量但专注的写作。于是,McDonnell 教授听取了同事的建议,逐渐形成了自己的学术写作节奏。他会利用自己精力最旺盛以及时间掌控度最高的一个小时来写作,建立起了一套写作仪式:早起制作一杯浓缩咖啡后投入写作,直到精力耗尽,或其他杂事出现。这样高度专注的清晨写作时间通常持续大约一小时。对此,McDonnell 教授作了一个比喻：坚持写作就像练习打高尔夫球，持之以恒会让写作变得更加容易。

2.1.3 为明天的工作做准备

当我们结束一天的写作时，并不意味着当日任务的完结，不妨再多花些时间为第二天的写作做好准备，规划并列出明天需要撰写的内容大纲。这个大纲可以是简洁的几个要点，也可以是更详细的内容框架。在上一小节提到的 McDonnell 教授也采取了类似的策略，他会在前一晚计划好第二天清晨的写作内容，并在日历及待办事项列表中详细标记所需处理的论文章节。这种方法可以显著减轻每次开始写作时的压力，让作者更加专注和有效率地投入到写作中。

2.2 策略二——善用逻辑搭框架

高效的时间管理为按时完成学术论文奠定了基础，而一个良好的逻辑框架则是确保论文顺畅有逻辑的关键。逻辑框架是论文的支柱，帮助作者更好地组织信息，使得每个论点都清晰、连贯，进而引导读者深入理解论文的核心要素和论证过程。然而，由于缺乏科研经验，职前教师和一线教育工作者常常面临不会构建框架的挑战。针对这一点，本节内容旨在探讨构建高质量学术论文所需的逻辑框架，介绍如何有效运用该框架指导写作过程，以提升论文的质量与影响力。我们将结合 Swales（1990）的学术写作模型语步（move）语阶（step）框架，详细阐述学术论文的四个核心部分：引言（Introduction）、方法（Methods）、结果（Results）和讨论（Discussion），即学术论文写作的 IMRD 框架（见图 6），帮助各位读者了解学术论文写作的逻辑框架。Swales（1990）将学术文本分为不同的语步（move），用以实现不同特定沟通目标的文本段落。此外，不同语步又可以进一步分为不同的语阶（step），用以具体实现该语步的沟通目标。在讲解完学术论文核心部分的语步语阶框架后，我们还将讲解如何借助 AI 赋能工具搭建写作框架，帮助教师、学生以及研究人员提升写作效率和质量。

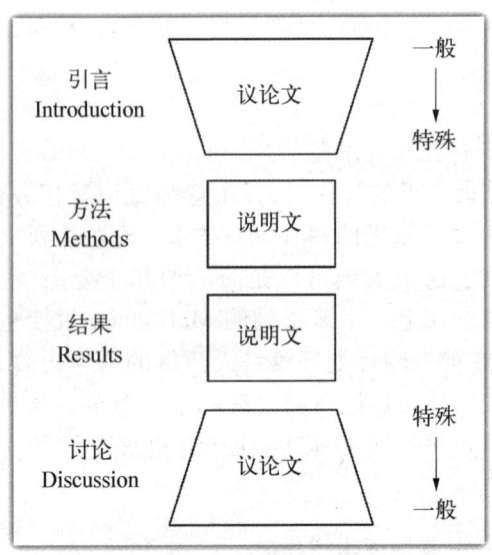

图 6　论文写作的 IMRD 框架(Hill et al. 1982)

2.2.1　学术论文的 IMRD 框架

（1）引言与文献综述

万事开头难,引言部分的写作往往被众多学者认为是学术论文写作中最具挑战的部分(Swales 1990)。在学术论文写作中,引言起着至关重要的定位作用,它向读者明确展示论文所处的研究领域及其在该领域中的具体定位,通常包括对本篇论文研究内容的引入和相关文献的综述。引言部分的写作应按照议论文的模式来写,有论点、有论据,讲求逻辑。具体来说,开头段主要需要论证的是在相应的研究领域,这篇文章的研究目标或研究问题是合理的,而支持该论点的论据就是从文献中搜集出来的资料。开头段的论述结构是从一般到特殊,即从宏观的研究背景出发,介绍一个大家广泛认同的问题或理念,然后逐步缩小范围,引导读者理解并接受文章所聚焦的具体研究目标,揭示本研究的必要性和重要性(Hill et al. 1982)。

Swales(1990)的学术论文引言写作的 CARS(Create-A-Research-Space)模型框架是被广泛认可的学术论文引言写作框架。在 CARS

框架下,我们可以将引言细分为三个主要语步:从"已知"到"未知",最终指向"应知"(见图7)。首先,作者应当从已知出发,通过概述一个广泛认知的问题或主题,确立研究的领域。这一过程包括对相关文献的综述,为读者提供必要的背景信息,并强调该主题的重要性,以便读者理解其广泛的背景和相关概念。在介绍完相关研究背景后,引言的第二步是指出未知,即研究空白。这一步可以通过多种方式来实现,挑战现有理论或研究,提出新的视角;指出现有研究的不足之处或缺口;提出待解决的问题;或是在已有的研究基础上,推动新的研究发展。当我们指出研究空白之后,第三步就是提出应知,即如何填补这一空白。我们可以概述本研究的目标以及相关的研究发现,如果有需要,还可以简要介绍文章的结构布局。这里需要注意的是,目标的阐述不仅涉及对论文具体目标的阐释,还需要体现对该研究领域未来发展的贡献。也就是说,我们的研究应具有清晰的方向性,与该领域面临的关键问题相呼应,并精心选择研究切入点,通过深入探讨具体的研究问题,逐步构建知识框架,为该领域的学术建设和知识库的扩充贡献力量。

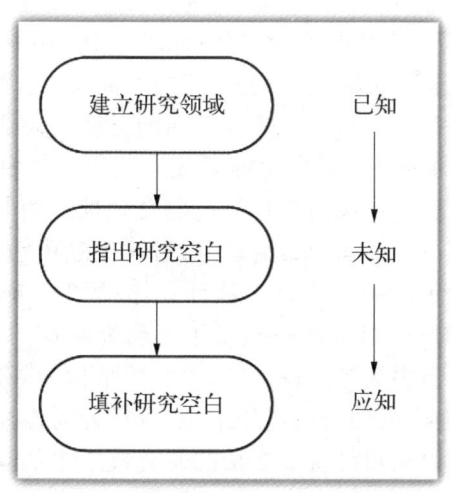

图7 引言写作框架(Swales 1990)

为了具体论证研究目标的合理性,我们通常需要引用前人研究来作为论据,也就是文献综述。文献综述要做到"学而思"。"学"指的是在文献综述中要展示对该研究主题的全面了解,要尽可能包括所有相关的主要文献。仅仅做到"学"是不够的,"思"对于文献综述同样重要。这里的"思"包括"是什么"和"怎么办"两个问题。我们首先需要思考的是,什么样的文献值得我们回顾。来自加州大学图书馆的 Sarah Blakeslee(2004)提出了时效性(Currency)、相关性(Relevance)、权威性(Authority)、准确性(Accuracy)、目的性(Purpose)测试(简称 CRAAP),来评价文献来源的可靠性和质量。其中,时效性用以确保所选文献反映了该领域的最新研究进展;相关性用来评估文献与研究话题的直接联系,并确保文献符合目标读者的期待;权威性要求作者检验文献来源的可信度,包括作者的资历和出版机构或杂志的声誉;准确性要求文献内容必须经过严格的校对和同行评审,确保其信息真实可靠;目的性则要求作者明确引用该文献的意图,是否存在潜在的偏见或误导性。除了思考回顾什么样的文献,我们第二步需要思考的是怎样回顾文献。文献综述的目的不是复述既有文献中的观点和发现,而是让文献综述为我所用,通过文献综述这一过程发出自己的声音、构建自己的学术立场,为我们自己的研究提供坚实的支撑与方向(Mewburn et al. 2019)。因此,在进行文献综述时,至关重要的是要融入我们的批判性思考,不是仅仅重述现有信息,而是通过对文献进行深入的分析和评估,梳理历史发展脉络、多元研究主题、多样化的研究方法以及各种理论框架,借助逻辑推理手段,论证我们自身研究的合理性。例如,在文献综述过程中,我们可以巧妙运用归纳法,通过对文献中的共性特征进行提炼汇总,以揭示隐藏其中的一般性规律;同时,通过对比分析各类文献间的差异性,精准定位驱动不同研究结论的关键要素。此外,我们还可以借力演绎法,将文献中所提炼出的一般性原理与我们实际研究所面临的独特情境相结合,进行针对性探讨;利用溯因推理法,我们可以从当前纷繁复杂的研究成果中抽丝剥茧,探寻并构建对该研究现象最为科学且合理的解释模型。在这个过程中,我们不仅洞察到现有研究的贡献,还能够挖掘出新的研究机遇,从而论证我们自身研究的合理性。

（2）研究方法

好的研究方法是确保整篇论文学术价值的关键因素，是文献综述和新的研究发现之间的一座桥梁（Cotos et al. 2017）。研究方法的作用是详细阐述研究过程，从而使读者了解研究发现和结论是怎样得出的，向读者证明该研究的可靠性和有效性，如果是实验类的研究还应提供足够的信息来使其他研究者能够复现实验。因此，研究方法部分需要按照说明文的方式来写，用学术科学的语言把研究方法讲述清楚。Peacock（2011）对 288 篇来自包括语言和语言学在内的八大学科的学术论文的研究方法部分进行了语步分析，并最终总结出七大语步：1）研究方法概述；2）研究目的、问题或假设；3）研究对象或材料；4）研究地点；5）研究过程；6）方法局限性；7）数据分析。根据不同学科的具体研究设计和要求，论文采用的语步可能会有所调整，并非每篇论文都包含全部七个语步。在后来针对应用语言学的学术论文研究中，Mizumoto et al.（2017）基于 Pho（2013）的语步分类，将研究方法部分概括为四个语步，包括：1）描述研究对象；2）描述研究工具；3）描述研究过程；4）描述数据分析过程（见图 8）。

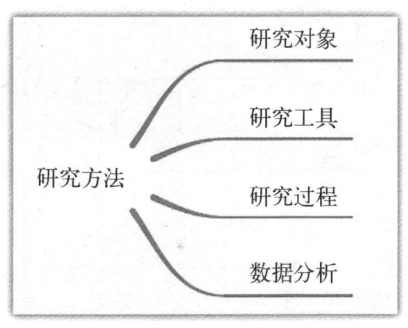

图 8 研究方法写作框架

（3）研究结果

撰写研究发现同样追求清晰性、简洁性和客观性。这一部分应当以说明文的形式展开，用数据说话，而不做过多解释或夹杂太多个人见解。根据 Mizumoto et al.（2017）的研究，撰写研究结果可以分为四个语步（见图 9）。作者首先应简明扼要地回顾数据收集和分析的方法，并重新阐明研究的问题与假设，为详细展示研究成果奠定基础。第二步则是报告具体的研究发现。在这一步，我们需注意根据不同的研究问题或研究发现的性质，对结果进行有意义的分类。此外，还应注意的是，汇报的每一项研究发现都应该直接来源于先前在文中所描述的具体研究方法。如果用图表呈现研究发现,文字描述应与图表保持一致,并且文字内容不应该简单地重复图表内容,而应该对图表内容进行高度凝练或解释。在详尽描述了研究发现之后,作者可以进行必要的初步解释。最后,作者要将这些具体的研究发现综合起来,对研究发现整体进行归纳和总结,以清晰地展示该研究的综合价值。

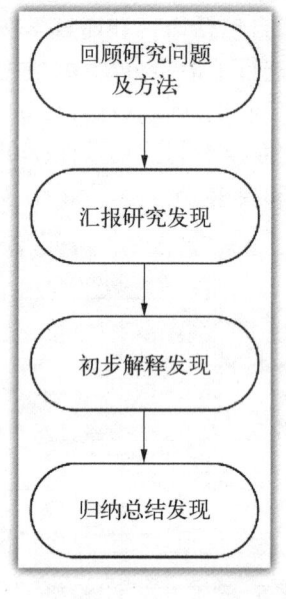

图 9　研究发现写作框架　　　　图 10　讨论写作框架

（4）讨论与总结

对研究结果的讨论是对于研究发现的延伸和解读,讨论的目标是解释结果而非陈述事实。因此,讨论部分需要用议论文的方式进行写作。如果说论文引言的写作是通过由一般到特殊的过程引领读者进入研究议题,论证自己研究目标的合理性,那么结尾段则通过从特殊到一般的方式,将特定的研究结果拓展至一般性的含义,即论证这篇文章是有价值的。其中,用来论证的论据既包括作者的研究发现,还包括从文献中搜集的相关资料。先前研究同样总结概括了讨论部分的语步特征(Mizumoto et al. 2017)(见图10)。首先,在开始讨论研究发现前,作者往往会交代相关背景信息,如研究目标、研究问题、研究过程、理论框架等,为讨论结果做准备。讨论的第二步则是概述研究中的关键发现,包括预期之内还是意料之外的结果。第三步则是讨论研究发现,可以通过以下几种方式进行:1)解释研究发现;2)指出研究发现的重要意义;3)将研究发现与原先的假设进行对比;4)将研究发现与相关文献进行对比,指出异同点并分析产生的原因;5)通过实际例子来深化对研究价值和启示的讨论。

完成对研究结果的讨论之后,学术文章通常会包含一节对全文进行概括性总结的内容。根据先前研究(Deng & Liu 2023;Loi et al. 2016;Mizumoto et al. 2017),学术论文的结论部分可以划分为三个主要语步:首先,作者应该在结论中简要总结研究的主要发现;第二步,作者往往会对研究做出评价,包括指出研究意义、分析研究方法,并反思研究可能存在的局限;结论部分的最后一个语步中,作者往往会基于研究结果提出具体的推论,为未来的研究指明方向,并探讨其对未来研究或教学实践的潜在启示。

2.2.2　AI 赋能辅助形成框架

对于研究新手而言,熟记学术论文写作框架并非易事。这里,我们介绍一款 AI 赋能的写作工具"秘塔写作猫"来辅助我们形成学术论文写作的框架。首先,在创建新文档后,用户可以先输入论文标题,并设置文章长度和摘要条数。以王老师的研究为例,王老师在输入标题"游戏化学习对英语学习者课堂参与度的影响"后,将文章长度设置为"长",并选择生成一条摘要。随后,系统将根据标题和用户的具体要求生成摘要(见图11)。需要注意的是,系统生成的摘要通常缺乏针对性。因此,用户需要根据自己的实际研究情况对摘要进行修改。

在修改完摘要后,系统可以根据标题和摘要继续生成大纲。用户可以选择生成的大纲条数。例如,王老师选择了生成六条大纲,系统就会自动生成包含六个部分内容的大纲(见图12)。

在创建完大纲之后,该工具会利用大纲内容自动生成一篇完整的文本草稿。值得注意的是,尽管这份草稿根据大纲补充了论文的

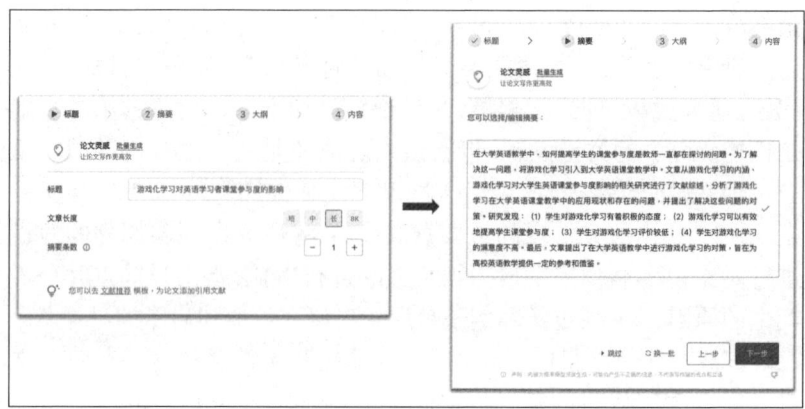

图 11　AI 辅助生成摘要

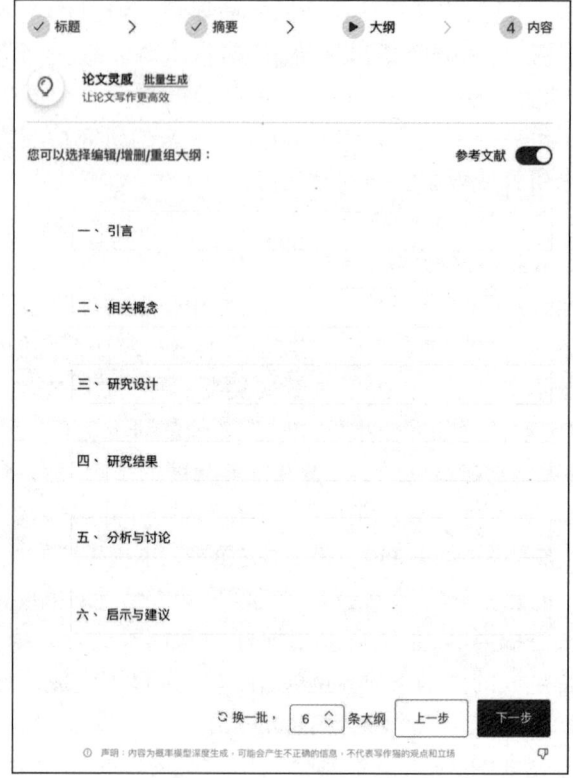

图 12　AI 辅助生成大纲

内容,但其内容可能尚显浅薄,不能达到学术论文传播和创造知识的深层目标。还需要额外注意的是,在学术论文写作中,应十分谨慎地使用生成式人工智能,直接依赖生成式人工智能生成整篇论文可能会被判定为抄袭,严重违反学术道德。因此,在撰写论文时,用户只可以参考系统提供的大纲,但仍需依据自己的具体研究内容亲自撰写和完善初稿。在写作过程中,如果研究者对搜索特定内容的相关文献存在困难,可以选中句子,通过点击更多选项下的"文献推荐",获取系统根据选中的句子为用户推荐的相关参考文献(见图13)。由于生成式人工智能可能存在胡乱编造的情况,为了恪守学术道德和确保学术严谨性,用户应自行查阅推荐的文献以获取相关内容。此外,除了避免抄袭,用户在使用生成式人工智能工具时,还应尽量避免将关键内容或数据上传到平台中,以免发生信息泄露,违反学术道德。

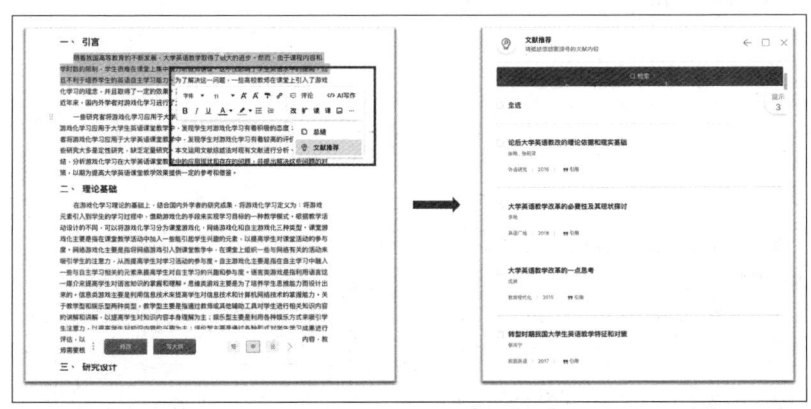

图13 AI推荐文献

总的来说,学术论文通常包含以下基本结构:引言、方法、结果和讨论。引言部分提供了进行该研究的理由,包括研究背景、目的、必要性和重要性的阐释。方法部分详细描述了数据收集和分析的方法、研究过程,以及研究工具。结果部分报告了研究的发现,并对这些发现进行了一定的解释和评论。讨论部分则对结果进行解读,探讨其意义,并将发现与现有研究相关联,讨论其对研究领域的贡献和可能的实际应用。这四个部分相互联系,共同构成了一个完整的研究论文框架,使得研究过程和结果透明、可靠,为学术对话和知识进步提供了坚实的基础。

2.3 策略三——巧用工具改语言

除了论文框架,学术论文写作中清晰、准确、简洁的语言也对传达学术研究思想至关重要。然而,对于科研新手而言,短时间内掌握学术语言可能存在一定的挑战。随着技术的飞速发展,现在有更多的资源和工具可以帮助我们优化和改进我们的学术语言。在本节内容中,我们专注于学术写作的第三个策略:巧妙运用工具来提升语言表达。我们将向读者介绍两个专门针对学术表达的语料库以及AI辅助写作平台。这些资源旨在为教师、学生和研究人员在学术论文写作中语言表达的提升提供支持。通过本节的学习,希望各位读者能对自己的学术语言表达更有信心。

2.3.1 学术写作表达库

在线语料库工具是帮助我们提升学术论文写作语言表达的强有力工具,在此推荐两个学术写作表达库,以供各位教师、同学和研究人员参考。第一个表达库是由英国曼彻斯特大学搭建的学术表达库(Academic Phrasebank)。大家既可以在官方网站上查阅,也可以下载 PDF 版或 Kindle 版离线观看。图 14① 为学术表达库的官网界面。

在该界面中,点选最左侧的导航栏,就可以获取针对不同的一般语言功能的学术表达短语。点选最上方的导航栏,可以获取针对不同语步功能的常见短语表达,包括引言、文献引用、研究方法、研究发现、结果讨论、总结等部分。

以王老师为例,一开始写论文,他就犯了难:如何简洁而有力地撰写文章的引言部分呢? 虽然王老师对自己的研究了如指掌,然而,如何把自己的研究背景、动机、目的转化成一篇精炼的引言,却是一项挑战。于是,王老师打开了学术短语库,点击了导航栏中的"Introducing work"选项,屏幕上展示的界面为王老师带来了惊喜(见图 15②)。在

---

① 检索于 2024 年 1 月 19 日。
② 检索于 2024 年 1 月 19 日。

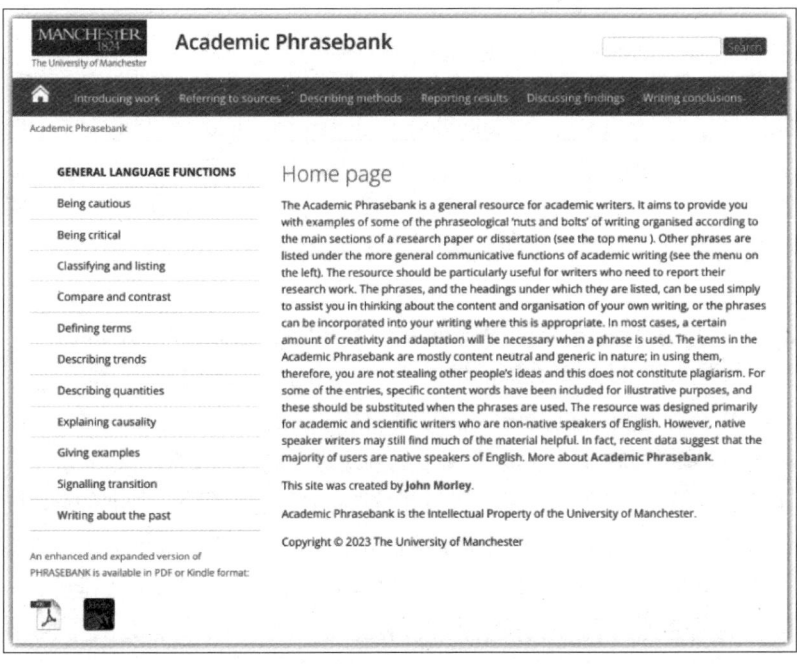

图 14　**Academic Phrasebank** 首页

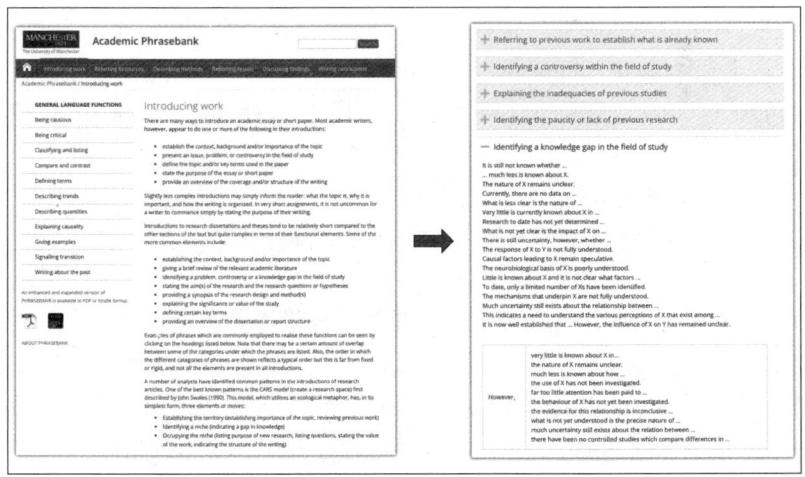

图 15　学术短语表达库——引言

界面的上端,详尽地列出了撰写论文引言所需包含的各项内容。这些详尽的介绍使王老师对撰写引言部分恢复了一些信心。继续向下浏览,王老师发现了一个专门针对不同写作内容的短语表达选项。他选择了"Identifying the knowledge gap in the field of study"这一选项,屏幕上随即展现了一系列针对此功能的短语表达方式。这些多样的表达不仅丰富了王老师的写作词汇,也帮助他清晰地阐述了研究领域中的知识空缺,从而使他的引言部分更加有力。

2.3.2　学术词汇提示器(Academic Word Suggestion Machine)

　　这里我们向大家介绍的第二个表达库是学术词汇提示器。这一工具基于特定目的英语(ESP)的语料库,汇集了包括应用语言学、计算机科学、材料科学和医学等领域的前沿期刊论文,所有论文都进行了详细的语篇功能(语步)标注。因此,这一工具能够根据不同学科的特点以及不同语步的语篇功能提供精准的词汇表达建议,助力用户在撰写学术论文时选用最合适的词汇表达,确保语言的准确性和专业性。

　　以王老师为例,他在写作的时候想了解一下有没有针对不同学科下不同语步的多样化表达。于是,他打开了学术词汇提示器,搜索了在应用语言学这一学科下引言中用来描述"填补研究空白"的常见词束(lexical bundles)。在科目(Discipline)这一栏,他选择了"应用语言学(Applied Linguistics)",章节(Section)一栏中选择了"引言(Introduction)",在语步(Move)这一栏中选择了"找出研究缺口(07_establishing_niche)"。随后,他便在屏幕的右侧看到了按频率由高到低排列的四元词序列(见图16)。

　　除了学术语言的多样性,我们还需要确保搭配的准确性。以王老师为例,当写到研究方法部分时,他再次犯了难:要用什么样的动词来搭配"analysis"呢? 于是,他再次打开学术词汇提示器,选择科目"Applied Linguistics"(应用语言学),章节(Section)一栏中"method"(方法),语步"12_describing_analysis"(描述分析)。在搜索栏,他输入了关键词"analysis was ＊",用 ＊ 表示未知的单词。加上 ＊ 总共有 3 个关键词,因此他将关键词的数量设置为 3,希望可以自动联想出关键词右边的三个常见词汇,于是他选择了"4R"。在输

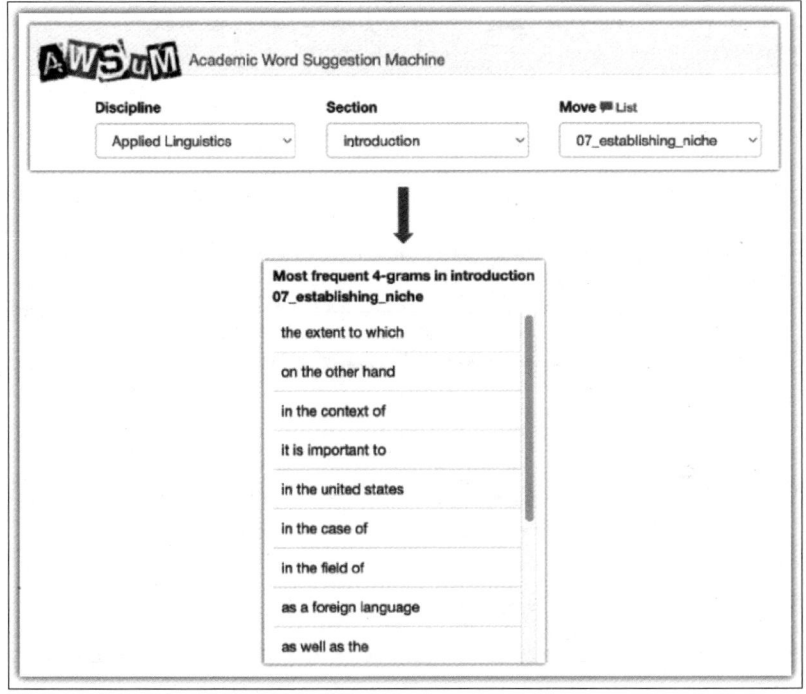

图 16　学术词汇提示器——四元词序列

入关键词后,按下空格键,就自动联想了关键词的常见搭配,并在页面的右下方显示了＊通常用什么单词代替(见图 17)。

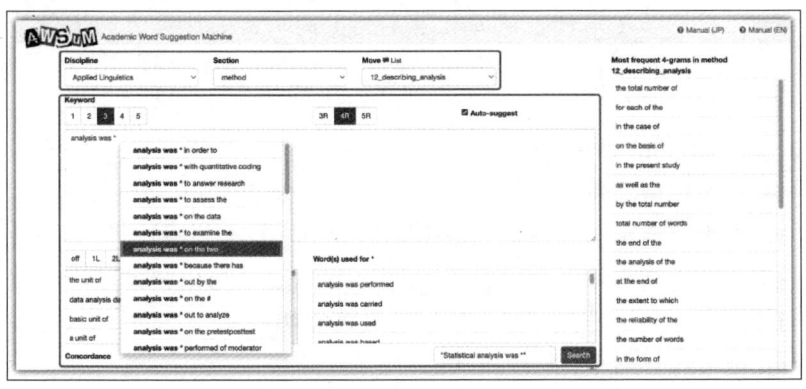

图 17　学术词汇提示器——词汇搭配

在掌握了"analysis"这一词的常用搭配之后,王老师希望更深入地理解这些表达在实际语境中的应用方式。因此,他进一步检索了语料库中的并列索引条目以及搜索引擎中这些搭配词的使用实例(如图18所示)。

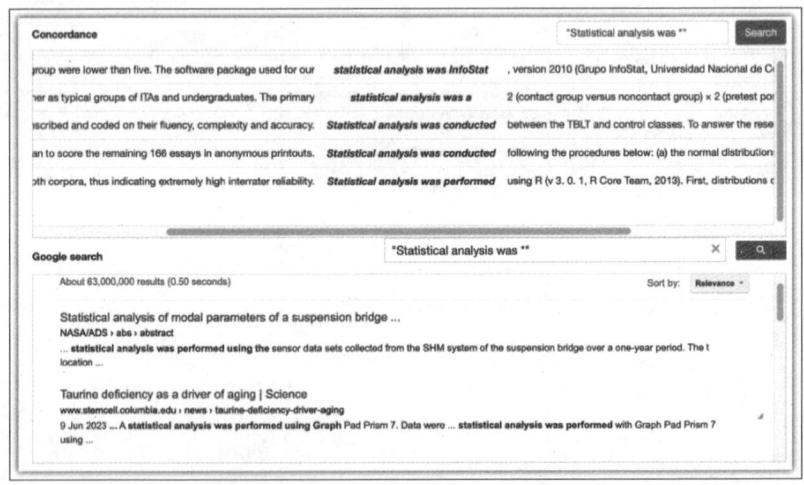

图18　学术词汇提示器——语境用法

经过仔细研究语料库中的索引以及搜索引擎上的实例,王老师对"analysis"的常见搭配有了更加深刻的理解。他不仅找到了合适的动词来完善自己的研究方法部分,论文写作的语言也更加流畅。他非常感谢学术写作表达库和学术词汇提示器为他提供的宝贵帮助,使他逐渐找到了学术写作的信心。

2.3.3　多功能语言工具

（1）秘塔写作猫

在上一节中,我们介绍了利用 AI 写作平台"秘塔写作猫"来辅助生成论文大纲。除了生成摘要和大纲,该平台还可以帮助用户润色写作语言。不论是在写作过程中还是完成初稿后,用户都可以随时利用秘塔写作猫平台修改或润色自己的语言。

如图 19 所示,在选中一句话后,点击"改"字,系统将自动生成改写后的句子。用户可以根据需求选择不同的改写风格,例如普通、强力、保守和古文等。此外,当用户将光标停留在该句的某个词语上时,系统还会自动提供多种同义替换词,为句子的修改提供参考。

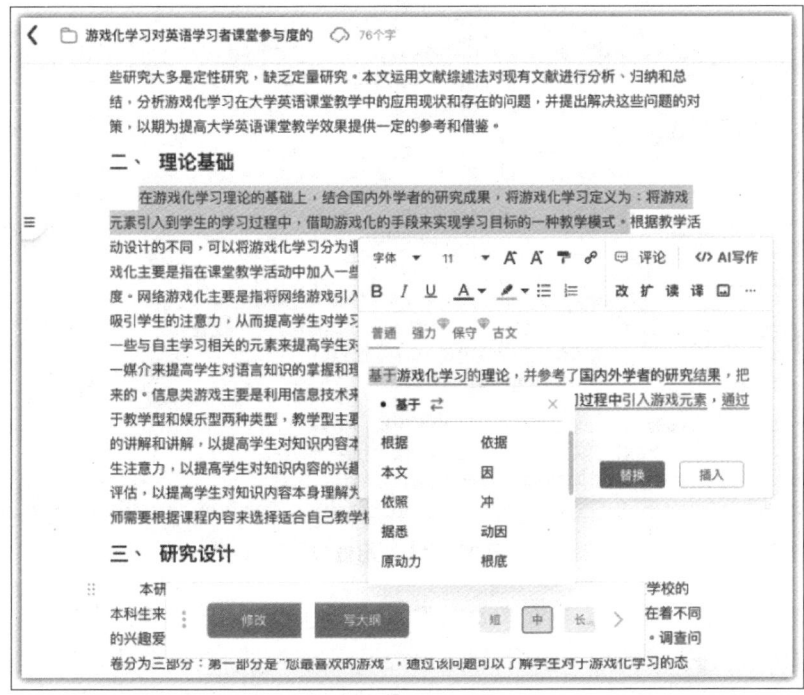

图 19　AI 改写语言

若用户点击"扩"字(见图20),系统将自动扩展原句内容。值得注意的是,出于学术伦理的考量,用户须谨慎对待扩写文本,并避免将该文本直接用于自己的论文中。此外,有时系统在扩写时会增加一些参考文献,然而系统自动生成的参考文献往往是虚构的,并不能直接使用,但可以作为一种提醒,指示作者在该处可以添加真实的相关文献以增强论证的可靠性。

(2) Ludwig.guru

在这里我们还想推荐另一个在线语言工具 Ludwig.guru。Ludwig.guru 综合了字典、翻译、改写和修改语言等多种功能,可成为

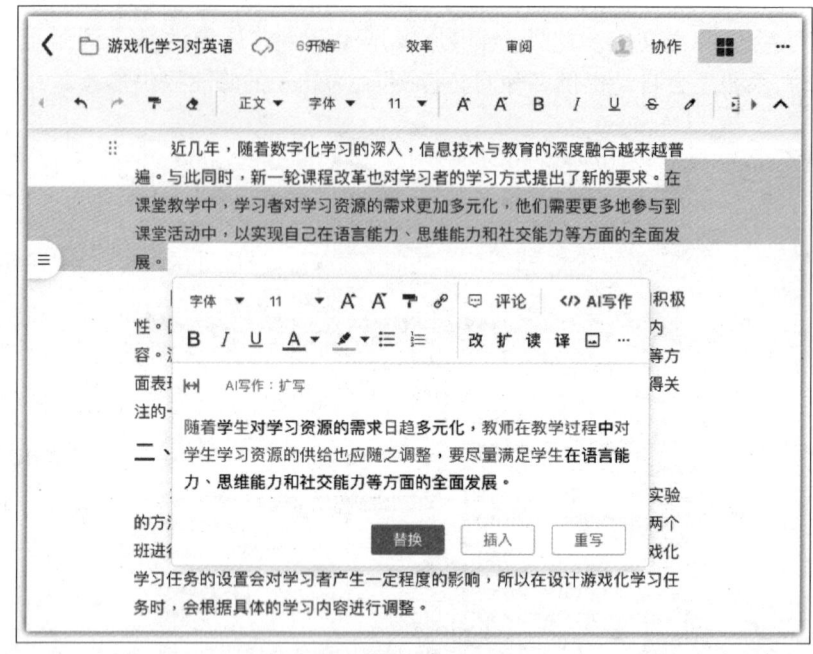

图 20　AI 扩写语言

教师、学生和研究人员在学术写作中的得力助手。要注意的是,该工具每天有一定的免费限额,超过限额后则需要注册高级会员。

如图 21 所示,Ludwig.guru 最基础的功能是搜索功能。用户点击网页左侧导航栏中的"Search",就可以查找词汇在权威字典中的词性、英文释义以及近义词和反义词。此外,平台还新增了 AI 反馈(AI FEEDBACK),帮助检查单词或短语是否使用正确,并提供简单的解释。在页面下方,Ludwig.guru 提供了丰富的例句,用于展示该单词或短语在真实语境中的用法,帮助用户更好地理解和运用词汇表达。

该平台的第二个功能是翻译。如图 22 所示,用户只需点击网页左侧导航栏中的"Translate"(翻译),即可输入一个词语、短语或句子,并获得其在其他语言中的翻译。AI 助手会对翻译的准确性进行分析,并简要解释该翻译适用的情境范围。此外,Ludwig.guru 还会搜索与需要翻译的文本相关的例句,为用户提供更多参考。通过这

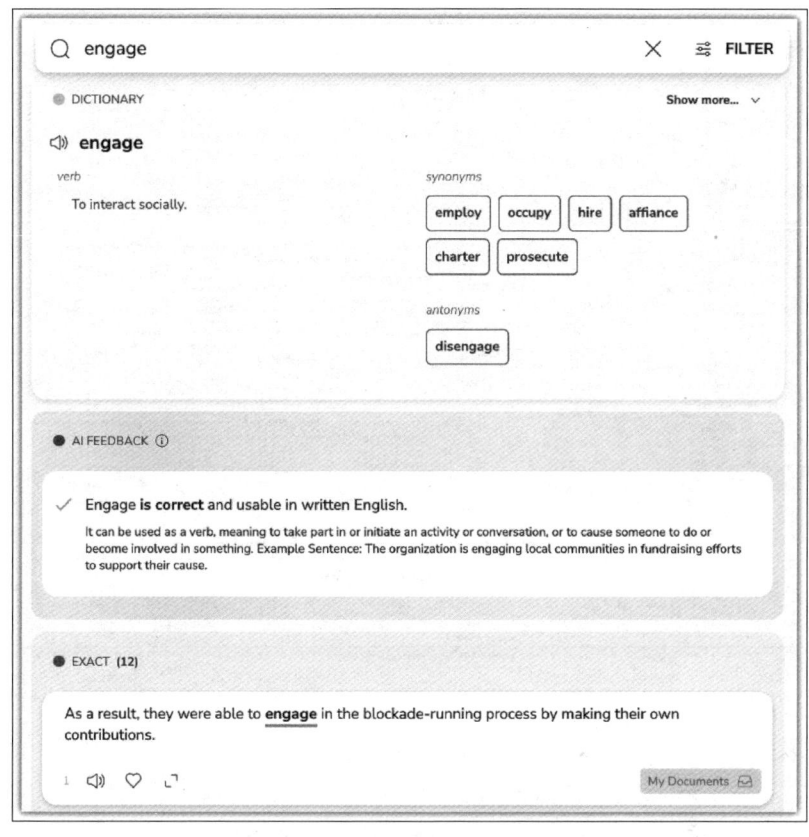

图 21　Ludwig.guru 搜索功能

些功能,该平台能够提供准确而丰富的翻译服务,满足用户在不同语言间沟通和理解的需求。

　　该平台的第三个功能是改写。如图 23 所示,当用户在搜索框中输入需要改写的句子,页面下方就会出现多种不同的句子改写方式。此外,用户还可以选择搜索框下面的小图标,选择不同的语言风格或改写要求,从左到右的图标分别表示:学术用语、缩短长度、扩写句子、书面用语和非正式用语。

　　此外,该平台还可以充当语言编辑器,帮助用户修正语言错误并优化语言表达。用户只需点击网页左侧导航栏中的"Editor"(编辑)

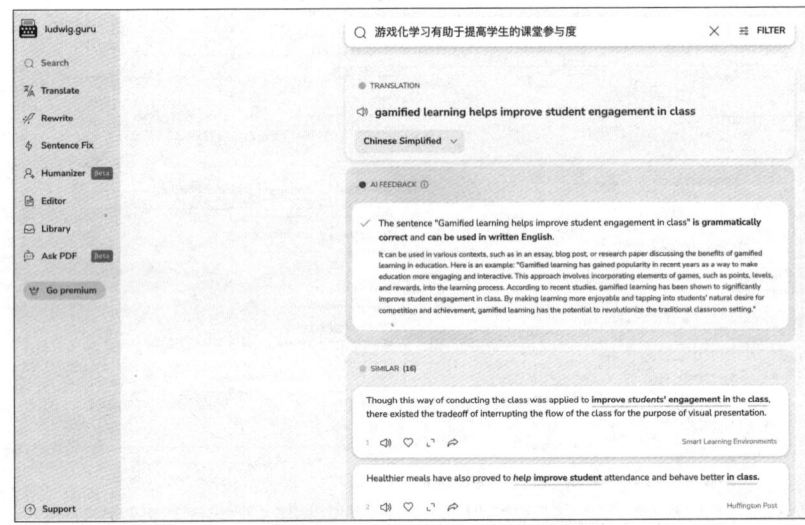

图 22　Ludwig.guru 翻译功能

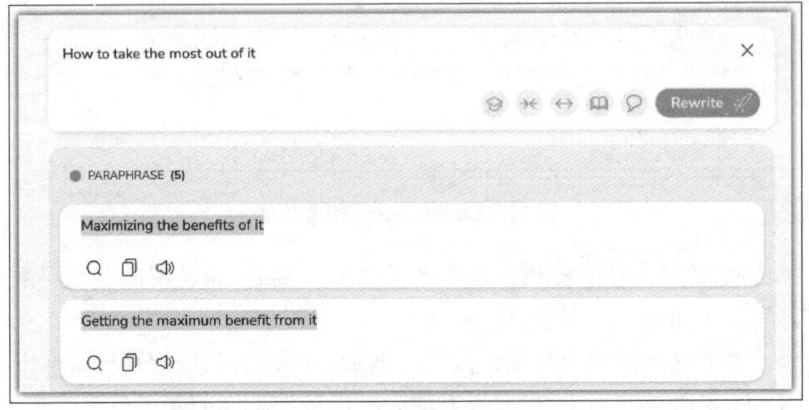

图 23　Ludwig.guru 改写功能

选项，即可进行语言修改。编辑器提供三种语言建议，包括语法、句子修改和改写。当用户选择"Grammar"（语法）时（见图 24），输入待编辑的文本，平台会自动检测文本中的语法错误，并提供相应的修改建议。不同颜色的下划线用以标示不同类型的语法错误。

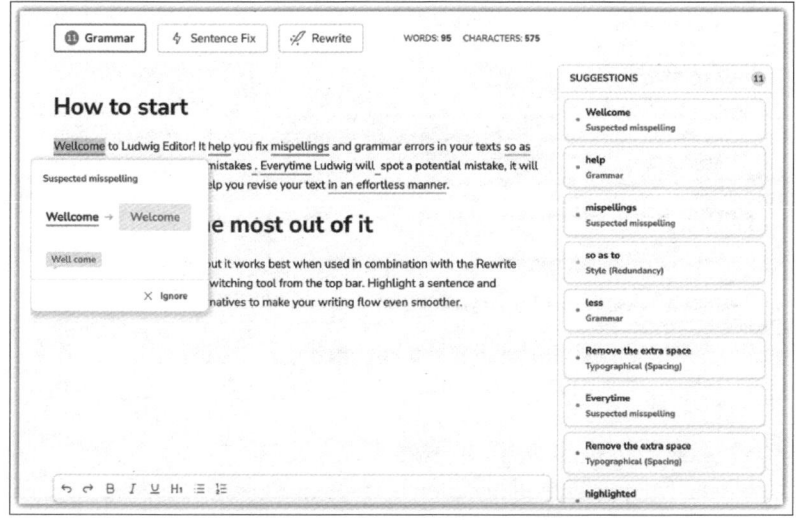

图 24　Ludwig.guru 语法编辑功能

当用户选择"Sentence Fix"（句子修正）时（见图 25），就可以利用平台逐句修订文本，被修改的部分会以不同颜色显示。

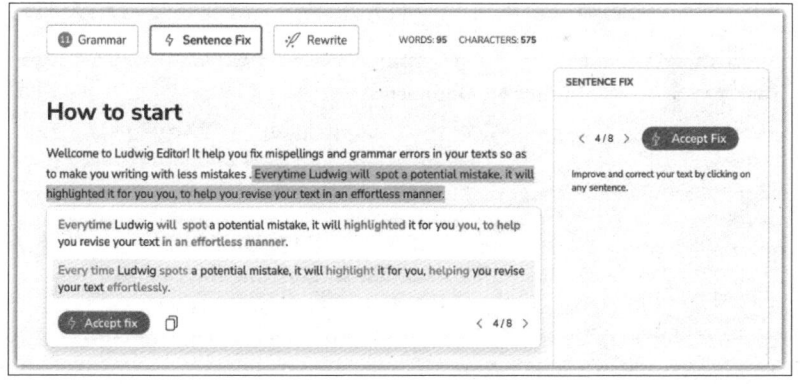

图 25　Ludwig.guru 句子修正功能

当用户选择"Rewrite"（改写）时（见图 26），就可以逐句改写文本，被修改的部分会以不同颜色显示。用户还可以选择不同的改写需求，包括缩写、扩写、正式语言、非正式语言等。

外语教学智慧科研方法入门

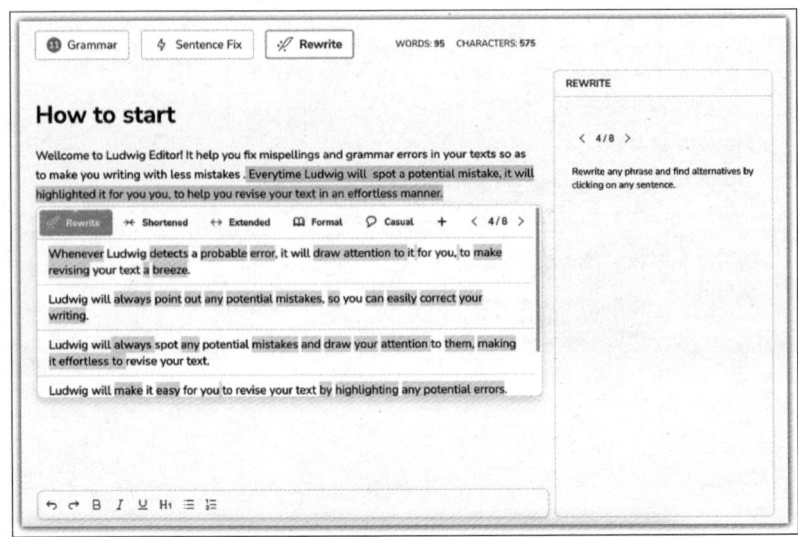

图 26　Ludwig.guru 改写功能

　　此外,为了提供更加个性化的例句,用户可以点击网页左侧导航栏中的"Library"(图书馆)选项,上传他们想要参考的文档(见图27)。例如,王老师可以上传与他研究主题——游戏化学习相关的论

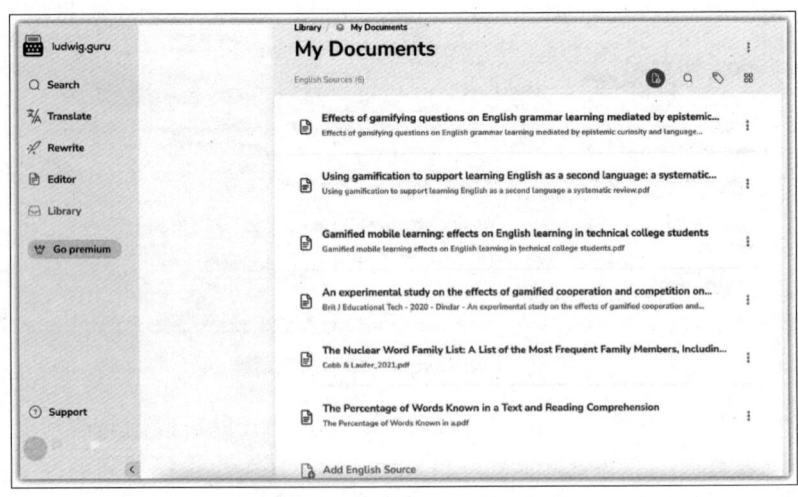

图 27　Ludwig.guru 图书馆功能

文,以及他认为语言表达优秀的学术论文。这样一来,当他查询某个表达时,该工具不仅会提供网上的参考例句,还会从他上传的文档中提取相关例句作为参考,进一步个性化服务。这一功能使得 Ludwig.guru 在满足用户的语言需求方面更具针对性和实用性。

3. 应用拓展

除了基于生成式人工智能的写作工具平台,这里再为大家介绍一个由阿里云推出的超大规模语言模型——通义千问。通义千问具备多轮对话、文案创作、逻辑推理、多模态理解和多语言支持等功能。在学术论文写作中该语言模型可以在各个阶段为各位教师、学生和研究人员提供帮助。

3.1 开始写作前

3.1.1 头脑风暴,选定主题

在开始写作之前,可以与通义千问进行对话,头脑风暴,讨论研究主题、目的和方法。王老师让通义千问生成五个语言学习中游戏化学习的研究问题。收到回答后,他备受鼓舞,发现竟然有这么多研究方向(见图 28)。在他仔细阅读了几个问题后,对第二个研究问题产生了浓厚的兴趣,并希望进一步细化研究问题。于是,他在查阅相

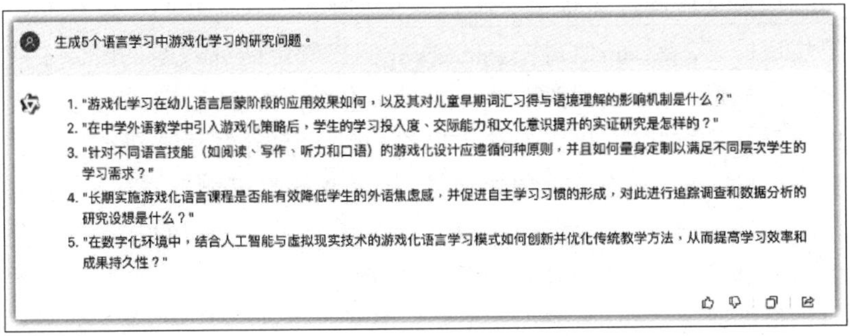

图 28 利用通义千问头脑风暴

关资料后,给了通义千问更具体的提示语,交代了自己的角色、研究背景、研究选题以及已知的研究方向等信息(见图 29)。

我是一名语言教学的研究人员，你将扮演我的学术导师角色。我的研究情景是中学英语写作课堂。我目前正在准备撰写一篇学术论文，需要你的专业指导。我对游戏化学习在课堂中的应用有浓厚的兴趣，但是我还没有形成具体、明确的研究问题。我注意到有学者对游戏化学习对课堂参与度的影响进行了深入的研究。我想从这个角度入手挖掘研究问题，请帮我推荐5个可能的研究选题。

当然，很高兴能为您提供学术指导。基于您对游戏化学习在中学英语写作课堂中的应用及其对学生课堂参与度的影响的关注，以下是一些可能的研究选题建议：

1. **研究问题一："游戏化教学法如何影响中学英语写作课程中学生主动参与度及书面表达质量的提升"** 这个研究可以探索在英语写作课上采用游戏化元素后，学生的课堂参与行为（如互动频率、任务完成积极性等）如何变化，并进一步分析这种变化是否导致学生书面表达能力的实质性提高。

2. **研究问题二："不同游戏化策略在中学英语写作课堂中的运用与学生写作动机的关系研究"** 该研究旨在比较和分析多种不同的游戏化策略（如角色扮演、积分系统、故事创作等）对于激发学生写作动机的效果，以及这些动机在何种程度上转化为更深入的课堂参与和更好的写作成果。

3. **研究问题三："从自我效能感视角探究游戏化写作教学对中学生写作自信和持续性学习投入的影响"** 此课题探讨游戏化教学方式如何通过增强学生的自我效能感来提升其在英语写作方面的自信心，并考察这是否能够促进他们在课堂内外对写作学习的长期、积极投入。

4. **研究问题四："构建以游戏化为导向的中学英语写作评价体系对学生写作改进意愿和课堂表现的影响"** 研究设计并实施一套游戏化的写作评价机制，分析它如何影响学生对写作反馈的接受度，以及学生因此产生的改进意愿和课堂活动参与情况的变化。

5. **研究问题五："游戏化元素在中学英语写作课堂中的个性化应用效果研究——以合作学习小组为载体"** 在这个研究中，将关注如何根据学生个体差异，定制并融入个性化的游戏化元素到合作学习小组中，进而评估这种个性化应用对学生写作能力提升及课堂参与度的具体贡献。

图 29 利用通义千问细化研究主题

在仔细研究了通义千问给的选题建议后,王老师觉得研究问题一"游戏化教学法如何影响中学英语写作课程中学生主动参与度与书面表达质量的提升"比较合适。为了进一步了解这个研究选题,他继续让通义千问进行解释,得到了如图 30 的回答。

当通义千问没能提供令人满意的研究主题时,我们可以让它反复生成回答。然而,值得注意的是,我们在确定研究选题的时候不应过度依赖通义千问,因为它不一定能有效识别研究空白或把握当前的研究趋势。此外,尽管通义千问可以帮我们解释某一研究选题的具体目标、研究方法以及预期结果,但这些解释可能存在一些错误,且不一定适用于实际教学情景中。因此,与通义千问的互动仅仅是为了扩展我们的研究思路,使我们思考不同的研究方向。要想确定有价值的研究选题,我们仍然需要扎根于当下教学背景,深入回顾相关文献,确定研究缺口和研究意义。

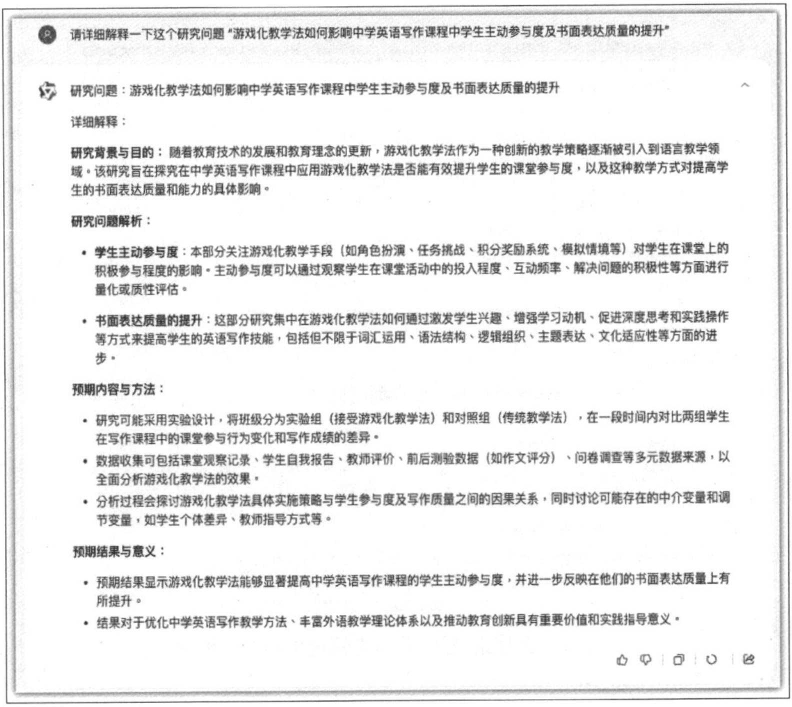

图 30　利用通义千问解释研究选题

3.1.2　生成大纲，指引方向

除了利用通义千问进行头脑风暴，确定研究选题，我们在正式开始写作前，还可以利用通义千问生成论文大纲，帮助我们更高效地写作（Su et al. 2023）。例如，王老师告诉了通义千问自己的研究选题和大纲包括的主要元素，让通义千问帮助自己生成一个论文大纲（见图 31）。当我们输入的提示语对大纲的要求越明确、详细，我们得到的结果就越有可能符合需求。然而必须注意的是，有时大语言模型可能会生成看似有道理但实质空泛的内容（Thorp 2023）。因此，通义千问提供的回答只能作为我们的初步参考资料，研究人员需进一步仔细验证其内容的准确性和逻辑性，而不宜直接照搬。

我是一名语言教学的研究人员，你将扮演我的学术导师角色。我计划撰写一篇关于游戏化学习的论文，我的选题方向是游戏化教学法如何影响中学英语写作课程中学生主动参与度及书面表达质量的提升。你能帮我列出一份详细的论文大纲吗？请包括以下几个部分：标题，引言，文献综述，研究方法，结果，讨论，和结论。

当然可以，以下是一份详细的论文大纲示例：

标题：游戏化教学法对中学英语写作课程中学生主动参与度与书面表达质量提升的影响研究

一、引言 1.1 背景介绍

- 简述当前中学英语写作教育的现状与挑战
- 提出游戏化教学在教育领域的兴起及其在语言学习中的应用价值

1.2 研究目的

- 明确指出本研究旨在探究游戏化教学如何影响中学生在英语写作课堂上的主动参与程度
- 阐明通过游戏化教学是否能有效提升学生的书面表达质量

1.3 研究问题

- 游戏化教学法如何改变并增强中学英语写作课程的学生主动参与行为？
- 游戏化策略的应用对学生书面表达能力的具体影响是什么？

二、文献综述 2.1 游戏化学习理论概述

- 介绍游戏化学习的基本概念、原则和理论依据
- 分析国内外关于游戏化教学在语言教学中的相关研究成果

2.2 英语写作教学与游戏化策略的相关研究

- 回顾现有文献中关于提高英语写作教学质量的方法，尤其是游戏化教学的实践案例
- 探讨已有的研究在探讨游戏化教学对学生参与度和书面表达质量方面的成果和不足

图 31　利用通义千问形成研究大纲(节选)

3.2　开始写作时

在写作过程中，通义千问可以继续作为学术导师，帮助写作者解决写作过程中遇到的各类困难。

3.2.1　学术概念导师

比如，我们可以将通义千问作为一个学术概念导师，帮助我们理解难以解释的概念。在进行文献综述的过程中，王老师频繁遇到“元认知(metacognition)”和“认知(cognition)”这两个术语，尽管阅读了许多相关文献，但他对这两个概念的把握仍然模糊不清。鉴于这两个概念对分析学生的认知参与度至关重要，对他的数据分析和结果解读也有着直接影响，王老师决定向通义千问求助，期望通过一些具体的示例来获得更深入的理解。在提问后，他收到了一系列对于“元认知”和“认知”的解释以及相关示例(如图 32)，这些示例生动地描

绘了两个概念在实际学习场景中的差异。通过对比文献中对这两个概念的解释,以及前文给出的示例,王老师逐步构建起对这些复杂概念的清晰理解,并终于知道如何运用这些概念解释自己的研究发现。

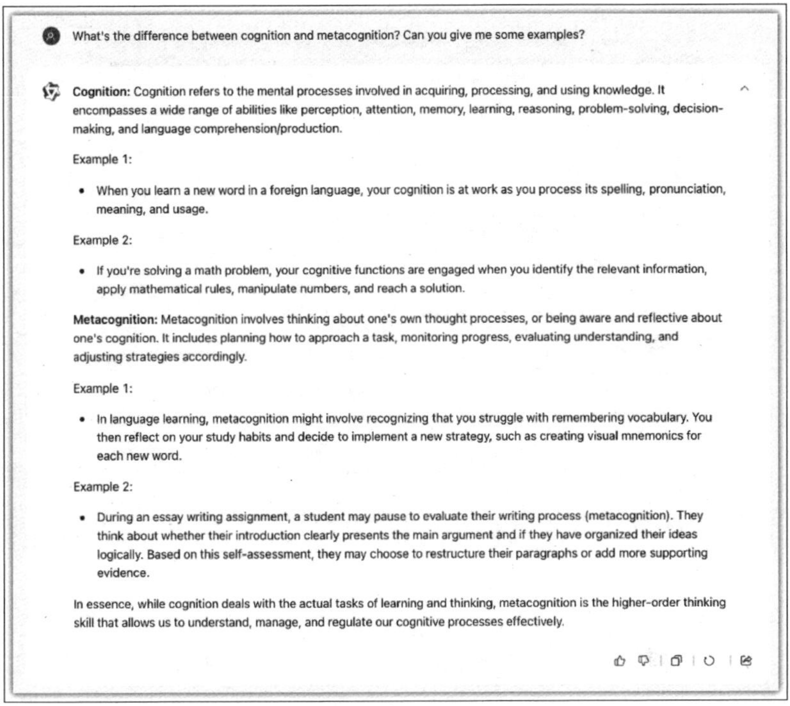
What's the difference between cognition and metacognition? Can you give me some examples?

Cognition: Cognition refers to the mental processes involved in acquiring, processing, and using knowledge. It encompasses a wide range of abilities like perception, attention, memory, learning, reasoning, problem-solving, decision-making, and language comprehension/production.

Example 1:

- When you learn a new word in a foreign language, your cognition is at work as you process its spelling, pronunciation, meaning, and usage.

Example 2:

- If you're solving a math problem, your cognitive functions are engaged when you identify the relevant information, apply mathematical rules, manipulate numbers, and reach a solution.

Metacognition: Metacognition involves thinking about one's own thought processes, or being aware and reflective about one's cognition. It includes planning how to approach a task, monitoring progress, evaluating understanding, and adjusting strategies accordingly.

Example 1:

- In language learning, metacognition might involve recognizing that you struggle with remembering vocabulary. You then reflect on your study habits and decide to implement a new strategy, such as creating visual mnemonics for each new word.

Example 2:

- During an essay writing assignment, a student may pause to evaluate their writing process (metacognition). They think about whether their introduction clearly presents the main argument and if they have organized their ideas logically. Based on this self-assessment, they may choose to restructure their paragraphs or add more supporting evidence.

In essence, while cognition deals with the actual tasks of learning and thinking, metacognition is the higher-order thinking skill that allows us to understand, manage, and regulate our cognitive processes effectively.

图 32　通义千问作为学术概念导师

需要注意的是,由于大语言模型的局限性,任何时候都应该怀着审慎的态度看待通义千问的回答,特别是涉及知识层面的回答时,应多方交叉验证答案的真实可靠性,以避免出现错误。

3.2.2　研究方法导师

完成文献综述工作之后,王老师着手撰写研究方法这一部分。尽管他已经进行了相关的教学实验,但对于应选用何种统计分析方法却感到不确定。因此,他向通义千问提供了详尽的实验背景、研究设计以及已收集的数据细节,期望得到相应的指导和建议(见图 33)。

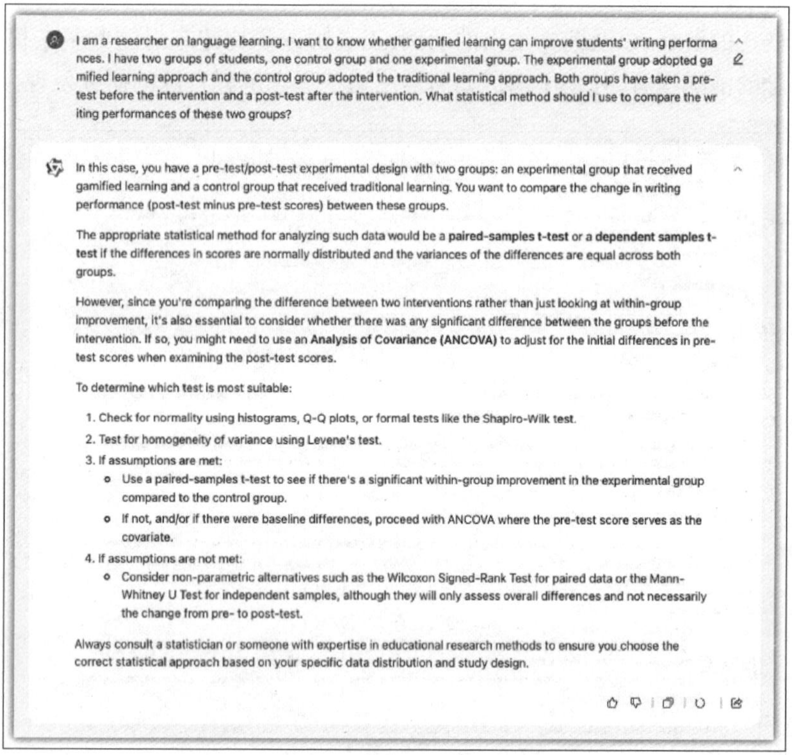

I am a researcher on language learning. I want to know whether gamified learning can improve students' writing performances. I have two groups of students, one control group and one experimental group. The experimental group adopted gamified learning approach and the control group adopted the traditional learning approach. Both groups have taken a pre-test before the intervention and a post-test after the intervention. What statistical method should I use to compare the writing performances of these two groups?

In this case, you have a pre-test/post-test experimental design with two groups: an experimental group that received gamified learning and a control group that received traditional learning. You want to compare the change in writing performance (post-test minus pre-test scores) between these groups.

The appropriate statistical method for analyzing such data would be a **paired-samples t-test** or a **dependent samples t-test** if the differences in scores are normally distributed and the variances of the differences are equal across both groups.

However, since you're comparing the difference between two interventions rather than just looking at within-group improvement, it's also essential to consider whether there was any significant difference between the groups before the intervention. If so, you might need to use an **Analysis of Covariance (ANCOVA)** to adjust for the initial differences in pre-test scores when examining the post-test scores.

To determine which test is most suitable:

1. Check for normality using histograms, Q-Q plots, or formal tests like the Shapiro-Wilk test.
2. Test for homogeneity of variance using Levene's test.
3. If assumptions are met:
   - Use a paired-samples t-test to see if there's a significant within-group improvement in the experimental group compared to the control group.
   - If not, and/or if there were baseline differences, proceed with ANCOVA where the pre-test score serves as the covariate.
4. If assumptions are not met:
   - Consider non-parametric alternatives such as the Wilcoxon Signed-Rank Test for paired data or the Mann-Whitney U Test for independent samples, although they will only assess overall differences and not necessarily the change from pre- to post-test.

Always consult a statistician or someone with expertise in educational research methods to ensure you choose the correct statistical approach based on your specific data distribution and study design.

图 33　通义千问作为研究方法导师——选定统计方法(1)

　　值得一提的是,得益于大型语言模型出色的语境理解能力(Floridi 2023),即便是在用户的输入中存在一些语法或拼写的小瑕疵,通义千问也能够准确捕捉到问题的核心。为了获得更加具体的建议,用户需要将自己的数据类型描述得尽可能清晰。这样,通义千问就能够在理解用户需求的基础上,提供更为具体和切合实际的回答。与此同时,用户在咨询通义千问时,必须留意保护个人和研究参与者的隐私信息,避免上传任何可能违反学术道德和隐私保护原则的敏感数据。

　　在通义千问的建议下,且经过搜索相关文献的验证后,王老师使用 SPSS 软件运行了 Mann-Whitney U 检验。在此之后,他面前堆积了大量的表格结果。他回忆起以往阅读过的文献中并未涉及这么多表格数据的报告，这让他再次陷入了困惑。为了寻求解答，他决定再一次向通义千问提问。如图 34 所示，通义千问的回答中详细阐述了 Mann-Whitney U 检验的执行步骤，并附上了一份示例报告供参考。然而，为了确保我们对统计结果的分析与报告的准确性，在收到通义千问的答复后，我们有必要进一步核实相关的专业文献，以验证所提供信息的准确性。此外，尽管通义千问提供了示例报告，但报告中的数据是为了说明而虚构的，并非真实数据，因此切忌直接照搬。为了维护学术诚信，不应原封不动地采用通义千问的报告内容，我

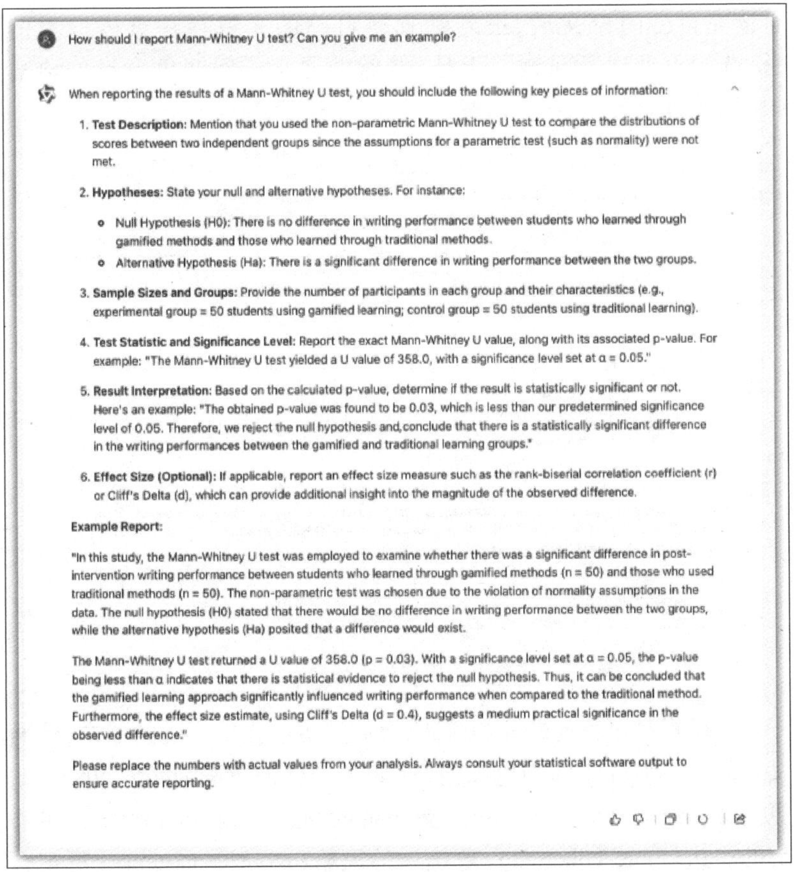

How should I report Mann-Whitney U test? Can you give me an example?

When reporting the results of a Mann-Whitney U test, you should include the following key pieces of information:

1. **Test Description:** Mention that you used the non-parametric Mann-Whitney U test to compare the distributions of scores between two independent groups since the assumptions for a parametric test (such as normality) were not met.
2. **Hypotheses:** State your null and alternative hypotheses. For instance:
   - Null Hypothesis (H0): There is no difference in writing performance between students who learned through gamified methods and those who learned through traditional methods.
   - Alternative Hypothesis (Ha): There is a significant difference in writing performance between the two groups.
3. **Sample Sizes and Groups:** Provide the number of participants in each group and their characteristics (e.g., experimental group = 50 students using gamified learning; control group = 50 students using traditional learning).
4. **Test Statistic and Significance Level:** Report the exact Mann-Whitney U value, along with its associated p-value. For example: "The Mann-Whitney U test yielded a U value of 358.0, with a significance level set at α = 0.05."
5. **Result Interpretation:** Based on the calculated p-value, determine if the result is statistically significant or not. Here's an example: "The obtained p-value was found to be 0.03, which is less than our predetermined significance level of 0.05. Therefore, we reject the null hypothesis and conclude that there is a statistically significant difference in the writing performances between the gamified and traditional learning groups."
6. **Effect Size (Optional):** If applicable, report an effect size measure such as the rank-biserial correlation coefficient (r) or Cliff's Delta (d), which can provide additional insight into the magnitude of the observed difference.

Example Report:

"In this study, the Mann-Whitney U test was employed to examine whether there was a significant difference in post-intervention writing performance between students who learned through gamified methods (n = 50) and those who used traditional methods (n = 50). The non-parametric test was chosen due to the violation of normality assumptions in the data. The null hypothesis (H0) stated that there would be no difference in writing performance between the two groups, while the alternative hypothesis (Ha) posited that a difference would exist.

The Mann-Whitney U test returned a U value of 358.0 (p = 0.03). With a significance level set at α = 0.05, the p-value being less than α indicates that there is statistical evidence to reject the null hypothesis. Thus, it can be concluded that the gamified learning approach significantly influenced writing performance when compared to the traditional method. Furthermore, the effect size estimate, using Cliff's Delta (d = 0.4), suggests a medium practical significance in the observed difference."

Please replace the numbers with actual values from your analysis. Always consult your statistical software output to ensure accurate reporting.

图 34　通义千问作为研究方法导师——选定统计方法（2）

们可以把它看作一个模板,运用我们自己的语言来撰写统计分析的结果。

3.3 完成写作后

完成任何一段写作后,都可以使用通义千问进行润色和修改,优化语言表达,改善段落结构,提高文章的流畅性。

3.3.1 润色语言

经过不懈的努力,王老师终于完成了论文的初稿。然而,在通读完自己的论文后,王老师觉得自己的文章存在着语言不流畅、选词不准确等问题。于是,他借助通义千问润色自己的语言(见图35)。

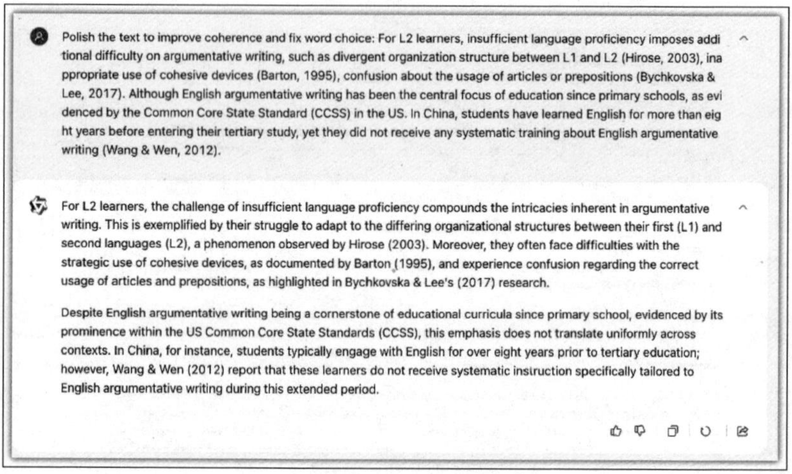

图 35 通义千问润色论文语言(单一步骤)

除了提高语言流畅度和措辞,我们还可以提出不同的需求,让通义千问有更加具体的润色方向,比如更精确的措辞(more precise)、更简洁的语言(more concise)、更客观的表达(more objective)、更连贯的表达(more coherent)、更统一的风格(more consistent)、更契合学术规范的语言(more academic)等等。这样的提示语有助于通义千问满足特定的润色需求。

在运用大型语言模型如通义千问对学术文本进行润色时,若提示语过于简单空泛或模糊不清,产生的结果往往会缺乏针对性。此外,大语言模型在修改学术文本时,还有可能将一些专业术语替换为其他不精确的同义词,影响学术语言的严谨性。

为了量身定制通义千问的产出,我们在输入提示语的时候可以采取以下策略:

简单来说,我们在输入指令时,可以为通义千问设定一个角色(如学术研究者、专业编辑等),使其更好地理解期望的语言风格和专业水平。为了避免在修改专业知识或术语的时候出现错误,我们还可以给出相关背景知识或术语,帮助通义千问理解文本内容。此外,我们还可以设定润色程度,清晰地指示通义千问在润色过程中只是对语言进行轻微的校正还是深度的内容重构。最后,我们可以明确地指出希望润色的方向,如语法、连贯性、简洁性等。当我们想要提出较为复杂的论文修改要求时,可以将复杂的要求拆解成一系列较小、更易于理解的步骤,提高大语言模型回答的质量(Wei et al. 2022)。

3.3.2　调整参考文献

初稿完成后,王老师开始调整参考文献,以符合目标期刊对 APA (American Psychological Association)格式的要求。APA 格式是一种由美国心理协会制定的学术写作格式,广泛用于研究报告、学术期刊文章等各种学术体裁。该格式虽由美国心理协会制定,但它不仅被用于心理学领域的学术写作,在许多其他学科,如社会科学、教育学、商业管理等领域也被广泛采用。

由于王老师对 APA 格式并不熟悉,这项工作需要他对照 APA 的复杂规则逐一核查文献条目,消耗了大量时间却也没完成几条文

Please act as an expert in applied linguistics. You are working on a paper about internal and external factors that influence student engagement with language learning technologies. From a professional perspective, please make minor edits to the text to fix grammar, improve word choice, and enhance coherence. I will give you the text later. Do you understand?

Understood. I am ready to provide expert-level editing for your text on internal and external factors that influence student engagement with language learning technologies, focusing on grammar corrections, improved word choice, and enhanced coherence. Please provide the text.

In a comprehensive large-scale survey (Howard, Ma, & Yang, 2016), the internal factors of students, such as how they adept at using technology and confidence in completing complex tasks, were found to significantly impact their engagement with information and communication technologies. Additionally, He and Loewen (2022), through the evaluation of both quantitative test scores and qualitative feedback, identified the influence of external factors, particularly goal-setting, on students' behavioral engagement with a vocabulary-learning application. Similarly, Lyu and Lai's (2022) study discovered that language learner engagement with an instructional social-networking site was not still but rather a dynamic one that interacted with each other with their learning beliefs, how they perceive the usefulness of the platform, and language learning and usage opportunities both on and beyond the technological platform.

In a broad, comprehensive survey conducted by Howard, Ma, and Yang (2016), internal student factors were found to significantly influence engagement with information and communication technologies. These factors included students' proficiency in using technology and their self-efficacy when tackling complex tasks. Moreover, He and Loewen (2022) revealed through the combined analysis of both quantitative test scores and qualitative feedback that external elements, particularly goal-setting strategies, exert a significant impact on students' behavioral engagement with vocabulary-learning applications.

Similarly, Lyu and Lai's (2022) research highlighted that language learners' engagement with an instructional social networking site was not static but rather dynamic, interacting intricately with their learning beliefs and perceptions. This interaction encompassed how learners perceived the utility of the platform, as well as the various opportunities for language learning and usage within and beyond the technological environment.

图36 通义千问润色论文语言(多步骤)

献的修改,使他疲惫不堪。王老师决定求助于通义千问。他告诉通义千问自己期待修改的文献格式,并附上了自己的参考文献列表。短短几秒内,格式调整后的参考文献列表便出现在眼前(见图37)。然而,通义千问的修改也并不能保证格式绝对无误。保险起见,我们仍然需要再次核对修改后的文献列表是否有错漏,尤其注意斜体和DOI链接等问题。

Revise the following references using APA style:

Barr, David. 2013. "Embedding Technology in Translation Teaching: Evaluative Considerations for Courseware Integratio n." Computer Assisted Language Learning 26(4): 295-310. https://doi.org/10.1080/09588221.2012.658406

Carini, Robert. M., George D. Kuh, and Stephen P. Klein. 2006. "Student Engagement and Student Learning: Testing the L inkages." Research in Higher Education 47(1): 1-32.

Reeve, Johnmarshall. 2012. A Self-Determination Theory Perspective on Student Engagement. In Handbook of Research on Student Engagement, edited by Sandra L. Christenson, Amy. L. Reschly, and Cathy. Wylie, 149-172. Boston, MA: Spri nger.

Roussinos, Dimitrios and Athanassios Jimoyiannis. 2013. "Analysis of Students' Participation Patterns and Learning Prese nce in a Wiki-Based Project." Educational Media International 50(4): 306-324. https://doi.org/10.1080/09523987.2013. 863471

Saeed, Sitwat and David Zyngier. 2012. "How Motivation Influences Student Engagement: A Qualitative Case Study." Jou rnal of Education and Learning 1(2): 252-267. http://dx.doi.org/10.5539/jel.v1n2p252

Wang, Ming-Te, Jennifer Fredricks, Feifei Ye, Tara Hofkens, and Jacqueline Schall Linn. 2019. "Conceptualization and Ass essment of Adolescents' Engagement and Disengagement in School." European Journal of Psychological Assessment 35 (4): 592-606. https://doi.org/10.1027/1015-5759/a000431

Here are the references revised in APA style:

1. Barr, D. (2013). Embedding technology in translation teaching: Evaluative considerations for courseware integration. *Computer Assisted Language Learning*, 26(4), 295-310. https://doi.org/10.1080/09588221.2012.658406

2. Carini, R. M., Kuh, G. D., & Klein, S. P. (2006). Student engagement and student learning: Testing the linkages. *Research in Higher Education*, 47(1), 1-32.

3. Reeve, J. (2012). A self-determination theory perspective on student engagement. In S. L. Christenson, A. L. Reschly, & C. Wylie (Eds.), *Handbook of Research on Student Engagement* (pp. 149-172). Boston, MA: Springer.

4. Roussinos, D., & Jimoyiannis, A. (2013). Analysis of students' participation patterns and learning presence in a wiki-based project. *Educational Media International*, 50(4), 306-324. https://doi.org/10.1080/09523987.2013.863471

5. Saeed, S., & Zyngier, D. (2012). How motivation influences student engagement: A qualitative case study. *Journal of Education and Learning*, 1(2), 252-267. doi:10.5539/jel.v1n2p252

6. Wang, M.-T., Fredricks, J., Ye, F., Hofkens, T., & Schall Linn, J. (2019). Conceptualization and assessment of adolescents' engagement and disengagement in school. *European Journal of Psychological Assessment*, 35(4), 592-606. https://doi.org/10.1027/1015-5759/a000431

图 37　通义千问调整参考文献

4. 结语

　　本章通过王老师的故事为大家介绍了什么是学术论文写作以及学术论文写作的重要性。针对王老师在论文写作中遇到的三大困难,即时间不够、框架不会、语言不好,本章提出了三个应对策略,即"找到时间管理方法""善用逻辑搭框架"和"巧用工具改语言"。为了更好地进行时间管理，我们可以善用文献阅读工具整理笔记、让写作成为一种仪式，并在完成一天的写作任务后为第二天的工作做好准备。为了更好地梳理论文写作框架，我们应该了解论文写作的几大核心组成部分，以及每个部分的语步框架，还可以借助 AI 写作平台，帮助自己构思论文框架。最后，我们可以利用在线学术写作语料库和 AI 语言工具辅助提高学术写作用词的准确性与专业性。在本章最后，我们特别介绍了一个基于大型语言模型的智能平台，为大家从构思到成文提供全面的写作支持。

随着科技的进步，涌现了越来越多的智能工具辅助科研人员进行学术写作。研究者除了关注新技术的作用，还应关注使用 AI 工具的伦理问题，审慎使用 AI 工具。根据爱思唯尔、约翰威立等国际出版社的建议，论文作者可以使用 AI 工具对论文语言进行润色，但为了保证学术文章的原创性，作者不应直接使用 AI 工具生成的内容或利用 AI 工具篡改数据及结果。此外，作者需要检查并修改 AI 工具生成的内容，对论文内容负责，并对 AI 工具的使用情况做出合理的说明。希望通过学习本章内容，大家可以不再惧怕学术论文写作，更加高效地完成论文撰写。

参考文献：

[1] Blakeslee, S. 2004. The CRAAP test. *Loex Quarterly* 31(3): 6 – 7.

[2] Cotos, E. , S. Huffman & S. Link. 2017. A move/step model for methods sections: Demonstrating rigour and credibility. *English for Specific Purposes* 46: 90 – 106.

[3] Deng, L. & J. Liu. 2023. Move—bundle connection in conclusion sections of research articles across disciplines. *Applied Linguistics* 44(3): 527 – 554.

[4] Fang, Z. 2021. *Demystifying Acamedic Writing: Genres, Moves, Skills, and Strategies*. Routledge.

[5] Floridi, L. 2023. AI as agency without intelligence: on ChatGPT, large language models, and other generative models. *Philosophy & Technology* 36 (1): 15.

[6] Graff, G. , C. Birkenstein. & C. Maxwell. 2017. *They Say, I Say: The Moves That Matter in Academic Writing* (3rd ed.). W. W. Norton &

Company.

[7] Hill, S. S. , B. F. Soppelsa & G. K. West. 1982. Teaching ESL students to read and write experimental-research papers. *TESOL Quarterly* 16(3): 333 - 347.

[8] Hyland, K. & F. K. Jiang. 2019. *Academic Discourse and Global Publishing: Disciplinary Persuasion in Changing Times.* Routledge.

[9] Hyland, K. 2004. *Disciplinary Discourses: Social Interactions in Academic Writing.* University of Michigan Press.

[10] Loi, C. K. , J. M. H. Lim & S. Wharton. 2016. Expressing an evaluative stance in English and Malay research article conclusions: International publications versus local publications. *Journal of English for Academic Purposes* 21: 1 - 16.

[11] McDonnell, J. J. 2016. The 1-hour workday. *Science* 353(6300): 718.

[12] Mewburn, I. , K. Firth & S. Lehmann. 2019. *How to Fix Your Academic Writing: A Practical Guide.* Open University Press.

[13] Mizumoto, A. , S. Hamatani & Y. Imao. 2017. Applying the bundle—move connection approach to the development of an online writing support tool for research articles. *Language Learning* 67(4): 885 - 921.

[14] Peacock, M. 2011. The structure of the methods section in research articles across eight disciplines. *The Asian ESP Journal* 7(2): 99 - 124.

[15] Pho, P. D. 2013. *Authorial Stance in Research Articles: Examples from Applied Linguistics and Educational Technology.* Palgrave Macmillan.

[16] Su, Y. , Y. Lin & C. Lai. 2023. Collaborating with ChatGPT in argumentative writing classrooms. *Assessing Writing* 57: 1 - 11.

[17] Swales, J. 1990. Genre Analysis: English in Academic and Research Settings. Cambridge University Press.

[18] Thorp, H. H. 2023. ChatGPT is fun, but not an author. *Science* 379 (6630): 313.

[19] Wei, J. , X. Wang, D. Schuurmans, M. Bosma, F. Xia, E. Chi, Q. V. Le & D. Zhou. 2022. Chain-of-thought prompting elicits reasoning in large language models. *Advances in Neural Information Processing Systems* 35: 24824 - 24837.

[20] Ziman, J. M. 1968. *Public Knowledge.* Cambridge: Cambridge University Press.

第九章 如何制作海报视频

1. 问题呈现

1.1 案例引入

　　王老师不仅是一名高中英语教师,也是学科教学(英语)的在职硕士研究生。王老师观察到,网课作为一种教学手段已被广泛接受,微课制作,打造精品网课也成为中小学教师需要掌握的工作技能。同时,王老师在研究生入学后也发现,硕士生除了上课之外,还被鼓励积极参与学术会议,不少师兄师姐都在海内外的学术会议上通过学术海报分享过自己的科研成果与教学实践。他还发现,在举办学术讲座、系列论坛之际,参与筹备活动的研究生们常常需要制作活动宣传海报、视频等。他觉察到使用多媒体助力学术交流已是当前的主流趋势。

　　最近,王老师在导师的指导下完成了一篇论文的初稿,他希望在学校将要举办的学术会议上通过学术海报展示自己的研究成果,进而得到学术同行的反馈意见。此外,在挑选可以投稿的期刊时,他发现有些国际学术期刊增添了新栏目——视频摘要(Video Abstract),这是一种他未曾接触过的学术传播方式。他意识到,现在除了以文字形式呈现自己的科研成果以外,还有许多融入了多媒体的学术传播方式。

　　如今的学术交流与传播趋势让王老师有一些犯怵。因为除了能熟练使用 PPT 和 Word,王老师对其他软件并不熟悉,更不用说海报与视频制作。虽然偶尔会用手机拍一些短视频发布在抖音上,但是对于学术视频的形式与呈现内容并不了解。王老师也在思考:自己花大力气做的海报或者视频能够吸引观众么？能在平台上广泛传播吗？

1.2　案例分析

　　学者需要使用一些宣传手段让自己的论文被更多读者看到。传统的宣传以文字为主，遗憾的是，使用这种方式宣传自己的学术文章，往往只能吸引特定的学术圈读者，无法吸引更广泛的读者群体。在这个信息时代，知识的传播和分享变得尤为重要。科研成果不仅可以通过论文的形式发布，也可以成为一个个充满潜力的故事，等待着被讲述、被大众听见。这些故事关乎新知识的发现、新技术的突破或是对现有认知的挑战，有可能对社会产生深远影响。然而，如何让这些宝贵的研究成果走出学术的象牙塔，成为公众话题的一部分？答案可能就藏在一张夺人眼球的海报或者一段精彩的视频摘要中。

　　王老师面对的问题本质是不了解学术成果传播的新方式。学术成果传播方式有很多种，较为传统的是学术期刊或者权威报刊的文字发表、学术会议的口头汇报（Oral Presentations）以及海报展示（Poster Sessions）。近些年，学术界越来越重视视频这种媒介方式。学术视频也因目标对象不同而存在内部多样性。面向大众的科普类视频的内容密度和深度，可能不足以令其成为科研工作者之间的有效交流工具，但对于传播科学知识却是恰到好处。面向学术同行的视频，内容的侧重点亦有所不同。相比结论，一些视频可能会对研究的步骤、工具、分析过程等细节进行详细的视觉化展示。相比文字，视觉化的优势是不容忽视的，毕竟"一幅图胜过千言万语"。一些国际学术期刊，例如 *Cell*，会鼓励投稿者提供图像摘要（Graphic Abstract），心理学的不少期刊会鼓励投稿者提供视频摘要，以多样的形式向同行们推介自己的论文。

　　除了传播方式，我们还需要考虑的是传播效果，这一点会在接下来的海报"近期发展史"中详细展开。在本章节的方案提供板块，我们将介绍学术海报的不同设计理念并推荐相应的"模版"，讲解视频摘要的类型与制作策略。接下来，让我们先明确什么是学术海报与视频摘要。

1.3 核心概念

学术海报与视频摘要并不是专业术语,它们的表现形式比较多元,但在内容和风格上也有一些默认的规则。以下我们将提供一些描述性的解释。

1.3.1 学术海报

学术海报是学术研究成果的视觉展示,通常以大型纸张展示,主要用于学术会议、座谈会或其他学术活动等。

图1　2012美国Sunshot大挑战峰会及科技论坛海报展示环节
（图片来自Dennis Schroeder／NREL）

学术海报旨在以简洁、视觉上引人入胜的方式呈现研究发现、方法或其他相关信息。学术海报通常使用文字、图形、表格、图表和图像的组合以传达关键观点,使内容易于观众理解,其设计应该清晰、有组织、有视觉吸引力,从而吸引注意力并促进展示者与观众之间的讨论。学术海报通常包含标题、作者姓名和单位、摘要、引言、方法、结果、结论和参考文献等论文的关键元素,布局和内容可能因活动要求或展示者的偏好而有所不同,但总体目标是以视觉友好的形式有效传达复杂信息。

1.3.2　视频摘要

随着社交媒体和短视频在全球范围内的广泛传播与日益流行，期刊界逐渐开始关注如何利用这些平台宣传与推广学术研究，并积极探索音频和视频在内的多媒体传播手段，以更加有效地展示期刊亮点及其所收录的文章。视频摘要，作为一种结合了多种要素的多模态复合型传播方式，为期刊文章在融合出版的方向开辟了新的道路。

什么是视频摘要呢？视频摘要通常指时长在 5 分钟以内、介绍学术论文内容的学术视频。相比论文，研究人员在视频中有更多空间讨论研究背后的动机、研究发现的重要性与潜在影响，甚至包括一些没有机会被写入论文的学术工作细节（比如展示自制的数据收集工具、田野调查的视频等）。视频摘要不仅是学术论文的补充材料，其核心作用在于激发观众对论文本身的兴趣。因此，用心的作者会在视频中叙述一个故事来吸引观众。这个故事一般围绕一个特定的发现、问题或独特的主题展开，从而引起观众的兴趣。

目前，许多著名国际期刊，例如 *Journal of Visualized Experiments*、*New Journal of Physics*、*Science* 和 *Nature* 均已经采纳了视频摘要。视频摘要通常发布在期刊的官方网站、原生数字媒体平台以及 YouTube 等第三方视频分享观看平台上。

研究数据揭示了视频摘要对于提高论文可见性的重要性：比如，*New Journal of Physics* 在 2010 至 2016 年间的统计数据表明，带有视频摘要的文章引用次数比没有视频摘要的文章多出 1.206 倍；而 *Journal of Physical Chemistry Letters* 在 2010 至 2015 年间的数据也显示，有视频摘要的文章下载量和引用量分别是无视频摘要文章的 2.8 倍和 3.2 倍。毫无疑问，视频摘要这种更利于社交传播的呈现形式扩大了期刊及论文传播范围与影响力（李杨、林芝 2023）。

2. 方案提供

如今，大部分教师和研究生的日常工作与学习都离不开各种电子产品与软件,因此对于常见的办公软件并不陌生,其中包括制作学术海报和视频会用到的一些图片和视频编辑类软件。因此,本节内容以学术海报和视频的类型、设计思路和制作策略为主,软件介绍和使用为辅。

2.1 学术海报

学术海报是学术会议的传统项目。相比于口头汇报,它的入选门槛相对较低,对于学生来说更为友好。根据会议的规模不同,海报展示环节的海报数量可能从几十到几百幅不等。海报展示的本质也是一次口头汇报,只是表达相对随意,时间可长可短,观众可能是单人或少数几人,互动性更强,也没有口头汇报环节中的公众演讲压力。除此之外,许多学生尝试参与海报展示的环节是为了结识更多对自己的研究感兴趣、在相同或有交叉细分领域的科研工作者。通过与学术同行的交流,我们可以获得更多灵感,拓宽学术圈人脉,寻求更多合作机会。

2.1.1 传统学院派海报

鉴于参与学术会议的重要性,几乎所有科研型高校都会为师生提供带有学校标识的学术海报模版以及内容安排即平面设计方面的建议。例如,标题的字号一般不小于 50 号+,正文字号不小于 24 号等。有些学校例如 UCLA,还会定期开展学术展示工作坊,为没有学术社交经验的学生提供参与这些活动的相关资讯和一些实操方法。通常,这些模版都是公开资源,其结构也大同小异,文件格式为.pptx,方便使用者直接在 PPT 内进行编辑。图 2 中展示了耶鲁大学为学生准备的模版之一。

如图 2 所示,海报上每个模块的设计都是为了反映论文的关键元素,前文已经列举,此处不再赘述(注意:一般不包含文献综述部分)。常见的模版分为横版(Landscape)和竖版(Portrait),模版选择可以根据会议主办方提供的海报展示场地信息或者海报尺寸的规定决定。海报的模块数量、内容安排、颜色搭配则无需拘泥于模版。例如,横版海报的主体部分(即标题以下)可以为二栏、三栏、四栏。学

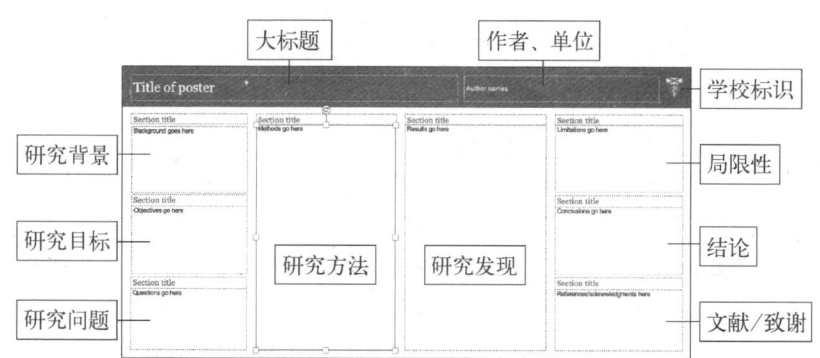

图 2　耶鲁大学图书馆网页中科研指南所提供的基础模版之一（横版）

校提供的模版也通常会使用该校的主题代表色。

当我们有了模版框架之后，下一步就是模块内的内容填充。再次强调，海报展示的本质还是一场口头交流，其作用是视觉辅助。为了方便双方的交流，海报内容的制作需要注意如下几点（Hutchinson，n. d. ；UCLA Library，2023；Yale University Library，n. d. ）：

- 突出重点，让读者在一定距离之外（1.5 米）也可以看到，正文字号一般不小于 25 号，段落标题 36 号，图表说明 18 号，大标题 72 号+，实际大小可根据海报尺寸变更；
- 文字字体优先使用无衬线平滑字体（San Serif），例如 Arial，Helvetica；
- 保持简洁，切勿使用大段文字，推荐使用要点形式呈现（即您现在正在阅读的这几行）；
- 合理使用图片、图表，文字内容控制在 300－800 字之间；
- 为维持图片清晰度，图片格式优先使用矢量图（svg，eps），其次点阵图（jpeg，png，bmp，tif）；
- 每个模块有清晰的标题，不拘泥于引言、研究方法、结论等术语，也可以采用问题形式；
- 注意平面设计的一些基本原则，配色和谐，颜色宜少不宜多；
- 同栏模块的宽度相当，相比左右对齐，文字段落左对齐更便于阅读；

- 内容安排符合阅读习惯（左至右，上至下），谨慎使用非常规模块形状，可用数字或者箭头进行视觉引导；
- 海报内容容量可等同于一场 10 – 15 分钟的口头汇报；
- 内容详略安排应匹配受众人群，例如观众是科研同僚时，数据采集和分析等内容可以更详细；观众是工业界人士时，可以突出研究结果的实际应用。

就海报制作工具而言，除了 PPT，常见的图片处理、排版设计软件 Adobe Illustrator 和 Adobe InDesign，虽有一些使用门槛，但也是不错的选择。对于办公软件使用经验较少的读者，此处推荐使用 Canva。Canva 是一个操作简单的在线图形设计平台，提供了各种图形设计工具。其拥有庞大的模版库（免费资源丰富），用户可以选择各种预先设计好的模版，然后根据需要进行定制。因此，即使是没有专业设计经验的人也能轻松地设计出美观的海报。

如图 3[①] 所示，在模版类型中找到"海报"（Posters），再进一步限制主题（Theme）为"科学"（Science），即可找到大量稍加改造就可作

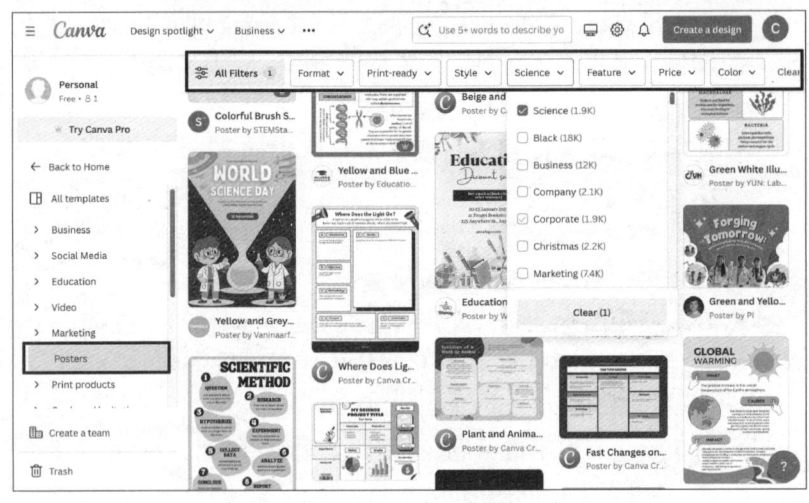

图 3　Canva 登录后界面

外语教学智慧科研方法入门

为学术海报的模版。在顶部搜索栏直接搜索"科研海报"（Research Poster），也可以找到相似风格的模版。

　　然而，尽管 Canva 这样的平台早在 2012 年就出现了，但在学术界，使用学校提供的模版依然是主流。图 4 是笔者在读博期间制作的学术海报（2019 年），制作缘由是为参与学院的博士候选学生访校周的活动。与参与学术会议经历非常类似，作为一个学业紧张的学生，海报制作排到了最后一刻才去做，因此时间紧迫。在活动前，笔者选择了最为保险的路线，下载了学校的模版，没有太多思考，把之前在其他学术会议上的口头汇报 PPT 转成了海报形式。

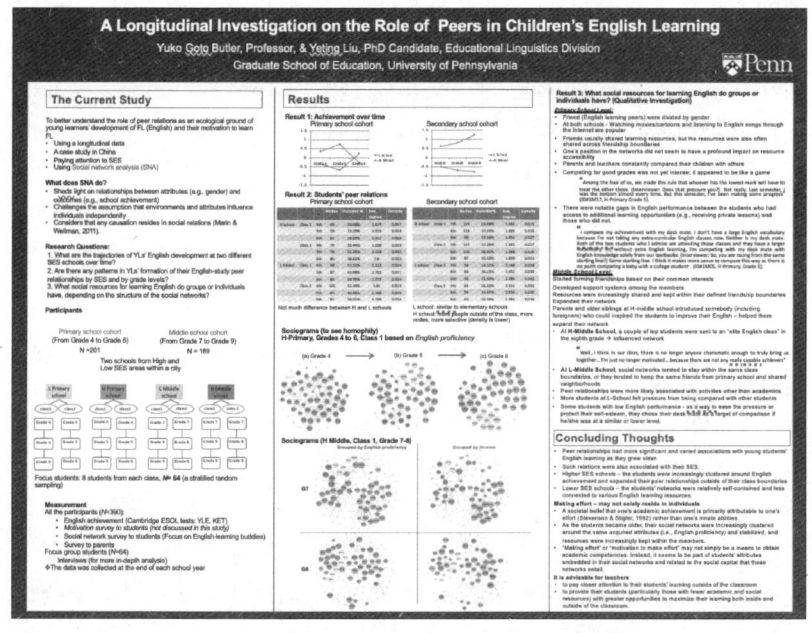

图 4　笔者 2019 年制作的真实学术海报

　　笔者在制作过程中考虑了海报的一些使用情景。然而，比照前文提到的制作建议，我们不难发现，这幅海报的缺点相当明显。其中最大的缺点就是最右边一栏的文字过度密集，似有未加精简、直接复制粘贴之嫌。虽然使用了要点形式，但句子较长，且插入了大段的引用，难以突出关键的内容。换句话说，就视觉效果而言，最右边一栏的设计是极其失败的。实际上,在大部分学术会议上,使用过多文字、试图塞入很多信息的学术海报比比皆是,其研究内容可能很有价值,但如同一本外表装帧无趣的图书,很难让人产生捧起来阅读的欲望。这种传统的"文字墙"(Wall of text, Morrison 2019,2020)引起了新一代学生与学者的不满。

2.1.2 #betterposter 重视用户体验的海报

让我们来想象一下真实的会议场景:走进学术会议的海报展示区(如图1),"文字墙"式的海报扑面而来,全场可能有上百位面带微笑的海报作者站在他们的海报旁,以期待的眼神看着路过的人,希望有人停下,仔细阅读海报并向他提问。而你作为参会者,更愿意把时间花在听学术圈资深学者的口头汇报、参加圆桌会谈和进行学术社交上,因此留给海报浏览的时间也许只有几十分钟。当你按照海报展示厅的动线,从中穿行而过,即使走得很慢,也很难快速了解到每张海报想要展示的研究。即便你在路过的时候成功捕捉到了大标题,也只能明白这个研究属于哪个大领域。是否要停下来花5-10分钟看海报,或者听作者讲解,可是个艰难的决定。因为很有可能在听了2分钟之后你发现,这个研究完全不属于你最感兴趣的细分领域,但是现在打断对方立刻离开又非常不礼貌;但不这样做,你的10分钟可能就浪费了。你无法负担太多这样的"失误",因为你本来就只打算在海报区待30分钟。最终,你走了一大圈,什么新研究都没有了解到。

以上的场景和心理过程对于参与过学术会议的学生学者来说并不陌生。2019年3月,当时还是密歇根州立大学的组织心理学博士学生的Mike Morrison发布了一则动画视频,生动描述了学术界人士的这一烦恼。Morrison认为,这种传统海报导致会议的海报展示环节流于形式,并且阻碍了知识传播和科学发展的步伐。他在视频中提出了一种革命性的新海报框架,并把它直白地称为#betterposter设计。

如图5[①]中的横版模版所示,#betterposter设计在中间栏留出了

---

① 图5及图6的模版及真实案例截图均来自Mike Morrison在开放科学框架(OSF)网站中的公开项目信息。

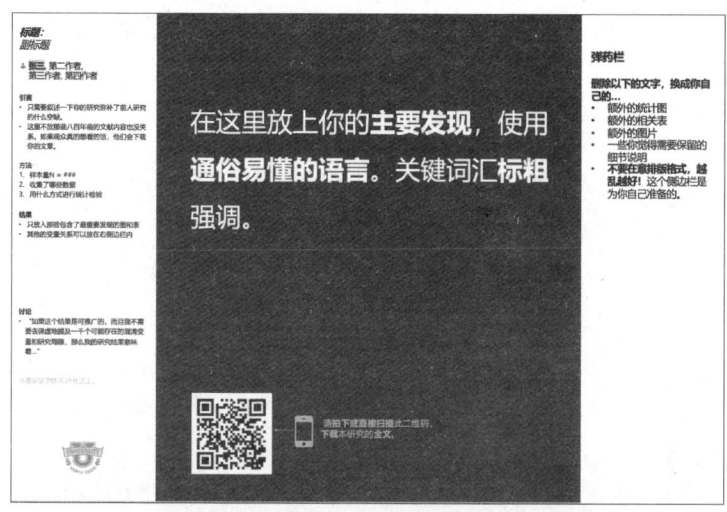

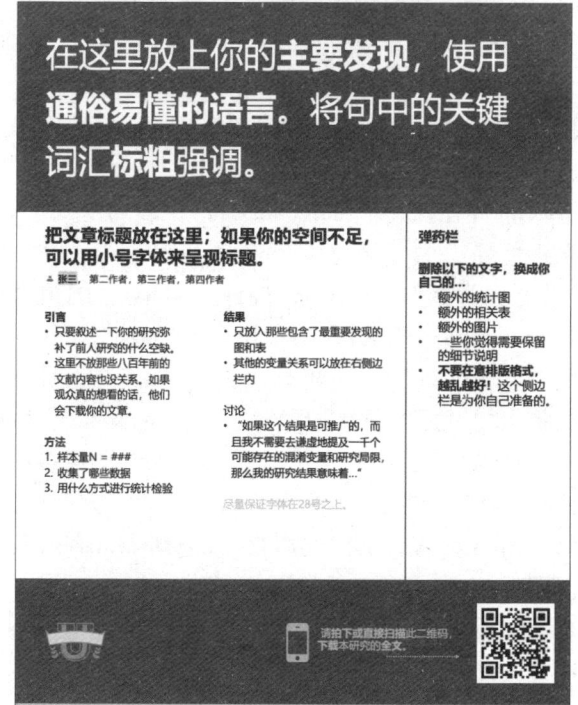

图 5　Mike Morrison 提出的 #betterposter 的模版（上：横版；下：竖版）

大块空白区域,只在上方用大字号的简单语言呈现**最重要**的研究发现或意义(可配以图表或图片),**而不是你的研究大标题**,下方设有可链接到论文原文或者其他相关信息的二维码。左边栏被称为"沉默的汇报人"(the silent presenter),用简短的语言描述研究整体内容的信息,例如引言、方法、结果等。右边栏被戏称为"弹药栏"(Ammo Bar),可以塞进各种图表、解释等细节,方便汇报人在跟观众解释细节时直接使用,也可以理解为汇报人的"讲稿"或者"小抄"。

这种设计有几大优势:1. 在参会者走过海报时,可以很容易了解到这个研究到底在说什么,是否真的与自身的研究领域相关,是否值得驻足深究。换句话说,参会者更容易抉择停留时长以及与作者交流深度。2. 当海报作者忙着跟他人交流时,另一位感兴趣的观众也可以从"沉默的汇报人"栏迅速了解研究的关键信息。如果他想得知更多细节,可以扫二维码直接阅读原文,这对赶时间的观众也非常友好。3. 对于海报制作者来说,制作时间大大缩短。但要指出的是,这种形式的海报要求作者思考自己最想要传递给观众的信息是什么,需要凝练自己的研究成果,只把最重要的内容放在最显眼的位置,而不是把研究结果的原文一股脑儿贴上海报。

Mike Morrison 在社交平台 X(原推特)上发布这则视频后,随即引发了病毒式传播。很多研究生都表示 Morrison 说出了他们的心声,他们非常愿意尝试#betterposter 设计。同年,美国国家公共电台(National Public Radio, NPR)及福布斯杂志都对此事件进行了报道。在报道以及 Morrison 的网页中可以看到热心网友使用#betterposter 模版和理念制作的海报案例(见图 6)。不少人表示,这种设计令人耳目一新,让他们的海报脱颖而出,为他们争取到了更多的学术交流机会。这种新设计甚至得到了数个学术会议的官方认可,或鼓励参会者使用#betterposter 设计形式的海报,或邀请 Morrison 直接为其定制会议海报模版,供与会者下载使用。

与传统的海报相比,这一新设计相当激进,因此也招来一些批评声。有人认为这种广告牌式的海报过于肤浅,且没有实质证据表明传统的海报降低了知识的传播效率。Morrison 并没有对这些批评置之不理。次年,他再次推出了一则动画视频,通过心理、认知等不同

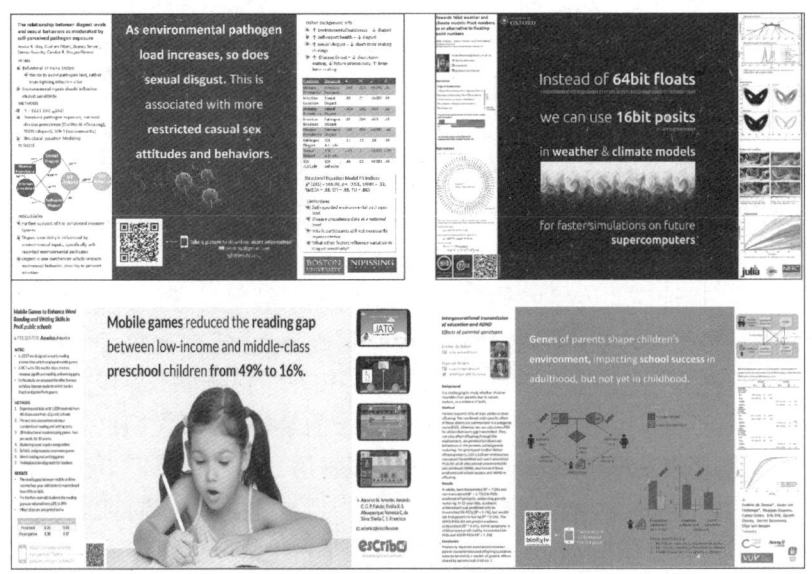

图 6　使用#betterposter 设计的真实海报案例

领域的理论和实证研究证据,进一步解释为什么新的设计会带来更好的学术传播效果,倡导科研工作者应当重视用户体验设计(UX Design)。

　　Morrison 并没有孤军奋战,罗切斯特大学的生物医学遗传学博士 Derek Crowe 在#betterposter 的基础上做了一些折衷的设计,让研究细节在海报上占据更大的空间和自由度。他将自己的模版命名为#butterposter,以致敬 Mike Morrison 的#betterposter。如图 7 所示,Crowe 博士的海报设计的特色在于提供了研究亮点(highlights)、图形摘要(graphic abstract)及概述(summary)。这些模块可以让海报的读者快速了解研究的全貌,对该研究的细节感兴趣的观众则可以继续阅读右侧的内容或者扫描二维码获取全文。Crowe 博士也建议海报作者们做好长短两种时长的介绍准备,主动询问观众想听详细介绍的版本或者简要介绍的版本,不耽误对方的时间。

　　Mike Morrison 与 Derek Crowe 两位博士都是跨界人才,除了本专业,在设计方面均有所涉猎。Crowe 博士在个人网站的自我介绍中自称"生物学者/设计师/数据控"。虽然他的专业方向是研究癌症的遗传学,但他也在大学里为其他科学家们讲授视觉传播的课程。这种考虑用户体验的海报设计的青年学者,他们可能没有设计上的天赋或专业知识,但都是各种网络平台的熟练使用者,了解网络传播的惊人效率。他们放下了学者的架子,不满足于科研成果只在相对封闭的学术界流通,努力让普通人也了解到科学的最新发展。同时,这种设计也将理解工作或理解"负担"留给了制作者,要求制作者深思熟虑,挑选需要传播的最重要的信息,并用简单易懂的话语呈现,而不是将晦涩的学术语言直接成段放到海报上,留给观众自己去解读。这种为用户(读者)需求考虑的趋势也在慢慢被学术界接受。在耶鲁大学的图书馆科研指南中,除了传统的学校模版,我们也能看到#betterposter 及#butterposter 风格的海报模版介绍。当我们再次回看图 6 中的#betterposter 设计海报实例,除了学术会议,它们难道不也非常适合放在微博和小红书这样的大众平台上进行广泛传播吗?

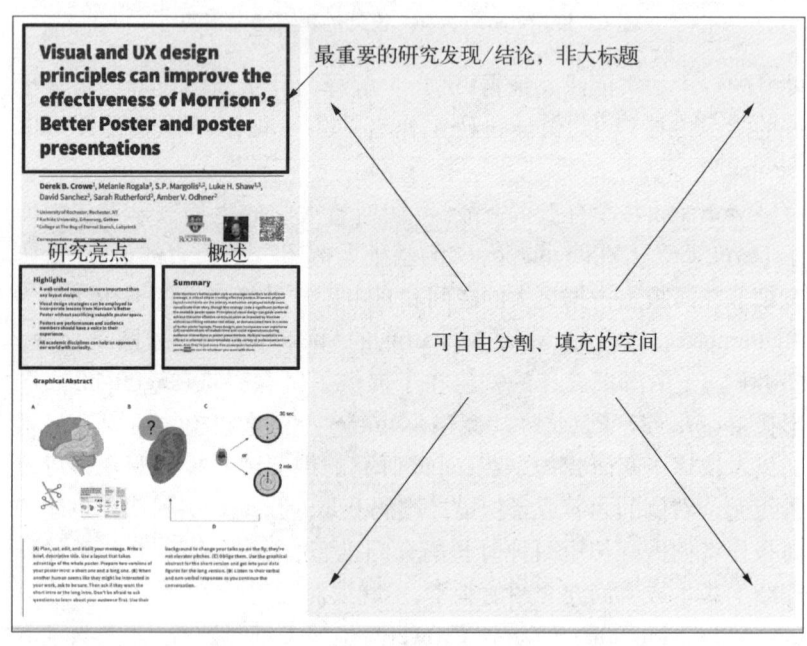

图 7　Crowe 博士提供的#butterposter 模版

2.1.3　使用 AI 工具绘制自己的海报模版

　　近些年,AI 驱动的软件接二连三地出现。如果你乐于尝试新事物,我们推荐你学习使用 AI 绘图软件 Midjourney。只需要输入恰当的提示词,Midjourney 就可以生成可用的模版。

　　如果你不确定应该给出怎样的提示词,可以使用 ChatGPT 给出相应的提示词。2023 年 4 月,澳大利亚的一位化学博士 Andy Stapleton 在网络平台上分享了他的这一尝试(见图 8)。Stapleton 博士用 AI 训练 AI 的思路非常新颖,对于还没有尝试过 AI 工具的人来说,这种做法似乎有些遥不可及。事实上,我国的大语言模型也在近几年飞速发展,其中也有一些提供 AI 绘图功能。图 9 是笔者尝试使用"智谱清言"获取的海报模版的过程示例。

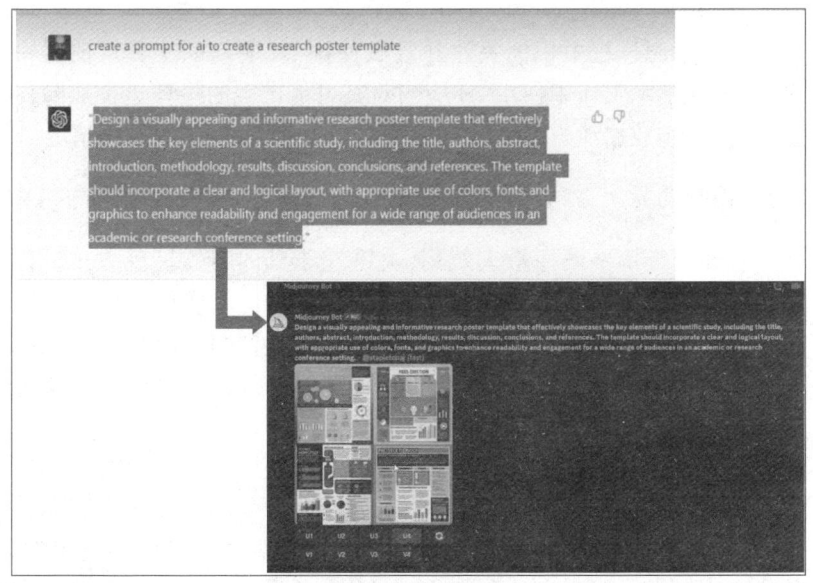

图 8　使用 ChatGPT 训练 Midjourney

　　虽然图 9 中给出的提示词句比较模糊,"智谱清言"依然给出了看起来可用的模版。在正式使用时,你可以进一步给出关于像素、模版尺寸的详细参数(例: dpi 不低于 300)。我们相信 AI 对于日常办公软件的渗透和助力在未来几年会非常迅速地展开。因此,我们鼓

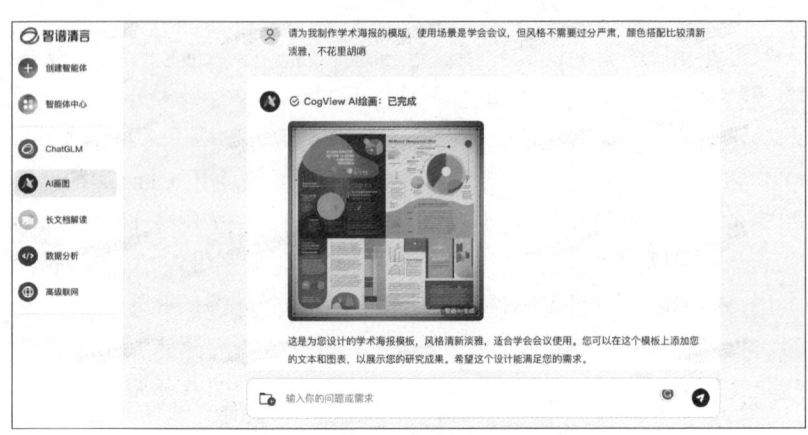

图 9 使用 AI 绘图获取海报模型

励大家在学习过程中积极关注并尝试使用 AI 驱动的工具。值得一提的是，在学术工作中使用 AI 应当对其可能产生的伦理道德风险保持警惕，防止数据泄露，并坚持公开透明，主动披露 AI 的使用情况。

2.2 视频摘要

若要视频摘要发挥最大效用，关键在于其内容的呈现方式。你需要将复杂的科学概念转化为通俗易懂的语言，就像是在向一个完全不懂行的外行人讲述这个故事。这听起来可能有些挑战性，但这正是视频摘要的魅力所在——它要求你以最简洁、最直接的方式传递信息。

此外，为了让视频能够吸引并保持观众的注意力，你需要在制作时考虑到它的吸引力和时长。一个成功的视频摘要应该简短而精炼，时长至多 5 分钟，最好不要超过 4 分钟。请注意，观众可以在你的论文中深入了解所有的研究细节，因此视频的目的不是展示所有信息，而是突出重点，激起观众的兴趣。

最后，视频摘要并不能替代论文阅读，它是一种补充材料，是一个引人入胜的开场白，为你的研究成果吸引更多的目光。通过视频摘要，你的研究更有可能走出学术界，触及更广泛的公众，实现知识传播的最大化。

在了解了视频摘要的制作目的和优势后，相信你已经对制作视频摘要产生了一定兴趣，但对于如何制作一个引人入胜的视频摘要，可能还有些许迷茫。下面我们将从视频摘要的类型、制作软件与操作方法、制作策略等方面就视频摘要的制作进行更为详尽的介绍。

2.2.1　视频摘要的类型

有多种不同类型的视频摘要可用于推广研究，各有利弊。视频类型的选择往往需要考虑到研究本身的特性、想传达的信息、制作技能和预算限制。

2.2.1.1　类型一：动画形式的视频

不少科普型视频中都使用了动画，例如 TED-Ed。由于风格较为活泼，动画能够有效地吸引学术圈外更广泛的观众，扩大科普传播的范围。国内外均有一些公司专门为科研人员提供技术支持，将他们的研究成果用这种亲民的形式呈现。

（1）内容制作的基本原则

因为目标受众是学术圈外更广泛的观众，动画形式视频的内容安排并不一定要按照论文组成部分的顺序。我们可以通过提出论文相关的话题，以案例、数据、情景故事等作为引子，激发观众的兴趣。视频的主体部分可以简要介绍研究流程、结果发现及社会意义等，理论框架和文献综述部分则不必强调，但如有必要也可以适当地引入。

值得注意的是，虽然动画能够吸睛、辅助理解，但它本身是一个次要的工具。将研究成果打造为泛科普类视频的根基是脚本撰写，制作者应着重思考如何用平实易懂的语言和例子来传递论文的核心内容。因此，若采用动画形式来制作视频摘要，其基本流程是：打磨脚本—录音/文字转配音—动画制作。动画的场景可以根据脚本里的关键字进行编排，尽量精简场景数量以及画面信息，观众获取信息还是主要源于脚本。特效、元素、道具、配音等要配合使用场景，切莫过分夸张，喧宾夺主。

（2）动画制作软件推荐

传统的动画制作专业软件（如 After Effects，Adobe Premiere Pro，Autodesk Maya 等）的使用门槛较高。随着科技的快速发展，国内外都出现了不少新手就可以使用的动画制作软件,例如万彩动画大师、Vyond、Toonly、Doodly、Animaker 等。此类软件提供大量可直接使用并可定制改编的模版和动态效果,无需使用者逐帧编辑。它们的基本操作逻辑类似,此处以"万彩动画大师"(见图 10)为例:

① 创建场景(模版);

② 创建/插入人物/道具;

③ 设置人物动作/表情等效果;

④ 插入场景之间的转场;

⑤ 插入音频/文本转语音制作/自动生成字幕。

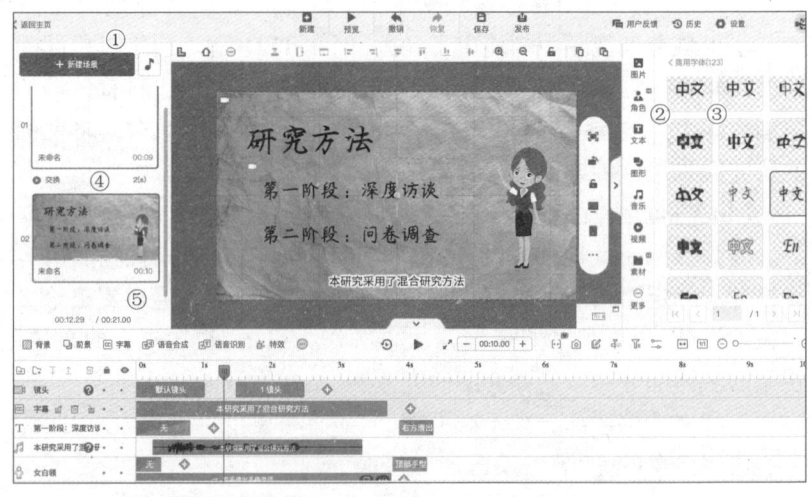

图 10　万彩动画大师使用界面

很多软件都可以实现常见科普视频中使用的白板解说的效果(例如手绘/写、擦除、手指挪动道具等)。在万彩动画大师中,可以在元素的进入效果或退场效果中进行设置(见图 11、图 12)。

几乎所有软件都提供丰富的人物角色素材库,通常以性别、年龄、职业等进行分类。有一些软件例如 Vyond 可以方便地定制细致的人物,调整发型、五官、表情、着装以及动作(见图 13)。再加上语音/配音后,甚至可以实现人物动态的唇形同步(Lip sync)(见图 14),即"对口型",使得作品更加生动逼真。

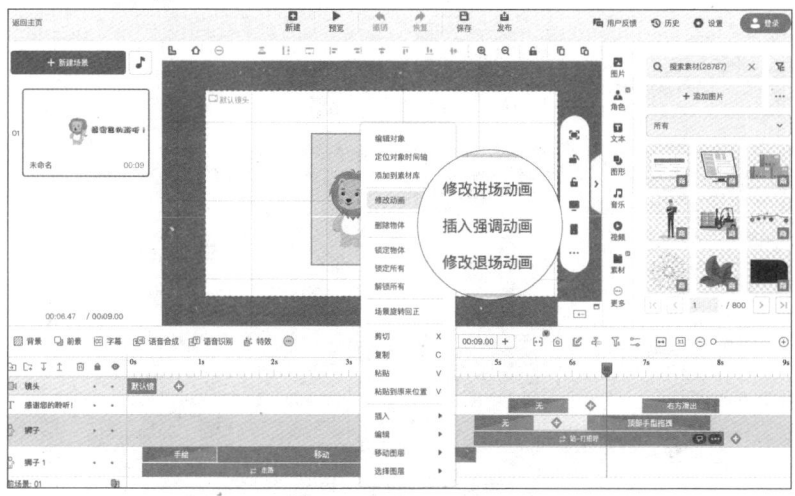

图 11　如何在万彩动画大师中调整动画效果

图 12　万彩动画大师中可选择多种动画效果

图 13　人物定制界面

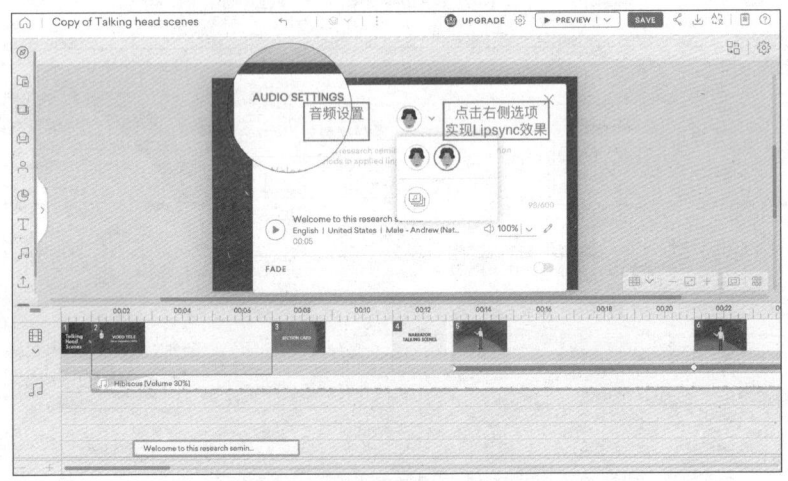

图 14　如何设置音频和唇形同步

选择角色形象后,可以设定各种动作路径让角色动起来。除了选择单一动作模版(见图 15),也可以在强调效果中进行设置,串联多个动作,或添加跟随镜头,这样就能呈现动态效果(图 16 中,通过动作 1 和动作 2 的串联,实现了狮子从屏幕右方走至中央并停下打招呼的效果)。

图 15　角色动作模版

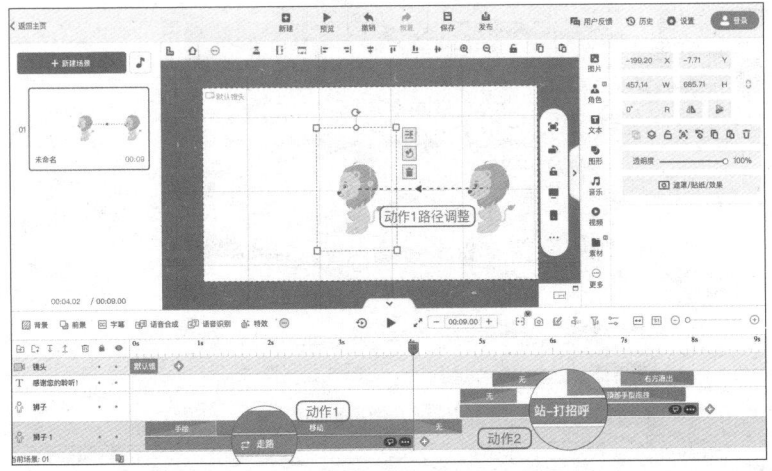

图 16　角色动作路径设置

在多人群像场景中，为了防止所有人物的行为因为整齐划一而显得非常僵硬，可以调整不同人物的动作效果类型或者开始、结束的时间以达到自然的效果。此外，虽然大部分新手可用的软件基本是二维动画制作软件，我们也可以调整场景中人物、道具等元素的大小及位置，来展现前景、中景、背景，从而模拟透视效果。

除了上述提到的主要元素的插入和场景设置，我们也可以使用镜头的缩放（Zoom in/out）来引导观众的视线和关注点。如图 17 所示，建立 1 镜头，并将其镜头缩小为需要聚焦的"第二阶段：问卷调查"。当滑块从默认镜头滑向 1 镜头时，我们就可以实现从整体到局部聚焦的动画效果。

此外，随着生成式 AI 在实际工作中的普及，不少动画制作软件也推出了 AI 驱动的幻灯片生成功能。此项技术在本书撰写之际尚处于发展初期，可用性虽然不是很强，但是潜力很大。视频作者们可以用这一技术进行头脑风暴，使用 AI 生成相关主题的多个版本的视频，并将它们作为发散思维的模版进行下一步的创作。目前 Vyond 的平台可以使用这个功能。在 AI 生成视频之后，制作者们可以进行再编辑，把自己论文的核心内容镶嵌进它提供的视频模版，再根据需

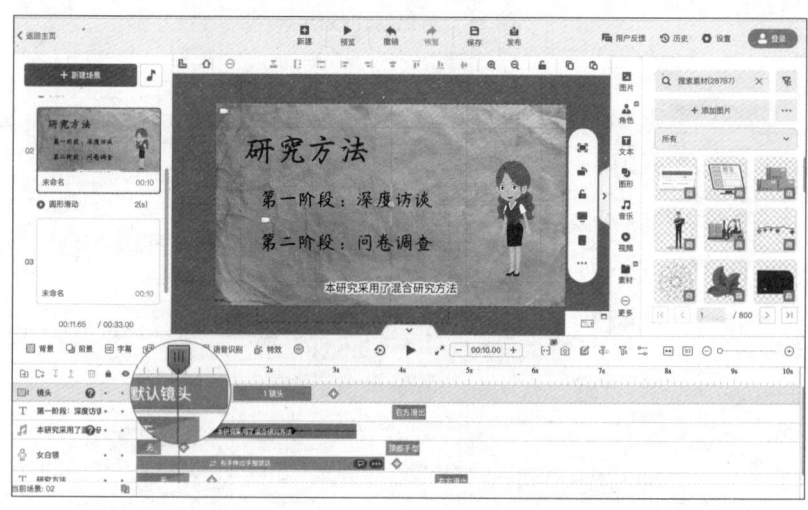

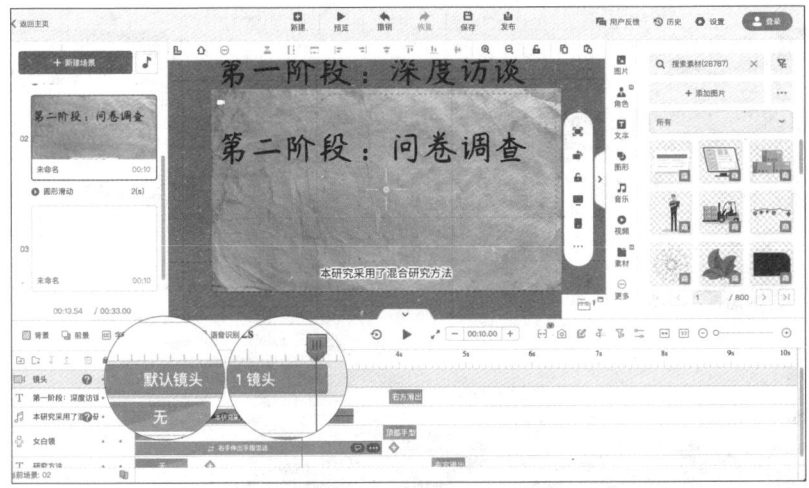

图 17　如何使用镜头的缩放

求进行场景、道具、主要元素及配色的修改。图 18 展示了使用 Vyond 智能生成关于"双语儿童认知优势"（Bilingual children's cognitive advantages）的幻灯片并将其视频化的案例。

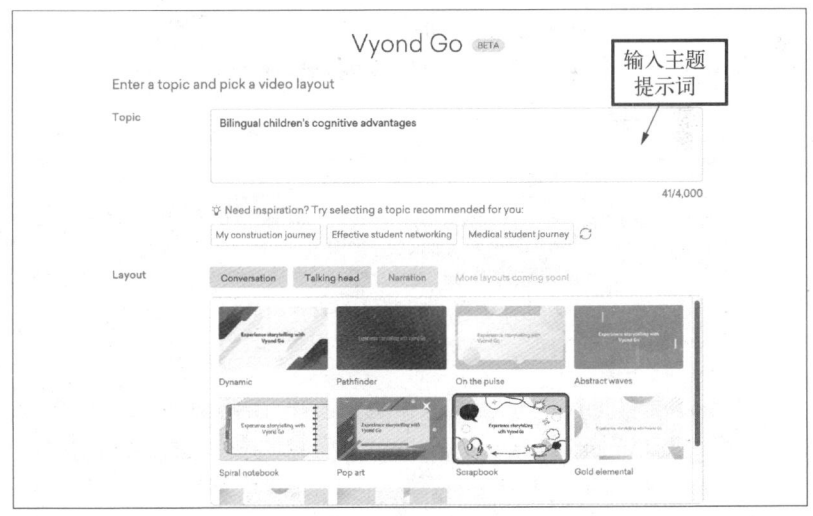

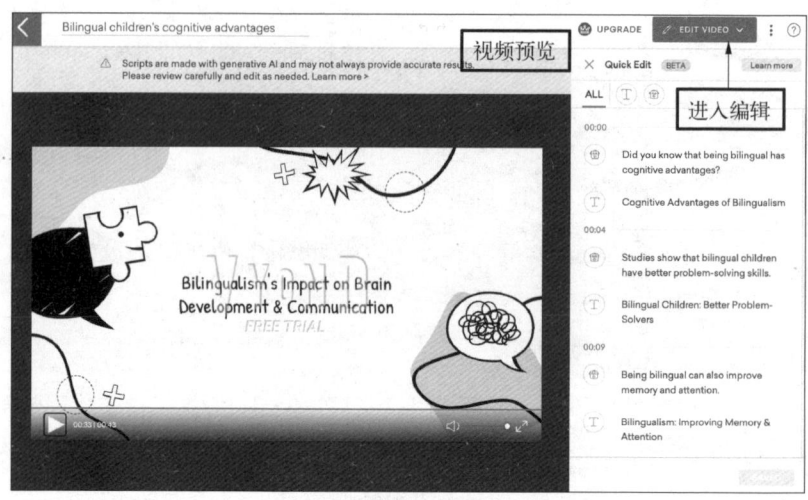

图 18　幻灯片动态展示视频流程

2.2.1.2　类型二：幻灯片视频化

微软 365 Office 的办公软件 PowerPoint 的在售版本中均包含了 Cameo 功能（见图 19）。此功能可以在幻灯片内直接插入摄像源，方便录制有真人旁白的简报展示，最终作为视频直接导出，非常适用于教师个人的网上课程录制。在幻灯片制作完成后，使用者可以在带有摄像头的电脑上进行自主录制。

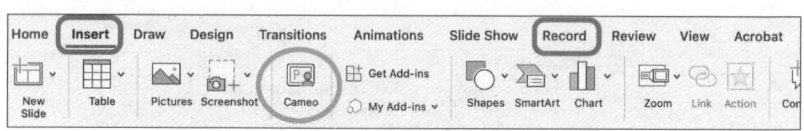

图 19　Cameo 功能位置：插入（Insert）→Cameo 或录制（Record）→Cameo

Cameo 设置见图 20：点击 Cameo 之后，在控制面板上会出现"镜头格式"（Camera Format）设置，可设置镜头款式、显示及动画效果等。点击"镜头预览"（Camera Preview），则可以看到实时的自己。如果电脑上有多个信号源，可以从下拉框中选择需要使用的信号源。点击右上角的"录制"（Record）键，即可进入录制模式。

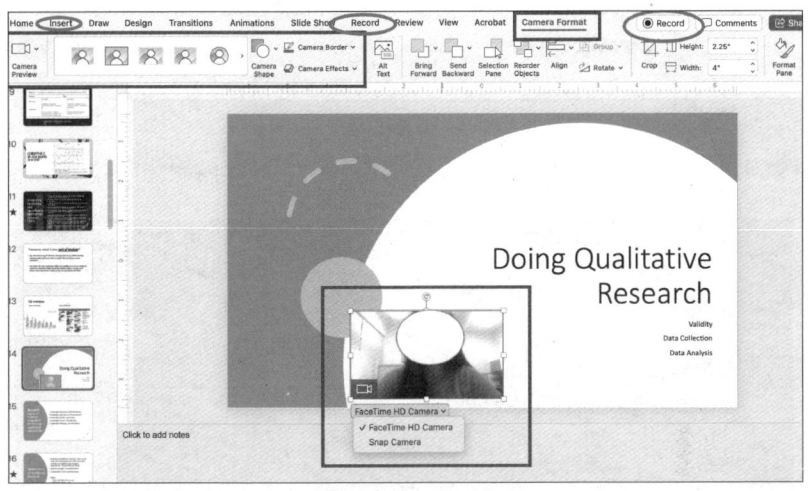

图 20　Cameo 设置

　　Cameo 的优点在于录制中可以随时暂停、重启。此外,录制中的音频会根据幻灯片自动断开。退出录制后,在编辑模式下可在每一页幻灯片内找到单独对应的音频,便于定位、回放以及重新录制。如果作者不出镜,点击图 21 顶部的摄像头图标,镜头就会消失,只录制音频。

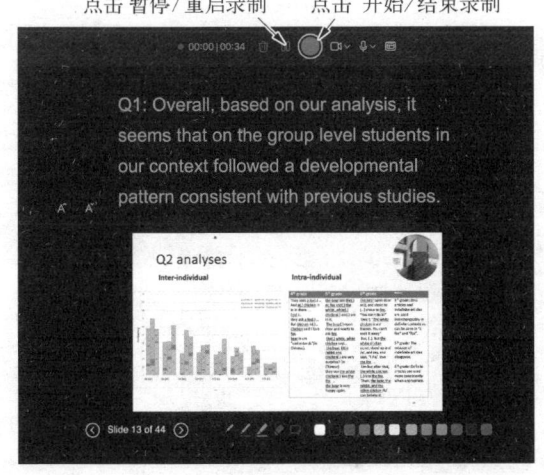

图 21　录制界面

如果汇报人想要模拟真人或使用虚拟角色进行汇报,则需要有条件在专业录影棚(或购买绿幕、三脚架等工具)进行录制。通过视频剪辑软件(例如"剪映"电脑版,见图22)将录制的视频进行"智能抠像",去除绿幕,再将抠像后的视频与幻灯片播放配合到一起。(注:图23&24中的虚拟角色可免费在"ZEPETO"App内制作后导出)

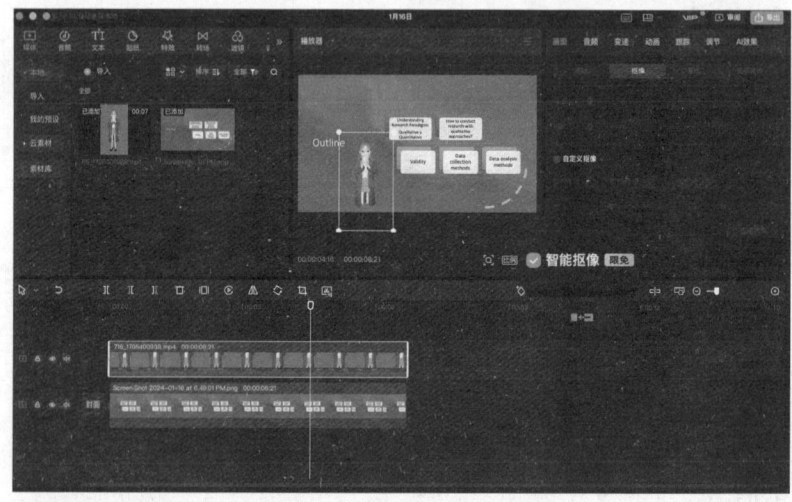

图22　剪映操作界面

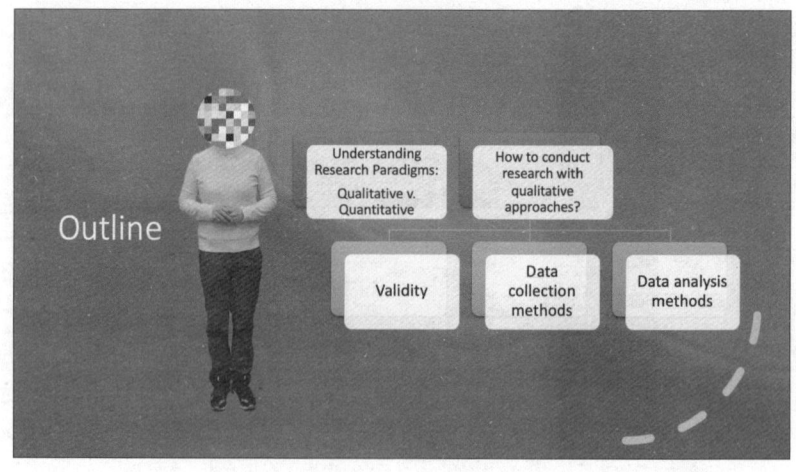

图23　合成效果1

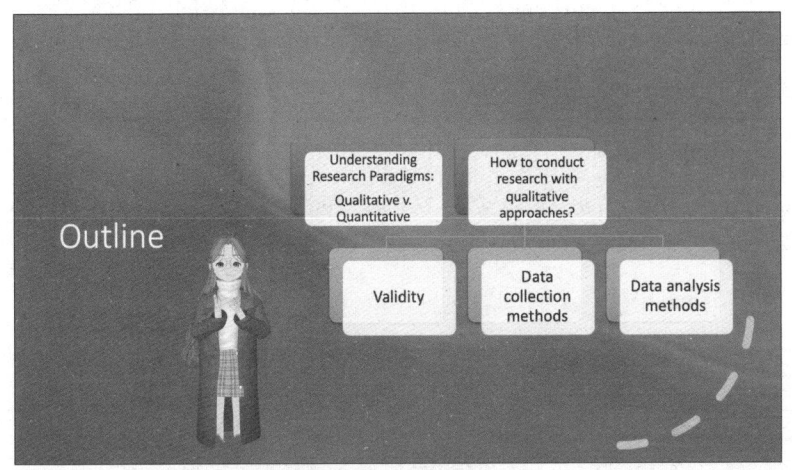

图24　合成效果2

2.2.1.3　类型三：无旁白短视频

无旁白短视频顺应当下短视频的潮流趋势，是在社交媒体平台上广泛传播的有效工具，其优势在于能够以简洁、直观的形式，将科学研究成果或社会意义呈现给大众。此外，这种短视频的制作方式也较为简单。

无旁白短视频的最大特点是它的"无声"。在这个信息爆炸的时代，人们常常没有足够的耐心去听完一段完整的旁白，却更喜欢通过视觉元素来获取信息。而且，在公共场合不适宜外放视频，无旁白短视频正好满足了这一需求——它通过大字体的关键字或解释性文字，使观众在短时间内迅速了解一个新研究的结果或社会意义。

无旁白短视频的另一个特点是它的"短"。在这个快节奏的社会，人们的时间和注意力都变得极其宝贵。因此，如何在最短的时间内传递最多的信息就成了一个关键的问题。无旁白短视频正是解决这个问题的利器。它通过简短的关键点叠加镜头，让观众在短时间内就能获取所需的信息。

其实，制作无旁白短视频并不复杂。首先，你需要确定想要传达的核心信息，然后将这些信息转化为简短的关键点。要注意的是，用于描述关键点的文字不等同于传统视频中的字幕。因此，你需要先精简想要表达的内容,随后将这些关键点以大字体的形式呈现在屏幕上,每次呈现的字数最好少于 15 个。下面,我们以"剪映"为例介绍制作步骤。在"剪映"界面左上角的"媒体—素材库"中,我们可以找到黑场和白场背景(见图 25)。如果需要其他背景,也可以继续搜索素材,或是从本地导入素材作为背景。我们建议背景尽量简洁,让观众的注意力能够聚焦在文字上。背景图片或者视频素材应当与你的关键词高度相关。如图 26,点击加号,素材就会进入剪辑轨道,通过拉动轨道中背景素材的边缘可以改变素材的显示时长。

图 25　剪映素材库

　　如图 27 所示,在左上角依次点击:文本—新建文本—加号,可使文本浮现在背景素材之上。在右侧可以调整文本的字体、颜色、大小、动画等,根据个人审美进行修改即可。

　　最后,通过叠加镜头并配合文字段落切换的方式,将这些关键点

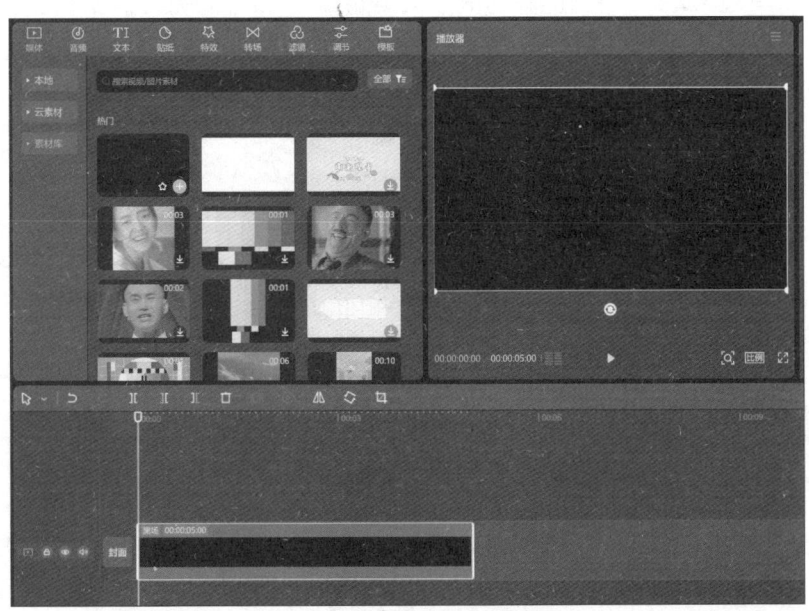

图 26　点击加号使素材进入轨道

图 27　编辑文本

串联起来,形成一个完整的故事。换句话说,除了添加不同的背景,可以结合背景的时间点,在文本轨道添加多段文字并进行编辑。需要注意的是,在完成编辑后务必从观众视角看一遍自己的视频,要考虑观众的阅读速度,调整视频的时长;文字不要滚动得过快,避免观众还没完成阅读就切到下一个镜头;同时,也要避免总时间过长引起观众厌倦而放弃观看整个视频。

2.2.1.4 类型四:头部特写视频

头部特写视频与直播中的口播类似,通过模拟与观众对话的形式来推广作品内容。如果你能在镜头前展现自信,或者愿意投入时间来提升你的镜头表现技巧,那么这种视频形式可以有效地帮助你与观众建立更为直接的联系。与观众对话可以将你的名字和面孔紧密关联,从而让观众对你有更深的印象。

然而,这种视频形式较为死板,缺乏视觉上的活力。因此,结合其他视觉效果可以改善观感,例如,插入一些幻灯片或是实验过程的视频。这样不仅可以丰富视频内容,还可以帮助观众更好地理解你的描述。

在制作这种视频时,需要注意几个要点。首先,确保你的发音清晰,身体放松,表情友好。其次,直视镜头,想象你正在与观众进行面对面的交流。以自然、非正式的方式进行讲述,可以让你的视频听起来更像是一段对话,而不是机械的独白。再次,你应当非常了解你要讲述的内容,不要逐字逐句地背稿。此外,选择一个简洁、干净的背景,确保光线充足,焦点准确。同时,最好选择有支架的稳定的拍摄设备,可以使你的视频看起来更加专业。最后,不需要过分严肃,适当释放自己的个性,让观众感受到你的热情和专业,这样才更有可能让他们对你的文章感兴趣。

2.2.2 视频摘要制作策略

在制作视频摘要的过程中,详细的策略规划可以让你更加清楚每一步需要执行的任务和达到的目标。

2.2.2.1 前期计划

在开始实际拍摄之前,你需要进行详尽的前期计划。这个阶段是整个视频制作流程中关键的部分之一。首先,明确你的视频目标与核心信息。思考你要如何向观众传达这些信息,以及你希望他们从视频中获得什么。随后,撰写一个详尽的脚本,确保其涵盖所有要点。同时,注意语言的流畅性和表达的自然性。最后,根据脚本的特点、制作技能和预算,选择最符合你的脚本的视频摘要类型。准备故事板有助于视频中每个镜头的可视化,更有效地规划拍摄过程。此外,列出可能遇到的问题和需要解决的挑战,并提前做好准备。

以下是一些你可以参考的问题(Cambridge University Press, n. d.):

- 你在这个研究中解决的关键问题是什么?
- 你是如何组织你的想法的?
- 你认为读者可从你的文章中获得哪些关键见解?
- 你的研究如何拓宽我们对该领域的理解?
- 如何在研究生水平的教学中使用你的研究指导相关课程?
- 你的研究如何在实践层面帮助读者,例如"如果操作某个测试/分析"?

以上问题仅供制作视频摘要时参考,你无需在视频中一个个回答这些问题。但要记住,你的视频不能超过 4 分钟,所以你不可能也不需要把它们都讲完。

需要注意的是,你希望人们阅读你的文章,而不仅仅是看你的视频摘要。因此,可在视频中强调阅读原文的重要性和必要性。此外,可以在视频末尾提供参考文献、个人网页链接、电子邮箱等信息,方便感兴趣的观众进一步了解相关内容。

2.2.2.2　制作、拍摄及录音

一旦前期计划完成,就可以进入实际的拍摄和录音阶段。使用你熟悉的三脚架/手机支架和相机,有条件的话还可以使用绿幕。如果你使用手机或平板电脑拍摄,确保你的设备可以录制高清视频。建议使用插入式麦克风,以获取更好的视频音质。在拍摄时,注意光线、构图和场景设置,创造吸引人的画面。同时,考虑将预先计划的视觉元素(如幻灯片或动画)融入视频中。可能的话,尽可能多录制

一些素材,这样在后期编辑时才可以有更多的选择。

2.2.2.3　后期编辑

后期编辑是将所有独立的素材组合成一个连贯且有吸引力的视频的过程,通常包括视频剪辑、音频处理、颜色校正和特效添加等任务。在后期编辑阶段,重要的是要有耐心和细心。仔细检查每个镜头和音频片段,确保它们符合你的视频摘要的目标和风格。此外,还要检查视频中穿插的字幕是否格式一致,也不要忘记添加适当的转场效果和图形元素来增强视觉效果。最后,从观众的角度观看你的视频摘要,以确保它易于理解、引人入胜。可能需要多次修改才能达到最佳效果,所以需要保持耐心。

确保视频摘要的文件规格符合不同投稿平台的格式要求,以便观众能够顺利观看。虽然学术界尚未有统一的视频摘要技术规格,我们推荐使用 mov、mpg 或 mp4 的视频格式。横屏宽高比为 16∶9,帧率为 24fps、25fps 或 30fps,分辨率推荐为 1080p。

3. 应用拓展

在上一节,我们为大家介绍了两种学术成果的传播方式: 学术海报和视频摘要。在日常的学术活动中,这两种方式并不互相排斥,甚至可能会结合到一起。本节为大家介绍另一种学术成果的传播方式: 数字海报。

3.1　数字海报的优势

数字海报(digital poster 或者 eposter,见图 28 & 29),也被称为电子海报,是利用数字技术进行展示和呈现传统印刷海报的现代交互式版本。过去的十多年间,在学术会议、研究座谈会和其他活动中,很多主办方要求参会者使用这种视觉上引人入胜且动态的数字海报展示研究项目。

从图片来看,你可能会认为,数字海报在形式上跟传统海报一致,只是未打印,直接投影到电子屏幕上。其实不然。两者的本质区别是:传统海报是静态的,而数字海报是动态的。数字海报通常包含多媒体元素,如图像、视频、音频、动画和交互式功能,使得展示者能够以更为动态、更加引人入胜的方式传达信息。此外,观众还可以快速切换不同的部分,放大细节,选择性地阅读,也可以通过超链接或按钮访问更多的内容。数字海报的交互性增强了观众与信息间的互动。

　　对于海报的作者来说,数字海报也有其独特的优点。数字海报可以轻松地在线分享和发布,它们不受物理场地的限制,可供观众远程线上查看。展示者也可以实时更新数字海报,确保呈现最新的信息,反映研究或项目中的变化或进展。此外,与传统印刷海报相比,数字海报无需印刷,更加环保,减少浪费,也为研究生节省了打印海报的费用。

图 28①　数字海报展示 1

————————

① 访问于 2024 年 1 月 30 日。

图 29① 数字海报展示 2

3.2 数字海报的制作与使用

　　会议主办方通常会提供数字海报的制作指南与展示平台。展示者可以使用专业软件、在线工具或专为数字海报会话设计的平台。一般来说,这些平台支持各种格式的文件、多媒体元素以及人机交互,从而提升数字海报的展示效果。因此,展示者不需要准备模版,只需将海报的各个关键部分制作好,再上传至会议主办方提供的平台上(如图30②)。展示者可以准备多模态的资料,例如图片、视频等,从而丰富海报内容。

　　值得注意的是,数字海报的普及程度可能因会议、学科、地区而异。此外,由于不同地区的基础设施、偏好、与会者技术能力的不同,一些会议可能同时采用传统印刷海报和数字海报。总体来说,数字海报为呈现信息提供了更灵活的平台,为展示者和观众提供了更好

---

① 访问于 2024 年 1 月 30 日。
② 访问于 2024 年 1 月 30 日。

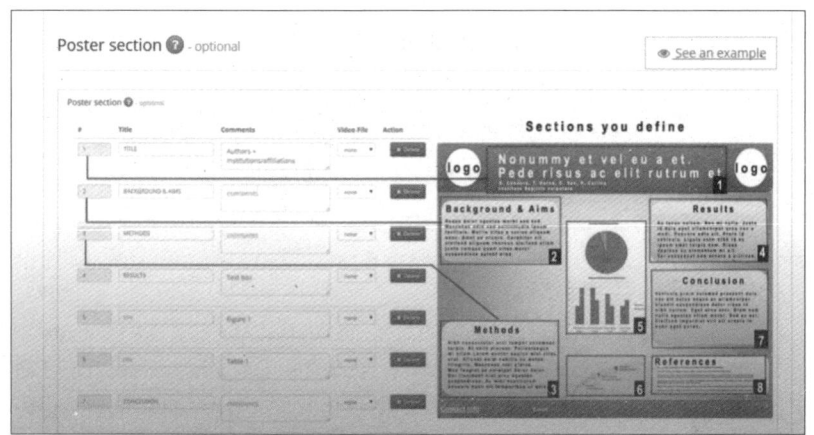

图30 在会议平台上传海报的各个部分

的互动和沟通机会,其在各个领域的行业会议和科学座谈会中也越来越受欢迎。

4. 结语

针对王老师的需求,本章探讨了学术成果传播的两大形式:学术海报和视频摘要。通过对二者的介绍,我们发现在学术交流中,传播方式以及作品设计的精良程度对成果的展示至关重要。我们希望读者可以意识到用户体验的重要性。我们介绍了在设计学术海报和制作视频摘要时应考虑的用户体验因素,以确保成果海报或视频能够易于广大观众接受和理解。我们需要注意可读性、图文搭配、信息层次等方面的设计细节,才能提高学术成果的传播效果,使其更具吸引力和影响力。

此外,本章也呼吁大家关注新技术在学术交流中的应用,特别是新兴的办公软件。随着时代的发展,人工智能等新技术的应用已经成为推动学术界发展的重要力量。为了跟上时代的步伐,我们应积极探索并采用这些新技术,以提高学术成果的传播效果和推动学术研究的进步。

综上所述,通过介绍学术海报和视频摘要,我们强调了学术成果传播中的设计要素和用户体验的重要性。面对迅速发展的新技术,我们应保持开放的心态,不断学习和尝试,为学术传播注入更多创新与活力。希望本章的观点能够引起大家对学术成果传播方式的深入思考,推动学术界在这方面的不断探索与进步。

参考文献:

[1] Cambridge University Press. A Guide to Video Abstracts for Authors of Cambridge Elements. https://www.cambridge.org/core/services/aop-file-manager/file/5c0ffa2cdca82b2c08f41049/The-Author-Hub-Guide-to-Elements-Video-Abstracts.pdf.

[2] Hutchinson, K. Posters! They are not just for conferences anymore! https://stephanieevergreen.com/posters.

[3] Morrison, M. 2019. How to create a better research poster in less time (#betterposter Generation 1). https://youtu.be/1RwJbhkCA58? si = Ffdderc7_M2dg2-q.

[4] Morrison, M. 2020. How to create a better research poster in less time (#betterposter Generation 2). https://youtu.be/SYk29tnxASs? si = UpFIjhHC24I7m-cl.

[5] Stapleton, A. 2023. AI Research Poster Design: Create Professor-Stopping Presentations with AI. https://youtu.be/yVSJP6GrLto? si = wDi5gVqQ_M7btFtz.

[6] UCLA Library. 2023. Poster presentations. https://guides.library.ucla.edu/posters.

[7] Yale University Library. Academic poster Resources. https://guides.library.yale.edu/academic-poster-resources/basics.

[8] 李杨,林芝. 2023. 我国科技期刊视频摘要的社交化传播及其优化策略研究.《编辑学报》第 4 期: 434 - 438.

第十章　如何进行学术直播

1. 问题呈现

1.1　案例引入

李老师是一名中学英语教师。多年来,他一直致力于一线教学,积累了丰富的教学经验。除此之外,他还紧跟最新的学术研究动态和前沿领域的发展,并将这些内容融入教学中,以提升学生的英语学习效果。李老师丰富的教学经验和对学术研究的热情使他在科研方面也硕果累累。他积极参与英语教学方法和语言习得等领域的研究项目,并将相关研究成果发表在权威学术期刊上,为学术理论和教育实践提供了许多新颖的见解和实证基础。

近日,为提升学术氛围,李老师所在的学校计划举办"线上学术沙龙活动",李老师也获邀成为演讲嘉宾,分享他的教学与科研成果。李老师曾经多次举办过线下学术讲座,也以观众的身份参加过各类线上学术活动。这是他第一次以主讲人的身份参加学术直播。李老师认为,线上线下的讲座无外乎是呈现模态的调整,从面对面沟通变成网络沟通而已。因此,他想着选择一款直播软件或者平台完成讲座就可以了,毕竟直播方式都大同小异。于是,李老师随意挑选了一款直播软件并学习了基本操作。之后,他便信心满满地开始了自己的第一次学术直播。

然而,直播的效果却不尽如人意。在直播的过程中,李老师经常受到观众端传来的杂音干扰。他在直播中提出互动问题时,观众的参与度也不高。讲座还没有结束,就有观众陆续退出直播间。李老师这才意识到,原来线上讲座与传统学术讲座相比,有其独特的要求和挑战……

1.2 案例分析

随着互联网和视频技术的快速发展,远程交流和信息共享已经变成一种新常态。与传统的学术讲座相比,通过网络平台开展学术活动、进行学术交流,可以让学者和专家们更广泛地与观众进行实时互动,促进学术交流合作以及知识传播。这种全新的形式给学术传播注入了新的活力,同时也带来了新的挑战。

案例中的李老师教学科研成果丰硕,也有多次成功开展线下讲座的宝贵经验。但在开展线上学术直播时,效果却不如预期理想。究其原因,李老师认为线上学术直播与传统讲座的区别仅仅只是交流场景的改变,而忽视了线上学术交流的独特要求。学术直播借助软件和平台来实现,需要教师们在活动之前根据讲座的内容和受众选择合适的直播工具,并熟悉在直播过程中可能用到的技术,例如视频会议软件、屏幕共享功能等。此外,教师们还要能处理一些技术上的突发情况,这样才能确保直播顺利进行。

此外,线上学术直播与线下的学术讲座相比,观众缺少沉浸式的听讲环境,这会影响观众听讲时的注意力。这些问题如果处理不当,则可能降低观众的参与度和听讲效果。李老师在直播过程中没有意识到这些不同之处,也没有对讲座风格和互动要求做相应调整。因此,讲座的氛围和效果没有达到预期。

由此可见,李老师对学术直播的形式既"熟悉"又"陌生"。很多没有接触过学术直播的教师和李老师一样,他们熟悉的是形式,但对如何成功地开展学术直播却是陌生的。本章节旨在介绍学术直播的基本要素和成功开展学术直播的方法。

1.3 核心概念

通过李老师的案例,我们可以看出,在信息技术快速发展的今天,线上学术直播能力在科研传播环节中至关重要。在正式介绍如何进行学术直播的方案之前,我们先了解一下,到底什么是学术直播?学术直播和传统的学术讲座有什么联系和区别?

大部分教师对线下学术讲座的形式相对比较了解。简单来说,学术讲座是一种学术交流和知识传播的活动,旨在分享最新的研究成果、学术观点、理论探讨或学术经验,以促进学术交流与合作。通过学术讲座,研究人员能够获得反馈和建议,加深对特定领域的理解,与其他学者建立联系或开展合作。可以说,学术讲座为学术界人士提供了继续学习和更新知识的机会。传统的学术讲座通常由专家、学者或研究人员在学术机构、大学、研究中心或学术会议等场合进行。

那么,什么是学术直播呢?众所周知,高速互联网的普及和视频流媒体技术的发展使得直播成为近年来逐渐兴起的一种新的交流形式。学术直播可简单地理解为通过社交媒体平台或视频会议软件开展学术讲座,是学术交流和传播的新方式。相较于传统的学术讲座,学术直播的优势不言而喻。一方面,学术直播极大地提高了学术的可及性和包容性。正如 Parncutt et al.（2019）所指出的"Live streams enable any talk to be shared with a larger audience. The information becomes more openly accessible. The geographic outreach and cultural diversity of presenters and audiences is increased"（p. 3）,直播让信息变得更加开放,让更多的人能够有机会参与学术活动。此外,直播可以打破地理和时间的限制,演讲者和受众的地理覆盖面和文化多样性得以扩大。另一方面,学术直播能够节省成本和资源,推动环境的可持续发展。Parncutt 和 Seither-Preisler（2019）认为:"Academics can significantly reduce their greenhouse-gas（GHG）emissions by avoiding flying to conferences and developing low-GHG conference formats. Individuals can reduce their carbon footprint by focusing on regional conferences, contributing remote presentations to distant events"（p. 1）。由此可见,通过现代通信技术,学术直播有效地节约了时间和经济成本,并有助于减少碳排放,推动学术界朝向更环保和可持续的方向发展。

总体而言,学术直播以独特的优势吸引了众多的专家和学者,越来越多的学术会议采用线上直播的形式,或从单一的线下形式转为线上线下结合。学术直播的形式也相对灵活,规模可大可小。与此同时,线上学术直播对主讲人也提出了新的要求和挑战:众多的直播方式该如何选择?讲座内容该如何设计、如何呈现?

2. 方案提供

对于学术直播经验较少的研究新手而言,如何成功地进行学术直播具有一定的挑战性。下面,我们将从搭建平台、精炼内容和加强效果三个方面来具体阐述如何提高学术直播的质量和吸引力。

2.1 策略——搭建学术直播平台

成功进行学术直播的前提是搭建直播平台。目前市场上各类直播平台种类繁多,选择优质的、适合学术直播的平台则是直播顺利进行的前提和必要条件。此外,学术直播环境的维护也会影响直播的效果。下面,我们将一起从选择直播平台和维护直播环境这两个方面来介绍成功搭建学术直播平台的要素。

2.1.1 选择直播平台

选择合适的直播平台是成功进行学术直播的第一步,也是至关重要的一步。平台的稳定性和易用性是最基本的要求。稳定的平台能确保在直播过程中没有或极少出现连接中断、视频卡顿或崩溃等问题,有助于创造良好的观看体验,并确保学术内容的无缝传递。直观的用户界面和易于操作的功能可以减少技术障碍,可以使主讲人能够更加专注于学术内容而不是烦琐的技术操作。此外,我们在选择直播平台时也要从讲座风格和受众特点出发,综合考虑不同平台的功能特征(观众容量和扩展性、娱乐性和互动功能等),同时兼顾成本和预算。首先,确保直播平台能够容纳预期的观众人数,并具备扩展性,以便在需要时能够容纳更多观众。这对于大型学术活动或具有广泛关注的讲座尤为重要。其次,考虑直播平台是否提供互动功能,例如实时聊天、进行问答、发起投票或调查等。这些功能可以促进观众与主讲人之间的交流和互动,从而增加他们的参与程度。最后,考虑直播平台的费用结构,不要超过预算。有些平台可能提供免费或基础版服务,而高级功能和更大容量可能需要付费。

因此,了解不同直播平台的特点和性能,根据自身具体需求和预期的学术直播活动规模,选择最适合的直播平台才能获得成功的学术直播体验。Chen et al.(2021)总结了国内常见的直播平台,根据功能和互动方式的不同,主要分成社交媒体平台、视频会议软件和专业教学平台三个类别,具体见表1:

表1　学术直播平台分类

类　　别	代表平台	娱 乐 特 征	设 备 支 持
社交媒体平台	QQ	表情、表情包、送礼物、发红包	电脑端、移动端
	微信	表情、表情包、发红包	电脑端、移动端
	哔哩哔哩	表情、表情包、送礼物、弹幕	电脑端、移动端
	抖音	表情、送礼物、弹幕	移动端(观众)
视频会议软件	钉钉直播	表情、表情包、发红包	电脑端、移动端
	腾讯会议	弹幕支持选择发送表情/文字	电脑端、移动端
	Zoom	无	电脑端、移动端
	企业微信	表情	电脑端、移动端
	微信公众号	表情、送礼物	电脑端、移动端
专业教学平台	超星学习通	无	电脑端、移动端
	腾讯课堂	表情	电脑端(主讲人)
	雨课堂	发红包	电脑端(主讲人)
	ClassIn	表情	电脑端(主讲人)

社交媒体平台在直播中具有丰富的娱乐和互动功能,如表情包、送礼物或发红包等,可以让直播更具娱乐性,吸引观众参与。以QQ和微信为代表的社交媒体软件以群聊为基础,内植了直播功能,因此具备强大的、可延时的交流功能。以哔哩哔哩和抖音为代表的社交

平台则更强调娱乐性,弹幕等功能进一步加强了讲座的实时互动和趣味性。

视频会议软件可以实现跨地域的同步视频和音频通信(Krutka et al. 2019)。钉钉作为一款团队协作的工作平台,集直播、群聊、文档管理等功能为一体。Zoom 和腾讯会议等软件功能相对聚焦,主要服务于视频会议。常见的视频会议软件中,观众可以选择打开视频,进行语音发言。

以超星学习通为代表的专业教学平台则主要侧重课堂教学,提供了结构化的班级和教学材料管理功能以及相应的教学功能,方便教师在教学的过程中进行系统的班级管理和教学管理。一般这种平台可以智能收集学生的学习数据,如答题数据的实时统计、小组讨论、随堂测试等。但这些平台对使用者的数字素养和设备有一定要求。有的平台只能在电脑上开设直播课程,有的平台只能在手机上使用部分功能。这类平台几乎以教师为中心,教师有权关闭学生的视频或音频(Chen et al. 2021)。

综上可知,不同类型的平台有其各自的优势和侧重点,在选择直播平台类型的时候,我们需要综合考虑直播的目的、风格以及观众的情况。需要注意的是,各平台的具体功能可能会因为版本更新有所调整,大家在选择时,应以直播时最新的版本为准。

2.1.2 维护稳定的直播环境

在上一节中,我们了解了不同直播平台的特点和常见功能。然而,无论使用哪种直播方式,一场成功的学术直播都离不开安静稳定的直播环境。

首先,我们需要尽可能选取网络连接较为稳定的直播场所,确保设备和网络连接正常。此外,建议准备两台以上的设备,如两台电脑,或者一台电脑和一部平板。一般主讲人在直播过程中需要播放幻灯片,所以不推荐将手机作为备用设备。两台设备需要提前安装好直播使用的软件,并将直播需要的资源(幻灯片等)提前导入设备中。即使在直播过程中有一台设备出现故障,我们还有一台备用设备可以替代。

其次,我们需要考虑直播的物理环境,最好选择安静无干扰的场

外语教学智慧科研方法入门

所。如果和其他人住在一起,要提前让他们知晓直播的时间,以避免干扰。此外,建议关上窗户,尽量减小外界环境的噪音干扰,如警报声、邻居谈话声等。推荐在直播过程中佩戴耳机,最大程度降低环境噪音的干扰,确保传输的音频足够清晰。视觉效果上,需要确保主讲人脸部的光源充足,可以选择面朝窗户、相对明亮的位置(见图 2)。合理布置直播的背景空间,避免开放背景(见图 1),最好选择封闭的背景墙(见图 2),或者使用直播平台提供的虚拟背景,避免在讲座过程中出现突发的干扰因素,影响观众的注意力(MIT Communication Lab 2024)。

图 1　尽量避免的学术直播环境①

　　最后,在正式开播前最好进行一次直播测试,确保设备、平台和网络的正常运行。测试中需要检查直播画面清晰度、声音延迟、屏幕共享、线上互动功能等能否正常使用,如果出现问题需要及时进行调整。

---

① 检索时间:2024 年 1 月 10 日。图中人像由 AI 生成。

图 2　推荐的学术直播环境[①]

2.2　策略二——精炼学术直播内容

搭建直播平台是进行学术直播的前提,精炼学术直播内容则是进行学术直播的内核。一场成功的学术直播在很大程度上取决于其讲座内容。下面,我们将从主题内容、结构框架和互动体验三个方面来了解如何保障学术直播的内容质量,从而提高直播的水平。

2.2.1　确定合适的主题内容

在确定选题的时候,我们需要充分考虑到观众的兴趣和背景知识。根据观众的组成和预期水平以及讲座的时间长度来确定报告的深度和广度。针对单一群体还是多群体? 主要针对学生群体、专业同行还是跨学科群体? 分析他们参加讲座的原因,对讲座话题的了解程度和动机等。设定的主题和内容应该具有一定的针对性。下面

---

① 　检索时间:2024 年 1 月 10 日。图中人像由 AI 生成。

以张浩敏教授关于二语词汇学习的两场讲座为例,分析如何针对观众群体来确定讲座的主题和内容。两场讲座的受众群体分别是中小学一线教师和语言学领域同行及学生。从主题选择来看,由于第一场讲座(见图3)的观众主要是国内中小学的英语教师,所以应注重理论与实践相结合。本场讲座定题为语义网络与词汇教学,旨在加强中小学教师的理论知识,为他们提供教学策略。第二场(见图4)是应英国埃克塞特大学教育研究院的邀请,为该学院师生举办的讲座,受众群体主要为语言学与语言教学领域的专家同行和硕博学生。因此,本场讲座的内容应更具综合性和专业性,具有更高的理论化程度。本场讲座定题为"Unraveling the Dynamics of Vocabulary Learning"(揭示词汇学习的动态变化)。

图3　讲座一定题

图4　讲座二定题

从内容设置上看,讲座二的内容更广更深,学术性较强,涉及的专业领域术语更多。主要内容包括词汇知识、词汇学习过程、影响词汇学习的因素和词汇学习策略(见图5)。同样用词汇知识导入话题,但相较于讲座一,本场讲座中对词汇知识的阐释更多元,除了词汇多维度的特征,还引入了词汇深度、词汇广度、语素意识等相关概念。

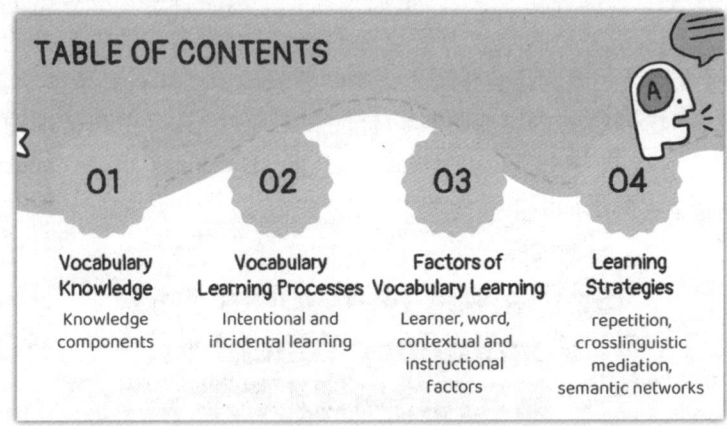

图 5 讲座 Unraveling the Dynamics of Vocabulary Learning 内容框架

两场讲座对术语的解释也具有不同的侧重点。讲座一更注重"深入浅出",讲座二则更加具体和学术。如在阐释语义网络的理论基础时,讲座一用举例的方法来介绍原型学习和构建学习(见图6和图7),生动形象地解释了晦涩难懂的理论概念,降低了理解的门槛,最大程度上加强了观众对术语概念的认知并激发他们观看讲座的兴趣。

讲座二中观众的专业化层次更高,具备相关的语言学理论知识,因此,主讲人选择运用文字与更抽象的网络图和层级图来阐释原型学习和语言网络的概念(见图8和图9)。这样的解释更加全面,也更加深入,可以满足观众的学习需求。

2.2.2 设计清晰的结构框架

就结构框架而言,学术直播一般按照"总分总"的结构来展开。

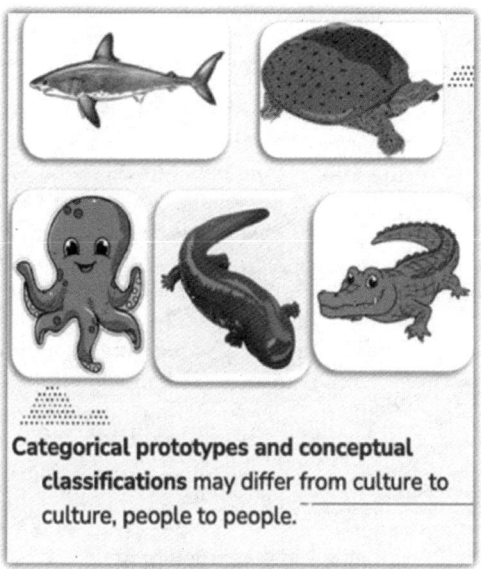

图 6 原型学习举例

图 7 概念分类举例

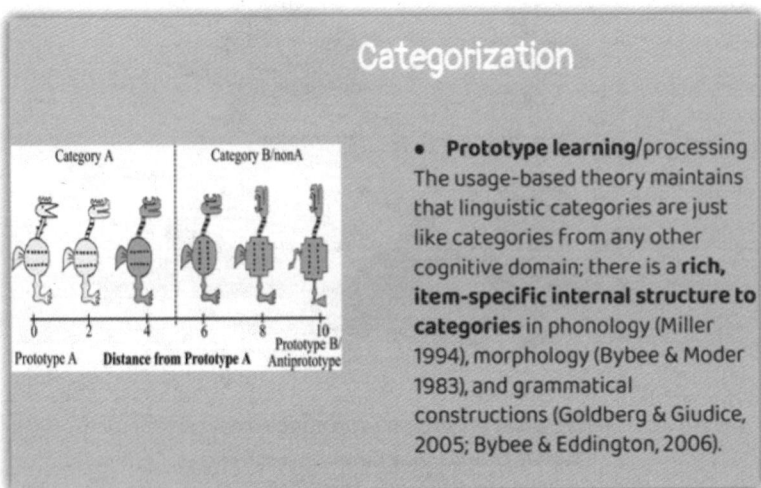

图 8 原型学习理论基础

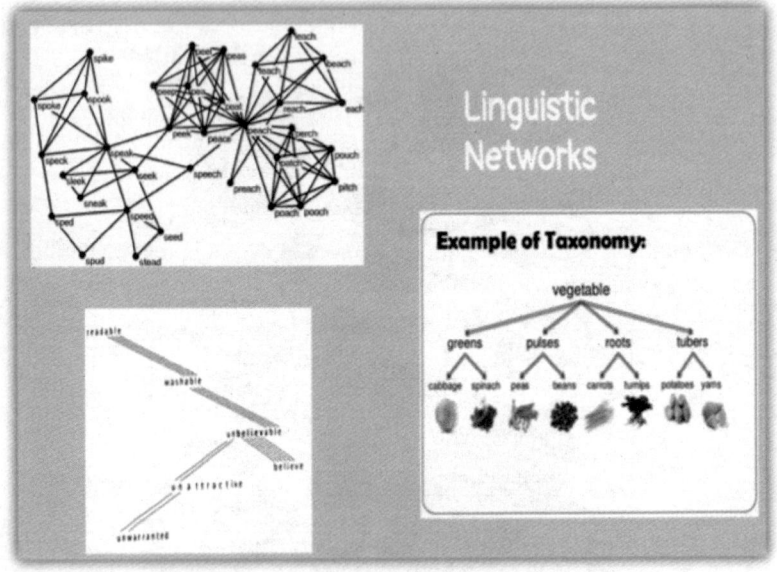

图 9 网络图呈现语言网络

首先,进行基本的介绍,包括主讲人的信息和背景、开展直播的目的和意义,以及简单概述观众即将要听到的内容框架;然后进入直播的主体部分;最后对直播进行总结,重申意义,再进行问答环节。学术直播的大致内容如表2:

表2　学术直播内容框架

介绍	表达感谢	感谢主持人的介绍(如有) 感谢观众的参与 感谢主办方、组织者等
	自我介绍	介绍主讲人的个人学术背景 介绍讲座的主要话题
	介绍主题	介绍主题相关的背景知识 阐述主题的意义和重要性
	概述提纲	概述讲座的基本内容框架 提前安排好观众提问的时间(如主讲人结束主要内容之后) 简单提及本次直播的时长
主体	导入主题	用观众熟悉的话题导入 或根据主题选择不同的活动导入,如现场问卷、投票等
	内容介绍	详略得当:重点内容可加入具体的例子进行讲解 关注每一个部分之间的逻辑联系和过渡 注意文字表述中引用的规范性,建议包括较新的研究和文献
总结	总结要点	重申讲座的目的 精炼并总结讲座的主要内容
	致谢问答	致谢观众和活动主办方和组织者等 邀请观众提问,进入互动问答环节

　　以上步骤是常见的学术直播需包含的内容。由于第一部分介绍和第三部分总结,内容相对比较固定,在此不做深入讨论。下面我们以讲座一(语义网络与词汇教学)为例,来分析主体部分是如何展开的。

讲座一首先引用著名的语言学家 David Wilkins 的观点（见图 10），强调词汇学习的重要性。这符合本场讲座的观众群体（中学教师）的兴趣点。从教师关心的问题入手，进而引出讲座的主要内容。讲座主体分成四个部分（见图 11）。第一部分介绍词汇学习和语义网络。主讲人首先从观众相对熟悉的词汇话题入手，介绍词汇知识的定义和基本概念，强调了词汇的多维度特性，进而为观众理解语义网络的概念和作用打下基础。语义网络就是展示词汇之间的联系和

图 10　导入主题

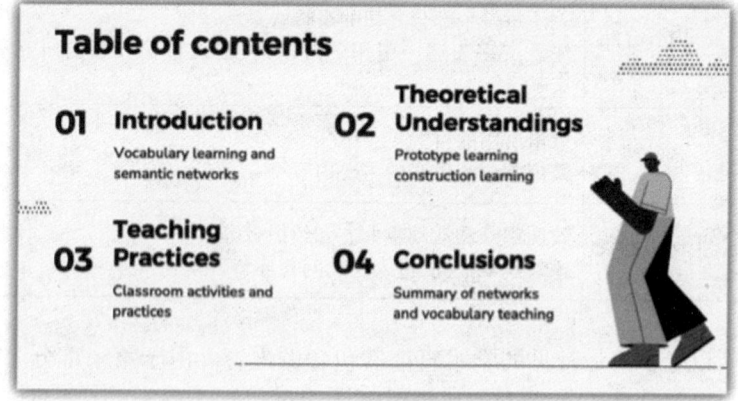

图 11　讲座目录

语义关系的一种概念图或关系图,它可以帮助学生理解词汇的含义、扩展词汇量,并促进词汇之间的联系和记忆。第二部分阐述了语义网络的理论基础,说明将语义网络用于课堂词汇教学不仅有着坚实的理论支撑,而且能够有效驱动教学实践。讲座的第三部分将理论与实践相结合,具体阐释了一线教师最关心的问题——如何将语义网络的概念运用到课堂的词汇教学中,帮助学生建立词汇之间的关联和理清语义关系,提高学生的词汇学习效果。这一部分介绍了具体的词汇学习策略,如词语关联链(见图 12)、词义匹配(见图 13)、

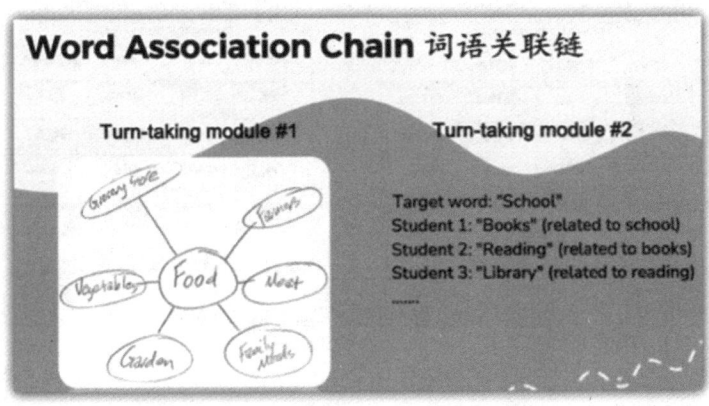

图 12　词汇教学活动:词语关联链

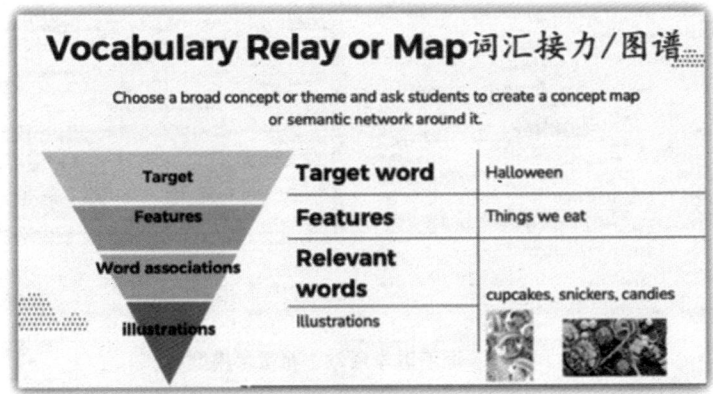

图 13　词汇教学活动:词义匹配

词汇接力/图谱(见图 14)以及费雷尔模型(见图 15)。这部分的讲解给教师们提供了实际的指导,以便他们能够在课堂教学中运用语义网络进行词汇教学。最后一部分总结了本次讲座的核心内容,并再次强调语义网络在词汇教学中的可行性和可操作性。

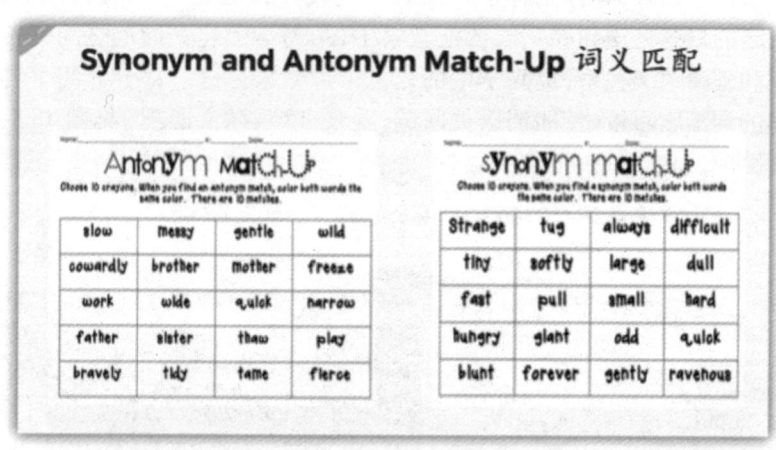

图 14　词汇教学活动:词汇接力/图谱

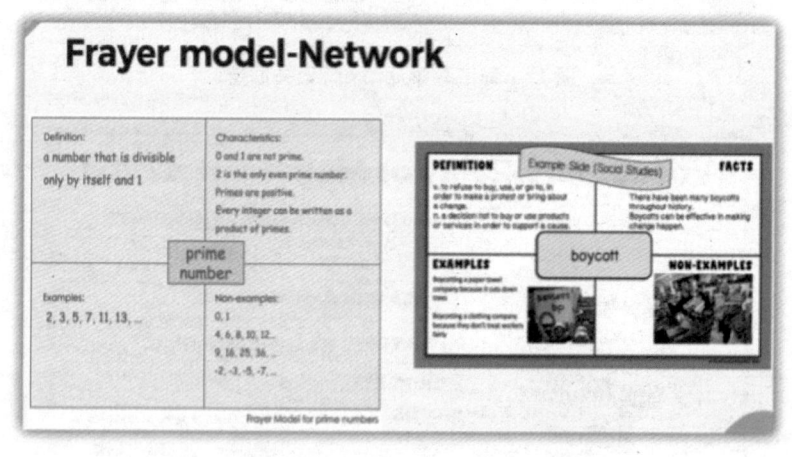

图 15　词汇教学活动:弗雷尔模型

通过以上分析,可见本场线上直播讲座主题明确,详略得当,各部分有清晰的逻辑和条理,内容衔接紧密,举例丰富,能抓住观众的注意力,有效地促进了学术交流。

2.2.3 创造良好的互动体验

与现场的面对面交流不同,学术直播主要依赖网络沟通。因此,设定合适的互动环节是吸引并保持观众注意力的有效途径之一。在学术直播中,互动可以贯穿整场讲座。主讲人在设置内容时,可以有选择性地在讲座过程中穿插互动活动,如发问卷、投票等。建议问答环节设置在讲座内容结束之后,让观众在特定时间段提出问题。这种方式可以有序地组织互动,确保每个问题都得到回应。此外,随着技术的发展与成熟,互动的形式也越来越多样化,如文字信息、语音信息、视频互动等。互动方式的选择则取决于使用的平台、设备条件、参与者的偏好等因素。

从技术层面来说,通过直播软件进行文字聊天是相对较传统的互动方式。所有的学术直播平台都能提供实时文字聊天功能。听众可以在直播过程中通过聊天窗口发送文字消息进行提问或评论。主讲人或其他观众可以选择回答问题、解释概念,与观众进行互动。这种方式使得观众可以直接参与讨论,提出问题并与其他观众进行交流。此外,在学术直播中,采用语音或视频形式进行互动也是不错的选择。观众可以使用麦克风或开启摄像头进行提问、发表意见或回答其他人的问题。主讲人可以在适当的时候给予回应或解答。这种方式可以提供更直接的、身临其境的互动体验。如果是在社交媒体平台上进行的学术直播活动,还可以使用特定的主题标签或话题标签。参与者可以在社交媒体上发布帖子进行评论和提问,与其他参与者或主讲人进行互动。这种方式可以扩大互动范围,吸引更多人参与讨论。直播时,可以根据实际情况来选择互动方式,来增加观众的参与感。

本小节为大家介绍了安排学术直播的主题和内容时应注意的要点。要确保主题有足够的深度和实质性,并与观众的背景知识和兴趣相匹配。同时,尽量使内容结构清晰、逻辑连贯,并提供互动的机会,以促进观众的学习和参与。

2.3 策略三——加强学术直播效果

2.3.1 打造简洁的视觉观感

在学术直播中,为了清楚、全面地传递讲座内容,主讲人一般会通过屏幕分享功能展示幻灯片(PPT)。直播时使用的 PPT 需要兼顾内容的简洁性和视觉的吸引力。

首先,我们需要根据准备好的内容来设计 PPT 的结构。一般而言,学术讲座的 PPT 应包括标题、目录页、主题介绍、主要内容、总结和参考文献等部分。为了帮助观众保持注意力集中,我们可以使用"导航页"和"标题页"来显示讲座的结构。在内容开始时使用,并在后续演讲中定期使用,为观众指明方向,帮助他们理清会议讲座的逻辑顺序,促进对讲座内容的理解。

其次,平衡文字信息量和视觉负荷。信息太多,会使得观众产生视觉疲劳,阻碍信息的有效传递。若信息量太少,又可能不足以支撑讲座主题。因此,在制作幻灯片时,需要遵循一些内容编排的基本原则,确保信息生动有效地传达给观众。

在 PPT 的内容编排上,建议合理分配文字的篇幅。在每一页 PPT 上,建议使用凝练的短语或关键词来概括主要观点,避免使用过长的句子或大段文字。丰富的叙述性文字确实能提供更多的信息和知识点,但也会增加观众的视觉疲劳,从而影响他们对文字内容的阅读和理解。例如,在谈论定量研究范式的优势时,一般包括可重复性、可靠性、可量化和可预测性等。若将所有的文字信息都展示出来(见图16),容易导致信息过载,使观众很难在短时间内理解文字所传递的信息。因此,可以在文字表述的基础上,总结出核心词或短语,通过大纲的形式展示出来(见图17)。

若担心在演示过程中遗漏重要信息,可以使用 PPT 提供的"备注功能"。备注功能可以让演讲者在每张幻灯片上添加提醒事项。这些提示可以帮助演讲者记住关键要点、备注需要引用的例子或提醒自己需要特别强调的内容。

在使用该功能时,PPT 放映要选择"演讲者视图"来展示内容(见图18),这样备注内容就不会在演示中呈现给观众,而是仅演讲

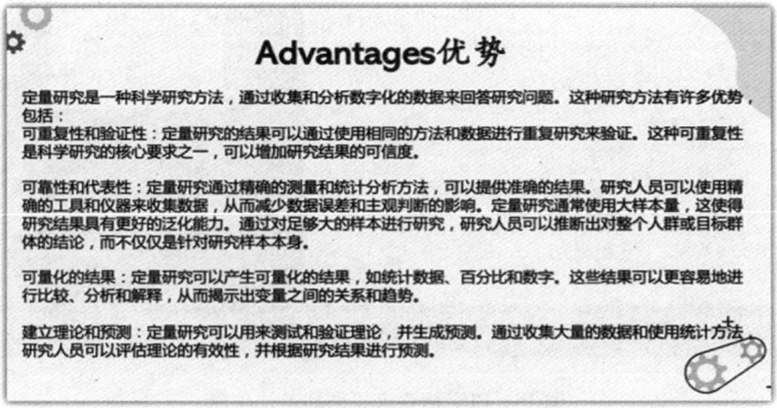

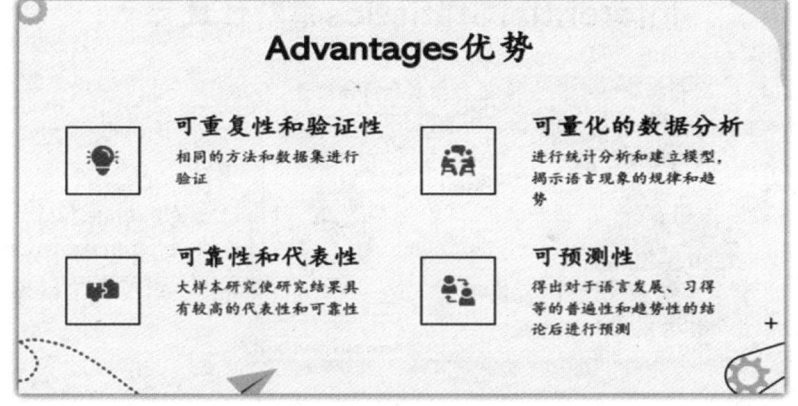

图 16　段落文字呈现定量研究优势

图 17　关键词呈现定量研究优势

者个人可见。腾讯会议等软件或平台在直播过程中也同样提供了屏幕分享情况下的"演讲者视图"功能（具体操作可参考本章 3.1.2 小节的内容）。

　　此外，我们还可以通过使用形象生动的图片和图表来增强可视化效果。但需要注意的是，在挑选素材时，尽量使用高像素的、无水印的图片，并确保它们与讲座内容相关。例如，图 19 中，借助配图来讲解推断性统计中样本和总体的概念以及描述性统计和推断性统计

图 18　PPT 演讲者视图和备注功能

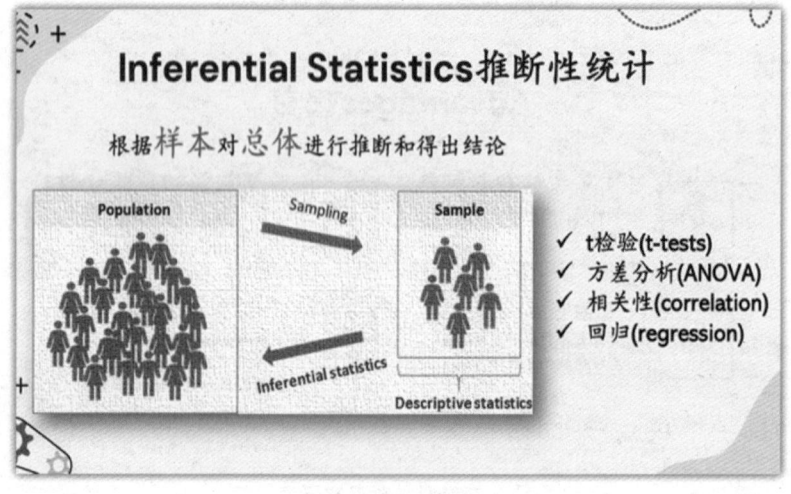

图 19　图文展示推断性统计概念

的适用情况。在图 20 中,为了加强观众对心理语言实验方法的认识,主讲人选择了两张图片来展示常见的心理语言实验的设备与实验过程。这可以辅助补充文字介绍,使心理语言实验的概念更具体形象。

　　如果讲座中需要展示大量的数据或文字,那么我们可以选择使用图表或流程图来呈现。图表可以帮助观众快速概览和理解大量数

图 20　图文展示心理语言实验

据,更直观地呈现数据的关系、变化和发展趋势,进而掌握主要信息和结论。

　　幻灯片制作软件基本都内嵌了丰富的图表模版,常见的图表类型包括柱状图、折线图、饼图等。图形一般包括各类流程图,可以清晰有序地展示一个事件的步骤。Microsoft Office Word 中可以通过插入 SmartArt 图形,展现不同的逻辑关系,如并列、循环、流程、层次等。流程图通过图形将流程逻辑可视化,使观众更容易理解和记忆,它可以将复杂的步骤以易于理解的方式展示出来,帮助观众把握流程的关键要点。

　　需要注意的是,应当根据数据和信息的特点来选择适当的图表或流程图的类型,做到信息与图相匹配。此外,图表或流程图的颜色和样式应当与整个 PPT 的主题和风格保持一致。如图 21 所示,在阐释定量研究方法在应用语言学中的应用时,如果采用文字表述的方式,很难体现各个环节之间的内在逻辑联系。在这种情况下,为展示各步骤之间的顺承关系和逻辑联系,我们可以选择使用流程图(见图 22),通过简洁、可视化的方式来呈现信息,帮助观众理解概念、厘清思路。

应用语言学实证研究

- 研究问题确定：首先，确定研究的具体问题和目标。这可能涉及选择一个特定的语言现象或社会语言学问题，例如语言变体、语言政策、语言习得等。明确定义研究问题是进行实证研究的第一步。
- 文献综述：进行文献综述，收集和评估与研究问题相关的已有研究和理论。这有助于了解当前的研究进展、方法和理论框架，并为研究提供理论基础和背景知识。
- 研究方法的选择：根据研究问题，设计研究的具体方法和采集数据的方式。确定样本选择的标准和方法，例如选择特定的语言社群、地理区域或人口群体进行研究。
- 数据收集：根据研究设计，采集相关数据。数据收集方法可以包括实地调查、问卷调查、录音或录像、语言样本收集等。确保数据收集方法符合研究伦理要求，并采用适当的工具和技术进行数据记录和存储。
- 数据分析：对收集的数据进行分析。这可能包括定量分析方法（如统计分析）和定性分析方法（如内容分析、语言样本分析、访谈分析等），以回答研究问题并验证研究假设。
- 结果解释和讨论：对数据分析结果进行解释和讨论。将研究结果与现有理论和文献联系起来，提出解释和见解。讨论研究结果的含义、局限性和潜在影响，并提出建议或进一步的研究方向。
- 结论和撰写报告：总结研究的主要发现，并撰写报告或论文。报告应包括研究问题、研究设计、数据收集和分析方法、结果、讨论和结论等部分。确保报告的结构清晰、准确，并符合学术写作的规范。

图 21　文字展示应用语言学实证研究的基本过程

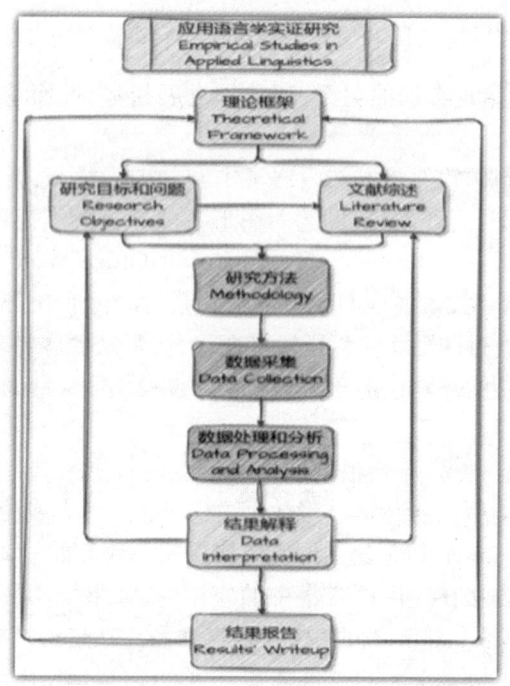

图 22　流程图展示应用语言学实证研究的基本过程

其次,在制作幻灯片时,相同的内容可以通过多种形式来呈现,即"使用有效的冗余信息"(见图23)。Doumont(2002:294)指出:"Sometimes, however, noise cannot be predicted, and losses ensue. If an open window slam shut because of a gust of wind, audience members may not hear what I say at the time; moreover, they may not listen to what I say immediately afterwards, for their attention is elsewhere: for example, they might try to recall if they have left any window open at home."。可见,有时噪音是无法预测的。尤其是在学术直播的场景中,主讲人只能尽力确保自己的直播环境,却无法预知观众的听讲环境。很多事情都会对直播产生干扰,如观众可能会分心(收到信息、室友聊天等)、音频连接可能会中断、视频可能会遮挡部分幻灯片,等等,这些情况会导致观众遗漏讲座信息。为了减少这种情况带来的影响,PPT 制作时可以利用多种方式来呈现相同的信息,例如标题、正文、图表等。这些内容和语言表述相配合,多种模态相结合,确保在直播过程中顺利有效地传递信息。

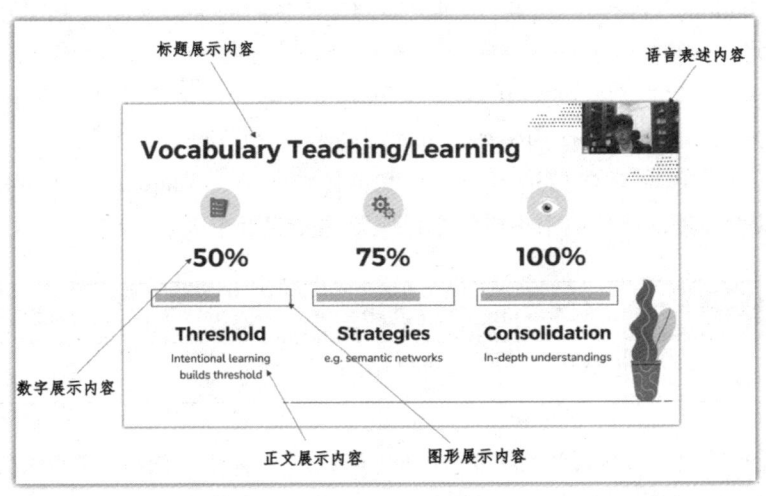

图23 幻灯片中的有效信息冗余

最后,合理运用幻灯片动画效果。适度使用幻灯片动画,选择简洁、流畅的转换效果,确保动画效果与内容呈现方式相匹配,可以增强 PPT 的视觉吸引力。使用动画效果可以控制演示的节奏,还可以控制观众的观看时间,同时也可以减轻观众的认知负担。通过动画效果的引导,观众能更容易跟随主讲人的节奏,有助于保持注意力的集中。需要注意的是,不能过度或盲目地使用动画效果,因为可能会造成视觉上的混乱,引入更多的干扰因素。

2.3.2 使用恰当的表达方式

在上一个小节中,我们介绍了如何通过 PPT 的设计来增强视觉观感,从而清楚地呈现讲座内容,减少观众的视觉和认知疲劳。但简洁的画面可能会带来视觉信息量的损失,此时,就需要主讲人在呈现内容的时候,注意语言的配合和非语言的辅助。在这个小节中,我们一起来了解如何提升学术直播中的语言和非语言呈现效果。

2.3.2.1 语言表达

首先,在直播过程中,应当使用口语化的语言,和 PPT 中的书面语言相辅相成。相较于书面语,口语的词汇密度和复杂度较低(Halliday,1989)。因此,主讲人应避免用长时间大段地朗读 PPT 中的文字内容,这会让观众产生理解上的问题,也更容易感到枯燥和乏味。不过,在学术讲座中,专业术语是不可避免的。这种情况下,可以先提出概念,再使用生动的例子辅助讲解,以帮助观众理解。

其次,尽量保持适当的语速和清晰的发音。Tauroza 和 Allison(1990)将二语环境中英语学术讲座语速分成五个级别(词/分钟):

非常快	相对较快	平均语速	相对较慢	非常慢
185	160 – 185	125 – 160	100 – 125	100

语速过快,观众会没有思考的时间,难以理解听到的内容,进而失去听讲的兴趣;而语速过慢,可能会影响讲座的正常进度,导致讲座无法在规定的时间内完成,也会影响与观众交流的时间。一般来说,学术讲座的语速可以根据主题和观众水平进行调整。整体速度通常不宜太快,以确保听众能够理解并吸收讲座的内容,确保信息传

递的有效性和听众的参与度。对于特定领域的专业讲座,语速可以稍微加快一些,以适应专业观众的知识学习需求。在线上直播环境中,观众无法与主讲人进行面对面的交流,所以更容易引起信息流失。主讲人应该更加注重发音的清晰度,以便观众能够跟上演讲的节奏。

最后,多种方式结合,强化重点内容的讲解。主讲人可通过重音、停顿和重复等方式强调重点内容。例如,通过重读关键词或短语,使其在句子中更加突出;也可以通过改变音量和音调的高低起伏来强调重要概念。这些做法可以吸引观众的注意力,使他们更容易记住并理解关键信息。在直播中,适当停顿也是非常有必要的,建议在关键观点或重点内容前后稍作停顿。短暂的"沉默"能给观众消化和反思的时间。当然,停顿的时长需要根据内容的重要性和复杂程度而定,要确保停顿不能过于频繁或时间过长,以免影响直播内容的流畅性和连贯性。此外,学术直播中的语言表达可接受适当的冗余。有目的地重复关键词或难点,有助于观众理解较难的概念或术语。为保持观众的注意力,主讲人还可以在讲座中适时地进行概括和总结,简要回顾已经讲过的重要观点;还可以多使用一些衔接表达(如:刚刚我们提到了……下面,我将具体分析……),这样做可以再次强调关键内容,从而帮助观众回忆并巩固他们已经听到的信息。当然,过度的重复会导致观众的听觉疲劳,让他们失去听下去的兴趣。因此,需要适度使用重复技巧或者通过改变语言表达形式来重复相同的内容,从而达到强化的目的。

2.3.2.2　非语言表达

虽然在线上的学术直播环境中,主讲人和观众无法直接通过面部表情或身体语言进行交流,但是这些非语言表达仍然起着重要作用。

眼神交流在直播中非常重要。由于线上直播设备的镜头范围有限,主讲人往往无法充分发挥手势等肢体语言的作用,观众也难以观察到主讲人的面部表情。不过,主讲人可以通过注视摄像头来提高眼神交流,进而与观众建立更为密切的联系,增强他们的参与感。如图24所示,在办公桌上使用笔记本电脑进行直播会让观众觉得主讲人总是低着头。这种情况下,可以使用笔记本支架等工具,使笔记本电脑与视线平齐(见图25)(Doumont 2020)。

图 24　视线下移[①]　　　　图 25　视线平齐[①]

在学术直播中保持激情,让呈现的内容有感染力,这样可以吸引观众的注意力。有研究表明,主讲人的表现力可以在很大程度上影响观众的听讲兴趣。当主讲人对讲座内容表现出高度热情或浓厚兴趣时,观众会更加投入地听讲(Anjum, Bajwa & Saeed 2012)。因此,主讲人要对演讲的主题充满自信,并以积极和鼓舞人心的方式发言,展示自己对研究的激情和兴趣,从而将这种激情传递给观众,让学术直播的内容更具感染力。

由此可见,尽管非语言表达在线上讲座中受到一定的限制,合理运用上述技巧,依旧可以增强与观众的互动和沟通效果,使讲座生动有趣、引人入胜。

3. 应用拓展

3.1　直播平台介绍

3.1.1　哔哩哔哩[②]

哔哩哔哩(bilibili)是知名的弹幕视频分享网站,提供动画、游戏、音乐、舞蹈、科技等多种内容。直播是哔哩哔哩的一项重要功能。

---

① 检索于 2024 年 1 月 15 日。
② 检索于 2024 年 1 月 15 日。

从哔哩哔哩首页进入个人空间,可以在左侧导航栏中看到"我的直播间",其下有一列直播的功能设置,包括开播设置、直播间信息等(见图26)。

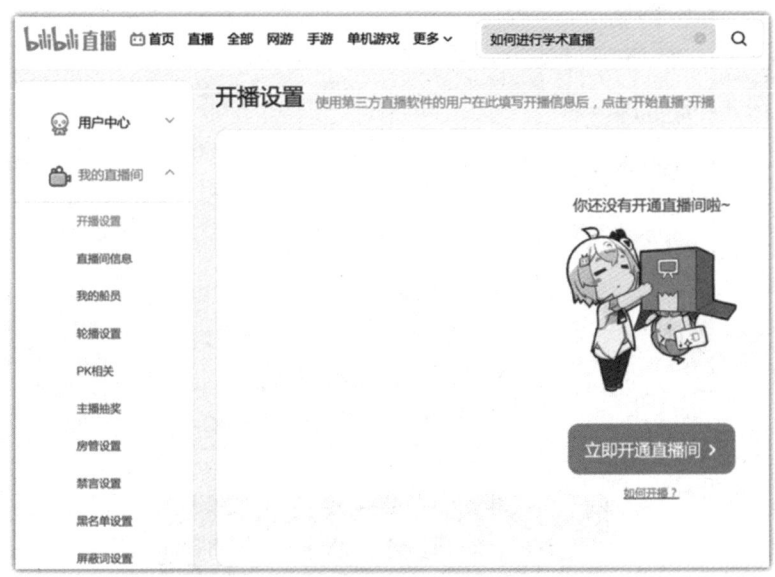

图 26　哔哩哔哩"我的直播间"主页面

在开播设置中可以选择直播分类,例如,知识类(见图27)。根据平台规定,只有选择直播分类后,才可以进行直播。此外,可以对房间标题进行设置,字数需控制在 20 字以内。如果需要提前发布直播信息,可以在直播预约功能中提前设置好直播时间(哔哩哔哩目前最多支持提前两个月预约),并发布在哔哩哔哩动态中(见图28),该动态也可以分享至其他平台。当用户在预约时间的前后半小时内开播,并且稳定开播 5 分钟后,已预约的用户会收到站外开播推送。

哔哩哔哩需要实名认证后才能开始直播。认证通道为:哔哩哔哩首页—直播—我要直播—去认证。有三种直播方式可供选择:哔哩哔哩 App 直播,网页直播以及哔哩哔哩直播姬。三者的界面差异不大,网页直播是最为快捷的方式,具有相对简洁的直播功能。哔哩

图27 哔哩哔哩直播分类设置

图28 直播预约

哔哩直播姬作为专门为直播设计的软件则具有最为齐全的功能,因此,下文以哔哩哔哩直播姬 App 的界面作为代表进行介绍。直播姬的主界面主要划分为五个区域:主屏幕、场景、直播工具、用户区和互动区(见图29)。

在主屏幕可以看到直播的预览界面。选择添加直播素材后可以

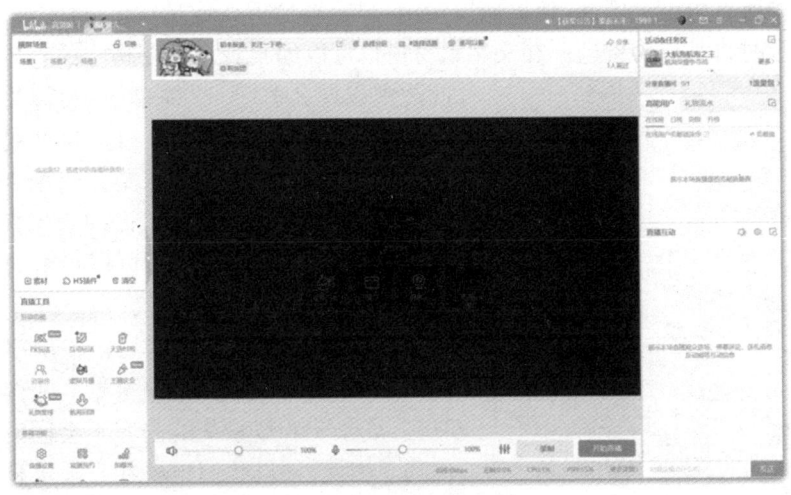

图 29　哔哩哔哩直播姬主界面

看到十余种选择（见图 30）。选择"窗口捕捉"可选择想要展示的电脑界面以及是否需要展示鼠标。选择"显示器捕捉"则展示显示器上

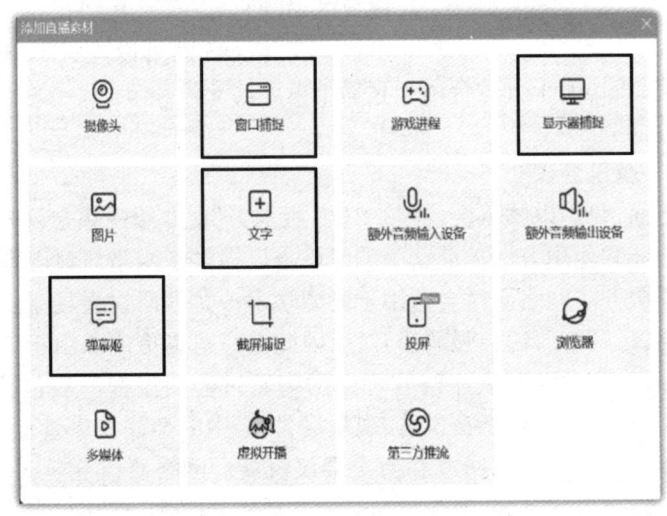

图 30　添加直播素材

的所有内容。因此,建议谨慎使用"显示器捕捉",或是在窗口捕捉失败时将其作为备选。在文字素材窗口可以编辑观众需要遵守的直播间规则以及公告等。"弹幕姬"可以将弹幕展示在直播屏幕上。以上这些是在进行学术直播时很有可能会使用到的功能,感兴趣的读者可以进一步探索其他功能,例如虚拟开播,可以设置直播虚拟人物。

图31 横屏场景

场景区的重要功能是切换横屏竖屏以及切换不同的直播场景(见图31)。场景1和场景2的内容不会同时出现。因此,如果我们想要在直播屏幕中展示多种素材(如摄像头和一个窗口),可以将它们添加在同一个场景里。直播工具中的功能与哔哩哔哩首页设置功能无较大差异,此处不再赘述。在用户区,我们可以实时看到在线用户及名称。在互动区则可以直接与观众进行交流,该功能十分适合用于直播结束前的交流环节。

3.1.2 腾讯会议[①]

下面,我们以腾讯会议 V3.21.0 版本为例,介绍视频会议软件的基本功能和使用方法。最新版的腾讯会议提供了网络研讨会和视频会议等服务。网络研讨会适用于大型学术沙龙和研讨会场景。相比常规会议,网络研讨会强调公开性,因此推广范围更广。由于参会人数众多,也非常强调秩序与管理。网络研讨会的流程一般包括:会前的会议详情介绍、嘉宾邀请、观众报名;会中的会议秩序管理、举手互动、问答互动;会后回放和历史会议沉淀。网络研讨会延时更低,容纳的参与人数更多,观众与嘉宾的互动机会更多。然而,丰富多样

---

① 检索于 2024 年 1 月 15 日。

的功能意味着操作复杂。大家可以根据预计的直播规模和参会人数来选择是否要使用网络研讨会。如果是比较大型的直播活动,建议配备专业的技术人员,为研讨会提供技术支持,管控会议秩序,协调会议的互动环节。

一般而言,使用视频会议软件进行直播的时候,首先需要进行会议预约(见图 32 与图 33)。在腾讯会议的预约界面中,可以对会议环境进行基本设置(见图 34 与图 35)。腾讯会议提供了入会密码,等候室等基本的安全设置。此外,也可以通过设置是否允许成员在主持人进会之前加入会议室,进一步确保会议的秩序性。为了防止观众未关闭设备麦克风而造成的潜在干扰,腾讯会议提供了多人参会时自动静音入会的预设置。

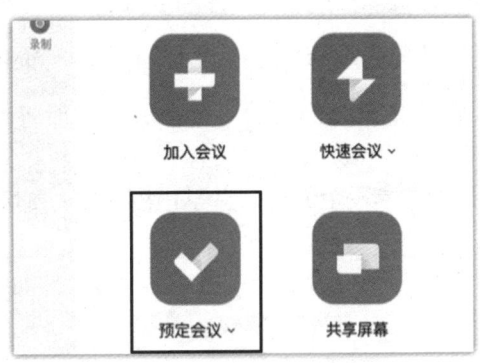

图 32 腾讯会议视频会议预定

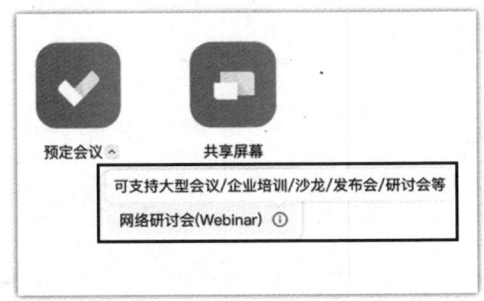

图 33 腾讯会议网络研讨会预定

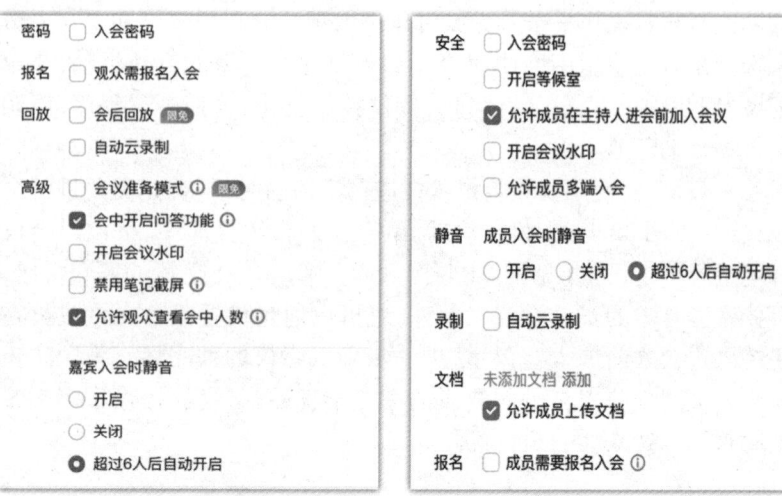

密码	☐ 入会密码
报名	☐ 观众需报名入会
回放	☐ 会后回放 限免
	☐ 自动云录制
高级	☐ 会议准备模式 ⓘ 限免
	☑ 会中开启问答功能 ⓘ
	☐ 开启会议水印 ⓘ
	☐ 禁用笔记截屏 ⓘ
	☑ 允许观众查看会中人数 ⓘ
	嘉宾入会时静音
	○ 开启
	○ 关闭
	● 超过6人后自动开启

安全	☐ 入会密码
	☐ 开启等候室
	☑ 允许成员在主持人进会前加入会议
	☐ 开启会议水印
	☐ 允许成员多端入会
静音	成员入会时静音
	○ 开启　○ 关闭　● 超过6人后自动开启
录制	☐ 自动云录制
文档	未添加文档 添加
	☑ 允许成员上传文档
报名	☐ 成员需要报名入会 ⓘ

图34　腾讯会议中视频会议预设置　　　图35　腾讯会议中网络研讨会预设置

　　在直播过程中,主讲人需要通过屏幕共享功能将准备好的幻灯片共享给参会者。在会议中,一次仅有一位用户可以开启共享屏幕(见图36),且只能共享一个界面。共享内容包含:窗口/桌面/白板/

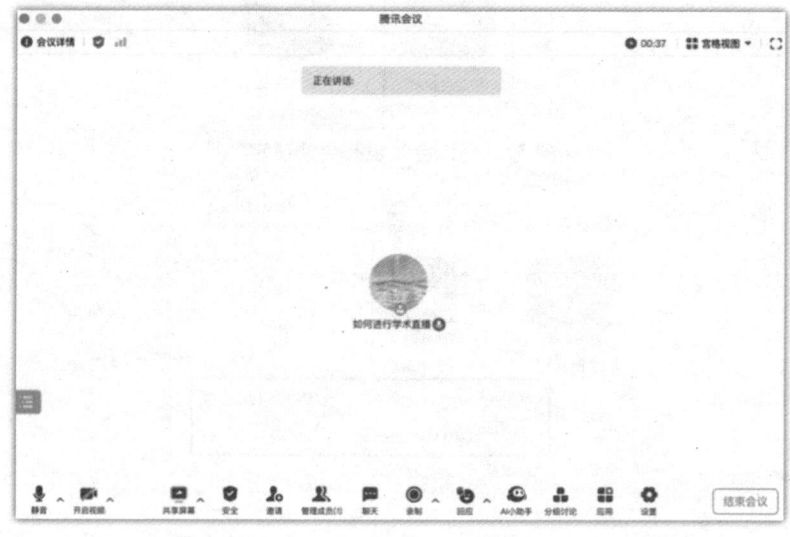

图36　腾讯会议共享屏幕功能

电脑声音(见图37)。在共享屏幕时,根据需求选择共享整个桌面或者需要展示的 PPT 文件。腾讯会议同样支持 PPT 演示者视图的功能(见图38)。主讲人可以选择先共享 PPT 应用,然后在幻灯片放映

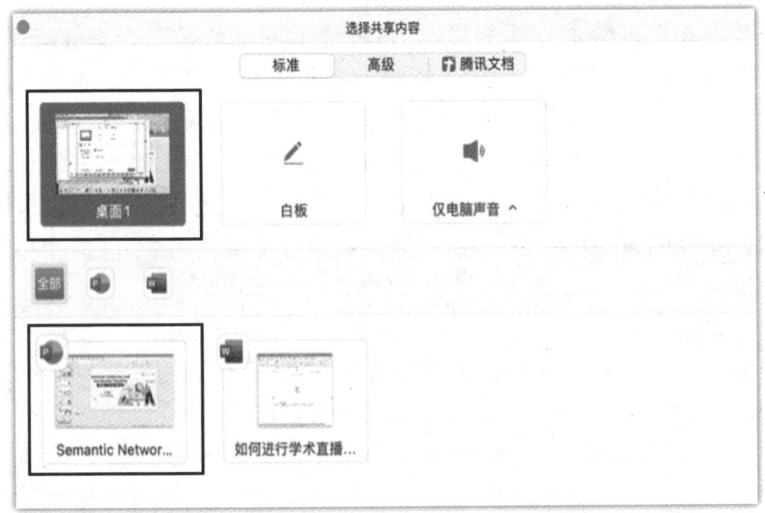

图 37　腾讯会议共享内容选择

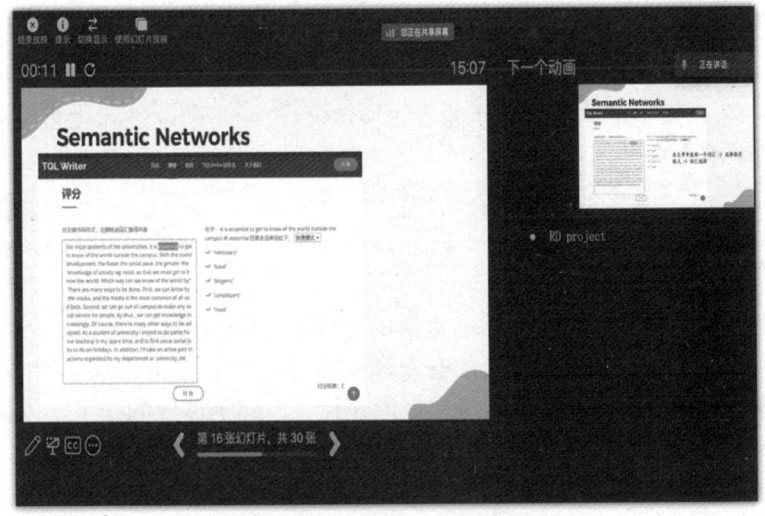

图 38　腾讯会议幻灯片演示者视图

中选择演示者视图模式,或者先进入演示者视图后再共享应用窗口。如果直播中有多位发言人,需要注意场次中的衔接。

3.2　直播宣传与改进

　　若想提高学术直播的影响力,直播前的宣传是一个重要环节。在确定直播时间后,我们就可以提前进行宣传。宣传可以通过多渠道展开,如社交媒体、邮件、学术论坛、微信公众号等。发布的内容应当有一定的吸引力,通常包括讲座摘要、主讲人简介、讲座主题和时间以及直播链接等,以方便观众做好日程安排。此外,宣传时也可以强调直播的重要性和独特性,并鼓励观众分享宣传内容,以扩大触达范围。

　　讲座过程中我们可以通过直播软件自带的录制功能或者第三方录屏软件录制讲座过程。在讲座结束后,选择合适的平台发布讲座视频。比如上传到学术网站、视频共享平台、学术社交媒体或自己的网站上,以便观众可以随时回顾。这样也可以让那些无法在直播时参加的人有机会观看讲座,让更多的人受益。同时,也可以作为学术资源进行分享和传播,有助于增加学术影响力。

　　最后,获取观众的反馈并进行改进,对于提高学术讲座的质量和影响力非常重要。在学术直播结束后,我们可以向观众发送调查问卷,收集反馈信息,具体包括讲座内容、语言风格、互动形式、时间安排等,以便了解他们对讲座的看法和建议,进而不断改进和优化以后的学术直播。

4.　结语

　　本章以李老师进行学术直播的案例,向大家讲解了如何进行学术直播。随着高速互联网的普及和视频流媒体技术的发展,学术直播成为一种新兴的学术传播和宣传方式。不同于传统的线下学术讲座,线上直播提升了学术知识的可及性和包容性。除了对软件技术的要求,学术直播从内容到呈现都具有其独特之处,因此,主讲人进行学术直播时需要调整演讲策略。本章提出了三个行之有效的途径,即搭建学术直播平台、精炼学术直播内容和加强学术直播效果。首先,搭建直播平台包括直播平台的选择和直播环境的维护。在选择直播平台的时候,我们应该考虑直播内容和平台的特点是否匹配。同时,也应当确保直播环境的稳定。其次,学术直播的核心是选择合适的主题,并设计清晰的结构框架。主题选择需要根据观众的背景和参加讲座的目的而定。直播内容也应具备清晰的逻辑结构,主次分明。学术直播还有一个区别于线下讲座的特点——互动的要求和形式。在学术直播中,我们需要尽可能维持观众的注意力。因此,良好的互动体验至关重要。最后,我们还应该注意学术直播的呈现形式。尽量打造简洁的视觉观感,幻灯片设计要重点突出,简洁美观,减少观众的视觉疲劳,从而提升他们对直播内容的兴趣。线上直播时除了要注意视觉上的呈现,主讲人的表达方式也很重要。语言表达和非语言表达对于呈现讲座内容都十分重要。就语言表达而言,应当尽量以口语化的讲解为主,不要朗读幻灯片内容。确保清晰的发音,并根据讲座的专业化程度,保持适当语速。此外,讲解的过程中,也可通过重音、语调、重复等方式有意识地强化重点内容。在非语言表达上,我们可以通过调整电脑的高度来保证和观众的眼神交流。同时,直播中要保持一定的激情,让呈现的内容更具感染力,进而提高观众的投入度。在了解了学术直播的策略之后,本章介绍了目前比较常用的学术直播平台和软件:哔哩哔哩和腾讯会议,并为大家介绍了直播前的宣传策略以及直播后的改进策略。

希望通过学习本章节内容,大家可以了解学术直播的基本步骤和相关技能,提升学术知识的传播能力。

参考文献:

[1] Anjum, A. , R. Saeed & M. A. Bajwa. 2012. Effective lecture delivery: The medical students' perspective. *The Professional Medical Journal* 19(6): 827‐836.

[2] Chen, X. , S. Chen, X. Wang & Y. Wang. 2021. "I was afraid, but now I enjoy being a streamer!": Understanding the challenges and prospects of using live streaming for online education. *Proceedings of the ACM on*

Human-Computer Interaction 4(CSCW3): 1 - 32.

[3] Doumont, J. L. 2002. The three laws of professional communication. *IEEE Transactions on Professional Communication* 45(4): 291 - 296.

[4] Doumont, J. L. 2020. How to Deliver Remote Presentations Remotely. https://www.istem.illinois.edu/news/imrsec.remote.present.workshop.20. html.

[5] Halliday, M. A. K. 1989. *Spoken and Written Language*. Oxford: Oxford University Press.

[6] Krutka, D. G. , K. T. Carano. , L. Cassell. , M. Lavoie. & K. Davidson-Taylor. 2019. Wise practices and intercultural understandings: A framework for educator videoconferencing. *Journal of Research on Technology in Education* 51(4): 356 - 376.

[7] MIT Communication Lab. 2024. Virtual presentations. http://mitcommlab. mit.edu/nse/commkit/virtual-presentations.

[8] Parncutt, R. & A. Seither-Preisler. 2019. A. Live streaming at international academic conferences: Ethical considerations. *Elem Sci Anth* 7: 55.

[9] Parncutt, R. , N. Meyer-Kahlen & S. Sattmann. 2019. Live-streaming at international academic conferences: Technical and organizational options for single- and multiple-location formats. *Elem Sci Anth* 7: 54.

[10] Tauroza, S. & D. Allison. 1990. Speech rates in British English. *Applied Linguistics* 11(1): 90 - 105.